# L'HISTOIRE
# DE L'ALGÉRIE

**RACONTÉE A LA JEUNESSE**

# L'HERBIER DES DEMOISELLES

ou Traité complet de la Botanique présenté sous une forme nouvelle et spéciale

OUVRAGE ORNÉ DE PLANCHES ET ILLUSTRÉ DE JOLIES VIGNETTES.

Contenant 1° La description, les usages naturels et les harmonies des diverses parties des plantes. La manière de greffer les arbres. Les classifications botaniques et les règles pour herboriser. 2° La disposition d'un herbier. L'exposé des plantes les plus utiles; leurs usages dans les arts et l'économie domestique, et les souvenirs historiques et fabuleux qui y sont attachés. 3° Une petite flore simple et facile pour arriver à découvrir le nom des plantes.

PAR

## M. EDMOND AUDOUIT

Bachelier ès-sciences, Chirurgien de la marine royale;

DÉDIÉ A SON ALTESSE ROYALE MADAME LA PRINCESSE DE JOINVILLE

2e édition, revue, corrigée et augmentée d'un grand nombre de vignettes

1 beau vol. in-8 de 500 pages, illustré et orné d'un joli frontispice gravé avec le plus grand soin, figures coloriées, 10 fr.

## LE MÊME OUVRAGE

édition classique

ADAPTÉ A LA MÉTHODE D. LÉVI

1 charmant vol. in-18, format anglais, fig. noires, 5 fr.

―――

Tout exemplaire non revêtu de ma griffe sera réputé contrefait.

— Corbeil, imprimerie de CRÉTÉ. —

# L'HISTOIRE DE L'ALGÉRIE

## RACONTÉE A LA JEUNESSE

### PAR Mme LA COMTESSE DROHOJOWSKA

NÉE SYMON DE LATREICHE.

---

**OUVRAGE DIVISÉ EN TROIS PARTIES :**

1º Des temps primitifs jusqu'à la conquête arabe ; 2º Domination arabe, Domination turque ; 3º Domination française, jusqu'au gouvernement de S. A. R. Monseigneur le duc d'Aumale.

PRÉCÉDÉ D'UNE PRÉFACE

**M. D. LÉVI ALVARÈS**

A SES COURS D'ÉDUCATION

ET FAISANT SUITE

d'histoires racontées à la jeunesse et aux enfans,

**PAR M. LAMÉ FLEURY.**

## PARIS

A. ALLOUARD, LIBRAIRE-ÉDITEUR — COMMISSIONNAIRE,

Successeur de P. Dufart et de Gel Warée,

10, RUE DE SEINE, FAUBOURG SAINT-GERMAIN.

**1848**

# HISTOIRE
# DE L'ALGÉRIE

## RACONTÉE A LA JEUNESSE

### PAR M.<sup>me</sup> LA COMTESSE DROHOJOWSKA
NÉE SYMON DE LATREICHE

OUVRAGE DIVISÉ EN TROIS PARTIES :

1. La Régence d'Alger depuis le comptoir arabe, la domination arabe, fondation turque ;
2. La domination française, jusqu'à présent ;
3. L'Administration de la Colonie.

### M. D. LÉVI ALVARÈS
A SES CO-OPÉRATRICES

EN FAISANT SUITE
à l'Ouvrage spécial sur les pensées et ouvrages.

PAR D. LÉVI ALVARÈS.

PARIS
A. ALLOUARD, LIBRAIRE-ÉDITEUR-COMMISSIONNAIRE,
succursale de la rue St-Raphaël, et la Salpêtrière.
70, RUE DE SEINE, FAUBOURG SAINT-GERMAIN.

1860

# PRÉFACE

**QUELQUES MOTS SUR CET OUVRAGE.**

Tous les regards sont aujourd'hui fixés sur l'Algérie ; les espérances de l'avenir reposent sur la fertilité et sur la civilisation de cette terre de la conquête française.

Cependant, tandis que de doctes voyageurs et d'habiles écrivains publient leurs laborieuses recherches sur l'histoire et les mœurs de l'Algérie ancienne et moderne, il ne s'est pas encore trouvé d'auteurs qui aient pensé à mettre à la portée de la jeunesse les nombreux ouvrages parus jusqu'à ce jour sur cet intéressant sujet.

Les enfants n'ont pas de livres classiques où ils puissent étudier aussi le passé et le présent des peuples de ce beau pays.

Les quelques notions qu'ils ont lues çà et là se bornent à quelques faits détachés et vagues sur la Numidie.

Après les guerres puniques, après les troubles et les factions de l'Empire et les victoires de Bélisaire, l'Afrique s'enveloppe pour eux d'un voile impénétrable.

A peine ont-ils entendu parler des lieutenans de Mahomet ; peut-être même ont-ils maudit ces populations fanatiques des États Barbaresques, sans comprendre ce qu'il y a de noble et de généreux dans le cœur de ces Arabes, appelés un jour, nous le pressentons, à bénir les bienfaits du Christianisme et de la civilisation européenne.

C'est cette lacune dans nos livres d'instruction élémentaire, que madame la comtesse Drohojowska a cherché à remplir, elle l'a fait avec un talent et une conscience qu'apprécieront toutes les personnes qui s'occupent de la jeunesse.

S'il nous était permis de dire toute notre pensée sur un ouvrage sorti de la plume de l'une de nos plus brillantes élèves, nous ajouterions que l'*Histoire racontée de l'Algérie* est digne de continuer l'utile *collection de* M. Lamé-Fleury que nous avons adoptée pour nos cours élémentaires.

L'auteur s'est, on le voit, entourée de tous les documents qui ont été publiés sur l'Algérie ; elle a su analyser avec goût et discrétion les travaux de MM. Galibert, Rosalier, Genty de Bussy, Clausel, Bugeaud, Baude, Richard, les annales de l'Algérie, les mémoires adressés aux Chambres, le travail du Père Enfantin.

Telles sont, avec les bulletins de l'armée, les sources riches et précieuses où notre jeune auteur a largement puisé.....

La tâche était délicate et difficile; il fallait choisir avec discernement; exclure toute opinion personnelle, tout esprit de parti, toute adulation insolite; ne voir que le fait, rien que le fait; le raconter dans un style simple, correct, élégant, quelquefois animé, pour attacher et instruire les enfans avides de ces récits nouveaux pour eux.

Madame Drohojowska s'est tirée avec bonheur de ces difficultés; elle a complétement réussi.

Cet ouvrage mérite les encouragements des amis de la jeunesse par le but qu'il se propose. Il sera doublement utile : il donnera aux jeunes Français de justes et saines idées sur ce que l'Afrique a été autrefois, ce qu'elle est de nos jours, et sur les espérances qu'elle est appelée à réaliser. Aux jeunes Arabes, il parlera de la gloire de leurs ancêtres, des maux qu'ils ont soufferts par le fanatisme, et peut-être, grâce à l'éminent prélat qui sait insinuer dans les âmes sa parole évangélique, grâce au gouvernement paternel et conciliant de l'un des fils du Roi des Français, les enfants de la nouvelle Numidie s'embrasseront-ils comme frères de la même famille religieuse et politique, et feront-ils ensemble des vœux ardents pour le bonheur de la France, leur patrie commune!

1ᵉʳ novembre 1847.

**D. LÉVI ALVARÈS.**

# CHAPITRE PREMIER.

## INTRODUCTION.

**Algérie. — Trois provinces. — Atlas. — Défilés. — Cours d'eau. — Animaux domestiques. — Animaux sauvages. — Climat. — Sol. — Productions.**

Il n'est aucun d'entre vous, mes jeunes amis, qui n'ait souvent entendu parler de l'Algérie, et cependant il n'en est aucun, peut-être, qui connaisse l'histoire de cette portion de l'Afrique, désormais française, grâce à notre conquête et à nos efforts patients de colonisation civilisatrice. Or, c'est cette histoire que j'entreprends de dérouler à vos yeux, heureuse de contribuer à votre instruction et aussi à vos plaisirs : car je suis sûre que vous éprouverez un vrai bonheur à connaître l'histoire, les mœurs, les usages si différents des nôtres, de ces peuples qui sont presque nos compatriotes, puisque la plupart d'entre eux sont déjà soumis à notre gouvernement.

Si vous ouvrez un atlas à la carte d'Afrique, votre œil, en suivant les côtes méridionales de la Méditerranée, embrassera tout de suite le territoire d'Alger, entre la régence de Tunis à l'est et l'empire du Maroc à l'ouest. Vous verrez immédiatement aussi, qu'il est divisé en trois provinces, celle d'Alger au milieu, celle de Constantine à droite, et celle d'Oran à gauche.

On vous a dit, en vous parlant géographie, que les montagnes d'Europe se rattachent à celles d'Afrique par un enchaînement sous-marin, et qu'elles sont ainsi réunies à la chaîne de l'Atlas. Eh bien, cette chaîne de l'Atlas traverse l'Algérie dans toute sa largeur, c'est-à-dire de l'ouest à l'est, de sorte que lorsqu'on est sur le littoral pour pénétrer dans l'intérieur, il faut absolument franchir ces hautes montagnes presque impraticables pour les indigènes eux-mêmes, si ce n'est à quelques endroits où la nature a ménagé des défilés étroits, dangereux, qu'on appelle Portes-de-Fer; et on les a bien nommés, non que ce soient des portes véritables, mais parce que les habitants du pays se croient aussi bien gardés que s'il y en avait réellement : en effet, il serait plus facile de renverser des fortifications élevées par les mains des hommes que de vaincre de semblables difficultés.

En France, nos fleuves et nos grandes rivières sont navigables et permettent aux navires d'une certaine dimension de venir de nos ports de mer jusque dans l'intérieur des terres. En Afrique, il n'en est point ainsi; les nombreux cours d'eau, larges, profonds et rapides du mois de novembre au mois de mars, époque où il pleut très-fréquemment, diminuent pendant l'été et insensiblement laissant la grève à sec, ressemblent à nos ruisseaux de France. On attribue cet effet à l'action du soleil qui est très-ardent, et vous concevez que cela change totalement l'aspect du pays qui ne paraît plus le même, vu en hiver, ou vu pendant la belle saison. Vous comprenez aussi, que cela rendrait le transport des récoltes et des marchandises plus difficile et plus coûteux qu'en Europe, si les Africains ne trouvaient dans leurs chameaux une grande ressource sous ce rapport. Ces animaux, qui ne peuvent être employés comme bêtes de trait, n'ont pas de pareils pour le transport des voyageurs et des marchandises; il en est qui font dans un jour neuf journées de marche d'un homme. Pour peindre leur excessive vitesse, les Arabes ont coutume de dire que ceux qui les montent n'ont pas le temps de se saluer quand ils se rencontrent. Outre le chameau, l'Algérie possède d'excellents chevaux dont les Romains faisaient un grand cas et qu'ils désignaient sous le nom de chevaux numides. Leur rapidité ne peut être comparée qu'à leur vigueur et à leur force. On voit aussi en Afrique tous les animaux domestiques de l'Europe.

Mais ce qui parfois pourrait vous faire trembler, ce sont les habitants terribles que renferme le désert, et qui de temps à autre se hasardent à faire des excursions au milieu des contrées habitées; je veux parler du lion, du tigre, de la hyène, de la panthère et du chacal, qui tous, comme vous le savez, appartiennent à la famille des carnivores et sont féroces et redoutables, surtout quand la faim les presse.

Du reste, ne vous hâtez pas de vous figurer une nature sombre et sévère, en harmonie avec ces hôtes farouches. Tout au contraire, l'Algérie est une terre admirable où le climat est superbe, pas trop brûlant, tempéré, en certains endroits, par d'abondantes rosées, qui suppléent en été au manque de pluie, et ailleurs par les brises périodiques. Le sol y est si fertile que pendant la domination romaine, ce pays et celui de Tunis étaient appelés le grenier de Rome. De plus, il y est hospitalier, et accueille volontiers toute plante européenne qui acquiert, dès qu'elle lui est confiée, un développement incroyable. Parmi les arbres et les arbustes qui y croissent naturellement, ou qui s'y propagent sans culture, je puis vous en citer que vous connaissez, pour les avoir vus dans nos serres ou dans nos jardins; ce sont : les myrthes, les lauriers-roses, les cactus, le jujubier, la vigne, le citronnier, l'oranger, le grenadier. Combien l'œil doit être charmé en contemplant cette belle végétation; combien surtout l'air doit être embaumé par ces suaves émanations, par ces parfums divers et délicieux! Cependant, la richesse de ce sol fertile n'est pas toute étalée à la vue : les entrailles de la terre y recèlent en outre des mines fécondes et de très-beaux marbres. On y trouve des pierres précieuses, même des diamants.

Maintenant, mes jeunes amis, que vous avez une idée du territoire, nous allons entrer réellement en matière et, remontant aux âges primitifs, voir ensemble quels en furent les premiers habitants.

# CHAPITRE II.

### Peuples primitifs.

[XVII⁰ SIÈCLE AV. J. C.]

Peuples primitifs. — Lybiens. — Gétules. — Maures. — Hébreux. — Numides et Berbères. — Influence des dominations étrangères. — Gouvernement. — Religion.

Jusqu'à présent, en étudiant les différentes histoires, vous avez dû remarquer l'incertitude et l'obscurité qui enveloppent leurs commencements et qui règnent particulièrement sur les habitants primitifs de chaque pays. Cette incertitude est la même au sujet de l'Algérie, et voici ce que nous savons de plus probable, sans que nul auteur ait osé cependant le garantir. Les Lybiens et les Gétules, réunion hétérogène d'hommes de races diverses, nègres, blancs et olivâtres, mais tous barbares et à demi sauvages, sont les plus anciennes populations du nord de l'Afrique dont il soit fait mention. On prétend qu'à la suite d'Hercule, des Mèdes, des Perses et des Arméniens vinrent s'y fixer, et, s'alliant aux Lybiens, donnèrent naissance à cette grande race des Maures que vous avez vus s'établir longtemps après en Espagne, et même venir jusqu'en France.

Quant aux Gétules, ils repoussèrent toute alliance, se confinèrent dans les vallées de l'Atlas où ils se formèrent en tribus. Ce sont les mêmes que les Berbères ou Barbares; c'est à eux que l'on a emprunté le nom d'États barbaresques donné à l'Afrique septentrionale.

Enfin, selon quelques historiens, un nouveau flot d'émigrants vinrent encore se joindre aux Lybiens, aux Mèdes et aux Perses : c'étaient les peuples de Chanaan fuyant devant les armes victorieuses de Josué, lorsqu'il introduisit les Hébreux dans la terre promise. — Cette opinion semble confirmée par des traditions qui existent encore parmi les Arabes et qui désignent certaines tribus comme descendant directement, les unes des Chananéens, les autres des Amalécites.

Des éléments divers et nombreux qui ont concouru à la formation des peuples atlantiques, sont résultés deux races distinctes, qui depuis plus de deux mille ans ont vécu l'une près de l'autre sans se mêler ni se confondre; ce sont : les nomades et les sédentaires. L'antiquité les désignait sous la dénomination générale de Numides et de Berbères; nous les appelons les Arabes et les Kabaïles.

Il est essentiel, que vous compreniez bien la différence qui existe entre ces deux races, afin que vous puissiez suivre parfaitement les développements de l'histoire. Aucun peuple, peut-être, n'a conservé aussi bien son caractère spécial que les habitants de l'Algérie. Les siècles ont passé sans apporter de modifications à leurs mœurs, à leurs habitudes, à leur manière de vivre. Les Kabaïles de nos jours, comme les Gétules primitifs, comme les Berbères des anciens, sont agricoles et industrieux, ils vivent en tribus, recherchent le calme et la solitude, et ont un amour extrême pour le sol natal dont ils s'éloignent rarement. Ils sont économes et laborieux et, ce qui viendrait à l'appui de l'émigration chananéenne, on retrouve chez eux, toujours en vigueur, le mode de culture en usage dans le pays de Chanaan.

Mais ce sont surtout les Numides qui, sous leur nouveau nom d'Arabes, sont encore ce qu'ils ont toujours été. Ce sont d'intrépides cavaliers, petits, maigres et basanés, le regard vif, la main sûre, montés à poil sur des chevaux infatigables, harcelant l'ennemi et fuyant tout combat sérieux. Pasteurs et nomades, ils habitent sous des tentes qu'ils enlèvent à leur gré pour les dresser plus loin. Tels votre jeune imagination peut les voir apparaissant il y a des siècles aux Romains étonnés, tels en 1830 ils se sont montrés à notre armée, tels on les retrouve maintenant encore. Plus tard, mes amis, lorsque vous lirez les auteurs anciens, vous croirez avoir sous les yeux quelques pages de l'histoire de notre conquête, tant est grande l'immobilité de ces peuples.

En Afrique, vous verrez les dominations étrangères se succéder et s'éteindre et les peuples qui les ont précédées toutes, leur survivre à toutes. Ce résultat est facile à expliquer et à comprendre : ailleurs, les populations primitives ont disparu, parce que les vaincus s'étant mêlés aux vainqueurs se sont incorporés à eux. Ici, au contraire, les vaincus se sont isolés, ils ont conservé intactes leurs traditions et leurs mœurs, aussi sont-ils restés les mêmes; tandis que les différentes dominations sont tombées, faute d'avoir été assises sur des bases larges et solides.

Mais laissons ces observations que les événements qui vont suivre développeront, et achevons de jeter notre coup d'œil sur l'état des tribus libyennes et gétules, au moment où la civilisation phénicienne et la civilisation grecque s'introduisent en Afrique, par la fondation de Carthage et de Cyrène.

Le pouvoir était absolu; mais il était sans cesse disputé, et par conséquent à la merci du plus fort ou du plus ambitieux. Les croyances religieuses semblent avoir été les mêmes pour tous les peuples de l'Afrique septentrionale. Ils adoraient le soleil, la lune et tous les astres; un feu perpétuel et sacré était entretenu avec soin dans des espèces de temples, et ils offraient en sacrifice à leurs divinités des victimes humaines. Ce culte et ces pratiques avaient été apportés, sans aucun doute, par les premières colonies asiatiques. — Il vous sera facile de vous en convaincre, en vous remémorant l'histoire de la religion des peuples d'Asie et surtout des Perses.

# CHAPITRE III.

**Carthage.**

[ DE 860 A 480.]

Carthage. — Situation. — Colonies. — Politique carthaginoise. — Système colonial. — Cyrène. — Son commerce. — Lybie pentapole. — Jalousie de Carthage. — Expédition de Sicile.

Je ne vous dirai pas, mes jeunes amis, la fondation de Carthage que l'on vous a déjà racontée dans l'histoire ancienne. Je ne m'étendrai pas non plus sur les prospérités de cette république, ni sur les guerres puniques dont vous connaissez également les principaux événements et les résultats. — Je ne vous montrerai donc Carthage que sous le point de vue de ses rapports avec les contrées qui nous occupent; car vous savez que, quoique bâtie au nord de l'Afrique, cette opulente cité n'était point sur le territoire actuel de l'Algérie, mais plus à droite, vers la pointe orientale, à l'endroit où se trouve aujourd'hui Tunis.

Purement commerciale d'abord, Carthage, pour protéger et affermir ses relations qui s'étendaient à tout le monde connu à cette époque, fut bientôt obligée de devenir une puissance militaire et conquérante. Elle voulut commencer par asseoir sa domination en Afrique. Comme à ce moment, elle était déjà la reine des mers, rien ne lui résista, et tout le littoral, depuis la petite Syrte ou golfe de Gabès au sud-est de la régence de Tunis jusqu'aux colonnes d'Hercule, se soumit à ses lois et reçut des colonies. Parmi ces colonies, dont le nombre, suivant certains auteurs, s'élève à plus de trois cents, je vous en nommerai quelques-unes, parce qu'elles sont encore des villes importantes : Ubbo (Bone), Igilgiles (Gigel), Saldæ (Bougie), Jol, nommée ensuite Julia-Cæsarea (Cherchell), et enfin Icosium (Alger).

L'occupation carthaginoise ne chercha jamais à pénétrer dans les terres. Se fixer sur les côtes, y établir ses comptoirs, placer ses produits, se procurer ceux de l'intérieur, tel était le désir et le but de la république marchande qui employait toute espèce de séductions et de promesses avant de se décider à recourir à la violence et à la force des armes. Aussi sa domination s'étendit-elle pacifiquement et en général sans effusion de sang.

Vous devez vous souvenir de la maxime célèbre de Jules-César : diviser pour régner. — Eh bien, mes amis, Carthage pourrait en revendiquer l'honneur ou plutôt la mise en pratique. Pendant les six siècles de son existence, ce fut toujours le mobile de sa politique. Après avoir attiré à son service par l'appât d'une forte solde, l'élite des populations libyennes, elle cherchait à maîtriser le reste des tribus, et à les mettre dans l'impossibilité de lui nuire, en fomentant leurs divisions et leurs haines et en les opposant sans cesse les unes aux autres.

Non-seulement, Carthage demandait aux peuples de l'Atlas sa cavalerie et ses meilleurs soldats, mais encore elle leur empruntait un des principaux éléments des colonies commerciales et agricoles qu'elle formait en majeure partie d'Africains. On nommait ces colons, Liby-Phéniciens, c'est-à-dire Libyens déjà façonnés à la civilisation phénicienne. — De plus, la métropole se servait de ses sujets indigènes pour le commerce avec l'intérieur. Par eux elle se procurait les riches pelleteries, l'or en poudre ou en grains, les dattes et surtout les esclaves noirs qu'elle allait revendre aux autres peuples et qui lui fournissaient d'excellents rameurs pour sa marine.

Carthage laissait à ses établissements coloniaux une grande liberté. Chacun d'entre eux avait son gouvernement particulier qui consistait, généralement, en des conseils organisés sur le modèle de ceux de la mère patrie. Quoiqu'ils reconnussent les lois fondamentales de la métropole, leur dépendance était volontaire, et n'existait qu'autant qu'elle leur paraissait conforme à leurs intérêts. D'après cet exposé, il vous est facile de reconnaître que les tribus libyennes étaient plutôt des alliés que des sujets et qu'au premier mécontentement il deviendrait aisé de les détacher de leur suzeraine. C'est ce qui arriva et ce qui perdit Carthage.

Mais avant de passer à ces grands événements revenons un moment sur nos pas.—A la fin du dernier chapitre je vous ai parlé, si je m'en souviens bien, de la civilisation phénicienne et de la civilisation grecque introduites en Afrique. Je viens de vous montrer la première, ses progrès, son influence ; et quoique la seconde ait eu des résultats moins étendus, quoique, venue après Carthage et repoussée par elle, elle ait été forcée de se restreindre à une plus petite partie du littoral, elle a exercé néanmoins une action évidente sur toute l'Afrique, et d'ailleurs elle a eu une trop grande célébrité pour que nous la passions sous silence.

Bien des colonies grecques avaient déjà été jetées sur les côtes africaines, lorsque vers 675, c'est-à-dire un siècle environ après la fondation de Carthage, des Doriens vinrent aborder en Libye. Ils errèrent d'abord de contrées en contrées, puis s'arrêtèrent dans cette partie du littoral désignée de nos jours sous le nom de Barka dans la régence de Tripoli. Là, ils bâtirent une ville magnifique qu'ils appelèrent Cyrène. Bientôt d'autres Doriens vinrent rejoindre les premiers ; alors ils soumirent les indigènes, conquirent des villes et des provinces et se trouvèrent bientôt assez forts pour lutter avec les puissants satrapes d'Égypte. En même temps leur commerce prenait un grand développement, et Cyrène marchait sur la même ligne de prospérité que Marseille, sa rivale du Nord. Son territoire renfermait cinq villes grecques, ce qui lui fit donner le nom de Libye pentapole.

Carthage, jalouse de ces succès, songea à tourner ses armes contre les deux cités grecques ; mais Cyrène et Marseille

1.

étaient trop florissantes pour qu'elle osât les attaquer directement : aussi, déplaçant le lieu de la guerre, elle alla combattre les colonies grecques, dans leur point central d'Occident, je veux dire en Sicile. Vous vous souvenez d'avoir entendu raconter cette expédition ; et les noms inséparables de Syracuse et de Gélon, son héros, rappellent assez l'issue de cette lutte célèbre qui, en se renouvelant plus tard, servit de prétexte aux fameuses guerres puniques.

# CHAPITRE IV.

## Les mercenaires.

[DE 264 A 230.]

Organisation militaire de Carthage. — Les mercenaires. — Leur révolte après la première guerre punique. — Amilcar et Hannon. — Répression de la révolte. — La guerre se rallume en Sardaigne. — Intervention de Rome. — Perte de la Sardaigne.

La politique de Carthage toute tournée du côté mercantile devait lui faire redouter de dépeupler ses villes et ses colonies pour les besoins de la guerre. Dans ce cas le commerce et l'industrie eussent souffert de ses conquêtes et de ses tentatives d'agrandissement. Alors l'opulente république, considérant les hommes comme une marchandise, alla les acheter au dehors. A la Grèce elle demanda des stratégistes et des ingénieurs habiles, à la Gaule des guerriers invincibles, aux îles Baléares les archers les plus adroits qu'ait connus l'antiquité, à l'Espagne une infanterie aguerrie et infatigable, enfin à la Numidie la meilleure cavalerie du monde. C'est cette armée formée de tous les peuples connus, que l'on désigne par la dénomination de mercenaires. Tant que ces troupes, qui n'étaient unies entre elles par aucun lien moral, furent victorieuses et bien payées, elles se montrèrent pleines de zèle et de bravoure; mais quand vinrent les défaites et les désastres, quand vaincues par les Romains, après la première guerre punique que je ne fais qu'indiquer ici parce qu'on vous en a parlé ailleurs, elles furent forcées d'évacuer la Sicile et de rentrer en Afrique pauvres et décimées, quand surtout le payement de leur solde éprouva du retard, oh! alors, mes jeunes amis, ce ne fut plus cette armée si brave et si bien disciplinée que l'on admirait naguère. Les officiers subalternes donnèrent l'exemple de la rébellion, les soldats les imitèrent ; les chefs furent massacrés et bientôt tout fut à feu et à sang jusque sous les murs de Carthage. Aux mercenaires révoltés vinrent se joindre les habitants des villes maritimes, et ceux des colonies agricoles de l'intérieur que les nécessités de la guerre et l'exigence de Rome victorieuse avaient fait accabler d'impôts. Les populations de l'Atlas se hâtèrent aussi d'accourir pour prendre leur part de déprédation et de pillage. Grossis par ces recrues, les rangs des insurgés présentaient une multitude féroce qui menaçait Carthage de ruine et de mort.

Figurez-vous la position de cette malheureuse ville. Enveloppée de toutes parts d'un cercle de feu et de fer, réduite à l'enceinte de ses fortifications, sans soldats, sans marine, presque sans argent, son état semblait désespéré, mais l'excès même du péril en ranimant et en exaltant le courage de ses habitants fut ce qui la sauva. Deux fameux généraux, Hannon et Amilcar, lui restaient encore. Ennemis et rivaux (l'un représentait le parti aristocratique, l'autre s'était fait le champion du parti populaire), le danger de la patrie les rapprocha et leur bonne intelligence assura le succès de leur entreprise et termina heureusement la guerre.

Les mercenaires, vaincus dans deux grandes batailles, furent complétement défaits, dispersés et détruits. Les villes révoltées se soumirent, les tribus de l'Atlas regagnèrent leurs montagnes, l'Afrique entière rentra sous le joug, et Carthage fut sauvée après trois ans de guerre et d'alarmes. Cependant la lutte ne devait pas se terminer là : éteinte en Afrique, la guerre des mercenaires se réveilla en Sardaigne. Sur ce point elle acquit une plus grande importance encore et ses suites furent des plus désastreuses pour la métropole, parce qu'elle donna aux Romains l'occasion d'intervenir. En Afrique, Rome s'était contentée de fournir des armes aux révoltés, ici elle fit mieux : sous le prétexte de s'interposer entre eux et les habitants, elle s'empara de l'île et mit garnison dans les principales places fortes. Carthage irritée eut un instant la pensée de prendre les armes, mais la puissance romaine était si bien assise, si supérieure à la sienne, que le résultat d'une nouvelle lutte ne pouvait être douteux. La république africaine dut, non-seulement se résigner à lui abandonner la Sardaigne, mais encore acheter la continuation de la paix à prix d'argent.

# CHAPITRE V.

### Annibal.

[DE 228 A 219.]

Changement de politique à Carthage. — Amilcar passe en Espagne. — Asdrubal. — Fondation de Carthagène. — Annibal. — Prise de Sagonte. — Seconde guerre punique. — Annibal, suffète. — Son exil. — Sa mort.

Les suites qu'eut pour Carthage la guerre des mercenaires furent immenses. En renonçant à la Sicile et à la Sardaigne, elle perdit sa prépondérance maritime ; la Méditerranée ne lui appartenait plus. Le commerce, qui était sa vie et sa fortune, n'avait plus de débouchés ; par conséquent, il n'était plus possible. Toute voie lui étant fermée par mer, il fallait lui en ouvrir une par terre ; mais pour cela, changeant totalement la politique qu'elle avait suivie depuis sa fondation, il fallait, de puissance maritime, en faire une puissance continentale. Cette importante révolution fut accomplie d'une manière fort habile, sans transition brusque, par un homme, qui était en même temps un grand capitaine et un sage politique. Cet homme que vous connaissez, au moins de nom, c'était le père du fameux Annibal, c'était Amilcar.

Déjà célèbre par la première guerre punique et par celle des mercenaires qu'il avait vaincus avec l'aide d'Hannon, Amilcar débarqua en Espagne à la tête d'une nombreuse armée, établit rapidement la domination carthaginoise sur la majeure partie de la Péninsule, et périt glorieusement sur le champ de bataille. Asdrubal son gendre, lui ayant succédé dans le commandement des troupes, mérita aussi la confiance et l'estime que lui avaient accordées les Ibériens. Ce général fonda la célèbre colonie de Carthagène et poussa ses victoires jusqu'à l'Èbre qu'il ne put franchir parce qu'un des articles du traité fait avec les Romains le lui interdisait. Assassiné par un Gaulois, Asdrubal remit avant de mourir toute l'autorité entre les mains du fils d'Amilcar, jeune héros de 22 ans que chacun de vous a déjà nommé, j'en suis sûre.

A l'aspect de son jeune général, l'armée éclata en transports de joie, elle retrouvait en lui un autre Amilcar et mieux encore : c'était Annibal !... En héritant du commandement de l'armée, Annibal héritait aussi d'un vaste projet, d'un projet en harmonie avec le serment de haine et de mort aux Romains, qu'il avait prêté entre les mains de son père dès l'âge de neuf ans et dont la réalisation devait n'amener rien moins que la conquête et la ruine de Rome.

Annibal trouva une armée aguerrie, redoutable et redoutée ; mais ce qui valait mieux encore : ses prédécesseurs avaient, par une habile administration, par une politique prudente et pacificatrice, rallié tous les peuples à leur cause. En Espagne surtout ils s'étaient concilié tous les esprits, et les habitants de la Péninsule, réunis d'intérêts et de cœur à la métropole, ne devaient pas être considérés comme des vaincus, mais bien comme des sujets fidèles et dévoués.

Enfin, Sagonte, la célèbre alliée de Rome, tomba devant les troupes carthaginoises qui, en dépit, du traité passèrent l'Èbre ; le signal de la guerre partit de ce champ de bataille, et après vingt-quatre ans d'une paix douteuse, l'Europe et l'Afrique se levèrent encore l'une contre l'autre, toujours représentées par Rome et Carthage et personnifiées cette fois par deux grands noms : Annibal et Scipion.

Ici je m'arrête : j'ai voulu vous montrer Annibal en Espagne, donnant de nouvelles provinces à sa patrie. Maintenant qu'il a quitté Carthagène, qu'il a franchi les Alpes, je vous renvoie à vos souvenirs; vous connaissez ses actions en Italie, vous l'avez suivi pas à pas, vous vous êtes sentis émus au récit de sa bravoure et de son audace; tout ce que je pourrais vous dire ne serait donc qu'une répétition inutile.

Un mot seulement sur les dernières années de sa vie : après la deuxième guerre punique, les Carthaginois élevèrent ce grand homme à la dignité de suffète. On appelait ainsi les magistrats suprêmes que le peuple élisait chaque année. Les suffètes partageaient l'autorité avec le sénat, dont les membres étaient choisis dans l'aristocratie, et avec le tribunal des Cent spécialement destiné à surveiller tout ce qui concernait l'armée ou la flotte. Je vous disais qu'Annibal fut nommé suffète; mais, tourmenté par suite de l'inimitié de ses concitoyens, il fut obligé de quitter l'Afrique. Après s'être réfugié chez Antiochus, roi de Syrie, et y avoir habité quelque temps, il se retira chez Prusias, roi de Bythinie où il s'empoisonna. Ainsi finit ce héros; on lui fit porter la peine des fautes du gouvernement, et non-seulement on le sacrifia à une basse jalousie, mais encore, en lui refusant les moyens de combattre Rome, on précipita la ruine de Carthage.

# CHAPITRE VI.

**Fondation du royaume de Numidie.**

[DE 202 A 160.]

Galla et Syphax. — Sophonisbe fiancée de Massinissa est mariée à Syphax. — Massinissa prend parti pour Rome. — Scipion en Afrique. — Prise de Cyrtha. — Mort de Sophonisbe. — Massinissa, premier roi de Numidie.

Maintenant, mes jeunes amis, revenons un peu en arrière et voyons ce qui se passait en Afrique pendant que les Carthaginois s'emparaient de Sagonte. — Parmi les tribus libyennes que je vous ai montrées tributaires ou alliées de Carthage, deux surtout se faisaient remarquer par leur nombre et leur puissance. Les Massiliens qui composaient la première, avaient pour centre de leurs forces, Zama, ville située à cinq journées de marche de Carthage : leur chef était Galla, dont le fils, Massinissa joue un grand rôle dans l'histoire numidique ; la seconde était celle des Massæsyliens : ils avaient Syphax pour chef, et pour capitale une ville de la province d'Oran, aujourd'hui ruinée et qu'on nommait Siga.

Galla était l'allié fidèle de Carthage, et le courage de son fils qui se battait pour elle en Espagne, était stimulé par le trésor qui lui était destiné : on l'avait fiancé à la plus belle personne de toute l'Afrique, à Sophonisbe, fille d'Asdrubal. Massinissa avait pour elle la plus tendre affection et attendait avec impatience le moment qui devait les unir, lorsqu'il apprit que le sénat la mariait à Syphax.

Je vous laisse à penser si le prince numide fut offensé et irrité de cet affront, qui était d'autant plus injurieux que Syphax avait déclaré la guerre à Galla et venait de le déposséder de ses États. Aussi sans hésiter, Massinissa quitta-t-il l'armée d'Annibal pour entrer dans celle de Scipion qui le reçut avec distinction.

Voici le motif de la conduite du sénat : Syphax, qui était loin d'être aussi fidèle à la métropole que Galla, avait reçu les avances des Romains, qui lui avaient même envoyé un de leurs capitaines, nommé Statorius, pour lui former un corps de jeunes Numides qui combattissent à la manière des légions. C'est alors que se sentant fort de la force de ses alliés, le roi libyen attaqua Galla, qu'il considérait comme son rival, et qu'après l'avoir vaincu il menaça Carthage elle-même. Celle-ci ne trouva d'autre expédient pour le rattacher à sa cause que de lui promettre la main de Sophonisbe.

Alors les rôles changèrent : Syphax abandonna le parti de Rome, tandis que Massinissa l'embrassait avec ardeur. — Sur ces entrefaites, Galla étant mort, Massinissa, qui devait lui succéder, était roi, mais roi sans royaume, car les quelques débris de l'héritage de son père, qui n'avaient pas été envahis par Syphax, étaient tombés au pouvoir de ses oncles. Revenu en Afrique, le manque d'armée et de ressources ne le découragea pas. Il se pose en prétendant, reçoit quelques secours de Bocchus, roi de Mauritanie, et avec ces auxiliaires reprend ce que ses oncles avaient usurpé. Tout son courage et ses talents militaires ne peuvent rien contre les phalanges aguerries de Syphax et il est obligé d'attendre l'arrivée de Scipion. Dès que l'armée romaine a posé le pied sur la terre d'Afrique il se hâte d'aller la rejoindre, se range sous ses drapeaux, fait cause commune avec elle, et après plusieurs autres conquêtes s'empare de Cyrtha (aujourd'hui Constantine). Dans cette ville il retrouve Sophonisbe devenue l'épouse de Syphax.

Malheureusement les lois de la guerre, si rigoureuses à cette époque, vouaient la fille d'Asdrubal à l'esclavage des Romains.

Le roi numide espérant la soustraire à ce sort avilissant se hâta de l'épouser. Ce mariage ayant déplu à Scipion, Massinissa comprit sur-le-champ qu'il fallait immoler son amour à son ambition. Il ne balança pas, et voulant dérober Sophonisbe à toute humiliation, il lui proposa la mort qu'elle préféra à la perte de la liberté ; il la fit empoisonner. Peu de temps après ce sacrifice, Massinissa reçut en présence de toute l'armée, le titre de roi et la couronne d'or, emblème de la puissance. Rome lui offrait ainsi un dédommagement et une consolation. L'enivrement des honneurs, l'espoir de réunir un jour toute la Numidie sous ses lois, firent oublier à ce prince la perte d'une femme que, cependant, il aimait tendrement.

C'est que l'ambition absorbe complétement le cœur qui s'y livre. Elle domine toutes les autres passions qu'elle fait taire. A chaque feuillet de l'histoire, vous en verrez de nouvelles preuves.

A la bataille de Zama qui vit le dernier effort d'Annibal, ce fut Massinissa qui renversa l'aile gauche de son armée. — Après la victoire, désireux de couronner son succès par la prise du héros carthaginois, quoique blessé il le poursuivit lui-même.

Lorsque, la guerre étant terminée, Scipion revint à Rome, il laissa son allié et ami, non-seulement maître de tous les États héréditaires de sa famille, mais encore de tout ce que Syphax avait possédé en Numidie.

Il réunit tout le territoire entre Cyrène et la Mauritanie et en forma un seul empire dont il fut le premier roi et qu'il nomma royaume de Numidie.

# CHAPITRE VII.

## Grandeur et prospérité du royaume de Numidie.

[DE 149 A 115.]

Massinissa et Carthage. — Troisième guerre punique. — Destruction de Carthage. — Éclat du règne de Massinissa. — Micipsa. — Apogée de la grandeur numidique. — Politique de Rome. — Jugurtha.

Les années n'affaiblissaient point le souvenir de l'outrage dans le cœur du prince africain. Aussi, âgé de plus de 90 ans, se mit-il à la tête de ses troupes pour s'emparer de Carthage; mais la politique romaine ne lui permit pas de poursuivre ce but. La cité phénicienne était une proie qu'elle avait marquée comme devant lui revenir à elle seule. Les succès faciles de Massinissa lui firent juger que la dernière période de décadence et de faiblesse était arrivée.—Alors, profitant du premier prétexte, elle prétendit que Carthage, en se plaignant à elle des violences de ses alliés les Numides, violait le traité, et la 3ᵉ guerre punique fut déclarée. Vous connaissez, mes jeunes amis, ses épisodes et ses résultats. Vous savez le courage et l'héroïsme qui signalèrent les derniers efforts de l'ancienne reine des mers et la rigueur sans pitié de Rome victorieuse.

Pendant cette guerre, Massinissa mourut. Son règne avait été glorieux, civilisateur surtout. Ce prince dont le génie était remarquable, avait su mettre à profit les loisirs de la paix pour faire faire un pas immense aux peuples soumis à ses lois. Il enseigna aux Numides errants à tirer parti de la fertilité de leur sol, et les soixante années de son administration éclairée et énergique, apportèrent un changement immense, soit dans les campagnes, soit dans les villes, dont la plus grande et la plus peuplée était Cyrtha. Elle s'enrichit surtout sous le règne de Micipsa, qui continua l'œuvre de son père.

Là semble s'être réfugiée la civilisation carthaginoise. Par les soins de Micipsa, de magnifiques édifices viennent l'embellir. — Les arts et l'industrie y sont apportés par des colonies grecques et romaines qui s'y établissent, et telle était alors sa splendeur et sa force que, d'après le rapport d'un auteur latin de cette époque, elle pouvait aisément, à elle seule, mettre sur pied, en cas de guerre, 10,000 cavaliers et 20,000 fantassins. Les littératures grecque et latine y trouvèrent aussi d'habiles imitateurs.

Pendant les trente années du règne de Micipsa, cette prospérité alla toujours en croissant. Ce fut réellement l'apogée de la grandeur numidique; mais avec lui, elle s'arrêta ou plutôt elle disparut.

Plusieurs motifs amenèrent ce résultat. — D'abord les Romains qui, depuis les guerres puniques, exerçaient un haut patronage sur l'Afrique septentrionale, voyant leur pouvoir s'y consolider, songeaient à y établir une domination absolue, et, pour préparer les voies, cherchaient à retirer aux fils les largesses faites aux pères, et à diminuer leur pouvoir. Ensuite, Micipsa en mourant fit une faute, toujours fatale aux États, en démembrant son royaume en trois parts : une pour chacun de ses fils, et une pour un neveu qu'il favorisait ainsi, par crainte plutôt que par affection.

Ce neveu, qui était Jugurtha, n'avait qu'un but, qu'un désir : régner seul. Pour y arriver il fallait se débarrasser de ses deux cousins; peu délicat sur le choix des moyens, voici comment il s'y prit. Il fit assassiner Hiempsal l'aîné, et vainquit Adherbal, le second, dans une grande bataille. — Il est donc enfin maître de tout le royaume, son ambition ne connaît plus de bornes; mais vous allez voir comment elle amène la chute de sa patrie et sa propre ruine.

## CHAPITRE VIII.

### Guerre de Jugurtha.
[DE 115 A 106.]

Parallèle entre Jugurtha et Abd-el-Kader. — L'or de Jugurtha et le sénat romain. — Partage entre Jugurtha et Adherbal. — Blocus et capitulation de Cyrtha. — Mort d'Adherbal. — Arrivée d'une armée en Numidie. — Jugurtha à Rome. — Meurtre de Massiva. — Guerre numidique. — Marius. — Prise et mort de Jugurtha.

Cette guerre que l'on désigne aussi sous le nom de guerre numidique est très-curieuse à connaître, surtout pour nous autres Français, en ce sens qu'elle offre une analogie frappante avec notre situation actuelle en Algérie, et qu'on peut établir un parallèle facile entre Jugurtha et Abd-el-Kader, le chef de l'opposition à la domination française.

Adherbal, chassé de ses États, s'était réfugié à Rome et avait demandé au sénat asile et secours. A cette époque déjà, la corruption et l'amour de l'or s'étaient glissés au sein de cette austère assemblée. Jugurtha le savait et, quelques jours après l'arrivée d'Adherbal, ses émissaires se répandaient dans Rome, chargés de magnifiques présents. — Aussitôt la faveur de tous ces nobles patriciens lui fut acquise. C'est à peine si quelques voix s'élevèrent pour le pauvre opprimé : leurs protestations ne furent pas écoutées, et l'on se contenta de nommer des commissaires chargés de régler un nouveau partage. Ces commissaires, eux non plus, ne résistèrent pas à l'offre d'un peu d'or, et Adherbal dut se contenter de la part que voulut bien lui faire son ennemi.

A peine libre par le départ de ces arbitres, Jugurtha va assiéger son parent dans Cyrtha. Trop forte pour être prise d'assaut, la ville fut étroitement bloquée et réduite à la famine.
— Adherbal eut la loyauté imprudente de se fier à son rival, il se rendit sur parole, et, le croiriez-vous, mes jeunes amis, Jugurtha le fit périr dans d'affreux supplices, lui et tous ceux qui avaient combattu pour sa cause.

Ce crime affreux souleva la plus vive indignation parmi les Romains. Le peuple force le sénat à envoyer une armée en Numidie; mais les chefs à peine arrivés se laissent corrompre et signent un traité. Le peuple irrité mande Jugurtha à Rome, il s'y rend et une fois encore réussit à acheter la paix, lorsqu'un nouveau crime, le meurtre de Massiva, petit-fils de Massinissa, assassiné dans Rome même, vient faire déborder la mesure : la guerre est définitivement résolue. En quittant la capitale du monde, Jugurtha prononça ces paroles célèbres : « O ville vénale, le jour où il se présentera un homme assez riche pour t'acheter, tu périras. »

Cette guerre dura sans interruption sept années entières, et l'Italie envoya en Afrique six grandes armées qui reçurent encore de nombreux renforts. Les généraux les plus habiles, les stratégistes les plus consommés les commandaient et tout cela en vain. Les efforts les plus patients, les mieux combinés venaient échouer contre le génie opiniâtre du héros numide qui achetait les uns, entraînait les autres dans des embuscades, les fatiguait tous, sans leur laisser remporter de sérieux avantages, et qui, lorsque Métellus eut relevé la fortune romaine et abaissé la sienne, continuait encore à les harceler et leur échappait sans cesse.

Au fameux Marius était réservée la gloire de le saisir, encore cette gloire fut-elle due à la trahison d'un des siens, Bocchus, roi de Mauritanie, son beau-père et son allié, qui le livra à ses ennemis.

Pris te conduit à Rome, Jugurtha orna le triomphe de Marius et ensuite mourut de faim dans un cachot, à l'âge de 54 ans.

Telle fut la fin de celui, qui par son courage autant que par son génie, a mérité de devenir une des célébrités de l'Afrique septentrionale ; — de celui que Rome eut tant de peine à vaincre, qu'elle le compara à Annibal ; — de celui enfin qui, malgré ses crimes, a laissé un nom et un souvenir, chers aux peuples de l'Atlas.

# CHAPITRE IX.

## Domination romaine.

[DE 106 A 45.]

L'Afrique sous les Romains. — Hiempsal II. — Système de Rome. — Richesse du sol mise à profit. — Influence de la civilisation sur les indigènes. — Révoltes. — Les guerres civiles de Rome trouvent un écho en Afrique. — Juba. — Scipion. — Caton d'Utique. — Jules-César. — Réunion de la Mauritanie orientale à la province romaine.

A la fin de la guerre numidique seulement, commence réellement la domination romaine en Afrique, et c'est cette période, mes amis, qui va nous occuper aujourd'hui. Là, comme dans tout l'Occident, l'élément latin domine complétement l'élément national, avec cette différence toutefois, que les peuples de l'Atlas n'acceptèrent la civilisation étrangère que momentanément et qu'ils la subirent plutôt qu'ils ne se laissèrent dompter par elle.

Si l'Afrique avec ses trois cents villes florissantes et sa métropole aux sept cent mille habitants, avait été grande et puissante sous la domination carthaginoise, si, énergiquement gouvernée par Massinissa et Micipsa, elle avait été productrice et forte, ce fut bien mieux encore sous les Romains qui, avec leur tact parfait des hommes et des nations, empruntèrent aux gouvernements précédents, tout ce que leur politique avait eu de bon.

Avec son habileté ordinaire, Rome, pour dissimuler son insatiable amour de conquêtes, ne s'était pas emparée de tout le territoire. Elle avait laissé une partie du centre à Hiempsal II, petit-fils de Massinissa, et l'en avait reconnu roi ; mais, comme vous devez bien le penser, elle avait mis le roi et le royaume hors d'état de lui nuire, du moins quant au moment présent.

La fertilité du sol concordait avec les besoins des Romains, qui, ne récoltant pas en Italie les grains nécessaires à leur subsistance, les demandèrent en tribut à leurs nouvelles colonies. Chaque année les moissons africaines leur fournirent des blés pour leur alimentation pendant six mois au moins.

Cet état prospère exerça son influence sur les populations nomades, et l'on vit un certain nombre de Numides et de Gétules abandonner la vie errante, pour s'adonner à la culture et aux travaux sédentaires. Plus l'empire était fort, plus l'Afrique était calme. Mais lorsqu'il s'affaiblit, la colonie comprenant sa force, se révolta souvent ; et comme chacune de ses révoltes menaçait Rome de la disette, vers la fin de l'empire, le sénat alla jusqu'à s'opposer à la répression de l'insurrection, dans la crainte de voir, en cas de guerre ouverte, les blés cesser d'arriver.

Les guerres civiles trouvèrent toutes leur écho sur la terre d'Afrique. Marius, Sylla, Pompée, César viennent tour à tour se placer sur cette vaste scène. Les habitants des colonies romaines et les indigènes eux-mêmes s'engagent dans la lutte et y prennent une part active.

Juba, un des rois du pays, joua surtout un grand rôle dans la guerre qui eut lieu entre Scipion, Caton d'Utique et César. — Vous vous souvenez, mes amis, d'avoir vu, dans l'histoire romaine, que ce dernier reçut ce surnom, parce que ne pouvant défendre contre César la ville africaine d'Utique, il préféra la mort au déshonneur de se rendre à son ennemi et se perça lui-même de son épée.

César fut vainqueur là comme il l'avait été partout, et bientôt il demeura seul maître du théâtre de la guerre. — Scipion avait voulu se réfugier en Espagne, mais surpris par la tempête fut rejeté sur les côtes d'Afrique et périt près d'Hyppone. Juba, suivant l'exemple que lui avait donné Caton, s'était suicidé. César réunit alors à la province romaine tous les États de Juba, qui comprenaient une vaste étendue, puisque ce prince avait ajouté au petit royaume de Numidie, laissé à Hiempsal II, toute la Mauritanie orientale, c'est-à-dire le territoire actuel d'Alger et d'Oran.

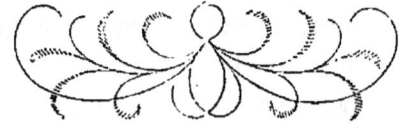

# CHAPITRE X.

**Rétablissement du royaume de Numidie.**

[32 av. j. c. — 30 ap. j. c.]

Organisations successives en Afrique. — Auguste rétablit le royaume de Numidie. — Juba II. — Sélène. — Fondation de Julia-Cæsarea. — Civilisation. — Littérature. — Mort de Juba. — Ptolémée.

L'organisation donnée à l'Afrique par Jules-César ne fut que momentanée. On la changea d'abord à la mort de deux princes de Mauritanie, Bocchus et Bogud, qui léguèrent leurs États aux Romains. Ensuite Auguste en forma un royaume en faveur de l'héritier des rois de Numidie, Juba II, qu'il avait fait élever à Rome avec un soin tout particulier, et qu'il aimait d'une tendre affection. Peu de temps après l'avoir fait roi, il lui fit épouser Sélène, fille d'Antoine et de la belle Cléopâtre.

Ce jeune prince était fils de Juba I$^{er}$. Tout enfant, à la mort de son père, il avait été fait prisonnier et conduit en Italie pour orner le triomphe de Jules-César.

Auguste connaissait trop bien la noblesse de caractère de son protégé pour redouter qu'il abusât de la puissance qu'il mettait entre ses mains; aussi, le rétablissement du royaume de Numidie peut-il être considéré, autant comme un acte de haute politique que comme un simple mouvement de générosité. En effet, en gagnant le cœur des Numides à l'empereur il assurait sa domination réelle en diminuant sa domination territoriale.

Juba, bien décidé à conserver toujours la paix avec Rome, reporta sur les arts et les sciences toute l'activité naturelle aux Africains, et qu'il possédait à un plus haut degré, peut-être, que tout autre. Le premier emploi qu'il fit de son autorité, fut la fondation, sur l'emplacement de l'ancienne Jol, d'une magnifique capitale à laquelle il donna, par reconnaissance, le nom de Cæsarea : c'est aujourd'hui Cherchell. Ce prince se fit dans les lettres une réputation justement méritée. Par malheur il ne nous est resté de ses œuvres, toutes scientifiques et historiques, que des titres avec quelques fragments qui nous font déplorer la perte de la presque totalité.

Les progrès que le gouvernement d'un homme aussi éclairé fit faire à l'Afrique, furent tels qu'Auguste, jugeant que c'était le meilleur moyen de civilisation pour tout le pays, reprit à Juba, pour les annexer à la province romaine, quelques-unes des contrées où le mouvement était déjà accompli, et lui donna en échange des cantons du grand Atlas qui, jusqu'alors ne lui appartenant pas, n'avaient pu se ressentir de son influence.

Grâce à cette adroite politique, la civilisation pénétra dans ces contrées éloignées dont les habitants obéirent avec docilité à l'impulsion donnée par un chef de leur race, tandis que leur orgueil les eût toujours empêchés d'entrer dans une voie ouverte par une administration étrangère.

Les 45 années du règne de ce roi jouirent de la paix la plus profonde. Également cher aux Gréco-romains et aux indigènes, les derniers le mirent au nombre de leurs dieux, et Athènes lui érigea des statues.

Ptolémée succéda à Juba, mais le fils était loin de ressembler au père. L'habitude de la mollesse, l'amour du luxe et du plaisir s'étaient tellement emparés du cœur du roi numide, qu'il devint un objet de pitié et de mépris pour les peuples guerriers soumis à ses lois.

Nous verrons plus tard l'histoire et les malheurs de ce prince : jetons maintenant un coup d'œil sur un fait qui, avec le règne de Juba, eut une grande influence sur la prospérité de l'Afrique, la réédification de Carthage.

# CHAPITRE XI.

## Carthage reconstruite.

Songe de César. — Auguste exécute le projet de reconstruire Carthage. — État florissant de la cité africaine. — Tableau de Carthage. — Habileté des Phéniciens dans le choix de leurs colonies. — Carthage suit les diverses phases de la civilisation romaine.

L'histoire n'indique pas d'une manière bien précise la date de la reconstruction de Carthage. Certains auteurs l'attribuent à César, d'autres à Auguste. Voici l'opinion qui nous semble la plus probable. Un historien romain rapporte « que César s'étant un jour endormi sur les ruines de cette grande cité, eut un songe extraordinaire ; il crut voir une multitude éplorée le supplier avec des cris et des larmes. A son réveil, il s'imagina que c'étaient les ombres plaintives des habitants de Carthage qui lui demandaient le rétablissement de leur patrie. » Ce songe lui inspira le projet de relever Carthage : ce projet d'ailleurs était en harmonie avec le besoin qu'avait l'empire d'occuper un grand nombre d'hommes ruinés par la guerre et que l'oisiveté pouvait entraîner dans la révolte. César résolut donc de les envoyer sur le sol de l'Afrique, reconstruire d'abord et ensuite repeupler l'ancienne reine des mers.

La mort ne lui permit pas de réaliser son dessein, et ce fut Auguste qui, entrant dans ses vues, fit passer en Afrique

3,000 familles pauvres auxquelles se joignirent les habitants du pays. La nouvelle ville terminée, l'empereur lui accorda de grands priviléges, mais il ne voulut pas qu'elle fût aussi solidement fortifiée qu'autrefois; il détermina lui-même la hauteur de ses murailles. Du reste, je dois vous faire observer, mes jeunes amis, qu'on l'avait bâtie à côté, et non sur l'emplacement occupé par l'ancienne.

Utique alors dut se résigner à perdre la primauté qui lui appartenait depuis les guerres puniques : elle la restitua à Carthage où les proconsuls transportèrent leur résidence et qui bientôt, prenant place après Rome et Alexandrie, devint la troisième ville de l'empire. Cet état florissant, qui dura jusqu'au règne de Constantin, ramena la royauté commerciale en Afrique et réagit sur tous les peuples de l'Atlas, avec lesquels Carthage avait des rapports journaliers, et qui par son entremise se polissaient à la civilisation romaine.

Cette civilisation était aussi brillante ici qu'à Rome même. Avec ses droits municipaux, ses libertés, son sénat et son gouvernement particulier, Carthage était vraiment une ville royale, elle déployait avec éclat le génie commercial qui avait fait l'orgueil et la force de sa devancière, et y ajoutait tout le luxe des arts.

Figurez-vous, mes jeunes amis, une ville immense avec des édifices admirables, des places publiques entourées de riches monuments, et sur ces places des hommes célèbres et éloquents, dissertant devant tout un peuple connaisseur, éclairé en fait de science et d'art et prêt à applaudir, avec tout l'enthousiasme méridional, ses rhéteurs préférés. — Écoutez cette multitude faire trembler les échos de cet immense théâtre au bruit de ses bravos répétés, lorsqu'elle vient d'écouter une des pièces de l'Africain Térence, l'esclave poëte, comédie que Rome s'est hâtée de lui envoyer.

— Voyez ces savants, ces artistes venant briguer, non pas les suffrages d'un petit nombre choisi, mais ceux de tous, parce que tous ici sont appréciateurs compétents, que tous ont acquis l'instinct du beau et du grand.

Que votre jeune imagination vous retrace toutes ces belles

scènes, et vous ratifierez de grand cœur, je suis sûre, ce surnom de muse africaine que les contemporains avaient décerné à Carthage d'un commun accord.

C'est ici le lieu, il me semble, de vous faire remarquer le talent qu'avaient les anciens Phéniciens pour choisir admirablement la position de leurs colonies, talent dont la prospérité constante de Carthage est une preuve évidente. En effet, la ville phénicienne a six siècles de durée, et jusqu'à son dernier jour elle conserve sa splendeur; celle des Romains, après avoir brillé durant sept siècles, transmettra son importance à la Tunis de nos jours qui la continuera. Posée sur les ruines des deux premières, elle est encore la cité la plus commerçante des côtes africaines.

Comme vous devez aisément le penser, la Carthage romaine joua un grand rôle dans les guerres civiles de la période de décadence de l'empire. Elle aussi nomma des empereurs et fut dévastée par leurs rivaux; enfin elle se ressentit de toutes les phases diverses de la fortune de la métropole.

Terrible et cruelle, lorsqu'elle adorait Moloch, la sanglante idole de la Phénicie, elle s'adonna avec excès, sous la domination des Césars, à toutes les folles joies du culte des dieux de l'Olympe. Bientôt nous la verrons sous un aspect nouveau; régie par une croyance pure et noble, obéissant aux lois saintes du christianisme auquel elle empruntera un nouveau lustre pour ses splendeurs, une lumière divine ajoutée à ses gloires.

# CHAPITRE XII.

### Révolte du Maure Tacfarinas.
[DE 15 A 40.]

Mollesse et indolence de Ptolémée. — Mécontentement du peuple. — Tacfarinas se met à la tête de la révolte. — Mazippa. — Les efforts des insurgés se tournent contre Rome. — Tacfarinas se réfugie dans le désert. — Sa réapparition. — Ses succès. — Caractère de cette guerre. — Blésus. — Dolabella. — Combat d'Ouzéa. — Mort de Tacfarinas. — La tranquillité est rétablie en Afrique.

Je vous ai dit, mes jeunes amis, que Juba II avait laissé pour successeur son fils Ptolémée, et que celui-ci jouait à peu près, en Numidie, le rôle que vous avez vu jouer en France aux rois fainéants; c'est-à-dire que, livré à ses plaisirs, il laissait toute l'autorité aux mains de ses favoris. De cet état de choses, il résultait une foule d'abus, et le peuple se montrait de plus en plus irrité et prêt à la révolte.

Un homme voulut profiter de cette disposition populaire: c'était un Maure, transfuge de l'armée romaine, qu'on appelait Tacfarinas. Ambitieux par nature, il n'avait servi Rome que pour se façonner à sa tactique, et lorsqu'il avait su ce qu'il voulait apprendre, il était revenu parmi ses compatriotes.

D'abord, à la tête de quelques brigands, il vit bientôt se réunir autour de lui un certain nombre de tribus, mécontentes de Ptolémée, et aussi, heureuses de revenir à leurs habitudes chéries de courses, de guerre et de pillage. Des déserteurs romains accoururent à leur tour grossir son parti qui le choisit solennellement pour chef. Alors il fit alliance avec un autre chef maure, Mazippa. Celui-ci eut le commandement de la cavalerie numide, destinée à harceler l'ennemi. Tacfarinas garda celle du corps d'armée organisé et devant combattre d'une manière régulière.

Quoique leurs soldats fussent en majeure partie des sujets révoltés de Ptolémée, néanmoins, ce ne fut pas précisément contre ce prince que marchèrent les deux alliés, mais bien contre les Romains. Ceux-ci, malgré leur infériorité de nombre, furent victorieux. L'armée maure et numide se débanda. Tacfarinas regagna à grand'peine le désert et on le crut mort.

Trois ans s'écoulèrent avant qu'on le vît reparaître. Puis il revint tout à coup, attaqua hardiment ses anciens vainqueurs et les défit en plusieurs rencontres, notamment sur les bords de la Pagida, petite rivière qui coule entre Constantine et Gigeri.

Cette guerre offre les mêmes circonstances que celles que vous avez vues avec Jugurtha et Juba. Elle ressemble à celle que vous verrez encore, à celle qui agite l'Afrique au moment où je vous parle. Je vous l'ai fait observer en commençant : le nom des chefs peut changer, mais le fond est toujours le même partout où l'élément numide est en jeu.

Chaque fois qu'une action un peu décisive forçait Tacfarinas à regagner les montagnes, Rome se croyait victorieuse. Une fois même, elle décerna les honneurs du triomphe à un de ses généraux nommé Blésus, oncle du fameux ministre Séjan. Mais tandis que Rome saluait son vainqueur supposé de ses cris de joie, le Maure revenait à la charge, plus intrépide, plus audacieux que jamais. Il alla même, lui, chef de brigands, déserteur de l'armée impériale, jusqu'à envoyer à Tibère des ambassadeurs chargés de traiter avec lui. Tibère indigné, pour toute réponse, fit mettre sa tête à prix.

Enfin, le successeur de Blésus en Afrique, Dolabella, avec le secours de Ptolémée, qui, malgré son indolence habituelle, ne manquait ni de courage ni de talents militaires quand il se décidait à agir, le surprit au milieu de son armée, campé près des ruines d'un fort nommé Ouzéa. Les Romains mirent tant de secret et de célérité dans leur marche, que Tacfarinas n'en fut instruit, que lorsque, cerné de toutes parts, il lui était impossible d'échapper. Après une longue et intrépide résistance, après avoir tué une grande quantité d'ennemis il trouva la mort sur le champ de bataille. Son fils avait été fait prisonnier pendant le combat, et le petit nombre de ses amis et de ses soldats qui n'avaient pas péri, partagèrent le même sort.

Cette bataille d'Ouzéa termina la guerre, et l'Afrique passa les 17 années qui suivirent dans la paix la plus profonde.

# CHAPITRE XIII.

## Réorganisation en Afrique.

[DE 37 A 299.]

Caligula. — Ptolémée à Rome. — Meurtre de ce roi par ordre de Caligula. — Indignation en Mauritanie. — Soulèvement général. — Les Romains ne compriment cette insurrection que sous Claude. — Division de la Mauritanie en deux provinces. — État de l'Afrique. — Tyrannie de Rome. — Tentative de Macer. — Sous Adrien des émigrations juives viennent se fixer en Afrique. — Hordes franques. — Insurrection comprimée par Maximien. — Nouvelle organisation donnée à l'Afrique.

Tibère mourut, il fut remplacé par un prince plus cruel que lui encore, par Caligula. Un des crimes de cet empereur eut une grande influence sur l'Afrique et amena le changement de son organisation. Ptolémée, fidèle allié de Rome, fut invité par Caligula à venir faire un voyage en Italie. Le roi numide y consentit, et à son arrivée il se vit comblé de témoignages d'amitié, d'autant plus vifs que les liens du sang unissaient les deux princes, la femme de Caligula étant, comme Sélène, mère de Ptolémée, de la famille de Marc-Antoine.

Le monarque africain étala une pompe somptueuse, ses richesses tentèrent l'avide empereur. Enfin, dans une occasion d'apparat, Ptolémée ayant captivé tous les regards par l'éclat de sa parure, la jalousie de Caligula fut portée à son comble. Immédiatement après le spectacle, un mandat fut lancé et les gardes chargés de le mettre à exécution reçurent l'ordre d'assassiner en route le malheureux confié à leurs soins. Ce crime horrible accompli, les états de la victime furent réunis à l'empire.

En apprenant cette violation sanglante de tous les devoirs de l'hospitalité et de l'équité, la Mauritanie tout entière se souleva. On oublia les vices du mort, qui d'ailleurs était plutôt faible que méchant, pour ne se souvenir que des vertus et des bienfaits de son père, et la révolte éclata en Afrique.

Ce ne fut que sous le règne du faible Claude, que les armes romaines reprirent la Mauritanie, qui fut alors divisée en deux provinces. La première, qui est maintenant le Maroc, reçut le nom de Mauritanie Tingitane, de Tanger, alors Tingis, sa capitale. La seconde, qui comprenait les provinces actuelles d'Alger, d'Oran et de Titteri, fut appelée Mauritanie Césarienne, parce qu'on lui donna pour capitale Julia Cæsarea (Cherchell).

L'Afrique semblait désormais à l'abri de toute secousse. L'autorité romaine n'y avait jamais été si bien affermie. Des colons européens y affluaient sans cesse et augmentaient sa prospérité. Tingis jouissait d'une réputation, justement acquise, qu'elle partageait avec une autre ville située près des colonnes d'Hercule, sur les bords de l'océan Atlantique : c'était Lixos, alors très-riche et très-commerçante et qui n'existe plus de nos jours.

Les Africains ne se soulevèrent plus de longtemps, mais l'absence de guerre civile ne leur donna pas le bonheur et le calme qu'ils désiraient. Le joug que les premiers empereurs avaient, par une sage politique, fait léger à porter était devenu de plus en plus rude, et l'anarchie et la tyrannie qui tour à tour pesaient sur Rome se faisaient plus lourdes encore pour la colonie, qui ne fut plus considérée, en quelque sorte, que comme une mine féconde qu'il ne fallait pas épargner, mais bien exploiter sans pitié.

Un moment Macer, propréteur des provinces romaines en Afrique, voulut les rendre indépendantes, mais il ne leur offrait en échange qu'un gouvernement aussi despotique et aussi onéreux que celui du cruel Néron qui régnait alors;

le peuple s'en apercevant à temps ne le seconda point, et la lutte fut vite terminée. Une assez longue période, sinon d'une tranquillité parfaite, du moins exempte de tout événement remarquable, suivit cette tentative de Macer.

Sous Adrien, nous voyons l'élément juif se transplanter en Afrique, voici dans quelles circonstances : Après la ruine définitive de la Judée, les uns y furent envoyés comme esclaves, d'autres y passèrent volontairement. Tous retrouvèrent une grande analogie entre leurs mœurs, leur origine, et celles d'une partie de ses habitants, qui étaient venus autrefois du pays de Chanaan, et des rapports bien plus grands encore avec ceux de leurs compatriotes et coreligionnaires qui y avaient, dans des temps plus ou moins rapprochés, formé quelques petites colonies ou qui s'y étaient réfugiés lors de la prise de Jérusalem par Titus. Aussi la langue et la religion hébraïque prirent-elles d'assez fortes racines dans ces contrées où elles se sont maintenues à travers toutes les vicissitudes qui les ont agitées jusqu'à nos jours.

Après les Juifs, l'élément germanique chercha, lui aussi, à s'infiltrer en Afrique. Quelques hordes de Francs, après avoir franchi les Pyrénées et l'Espagne, traversèrent la Méditerranée, au moyen d'une flottille dont ils s'emparèrent dans un petit port espagnol, et cherchèrent à s'établir sur les côtes de la Mauritanie. Elles n'y réussirent pas, et après avoir désolé et saccagé le littoral pendant douze ans, elles disparurent pour jamais.

Cependant, mes jeunes amis, les tribus de la partie montagneuse de l'Algérie actuelle, lasses de leur rôle inactif, se détachèrent de l'empire et se déclarèrent indépendantes. Maximien passe immédiatement sur le théâtre même de la révolte; défait sans peine Julianus que Carthage venait d'élire empereur, mais ne parvient à soumettre les tribus insurgées qu'après de sérieux efforts. Il les transplante alors sur d'autres points de l'empire, et pour prévenir la possibilité de troubles semblables, il change encore une fois l'organisation africaine.

Voici cette nouvelle division : La province consulaire primitive en forma deux: celle de Byzacène (régence de Tunis), et celle d'Afrique proprement dite. — La Numidie reçut un gouvernement consulaire. — La Mauritanie Césarienne fut divisée en deux parties ; l'une conserva le nom et la capitale, l'autre eut pour capitale Sitifis (Sétif), d'où elle prit le nom de Sitifienne. Le territoire de Tripoli, alors Œa, forma la province Tripolitaine. Quant à la Mauritanie Tingitane, elle était considérée comme province de l'Espagne dont elle n'était séparée que par le détroit de Gibraltar.

Cette organisation, plus en harmonie avec les besoins du pays, ne fut cependant pas un sûr garant de paix pour l'avenir. Les Numides et les Maures, protégés par leurs montagnes, conservèrent jusqu'à la fin de la domination romaine une attitude menaçante. Les villes du littoral étaient seules devenues romaines et de mœurs et d'intérêts.

# CHAPITRE XIV.

## Le Christianisme en Afrique.

[DE 250 A 364.]

État religieux de l'Afrique au moment où le christianisme y est introduit. — Il y fait des progrès rapides. — Tertullien. — Saint Cyprien. — Persécution. — Supplice de saint Cyprien. — Hérésies. — Les Donatistes et les Manichéens. — Division de l'empire. — L'Afrique fait partie de l'empire d'Occident.

Plus que tout autre pays, l'Afrique semblait peu propre à recevoir un dogme aussi pur que celui du Christianisme. Elle avait dépassé Rome elle-même dans ses déportements. Les dieux étaient encore debout, mais aucune croyance n'existait plus dans les cœurs. L'homme n'ayant pas de frein religieux s'était abandonné à ses passions avec la fougue du caractère africain.

Cependant, par ce miracle de toute-puissance divine qui a marqué partout l'établissement de notre religion sainte, l'Évangile qui prêchait l'amour de la croix, le renoncement aux richesses, la mortification et la pénitence, trouva de nombreux et zélés prosélytes parmi ceux qui jusqu'alors s'étaient adonnés à toutes les jouissances du luxe et de l'opulence, à tous les raffinements de la vie matérielle. Déjà vers le deuxième siècle une des gloires du Christianisme, celui qu'un auteur moderne a si bien nommé le *Bossuet Africain*, faisait entendre sa parole puissante et appelait le peuple à la lumière et à la vérité. C'était le célèbre apologiste Tertullien, qui invitait les chrétiens au martyre et les enflammait de cette ardente charité qui se manifestait aux yeux de tous au jour de la persécution. A cette époque l'Église d'Afrique était une des plus fidèles et des plus fermes dans la foi. L'influence de Tertullien exerça un immense effet sur elle, et à sa voix le sol se couvrit d'églises et d'évêchés. Cette impulsion, couronnée par les bénédictions du ciel, alla toujours en progressant, et au temps de saint Cyprien, vers le milieu du troisième siècle, on comptait en Afrique plus de deux cents évêques.

A cette date du troisième siècle votre esprit se porte, n'est-il pas vrai, sur ces affreuses persécutions qui ensanglantèrent la primitive Église. — En effet, l'empereur Dèce, irrité du progrès du Christianisme en Afrique, crut l'arrêter par la persécution. Il se trompait; là, comme sur tous les points de la terre, le sang chrétien était une semence féconde, et la hache du bourreau en abattant des têtes augmentait le nombre des croyants. L'arme que le paganisme employait contre la foi triomphante se tournait contre lui, et chaque coup ajoutait de nouveaux adeptes à la religion de Jésus-Christ.

Saint Cyprien, qu'on peut regarder comme le vrai fondateur de l'Église d'Afrique, soutenait son troupeau et l'animait par son courage et ses consolations. Arrêté, un jour qu'il allait porter ses exhortations aux chrétiens qui avaient trouvé un refuge dans les mines de Numidie, il fut conduit devant le proconsul et condamné à mort.

Le supplice de l'illustre évêque donna une nouvelle énergie à son troupeau. L'exemple d'un homme aussi vénéré ne passa pas inaperçu et inutile, et dès ce moment la persécution fut endurée avec encore plus de fermeté s'il est possible.

Mais, si la foi portait de tels fruits en Afrique, malheureusement aussi, l'esprit inquiet et enthousiaste de ses habitants adoptait avec empressement toutes les doctrines en dehors de l'orthodoxie; nulle part les hérésies ne furent plus nombreuses et ne firent autant de prosélytes.

Les principales furent celle des Donatistes, née sur les

lieux mêmes, et celle des Manichéens, venue de l'Orient. — Il n'était pas rare de voir dans les villes les moins importantes un évêque catholique, un évêque donatiste et un évêque manichéen.—Le peuple se partageait entre la vraie foi et ces sectes hérétiques, et il en résultait des querelles, des troubles interminables, des meurtres, des scènes de dévastation, toujours excitées par les Donatistes, qui, animés du fanatisme le plus aveugle, croyaient faire une œuvre agréable à Dieu en répandant le sang de ceux qui ne faisaient pas partie de leur Église, et surtout des catholiques.

N'est-il pas triste, mes amis, de voir jusqu'à quel point l'homme peut être égaré par l'erreur, lorsqu'il est exalté par des esprits mauvais et ambitieux qui l'exploitent pour faire naître la haine et les discordes ?

Pendant que ces scissions religieuses portaient le bouleversement en Afrique, l'Empire adoptait le christianisme.—Julien l'Apostat voulut faire rétrograder les voies de Dieu, mais le Seigneur brisa ses desseins, renversa son espoir, et les divinités païennes tombèrent cette fois, pour ne plus se relever.

Avec Valentinien et Valens, arriva cette malheureuse division de l'empire d'Orient et de l'empire d'Occident, division qui hâta la ruine de la puissance romaine ; l'Afrique fit partie de l'Occident et obéit à Valentinien.

Cette période fut terrible pour elle par les guerres cruelles qu'elle vit naître, et dont la principale fut celle du Maure Firmus.

# CHAPITRE XV.

## Guerre du Maure Firmus et insurrection de Gildon.

[DE 375 A 398.]

Vénalité du comte Romanus. — Pillage de Leptis, de Sabratta et d'Occa par les Gétules. — Refus de Romanus de défendre ces villes. — Condamnation à mort de plusieurs de leurs habitants. — Révolte. — Firmus. — Prise de Cæsarea. — Arrivée du général Théodose. — Ses succès. — Firmus, sur le point d'être livré par trahison, se donne la mort. — Justice rémunérative des empereurs. — Mort de Théodose. — Le gouvernement de l'Afrique est donné à Gildon. — Caractère de ce chef. — Sa révolte. — Mazicel. — Issue de cette guerre. — Mort de Gildon.

Vers la fin du règne de Valentinien, l'Afrique était gouvernée par un homme avide et vénal, dont les crimes eurent sur elle une bien fâcheuse influence. Cet homme, mes jeunes amis, était le comte Romanus. — A la même époque existaient en Afrique trois villes puissantes réunies en confédération, Sabratta, Leptis et Occa. Les richesses qu'elles possédaient tentèrent les Gétules, et comme elles tentaient plus encore Romanus, il engagea les tribus à les dévaster et à les piller, et leur promit l'impunité moyennant une part dans les trésors dont elles s'empareraient. Assurés de la non-intervention du gouverneur, les Gétules attaquèrent les trois cités qui, prises à l'improviste, devinrent le théâtre des plus sanglantes horreurs. Non-seulement Romanus refusa de les défendre, mais encore il trompa l'empereur qui, considérant leurs plaintes comme des calomnies, condamna à mort plusieurs de leurs habitants.

Cette cruauté révolta tous les peuples de l'Afrique. La Mauritanie et la Numidie se levèrent en masse, non plus comme au temps de Tacfarinas, sous la conduite d'un aventurier; mais cette fois sous les drapeaux de l'un des chefs les plus influents du pays intermédiaire entre les terres romaines et les tribus nomades. — Son nom était Firmus. — Ses talents militaires, son ambition sans bornes, son esprit subtil et rusé étaient propres au rôle qu'il voulait jouer. Il avait tout ce qu'il fallait pour faire un chef de parti.

Des succès couronnèrent ses premières tentatives, et le plus grand fut, sans contredit, la prise de Cæsarea, cette importante capitale des derniers rois de Numidie dont je vous ai parlé plusieurs fois. Elle fut pillée et incendiée.

Cet éclatant triomphe amena dans les rangs de l'armée rebelle tous les peuples du littoral, jusqu'alors indécis. Romanus vaincu n'était plus à craindre, et Firmus se croyait prêt à poser sur son front le diadème des rois, lorsque la fortune de l'Empire se releva tout à coup avec le nouveau général de Valentinien. — C'était Théodose, le père de l'empereur du même nom. Cet habile capitaine venait de pacifier la Grande-Bretagne quand il reçut l'ordre de passer en Afrique. Rassemblant à la hâte une armée, il quitta l'Europe près de l'embouchure du Rhône et débarqua à Igilgilis (Algérie).

Comme tous les chefs numides ou maures, ses devanciers, Firmus essaya d'amuser son ennemi par des paroles de paix, des promesses de soumission. Théodose tout en répondant à ces avances, qu'il pensait bien recouvrir un piége, continuait toujours ses préparatifs et bien lui en prit, car, au moment où Firmus semblait le plus disposé à se soumettre, ses deux frères Mazicel et Mazuca s'avançaient avec des armées nombreuses; les Romains sur la défensive furent victorieux, tandis que s'ils avaient donné le temps aux trois frères de se réunir, ils eussent probablement été défaits.

Firmus alors eut l'air de déposer les armes. Il accepta toutes les conditions que Théodose lui imposa, mais, sous main, il cherchait à corrompre l'armée, à acheter les chefs. Déjà il avait réussi à séduire un corps d'archers en entier, lorsque Théodose déjoua ses ruses et raffermit son pouvoir par un acte de juste sévérité : le tribun coupable et tous les officiers eurent la tête tranchée ; la plupart des soldats furent mis à mort par leurs camarades. L'armée rentra dans le devoir, marcha contre les révoltés et fut partout triomphante. — Elle évita tous les dangers par la sagesse et le courage de son général, qui, grâce à sa politique habile, détacha un à un les alliés de Firmus de son parti et le força à aller chercher un asile dans les montagnes.

Leur chef éloigné, les Maures se débandèrent, et la tranquillité sembla rétablie ; mais l'expérience des guerres passées avait appris à Théodose qu'en Afrique, tant que le chef ennemi existe, le succès n'est jamais certain, que le ralliement est toujours possible. A ses yeux la seule victoire réelle était la prise de Firmus. Comme autrefois Bocchus avait offert un asile à Jugurtha, de même Igmazen, roi des Isafliens, qui habitaient, sur les bords du grand désert, le pays des Palmiers, reçut Firmus et lui promit aide et secours. Mais aussi, comme Bocchus, Igmazen, après plusieurs rencontres avec les Romains, effrayé pour son avenir s'il continuait la lutte, sacrifia un hôte dangereux. — Le chef maure s'étrangla de ses propres mains au moment d'être livré à Théodose qui ne reçut que son cadavre.

Vous supposez, n'est-ce pas, mes amis, que celui qui vient de faire preuve de tant de courage et de talents en étouffant une rébellion si bien établie et si redoutable dès son principe, va recevoir de grandes récompenses ; votre jeune pensée lui décerne sans doute les honneurs du triomphe ; tandis qu'elle accable de ses mépris et d'un châtiment mérité le traître Romanus. Eh bien, telles étaient alors la faiblesse, l'incapacité et en même temps la cruauté des empereurs, que, ce que vous aurez de la peine à croire, le contraire de vos suppositions arriva. Le libérateur de l'Afrique porta sa tête sur un échafaud à Carthage, sous le prétexte que son influence sur l'armée et son crédit en faisaient un sujet trop puissant. Et Romanus, le gouverneur inique qui avait vendu cette même Afrique, dont le crime était prouvé, fut, grâce à ses intrigues et à l'or qu'il répandit, mis hors de cause, au mépris de toute justice.

La famille de Firmus, puissante parmi les Maures, était à ménager. Les Romains le comprirent, et donnèrent à un de ses membres, à Gildon, frère de Firmus, le commandement de l'Afrique.

Ma bouche se refuse à vous raconter l'horrible joug que ce tyran fit peser sur elle. Les cruautés de Tibère et de Néron, les caprices sanglants de Caligula peuvent à peine vous en donner une idée. — Le grand empereur Théodose mourut au moment où il allait délivrer l'Afrique d'un tel monstre, dont le pouvoir et l'audace grandirent encore sous ses successeurs.

Enfin, encouragé par la faiblesse d'Honorius, il leva l'étendard de la révolte en empêchant le départ des blés pour Rome et en offrant l'hommage de ses provinces à l'empereur de Byzance. Stilicon, ministre d'Honorius, homme de tête et d'action, lève immédiatement une armée et n'hésite pas à en donner le commandement au frère même du révolté, Mazicel, qui avait servi sous les drapeaux de Firmus et qui s'était rallié aux Romains. Stilicon ne pouvait choisir un chef plus intéressé à la victoire ; une haine à mort divisait à tout jamais les deux frères, depuis que Gildon avait fait massacrer les enfants de Mazicel tombés en son pouvoir.

L'issue de cette guerre ne fut pas un instant douteuse. Le peuple, fatigué de la tyrannie de son gouverneur, le soutenait faiblement, et dès la première bataille il était vaincu. Forcé de fuir, il s'embarqua. Repoussé par la tempête au milieu de ses ennemis, comme Firmus, il se déroba au supplice par une mort volontaire.

C'est le dernier épisode remarquable de la domination romaine. — Trente ans à peine vont s'écouler jusqu'au moment où les Vandales remplaceront Rome en Afrique. Ces trente ans, dénués d'intérêt de ce côté de la Méditerranée, sont, ainsi que vos souvenirs doivent vous le dire, la dernière étincelle de vie de l'empire. L'Europe est en proie à des déchirements de toute espèce. Les barbares sont au cœur de l'Italie; les Francs, les Visigoths et les Bourguignons se partagent la Gaule; en Espagne s'établissent trois peuples : les Alains, les Suèves et les Vandales. C'est de ces derniers que j'aurai bientôt à vous parler; mais auparavant arrêtons-nous un instant devant la plus grande et la plus pure gloire de l'Afrique.

# CHAPITRE XVI.

## Saint Augustin.

[DE 354 A 430.]

Tagaste. — Sainte Monique. — Saint Augustin à Madaure, à Carthage. — Son voyage à Rome et à Milan. — La parole de saint Ambroise lui découvre la vérité. — Son baptême. — Mort de sainte Monique. — Il est élevé à l'épiscopat d'Hippone. — Influence de sa parole. — Hippone assiégée par les Vandales. — Saint Augustin meurt pendant ce siége.

Sûrement, mes jeunes amis, chacun de vous a entendu parler de saint Augustin, de ce flambeau qui a fait la joie et l'ornement du Christianisme naissant. S'il a jeté son éclat sur l'Église entière, c'est surtout celle d'Afrique qui peut en revendiquer la plus large part, puisque c'est là qu'il est né, là qu'il a occupé un siége épiscopal.

Peut-être ne connaissez-vous pas sa vie ? — Dans tous les cas vous ne serez pas fâchés, j'en suis convaincue, de la revoir avec moi, et comme c'est ici le lieu et le moment de placer son histoire, je crois remplir vos désirs en lui consacrant un chapitre tout entier.

Par un de ces mystérieux décrets de la Providence divine qui sait amener à point toutes choses, Tagaste, ville considérable alors, et qui n'est plus aujourd'hui qu'un village de la province de Constantine, venait de renoncer à l'erreur de Donat pour rentrer dans le catholicisme. La pieuse Monique professait donc le vrai dogme, qu'elle pratiquait avec une grande ferveur. Cette sainte femme, à l'âme aimante et dévouée, pleurait des larmes amères devant le Seigneur, car de grandes peines attristaient son cœur : son époux était encore païen, et Augustin, son fils bien-aimé, avait adopté avec enthousiasme le manichéisme.

Jeune encore, Augustin était allé étudier à Madaure, ville peu éloignée de Tagaste, et ensuite à Carthage. Son intelligence avait vite saisi toutes les sciences, et cependant son cœur n'était pas satisfait, il lui fallait une grande croyance pour le remplir. C'est alors qu'il embrassa le manichéisme, croyant voir dans ses enseignements la vérité dont il était avide. Bientôt la subtile métaphysique de cette secte rebuta son esprit droit et sensé; alors il se lança dans le tourbillon des plaisirs, et demanda, au monde et à ses joies, le bonheur qu'il cherchait. Il revint à Tagaste où il enseigna la rhétorique, puis il retourna à Carthage, et enfin las et fatigué de tout, il résolut de quitter l'Afrique, partit pour Rome, et de Rome se rendit à Milan.

C'était dans cette dernière ville que Dieu devait exaucer les prières pleines de larmes que lui adressait toujours avec une nouvelle confiance la mère affligée. Un jour Augustin, amené par la curiosité au pied de la chaire de saint Ambroise, entendit ce savant et éloquent évêque, sa parole pénétra dans son cœur, et dès ce moment il fut chrétien. Il se retira dans la solitude où, après de longues méditations et une lutte violente contre ses passions, il trouva dans la foi une nourriture divine qui combla enfin le vide désolant de son esprit et de son cœur.

Je vous laisse à penser, mes amis, la douce joie de Monique le jour où, inclinée dans la basilique de Milan, elle rendait d'ardentes actions de grâces au ciel pendant que l'eau sainte du baptême régénérait ce fils, objet de tant d'amour et de tant d'alarmes. Comme le vieillard Siméon, le jour de la présentation de Jésus au Temple, elle dut dire : Maintenant, mon Dieu, je puis mourir en paix! Et en effet, le Seigneur semblait n'attendre que cela pour la rappeler à lui. Quelques jours après, comme toute cette heureuse famille était réunie à Ostie afin de s'embarquer pour l'Afrique, Monique quitta cette terre, en bénissant celui qu'elle n'avait jamais cessé d'adorer et d'aimer.

Doué d'une âme aussi tendre que forte, Augustin éprouva une extrême douleur. Il resta en Italie où il commença à combattre de sa parole énergique les erreurs des Manichéens. Puis, après la pacification de l'Empire par Théodose, il passa en Afrique et, dans le recueillement et la prière, s'adonna à la méditation des saintes Écritures. Mais Dieu l'avait marqué de son doigt et, malgré sa volonté qui le poussait à la vie contemplative, il fut obligé par Valère, évêque d'Hippone, d'entrer dans le saint ministère et d'accepter l'épiscopat.

Rien ne peut vous donner une idée du zèle avec lequel il entra dans cette voie sublime de l'apostolat qu'il n'embrassait cependant que malgré lui. Son vaste génie planait sur toute la chrétienté dont il devint rapidement la lumière et l'oracle. Sa parole, si persuasive qu'elle arrachait des larmes à son auditoire, traversait les mers, et allait partout où la foi était attaquée ou affaiblie. Toutes les erreurs trouvaient en lui un antagoniste sévère ; mais toujours rempli de cette douceur évangélique, de cet esprit d'onction et de charité qui caractérise la doctrine de notre divin Sauveur et dont jamais il ne s'écarta.

La révolte du comte Héraclius, gouverneur de l'Afrique, qui prit le titre d'empereur, jointe aux persécutions d'Honorius contre les sectes dissidentes, en portant le trouble en Afrique, fit éclater dans tout leur jour les vertus et les talents de l'immortel évêque d'Hippone.

Enfin, arriva ce grand événement qui changea la face de l'Afrique, c'est-à-dire la conquête de ce pays par les Vandales, que je vous raconterai tout à l'heure. Seulement, anticipant un peu sur les temps, je vais vous montrer ces barbares assiégeant Hippone après que le comte Boniface vaincu fut venu y chercher un refuge.

Je vais, mes amis, laisser parler un auteur moderne, M. Galibert, qui nous a donné une histoire de l'Algérie, aussi remarquable par l'élégante clarté de son style que par les documents qu'elle renferme. Voici textuellement le récit qu'il nous fait de la mort de saint Augustin.

« Après sa défaite, Boniface s'était jeté dans Hippone. Il y fut bientôt assiégé. Les Vandales, qui voyaient en lui le seul obstacle à leurs desseins, s'opiniâtrèrent au siége de cette ville et l'investirent si étroitement que la famine ne tarda pas à s'y déclarer. Ces rudes épreuves ne servirent qu'à mettre en lumière le dévouement et le courage de l'illustre évêque d'Hippone. Quoique fort avancé en âge, il ne cessa de déployer dans l'exercice de son ministère toute l'énergie d'un jeune homme. Chaque jour, du haut de la chaire épiscopale, il prêchait le courage aux soldats, la charité aux riches, la patience aux pauvres, la constance à tous. Pour lui, il ne demandait à Dieu que de cesser d'être le témoin des malheurs qui accablaient son troupeau. Ses vœux furent exaucés. Dans le quatrième mois du siége, accablé d'inquiétude et de soins, il expira, le cœur déchiré par les maux de son pays et les yeux attachés sur cette cité céleste dont il venait d'écrire la merveilleuse histoire. Augustin fut le dernier grand homme de l'Afrique et le seul dont le nom soit resté dans la mémoire de ces peuples. Les Maures d'aujourd'hui ignorent l'existence des Massinissa, des Jugurtha, des Juba; le grand nom d'Annibal lui-même est inconnu de la plupart des indigènes; mais tous savent qu'Augustin fut un ami de Dieu et des hommes. »

# CHAPITRE XVII.

### Les Vandales en Afrique.
[DE 409 A 439.]

Origine des Vandales. — Leur établissement en Espagne. — Le comte Boniface est chargé par l'impératrice de traiter avec Gonderic leur roi. — Boniface épouse une jeune Vandale. — Aétius se sert de ce mariage pour perdre son rival. — Boniface disgracié traite avec les Vandales. — Portrait de Genseric, successeur de Gonderic. — Arrivée des Vandales en Afrique. — Regrets tardifs de Boniface. — Cruautés des Vandales. — Leurs succès. — Prise d'Hippone. — Haine de Genseric contre les catholiques. — Prise de Carthage. — L'Afrique cesse d'être romaine ; elle devient vandale.

Les Vandales, partis des bords de la Baltique, étaient arrivés en Espagne et s'étaient établis dans *la riche et fertile province de Bétique*, après avoir séjourné quelque temps en Germanie, embrassé la religion chrétienne en Pannonie et traversé la Gaule. Ils étaient donc chrétiens, mais ils appartenaient à la secte arienne et détestaient les catholiques qu'ils traitaient avec une froide cruauté, les massacrant sans pitié.

L'impératrice Placidie, pour mettre un terme à leurs envahissements et à leurs déprédations, donna ordre au comte Boniface, gouverneur de l'Afrique, de passer en Espagne et de faire un traité avec leur roi Gonderic, fils de Godiselle, le premier souverain vandale dont l'histoire soit connue. Boniface obéit sur-le-champ à l'impératrice.

Or, à la cour du monarque barbare, était une jeune fille admirablement belle, elle plut tellement au comte Boniface, qu'il ne cessait de se désoler de ce que la différence de religion empêchait qu'elle ne devînt son épouse. Placidie, tel était son nom, leva cette difficulté en adoptant volontairement la foi catholique. Gonderic favorisant ce projet, le mariage se fit avant le départ de Boniface qui, en revenant en Afrique, emmena avec lui sa jeune et nouvelle épouse.

Aétius, que vous avez vu, sur le sol gaulois, vaincre avec l'aide de Mérovée le fameux, Attila, était le rival et l'ennemi de Boniface. Il se hâta de profiter de cette circonstance pour le perdre dans l'esprit de l'impératrice, à laquelle il fit croire que ce mariage n'avait d'autre but que de conclure avec les Vandales une alliance ne tendant à rien moins qu'à la détrôner et à s'emparer de l'empire. — *Pour éprouver sa fidélité,* lui disait-il, *envoyez-lui l'ordre de se rendre auprès de vous, et s'il n'obéit pas, vous ne pourrez plus douter de ses intentions.* — Et d'une autre part, il écrivait à Boniface, qui le croyait son ami : — *L'impératrice vous en veut; elle doit vous rappeler, trouvez un prétexte pour éluder cet ordre. Il y va pour vous de la liberté, peut-être de la vie!...*

Vous voyez, mes jeunes amis, que le complot était habilement tramé; aussi réussit-il complétement. Placidie, irritée et convaincue des intentions de révolte de Boniface, envoya une armée en Afrique. Le gouverneur, dont la fidélité et le zèle à toute épreuve étaient ainsi méconnus, voyant sa tête menacée et comprenant qu'il ne pouvait résister seul à toutes les forces de l'Occident, se décida, malgré les prières et les conseils de saint Augustin et après avoir lutté longtemps avec le devoir et la conscience, à appeler les Vandales à son aide. Il promit à Gonderic, en récompense de ce secours, les trois Mauritanies, c'est-à-dire, le territoire actuel de Maroc, de Fez, d'Alger, d'Oran, de Sétif et de Titterie. Il se réservait le reste de l'Afrique.

Les Vandales, déjà refoulés par les Visigoths au sud de l'Espagne et réduits à la magnifique, mais insuffisante province qui prit d'eux le nom d'Andalousie, acceptèrent avec joie ce traité qui leur livrait un riche pays, depuis longtemps l'objet de leur convoitise. Sur ces entrefaites, Gonderic mourut et le chef qui lui succéda fut le fameux Genseric, un des plus grands génies qu'aient produits les peuples barbares.

Jornandès nous a laissé son portrait dont voici les traits les plus caractéristiques. Figurez-vous, mes bons amis, un être petit et difforme, estropié de manière à boiter fortement, depuis une chute de cheval qu'il avait faite. Ses yeux vifs et remplis d'expression, quand le feu de la colère les animait, ne laissaient ordinairement lire aucune de ses pensées. Ce corps contrefait renfermait une ambition effrénée, un esprit rempli d'astuce et de dissimulation, un coup d'œil sûr, un courage extraordinaire et surtout une volonté de fer. Sobre et régulier dans ses mœurs, il était parvenu à dompter toutes ses passions, toutes, excepté la violence de son caractère qui éclatait en accès de colère terribles à la moindre occasion. Avec lui le projet et l'exécution ne faisaient qu'un. Enfin, pour finir par un trait saillant emprunté à un auteur moderne, « tout en lui avait cette grandeur sauvage qui étonne et qui subjugue l'imagination. »

Vous devinez d'avance qu'en se donnant un semblable allié, le comte Boniface courait grand risque de rencontrer un maître.

Genseric s'était embarqué à Calpé (Gibraltar); il conduisait à sa suite quatre-vingt mille hommes avec leurs femmes et leurs enfants. Cette multitude, en arrivant en Mauritanie, se grossit encore de Maures, de Donatistes, de Numides et surtout de Gétules. Puis elle saccagea toute la côte et s'avança lentement vers la Numidie avec le projet, presque avoué, de s'emparer de Carthage.

Cependant, mes jeunes amis, le comte Boniface s'était expliqué avec l'impératrice; elle et lui avaient reconnu le réseau d'odieuse trahison qui les avait enveloppés et poussés à l'extrémité. Boniface, pénétré de repentir et pressé par son ami l'évêque d'Hippone, résolut de faire tous ses efforts pour détourner l'orage que son crime avait amassé sur l'Afrique.

Mais ce fut en vain. Aucune promesse, aucune menace ne put décider Genseric à repasser en Espagne. Son regard de vautour avait marqué sa proie, il la lui fallait, et il la lui fallait couverte de sang.

Ici la parole ni le pinceau lui-même ne pourraient vous donner une juste idée des malheurs de cette époque. Les campagnes dévastées, les villes pillées et incendiées, leurs malheureux habitants massacrés, sans distinction d'âge ni de sexe, les objets d'art brisés et détruits, les temples profanés et renversés. Telles étaient les moindres de leurs cruautés, et pour vous en citer une preuve : il arriva plusieurs fois qu'en assiégeant une ville, ils allèrent jusqu'à massacrer leurs prisonniers et amonceler leurs corps sous les murailles afin que, réduits en putréfaction, ils ajoutassent aux souffrances des assiégés l'horrible fléau de la peste.

Un tel raffinement de barbarie vous fait frémir d'épouvante et doit vous donner une idée des excès dont ces peuples étaient capables. Boniface, obligé de les combattre, fut défait. C'est alors qu'il se retira à Hippone et qu'eut lieu le siége pendant lequel mourut saint Augustin.

Hippone fut prise et réduite en cendres, l'église et la maison de saint Augustin furent seules épargnées par un hasard providentiel, et ainsi se trouvèrent sauvés les précieux manuscrits et la bibliothèque du grand évêque.

Après cette victoire, les Vandales, rebutés par la longueur du siége, consentirent à la paix, moyennant la cession de quelques provinces. Boniface était mort pendant une expédition entreprise en Italie contre le traître Aétius. Genseric se voyant enfin débarrassé du seul homme capable de lui disputer sa conquête, ne rompit pas ouvertement le traité fait avec Rome; mais il obtint du faible Valentinien de nouvelles provinces, ainsi que le retour des otages qu'il avait livrés et parmi lesquels était Hunneric son fils. Ensuite il s'abandonna à sa haine contre le catholicisme, et voulant l'abattre par la terreur, il ordonna une persécution non moins cruelle et non moins terrible que celles des empereurs païens. Pendant ce temps il ne perdait pas de vue son projet de se rendre maître de la province romaine. Au moment où on le croyait exclusivement occupé à étouffer le catholicisme dans ses états, il se présenta tout à coup devant Carthage qui se rendit sans résistance. Il lui accorda la faveur de conserver ses murailles, tandis que toutes les autres villes qui se soumirent perdirent les leurs. C'est seulement du jour de la prise de Carthage que Genseric fait dater les années de son règne.

La conquête fut rapide. L'Afrique n'était plus romaine, elle était vandale !...

Avant de terminer ce chapitre, un mot, mes amis, sur l'indigne traitement que Genseric infligea au clergé de Carthage. Le respectable évêque de cette ville et presque tous ses prêtres furent abandonnés, complétement nus et sans vivres, sur un vaisseau désemparé, c'est-à-dire, sans mâts et sans voiles, et livrés aux hasards des flots. Infailliblement ils devaient périr et on doit voir un miracle de la Providence dans leur arrivée à Naples, où ils furent recueillis sains et saufs.

# CHAPITRE XVIII.

### Victoires des Vandales.
[DE 441 A 477.]

Genseric porte ses armes en Sicile et en Calabre. — Expéditions maritimes. — Sac de Rome. — L'empire de la Méditerranée appartient à Genseric. — Grande habileté de ce roi barbare. — Majorien. — Incendie de la flotte romaine. — La piraterie est organisée sur tout le littoral africain. — Incendie d'une flotte gréco-romaine. — Traité entre Genseric et Zénon. — Mort de Genseric. — Organisation vandale en Afrique.

L'ambition de Genseric était trop vaste pour que l'Afrique, toute riche et puissante qu'elle était, pût la satisfaire. Aussi, mes jeunes amis, à sa possession ne se bornèrent pas ses projets de conquête. Rome et Byzance frémirent d'effroi en le voyant s'emparer de la Sicile et d'une partie de la Calabre. L'Orient menacé se décide à venir en aide à l'Occident et trente mille hommes quittent Constantinople pour passer en Afrique. Les ruses de Genseric les retiennent en Sicile, et, mû par son influence, Attila se montre tout à coup dans les États de Théodose. Ce prince effrayé rappelle son armée et reconnaît par un traité la conquête africaine des Vandales.

Une ardente soif de trésors et de pillage animait les soldats de Genseric. Alors se réveilla, après six siècles d'inaction, la Carthage maritime. Chaque jour voyait de nombreux vaisseaux quitter son port et jeter la terreur sur toute la côte. Les Vandales partaient sans but arrêté ; ils allaient où le vent les poussait, et leurs mains portaient toujours le fer et la flamme.

Un jour, une armée nombreuse mettait à la voile. Genseric la commandait, et cette fois, au lieu de répondre à son pilote : — *Où Dieu voudra !* — il dit ce mot : — *Italie !* — Mot magique que tous les siens répétèrent avec un sauvage enthousiasme et qui faisait encore tressaillir les échos d'Afrique, bien après que la flotte eut disparu.

Oui, ces barbares allaient au cœur de l'empire, ils allaient à Rome même, et c'était une femme, une impératrice qui les y appelait. Une femme, dites-vous avec étonnement et épouvante. Oui, une femme outragée que le meurtrier de son époux avait forcée, elle fille et épouse des empereurs, à accepter sa main encore teinte de sang. Mes paroles réveillent le souvenir de ce que vous avez étudié déjà, et vous nommez avec moi Valentinien, Eudoxie, Maxime. Le sac de Rome avec ses scènes sanglantes et terribles apparaît à votre imagination effrayée.

C'était la seconde fois que la reine des nations voyait les barbares dans ses murs. Alaric, saisi à son aspect, de je ne sais quelle respectueuse émotion, l'avait préservée du pillage. Genseric, lui, la dévasta complétement. Il emporta tout ce qui pouvait s'emporter, mutila le reste, et lorsque ses galères quittèrent le port d'Ostie, elles étaient tellement chargées des dépouilles de Rome et des villes de la côte que le lest avait été retiré et remplacé par des richesses incalculables. Parmi les captifs, figuraient l'impératrice et ses deux filles Placidie et Eudoxie ; peu après, Genseric renvoya la seconde avec sa mère à Constantinople, et retint l'aînée qu'il fit épouser à son fils Hunneric.

Le sac de Rome fut en quelque sorte le dernier signal de la ruine définitive de l'Empire d'Occident ; pour Genseric, ce fut non-seulement une occasion de s'enrichir, mais encore d'augmenter son influence, de porter au loin la crainte et l'effroi qu'inspirait son nom. Il était regardé maintenant comme l'émule d'Attila, il sut mettre à profit ce prestige redoutable qui le faisait le héros du monde barbare, et à peine débarqué en Afrique, il était déjà maître de tout le littoral depuis la grande Syrte jusqu'au détroit de Gibraltar. La province de Tripoli, les îles Baléares, la Corse, une grande partie de la Sicile se soumirent à ses lois. Il avait l'empire de la Méditerranée, il était l'arbitre de l'Occident.

Cependant un homme capable de résister aux envahissements des barbares arrive au pouvoir, c'était Majorien. Il veut ressaisir l'Afrique, et pour cela, il équipe une flotte immense dans le port de Carthagène. Ensuite poussant le courage jusqu'à l'audace, il se déguise, teint en noir sa chevelure blonde et sous le nom d'un ambassadeur, passe en Afrique pour connaître par lui-même les ressources et les forces de son ennemi. Genseric le conduisit dans son arsenal, et Procope assure que les nombreuses et riches armures enlevées aux Romains s'agitèrent à sa vue, s'entrechoquèrent et résonnèrent sans que personne les touchât.

Suffisamment renseigné, Majorien retourna à Carthagène. Tout était prêt ; son génie allait triompher, lorsque la trahison vint briser son espoir, détruire son ouvrage. Des officiers goths vendus à Genseric donnèrent à ce prince le moyen de détruire la flotte ; une seule nuit suffit à anéantir l'œuvre de trois années, et l'héroïque Romain, obligé de recevoir des conditions au moment d'en dicter, revint en Italie pour y mourir, victime de la perfidie et de l'aveuglement de ses soldats.

Avec son esprit pénétrant, Genseric avait compris le profit qu'il pouvait tirer de la position de Carthage. Il se souvenait que les Phéniciens, ses anciens fondateurs, avaient assis leur puissance par leur force maritime, et ses efforts tendaient à son but en employant les mêmes moyens. Un service de piraterie bien organisé portait ses armes et la dévastation jusque sur les côtes de l'Asie-Mineure. L'Archipel était rempli de ses galères, qui interceptaient toute navigation, tout commerce.

Pour mettre un terme à tant d'audace, l'empereur d'Orient réunit une armée de 100,000 hommes ; mais, comme Genseric autrefois avait retenu la flotte en Sicile jusqu'à ce que des troubles fomentés par lui la contraignissent à rentrer, cette fois encore ses intrigues lui donnèrent un sursis de quelques jours, qu'il sut mettre à profit, non pour susciter à Byzance un ennemi étranger, mais pour préparer un moyen de destruction.

— Le dernier jour de la trêve, le vent poussait, sur la flotte gréco-romaine, les brûlots vandales qui l'incendièrent et l'exterminèrent complétement.

Ce nouveau succès porta à son comble la renommée du chef qui, ne perdant aucune occasion, se hâta de menacer l'Égypte et ravagea plus que jamais le littoral de l'Espagne et de l'Italie.

Odoacre avait porté le dernier coup à l'Empire qui n'existait plus, et l'empereur d'Orient, Zénon, persuadé que ses efforts ne pourraient rien contre une puissance comme celle de Genseric, consentit au partage de la Méditerranée et reconnut sa souveraineté sur toutes les régions de l'Atlas. Le roi vandale était donc à l'apogée de la grandeur et de la gloire; on ne lui demandait en échange de toutes ces concessions que de tolérer le catholicisme. Il le promit. Aurait-il tenu sa parole? Dieu seul le sait, car la mort le frappa peu de mois après la signature du traité. La grande puissance de son peuple, due à son génie, s'éteignit avec lui, comme celle du grand et florissant royaume de Numidie était tombée avec Massinissa, son fondateur et son soutien.

Voici quelques détails sur l'organisation vandale en Afrique. Genseric divisa sa conquête en deux parties : la plus vaste lui appartint personnellement ; l'autre, qui comprenait à peu près la province proconsulaire, c'est-à-dire, la partie du littoral qui s'étendait du promontoire de Mercure (cap Bon), jusqu'à l'embouchure de la Huska (la Zaïne), fut partagée entre ses guerriers. Il les divisa en quatre-vingts cohortes, ayant chacune un chiliarque ou chef de mille hommes. Au-dessus des chiliarques étaient, d'abord le roi, commandant absolu et suprême, ensuite les comtes, chefs de plusieurs cohortes. Après les chiliarques venaient les centurions et les décurions, qui étaient, en même temps que chefs militaires, magistrats civils.

Cette organisation féodale, excellente tant qu'elle était dirigée par un prince habile et que les mœurs du peuple étaient rudes et guerrières, devint bien vite mauvaise et vicieuse au contact de la civilisation, dont les Vandales ne surent prendre que les vices et la mollesse.

# CHAPITRE XIX.

## Bélisaire et les Vandales.

[DE 496 A 533.]

Ordre de la succession au trône. — Hunneric. — Gunthamond. — Trasamond. — Hilderic. — Gélimer est proclamé roi par les Vandales révoltés. — Justinien prend la défense de Hilderic. — Bélisaire en Afrique. — Trahison de Godas, gouverneur de la Sardaigne. — Gélimer envoie son armée pour le punir. — Débarquement de Bélisaire. — Défaite de Gélimer. — Entrée à Carthage.

A peine ai-je achevé de vous esquisser les conquêtes et la grandeur de la domination vandale, et déjà je viens vous montrer sa décadence, je viens vous faire assister à sa ruine.

A son lit de mort, Genseric avait décidé l'ordre de la succession au trône. D'après sa volonté, la couronne devait revenir toujours au membre de la famille le plus âgé, et non passer du père au fils. Par ce moyen, le conquérant de l'Afrique espérait éviter les maux qui à cette époque, où la force passait avant le droit, devaient résulter d'une minorité ou du gouvernement d'un prince trop jeune. Hunneric, pour assurer la couronne à ses enfants, malgré cette disposition testamentaire, fit périr tous les princes de sa race qu'il put atteindre. Crimes superflus; après sa mort, Gunthamond, un de ses parents éloignés, lui succéda, et Hilderic, son fils, persécuté à son tour, se vit forcé de chercher un refuge à Constantinople.

Lorsque Trasamond eut occupé le trône après Gunthamond, Hilderic put y prétendre enfin. Il se trouvait dans les conditions prescrites par Genseric, il l'obtint. Ayant longtemps vécu à la cour de Constantinople, d'un esprit doux et faible, il se laissa gouverner par l'influence de Justinien, et se montra plutôt lieutenant de cet empereur en Afrique, que monarque indépendant.

Irrité de cette conduite dans laquelle il croyait voir des projets de trahison, le peuple vandale se souleva. Après quelques combats peu sérieux, les amis de Hilderic se mêlèrent aux rebelles et se réunirent sous un seul et même drapeau, pour saluer roi Gélimer, descendant de Genseric. — A peine élu, le nouveau souverain marcha sur Carthage et s'empara de Hilderic, qu'il fit plonger dans une affreuse prison, après avoir massacré ses partisans.

Gélimer était brave, il était connu et aimé de ses sujets; aussi crut-il, sûr de l'appui populaire, pouvoir défier les forces de Justinien en refusant de rendre la liberté à son prisonnier. L'empereur, occupé à une guerre contre les Perses, dissimula d'abord, mais bientôt son armée étant victorieuse, il lui donna pour général le fameux Bélisaire, et le dirigea sur l'Afrique, malgré les représentations de la plupart de ses conseillers que le nom seul des Vandales faisait trembler d'effroi.

Cette brusque décision surprit d'autant plus Gélimer que ses forces étaient concentrées sur un autre point : profitant des troubles inséparables d'une usurpation, plusieurs parties de ses vastes États s'étaient soulevées contre lui. Au premier rang étaient, d'une part, la Sardaigne, dont le gouverneur nommé Godas, quoiqu'il fût une des créatures de Gélimer, avait offert la souveraineté à l'empereur; d'autre part, Tripoli avait déclaré son indépendance par la voix d'un seigneur romain, Prudentius, qui voulait surtout l'affranchissement des catholiques. Le roi vandale, au lieu de se porter sur Tripoli, d'où il aurait pu couvrir l'Afrique tout entière, ne put résister au désir de punir le traître Godas, et envoya en Sardaigne l'élite de ses forces commandées par Tzazon, son frère.

Ce fut précisément sur ces entrefaites que débarqua Bélisaire. — Vous concevez combien était défavorable la position de Gélimer, surtout avec un adversaire aussi habile et aussi redoutable.

Ce dut être, pour les catholiques opprimés, un jour heureux que celui où la flotte gréco-romaine se montra inopinément en vue de Caput-Vada (Capoudia), un peu au sud de Carthage. Comme ils durent saluer avec joie ce beau vaisseau amiral, dont les voiles teintes de pourpre, étaient pour eux le symbole de l'espoir et du salut ! Bélisaire n'hésita pas. Le jour même où sa flotte toucha terre, son armée débarqua et une circonstance merveilleuse vint donner une impulsion nouvelle au courage du soldat. Sous ce ciel brûlant, les hommes souffraient déjà de la soif lorsque, en creusant un fossé, une source d'eau vive, que nul ne croyait devoir y rencontrer, jaillit tout à coup. C'était un présage favorable, tous les cœurs l'acceptèrent, et la crainte, jusqu'alors mal étouffée, qu'inspiraient les Vandales, fut oubliée et rejetée bien loin.

Aussi prudent politique que savant stratégiste, Bélisaire comprit qu'il ne s'agissait pas ici d'une conquête ordinaire, mais d'un peuple à affranchir d'un joug odieux. Il sentit que le meilleur rôle à jouer et en même temps le plus profitable était celui d'ami et d'allié. Avec un rare bonheur il fit comprendre à son armée qu'elle devait, dans l'intérêt de sa sûreté en même temps que de sa gloire, ne donner aucun motif de mécontentement aux habitants du pays. Il établit une discipline rigoureuse, non-seulement ne tolérant pas le pillage, mais encore punissant avec sévérité le plus léger acte de maraudage. Cette sage conduite acheva de lui attirer les sympathies du peuple. Syllecte, Lemptis (Lempta), Adrumète (Hamamet), lui ouvrirent successivement leurs portes, et de là il se dirigea sur Carthage.

Je vais, mes bons amis, vous montrer cette riche cité disputée encore une fois les armes à la main, mais cette fois du moins vous ne frémirez pas au récit des horreurs de la guerre. Jamais occupation ne se fit plus tranquillement, plus joyeusement je devrais dire. Du reste, vous allez en juger vous-mêmes.

Lorsqu'il apprit l'arrivée, les succès et la marche de Bélisaire, Gélimer était au fond de la Byzacène ; il se hâta de venir au secours de sa capitale. Au découragement de ceux qui l'entouraient, il comprit, mais trop tard, l'incurie des rois vandales ses prédécesseurs qui avaient, par crainte des habitants, détruit toutes les fortifications, sans songer qu'un jour pourrait arriver où ces fortifications auraient fait leur sûreté contre des peuples conquérants. En effet, comme je vous l'ai déjà dit en vous racontant les victoires de Genseric, il ne restait sur tout le territoire africain, que la seule Carthage qui eût conservé des murailles, encore étaient-elles en si mauvais état qu'elles ne pouvaient offrir une résistance sérieuse. La couronne de Gélimer était donc livrée aux chances d'une bataille ; c'était un enjeu qu'il lui fallait jouer sur un seul coup de dé. Ses plus braves soldats étaient sur une terre lointaine, ceux qui devaient le soutenir étaient presque démoralisés et, pour comble d'infortune, les indigènes en masse se prononçaient contre lui. — L'imprudente politique suivie depuis que cette nation fanatique et cruelle avait mis le pied sur le sol de l'Afrique portait ses fruits. Il n'aurait tenu qu'à Genseric d'être le Clovis de ces contrées. Fatiguées du joug avili de Rome, éblouies à l'aspect de son génie, les populations civilisées eussent été heureuses de se ranger avec confiance et amour sous ses lois. Elles ne lui demandaient que d'adopter, ou tout au moins de reconnaître et de protéger la croyance dominante, le catholicisme. Il rejeta toute voie conciliatrice, il ne voulut régner que par la crainte et la force, il voulut étouffer dans le sang une religion aimée et honorée : qu'arriva-t-il ? — Les peuples courbèrent le front, prièrent et attendirent ! Et maintenant l'heure de la délivrance, qui sonnait, trouvait un écho dans chaque cœur ; tous les bras se levaient pour renverser une puissance abhorrée.

Cependant Gélimer hésitait. Il n'osait livrer bataille ; il n'osait, non plus, se retrancher dans Carthage où il n'aurait pu soutenir un siège. La marche rapide de Bélisaire le décida. Il disposa son armée avec un grand talent et la divisa en trois corps principaux. Malheureusement Ammatas, son frère, jeune guerrier à l'esprit ardent et impétueux, n'eut pas la patience d'attendre, et avant l'heure désignée, à la tête des troupes sous ses ordres, il s'avança sur l'avant-garde de l'armée gréco-romaine. Cet empressement devint funeste aux Vandales, qui furent entièrement défaits après qu'Ammatas eut succombé avec gloire sur le champ de bataille. Le surlendemain, le lieutenant de Justinien était reçu dans Carthage aux acclamations générales. Ce jour qui faisait passer la ville africaine d'une domination à une autre, était pour elle un jour de fête. Les boutiques étaient ouvertes; les promenades encombrées de promeneurs; les citoyens vaquaient avec sécurité à leurs affaires, et les temples, rouverts après un siècle d'oppression, recevaient la foule des fidèles qui venaient y rendre grâces à l'Éternel. Précisément c'était l'anniversaire de la fête de saint Cyprien, et l'abondance du peuple qui se pressait au pied de l'autel, consacré spécialement au saint martyr, ne peut être comparée qu'à la joie et à la confiance de ce même peuple.

La capitale était aux mains de Bélisaire, mais le prudent général n'oublia pas dans l'enivrement du triomphe que ce ne pouvait être le dernier mot de cette guerre. Il supposa que Gélimer allait essayer un suprême effort. Dans le prochain chapitre, nous verrons s'il se trompait.

# CHAPITRE XX.

## Gélimer à Constantinople.

[DE 533 A 534.]

Activité de Bélisaire. — Défection des indigènes. — Découragement des Vandales. — Bataille de Carthage. — Domination gréco-byzantine. — Gélimer sur la montagne Pappua. — Son existence chez ces tribus barbares. — Sa capitulation. — Égards de Bélisaire pour le roi vaincu. — Triomphe de Bélisaire à Constantinople. — Conduite de Justinien à l'égard de Gélimer.

Le premier soin du vainqueur fut de se fortifier dans Carthage. Les vieilles murailles furent réparées, de nouveaux forts construits ; de larges et profonds fossés, disposés de manière à recevoir de l'eau en abondance, achevèrent de rendre la ville imprenable. Deux mois à peine avaient suffi à exécuter cette tâche immense. C'est que, non-seulement l'armée y travaillait avec zèle, mais la population, composée de 200,000 âmes, y coopérait aussi avec ardeur.

Cette surprenante activité porta le découragement des Vandales à son comble, et d'autre part, elle remplit d'admiration les Maures, en agissant fortement sur leur imagination impressionnable. Cette force et cette grandeur furent pour Bélisaire une auréole glorieuse devant laquelle s'inclinèrent les chefs en venant auprès de lui solliciter son amitié. Il les accueillit avec distinction, les combla de présents et leur remit les riches insignes de la dignité royale. En échange, ils promirent de rester neutres.

Tzazon, en apprenant les succès des Gréco-Romains, s'était hâté de faire rembarquer ses troupes. La traversée avait été heureuse, et dès son arrivée en Afrique il était allé rejoindre son frère qui avait rassemblé autour de lui la presque totalité du peuple vandale. — Après s'être rejoints sur les frontières de la Byzacène, les deux princes marchèrent sur Carthage. Bélisaire se porta en avant, les attaqua et remporta la victoire la plus complète. — Tzazon resta sur le champ de bataille, Gélimer prit la fuite, le camp tomba au pouvoir de l'armée qui fit un butin incalculable. A l'issue de cette bataille, la terrible domination vandale était à tout jamais détruite, après 105 ans de durée. Trois mois de campagne et deux combats avaient suffi à Bélisaire pour réaliser ce grand succès.

Gélimer vivait encore; il était près des sources de la Seybouse, chez une tribu maure des montagnes de Pappua (Djebel-Edough). Vous ne sauriez, mes jeunes amis, vous faire une idée de la misère et de l'existence rude et pénible de ces Maures. Réunis dans de méchantes huttes qui ne les mettaient pas à l'abri des intempéries de l'air, la terre nue était leur seul lit. Aucun d'eux ne connaissait le luxe de plusieurs vêtements; le même manteau sale et déchiré, les couvrait également en hiver et en été. Ils se nourrissaient de galettes d'orge ou d'avoine cuites sous la cendre. — Telle était l'existence que le roi des Vandales, ce prince accoutumé à toute la somptueuse pompe orientale, dut se résigner à partager, bien heureux encore qu'on voulût la lui offrir.

La montagne était tellement escarpée qu'elle était inaccessible. Après avoir vainement tenté de l'emporter d'assaut, Phara, lieutenant de Bélisaire, se contenta de la bloquer étroitement. Alors, mes amis, cette misère, dont je vous parlais tout à l'heure, se changea en une épouvantable famine.

Pendant que ce siége continuait, le territoire se soumettait de toutes parts. Septem (Ceuta), Césarée, Tripoli recevaient, comme Carthage, garnison romaine. La Corse, la Sardaigne, les îles Baléares, étaient détachées, par la flotte, de l'Empire africain, et réunies à celui de Constantinople. Les Byzantins se hâtèrent de venir prendre leur part de la conquête; ils s'établirent en grand nombre en Afrique. Une loi de déportation fut promulguée, et l'élément vandale ainsi complétement absorbé ne laissa plus, comme trace de son passage et de son influence, qu'un souvenir de crainte et d'horreur; souvenir qui, même à notre époque, rend le nom de ce peuple, synonyme de destruction aveugle, d'œuvre anticivilisatrice.

Gélimer sur son roc imprenable était si bien surveillé par Phara, que rien ne pouvait arriver jusqu'à sa retraite. Son énergie, toujours forte et vivace quand il s'agissait de lui personnellement, faiblissait parfois, quand il voyait la détresse des siens, et la fidélité de ceux qui, l'ayant accueilli, lui étranger et malheureux, souffraient des maux sans nom, plutôt que de violer leur serment d'hospitalité.

Un jour que son œil plongeait dans la riante vallée qui s'étendait à ses pieds, et qu'il contemplait d'un regard pensif les casques dorés des soldats, scintillants au soleil, une scène douloureuse attira toute son attention. Près de lui, un enfant, son neveu, avait en sa possession quelques débris de galette d'orge, à peine cuite: un jeune Maure chercha à lui enlever ce séduisant trésor; une lutte s'engagea, lutte terrible, car pour l'un comme pour l'autre, cette parcelle de mauvais pain était presque la vie. Le guerrier pleura, le fier Vandale courba le front, c'en était fait, sa décision était prise. Le soir même, Phara quittait le pied de la montagne Pappua; il emmenait avec lui le descendant de Genseric qui venait de capituler.

Gélimer fut reçu à Carthage par Bélisaire, qui l'accueillit avec la plus grande distinction, et lui promit son appui près de l'empereur son maître. Immédiatement après cette importante capture, le vainqueur des Vandales s'embarqua pour Constantinople où les envieux de sa gloire et de la faveur dont il jouissait, cherchaient à le perdre dans l'esprit de Justinien.

En sera-t-il donc de cet illustre général comme de son devancier en Afrique, le noble Théodose?—Rassurez-vous, mes jeunes amis: non-seulement la présence de Bélisaire fit taire les jaloux, mais encore l'empereur le combla d'éloges, et le peuple renouvelant un antique usage, lui décerna les honneurs du triomphe. Dans le cortége, Gélimer marchait à la tête des captifs, et ces paroles du roi Salomon : *vanité des vanités ; tout n'est que vanité !* sortaient à chaque instant de ses lèvres. Ce jour, pénible à son orgueil, fut le dernier jour malheureux du roi détrôné. A dater de ce moment, il vécut heureux en Galatie, entouré de sa famille, de toutes les satisfactions de la vie privée et comblé des dons de l'empereur.

A la chute de Gélimer, lors de la seconde bataille près de Carthage, s'était éteinte la nationalité vandale. A sa mort s'éteignit la race de Genseric, il ne laissa pas d'enfants. C'est ainsi que Dieu se joue de la puissance des peuples et des hommes, qui ne sont jamais que des instruments dans ses mains, lors même qu'ils semblent vouloir marcher contre ses lois adorables ; instruments qu'il brise et disperse quand il lui plaît.

# CHAPITRE XXI.

## Domination gréco-byzantine.

[DE 534 A 539.]

Comparaison entre l'Afrique au sixième siècle et l'Afrique sous les Romains. — Les Vandales vaincus, restaient encore des ennemis redoutables : les indigènes. — La guerre éclate sous Salomon, successeur de Bélisaire. — Bataille de Manimée. — Les indigènes vont se retrancher dans les montagnes. — Ils sont défaits. — Paix dans la Byzacène. — Continuation de la guerre dans la Mauritanie occidentale. — État de la Numidie. — Jabdas. — Expédition de Salomon dans l'intérieur. — Conspiration ourdie par les Ariens. — Fuite de Salomon. — Massacre à Carthage. — Stoza.

Vous n'avez pas oublié, mes jeunes amis, l'importance que Rome attachait à ses provinces d'Afrique : vous ne vous étonnerez donc pas en apprenant que Byzance se réjouissait sincèrement d'une conquête aussi sérieuse, et que tous ses efforts allaient tendre à la consolider. Cependant ne croyez pas que l'Afrique fût encore ce qu'elle avait été sous la domination de la reine du monde. Ces belles et riches plaines, que la métropole nommait avec orgueil son grenier, étaient maintenant incultes et infertiles. La luxuriante végétation de ce pays avait envahi le travail des hommes, et nul vestige ne restait de ces champs immenses où se récoltaient naguère les plus belles moissons du monde. Les plantes sauvages, les hautes herbes des pâturages, les arbustes, les cactus aux longues épines avaient remplacé toute trace de culture. C'était une terre à défricher, une nouvelle et laborieuse tâche à accomplir. La main vandale avait passé par là, et un siècle à peine avait suffi pour anéantir le labeur pénible d'une parfaite civilisation.

Les Maures, les Gétules et les Numides, avaient quitté leurs montagnes, et, profitant de la période de décadence des Vandales, étaient venus occuper la plaine et s'établir sur ce sol, témoin des grandeurs de Rome. C'était à ces ennemis bien autrement formidables que l'armée de Gélimer, que les Gréco-Romains allaient avoir affaire. Les chefs, séduits d'abord par la renommée et les exploits de Bélisaire, n'avaient pas tardé à redouter sa puissance, à envier sa gloire. De là à la guerre il n'y avait pas loin : elle éclata sous Salomon, son successeur.

Ce Salomon était un homme prudent et vertueux, qui, sous le nom d'exarque (titre que portèrent tous les gouverneurs de l'Afrique pendant la domination byzantine), remplissait dignement les hautes fonctions que Bélisaire en quittant l'Afrique lui avait confiées, et dans lesquelles il avait été confirmé par Justinien.

Déjà, avant le départ de Bélisaire, quelques troubles avaient eu lieu ; mais c'était peu de chose ; le feu couvait sous la cendre, il n'osait encore brûler à découvert. A peine le sut-on parti pour Constantinople, que la révolte se déclara. Les Maures crurent pouvoir battre impunément son successeur ; réunis aux Gétules, ils s'assemblèrent en grand nombre dans la plaine de Manimée (régence de Tunis) et attendirent les Byzantins dans une position formidable. Salomon voyant que sa cavalerie lui était inutile fit mettre pied à terre à ses hommes, et, réunissant toutes ses forces sur un seul point, il attaqua hardiment l'ennemi, enfonça ses lignes et en fit un tel massacre que les auteurs contemporains portent à 10,000 le nombre des Maures qui restèrent sur le champ de bataille.

Loin d'être découragés par cette défaite, les indigènes semblèrent redoubler d'efforts et d'opiniâtreté. Seulement, ils changèrent de tactique et allèrent camper sur une montagne qu'ils croyaient inaccessible à leurs adversaires. Vain espoir ! Stimulée par son chef, l'armée de Salomon pouvait tout. Aussi agiles que la gazelle du désert, les Gréco-Byzantins, au nombre de mille, gravirent le flanc du roc escarpé qui surplombait sur le camp maure. Les indigènes qui se croyaient abrités par un rempart naturel, virent au lever du soleil flotter sur leurs têtes les bannières impériales : l'épouvante se mit dans leurs rangs, d'autant plus que toute voie de fuite leur était fermée. Cette bataille fut encore plus meurtrière que celle qui l'avait précédée. Les vainqueurs emmenèrent en captivité un si grand nombre de femmes et d'enfants, qu'à Carthage, au retour de cette expédition, un enfant était livré comme esclave au même prix qu'un mouton. Cette affaire ruina la puissance des Maures orientaux, et la guerre cessa dans la Byzacène, faute de combattants.

Les Maures occidentaux résistaient toujours. La belle Numidie était le théâtre de la lutte, et le temps était loin où, sous les règnes prospères des Massinissa, des Micipsa et des Juba II, ces contrées faisaient l'étonnement et l'admiration des étrangers. Devant les efforts des indigènes, avait fui la civilisation. Les villes épiscopales avaient perdu leur grandeur et leur renommée ; le plus grand nombre ruinées par les Vandales, les autres désolées par les excursions continuelles des populations nomades. Les tribus maures et numides, ennemies irréconciliables et acharnées, se réunissaient toujours quand il était question de combattre toute domination étrangère, de détruire tout germe européen. Pendant que Salomon était vainqueur dans la Byzacène, le chef des peuples guerriers du mont Ouraze (Aourès), Jabdas, s'était mis à la tête de la résistance numidique, et trente mille hommes avides de pillage s'étaient rangés autour de lui. Jabdas avait des ennemis puissants parmi les Maures, ils promirent à Salomon de nombreux renforts, lui affirmèrent que beaucoup de leurs compatriotes n'attendaient que sa présence pour se déclarer contre les rebelles. Décidé par ces promesses, Salomon quitta la Byzacène et se porta sur la Numidie ; mais après quelques jours de marche pénible, voyant qu'aucune de ces brillantes espérances ne se réalisait, il craignit une trahison et revint sur ses pas. La tenue de ses troupes et le bon ordre de la retraite imposèrent aux indigènes, qui n'osèrent inquiéter sa marche. Il rentra à Carthage sans avoir été attaqué, mais aussi sans avoir remporté le plus léger avantage.

Connaissant par lui-même la nature et la position des lieux, il résolut une nouvelle expédition et fit ses préparatifs de telle sorte que toutes les chances de succès semblaient devoir la couronner. Mais au moment où il allait partir, éclata une conspiration terrible, fomentée et dirigée par le clergé arien. Ces fanatiques avaient choisi la grande solennité de Pâques pour exécuter leur complot. Ils devaient immoler au pied des autels le gouverneur et sa suite. Je ne sais quel motif arrêta leurs bras levés pour l'assassinat, — ce fut peut-être la crainte, peut-être le remords. Toujours est-il, mes jeunes amis, que Dieu permit que le moment fixé pour le massacre s'écoulât tranquillement; le saint lieu fut respecté, le sacrilége ne fut pas ajouté aux meurtres et à la violence, et ce ne fut que dix jours après, au milieu d'une fête donnée au Cirque, que l'insurrection se manifesta. Les troupes indigènes, qui étaient entrées pour une majeure partie dans la formation de l'armée, s'étaient ralliées aux conjurés. Elles portèrent en quelques minutes la dévastation, la mort et le pillage dans tous les quartiers de la ville. Les habitants furent massacrés, les rues avaient, dit-on, de larges ruisseaux de sang; enfin, la nuit et la fatigue purent seules mettre un terme à la fureur de ces forcenés. Salomon se réfugia en Sicile, sept personnes seulement purent s'embarquer avec lui et accompagner sa fuite.

Immédiatement les rebelles se choisirent un chef, c'était un simple soldat nommé Stoza : il fut élu par huit mille hommes réunis dans les champs de Bulle, près de Carthage.

Je m'arrête ici. Je consacrerai un autre chapitre à vous raconter cette insurrection dont les détails nous ont été transmis par Procope, qui fut témoin oculaire, tout au moins du commencement, puisqu'il était au nombre des sept personnes qui quittèrent Carthage avec Salomon et gagnèrent avec lui la Sicile.

# CHAPITRE XXII.

## Insurrection de Stoza.
[DE 537 A 539.]

Caractère de Stoza. — Son armée. — Il se porte sur Carthage. — Résistance de Théodore. — Les habitants sont décidés à capituler. — Arrivée de Bélisaire. — Bataille de Membrèse. — Gouvernement de Théodore et de Marcel. — Défection de l'armée de Marcel à Gazophyle. — Mort de Marcel. — Succès de Stoza. — Arrivée en Afrique de Germanus. — Habile politique du nouveau gouverneur. — Ruine de Stoza. — Inutile tentative de Maximien. — Rappel de Germanus. — Remarques sur la fatale politique des empereurs d'Orient.

Le chef que s'étaient choisi les insurgés était Maure, son caractère hardi, entreprenant, inaccessible à la peur ; la force athlétique de ses membres, sa valeur indomptable, en même temps que l'éloquence persuasive, quoique grossière et rude, de ses discours, en faisaient un chef de parti, redoutable à ses ennemis et adoré de ses amis. Doué de prévoyance et d'astuce, il rallia à sa cause les Vandales épars sur le territoire africain et, en général, tous les ennemis de la domination byzantine. Pour atteindre son but, il jura que tout esclave, en entrant dans son camp, recouvrerait ses droits d'homme libre ; que tous les crimes des malfaiteurs seraient oubliés, dès qu'ils prendraient place sous ses drapeaux. Par ce moyen, d'une excessive habileté, sinon d'une rigoureuse délicatesse, ses rangs se grossirent rapidement; mais de quels hommes! — d'un ramassis de vagabonds et de criminels, population tarée qui vit toujours cachée dans la boue des grandes villes, troupes courageuses et ardentes au pillage, mais indisciplinées et perdues de vices.

Cependant, Stoza s'était porté sur Carthage où, eu égard à la fuite de Salomon et à la défection de son armée, il croyait entrer sans combat. Il n'en fut pas ainsi : le capitaine des gardes du gouverneur, le brave et fidèle Théodore avait tout disposé pour la résistance. Grâce à ses talents militaires, Carthage pouvait espérer d'échapper aux rebelles; mais ses habitants, effrayés des horreurs qui accompagnent un assaut, horreurs dont ils venaient d'avoir un triste exemple au milieu même de la paix la plus profonde, ses habitants n'en voulurent point courir la chance et résolurent de se rendre à merci, malgré les supplications, les promesses et les menaces de Théodore. La capitulation était décidée pour le lendemain, lorsque, pendant la nuit, un vaisseau entra dans le port. Ce vaisseau ne portait que cent hommes d'élite, mais à leur tête était un capitaine dont le bras et le renom valaient des armées : Bélisaire les commandait en personne. Son nom seul eut sur les assiégeants un effet magique; abandonnant leur camp ils prirent la fuite, pêle-mêle et sans ordre. Le général, quittant les murs de Carthage, les poursuivit avec un faible corps de deux mille hommes tout au plus, et les atteignit à Membrèse, à dix-sept lieues de Carthage, près de la rivière Bagrada. Là, il les attaqua avec vigueur et les força de continuer à fuir; ils ne s'arrêtèrent plus que sur le sol de Numidie. En comptant leurs rangs, ils s'aperçurent qu'un petit nombre, seulement, des leurs avait péri. — Le vainqueur se rembarqua sur-le-champ pour la Sicile où sa présence était nécessaire. Avant son départ, il déposa entre les mains de Théodore le gouvernement de Carthage et de la province, et il donna le commandement des forces militaires en Numidie à un capitaine nommé Marcel.

Ce nouveau chef était un excellent soldat, mais il n'avait pas le génie nécessaire pour diriger et surtout maîtriser, dans une occurrence aussi difficile, une armée comme celle qui lui était confiée. En effet, sans nationalité puisqu'elles étaient formées d'éléments hétérogènes, les troupes, mal payées, sans discipline régulière, ne pouvaient être victorieuses qu'autant que celui qui était à leur tête savait les dominer soit par crainte, soit par admiration, soit enfin par amour. Marcel ne possédait aucune de ces qualités; Stoza, en homme adroit, sut se prévaloir de ces circonstances; et tandis que les deux armées étaient en présence à Gazophyle (près de Constantine), il fit un dernier appel aux soldats impériaux, leur répéta tout haut ce qu'il leur avait fait dire bien des fois par ses émissaires, et flatta en même temps leur cupidité, leur orgueil et leur ambition. Aussitôt, et sans même essayer du sort des armes, ils abandonnent leurs drapeaux, tombent à ses pieds et lui jurent fidélité à toute épreuve. Stoza fait arracher de l'église, asile où ils s'était réfugié, l'infortuné Marcel et les quelques hommes qui lui étaient restés fidèles et les fait périr du dernier supplice.

Pour réparer ce terrible échec, il fallait un chef brave, courageux, mais surtout prudent et sage. Justinien jeta les yeux sur Germanus son neveu qui, plus d'une fois déjà, avait fait preuve de rares talents. Germanus, en arrivant à Carthage, y trouva une armée diminuée de plus des deux tiers et le tiers restant, indécis, attaché aux rebelles par des liens de parenté et par sympathie, prêt enfin à suivre, à la première occasion, l'exemple donné par les soldats de Marcel. Ne pouvant employer, sans danger, la chance des armes, le nouveau gouverneur eut recours à la politique. Il paya les arriérés, non-seulement à ceux qui étaient restés fidèles, mais encore à tous ceux qui rentrèrent sous les drapeaux impériaux. Enfin, il promit l'impunité et l'oubli du passé à tous ceux qui, disait-il, n'étant coupables que d'un moment d'entraînement et d'erreur, viendraient solliciter leur réintégration. Cette générosité, à laquelle on était loin de s'attendre, opéra une réaction complète. Tous les transfuges de l'armée gréco-byzantine, abandonnèrent Stoza et revinrent à Carthage.

Stoza, pour arrêter cette désertion, qui s'étendait à ses propres soldats, marcha sur Carthage; mais son armée, en entendant ceux qui naguère faisaient partie de son camp, rentrés aujourd'hui dans l'obéissance, crier : « *Vive l'Empereur, mort à Stoza!* » se débanda. Poursuivie par Germanus, elle fut entièrement défaite. Jabdas et un autre roi maure, auxiliaires et alliés de Stoza, s'étaient tournés contre lui pendant la bataille. — Par un rare bonheur, Stoza échappa à la mort et à la captivité; il alla chercher un asile au fond de la Mauritanie, auprès d'un roi dont il épousa la fille.

Cette dernière révolte avait fait chanceler la domination gréco-byzantine; pour le présent elle n'était plus à redouter, mais elle avait jeté des germes funestes dans les esprits, elle avait habitué l'armée à considérer la désertion comme un droit, et non comme un crime. Désormais, nous allons toujours trouver l'élément de discorde et de révolte en activité. Maximin, un des gardes du palais, voulut prendre le rôle de Stoza; Germanus l'arrêta au début, il le fit saisir et le fit pendre à une des portes de la ville.

Vainqueur deux fois, le neveu de l'empereur prit un ascendant immense sur les soldats et sur les populations. Son administration, sage et éclairée, promettait d'heureux jours à l'Afrique, lorsque les intrigues de Théodora, femme de Justinien, décidèrent son rappel et arrêtèrent l'impulsion prospère qui aurait peut-être rendu l'Afrique ce qu'elle avait été aux beaux jours de Rome.

Une remarque générale à faire, c'est que tout le temps qu'a duré l'empire d'Orient, les fautes ont succédé aux fautes. Les règnes les plus célèbres n'ont pas été exempts de cet aveuglement inqualifiable qui entraînait le gouvernement à sa perte, ou tout au moins à l'affaiblissement de son pouvoir. Depuis le grand Théodose, il n'est pas un seul empereur qui ait su faire naître des circonstances favorables; et lorsqu'elles se sont présentées d'elles-mêmes, pas un seul non plus qui ait su les mettre à profit, les faire fructifier pour l'avenir et la gloire du pays. Ne doit-on pas, surtout, attribuer ce fâcheux état de choses à la crainte jalouse des souverains qui se hâtaient d'abaisser leurs sujets, de récompenser, par l'exil et la perte de leur faveur, ceux qui se signalaient à leur service. Triste ingratitude qui étouffa bien des germes de grandeur, qui détruisit dès leur principe un grand nombre d'œuvres glorieusement commencées!

# CHAPITRE XXIII.

### Chute de la domination gréco-byzantine.
[DE 539 A 554.]

Chute de la domination gréco-byzantine. — Salomon revient en Afrique comme gouverneur. — Expédition des monts Ourazes. — Quelques mots sur ces monts Ourazes. — Submersion du camp gréco-byzantin. — Défaite des indigènes. — Cyrus, gouverneur de la Pentapole. — Sergius, gouverneur de la Tripolitaine. — Exactions. — Massacre des quarante Leucathes. — Insurrection. — Mort de Salomon à Sébeste. — Sergius lui succède. — Antalas. — Stoza reparaît. — Aréobinde, nommé collègue de Sergius. — Les Arsacides. — Défaite des Gréco-Byzantins. — Mort de Stoza. — Ses dernières paroles. — Rappel de Sergius. — Révolte de Gontharis. — Mort d'Aréobinde. — Les Maures abandonnent Gontharis. — Mort de ce chef. — Jean Troglita, gouverneur. — Derniers succès des Gréco-Byzantins en Afrique. — Période de décadence. — Trois peuples convoitent la possession de l'Afrique.

Le successeur que l'Empire donna à Germanus, fut ce même Salomon que vous avez vu, victime de la révolte et du massacre de Carthage, se diriger vers la Sicile. Il avait accompagné Bélisaire lorsque celui-ci était venu en Afrique, faire la glorieuse apparition qui mit en fuite Stoza et ses Maures. Il avait pris part à la bataille de Membrèse, puis il avait fait voile vers Constantinople, pour rendre compte de sa conduite à l'empereur.

Vous vous souvenez, mes jeunes amis, que pendant son

premier gouvernement, Salomon avait eu pour antagoniste Jabdas, roi puissant que nous avons vu depuis, sur le champ de bataille, se rallier aux Gréco-Byzantins. Je vous ai dit alors, que ce Jabdas était chef des tribus qui habitaient les monts Ourazes; j'ai ajouté comment Salomon, conduit vers lui par des guides douteux, avait dû rebrousser chemin, remettre à plus tard son expédition, et comment encore, au moment de la renouveler, l'insurrection l'avait obligé d'abandonner lui-même l'Afrique.

Pendant son inaction forcée, il avait mûri son projet; à peine remis en possession du pouvoir, il résolut de l'exécuter.

Ne vous étonnez pas de cette persistance. Les contrées dont il s'agissait, sont les plus belles régions de la fertile Numidie. Jetez avec moi un coup d'œil sur la carte, vous verrez que ces monts Ourazes (Aourès) sont précisément toute la partie du grand Atlas qui appartient à la Numidie et qui s'étend entre Constantine et Biskara. Que votre pensée, en sachant qu'on la nommait le jardin de l'Afrique, la revête de toute la richesse, de toute la force de la nature méridionale, et vous ne pourrez encore avoir qu'une idée imparfaite de la beauté des fruits qui mûrissent sous ce climat, de l'excellence de ses pâturages, du développement prodigieux de tous ses végétaux. La montagne est sillonnée en tous sens de torrents qui portent au loin la fraîcheur et la fécondité.—Cette chaîne, d'une grande étendue, et qui offre, par ce fait, une notable diversité de sol et de température, était à l'époque de Salomon, comme elle l'est à la nôtre, occupée par les descendants des sujets du célèbre Jugurtha, population qui peut, ainsi que je vous le disais en commençant cette histoire, changer de nom, mais jamais de mœurs, de caractère et surtout d'esprit d'indépendance.

La tâche de Salomon était difficile; il la mena cependant à bonne fin après avoir failli périr, victime d'une ruse de guerre. Les indigènes ayant réuni dans un seul lit tous les torrents de la même pente, dirigèrent ce fleuve impétueux vers le camp gréco-byzantin, qui fut en un clin d'œil submergé et entouré d'un immense lac. Le sang-froid du général, après avoir vaincu l'élément terrible et dévastateur, vainquit aussi les Numides qui espéraient profiter de la terreur et de l'étonnement de l'armée pour la mettre en déroute. Les Gréco-Byzantins firent un immense butin, et, ce qui était bien autrement important, ils restèrent maîtres des hauteurs et purent, par conséquent, commander tous les défilés qui faisaient communiquer la plaine à la montagne et au désert.

Cette campagne assura la tranquillité de la Numidie, et, comme sous le gouvernement de Germanus, la prospérité publique semblait assurée. Cette fois, le gouverneur lui-même annula tout ce qu'il avait fait, par une seule faiblesse : son excessive tendresse pour ses neveux.

Ces neveux, mes amis, étaient deux jeunes gens aussi incapables qu'orgueilleux et fiers du pouvoir de leur oncle. Cyrus et Sergius, c'étaient leurs noms, ne songeaient qu'à se divertir et à s'entourer de tout ce que la fortune peut procurer de bien-être et de plaisirs. Salomon, après les avoir appelés auprès de lui, sollicita pour eux les faveurs de l'empereur, qui donna au premier le gouvernement de la Pentapole, au second, celui de la Tripolitaine. Je ne vous dirai pas les folies des deux frères, les exactions sans nombre dont ils accablèrent le peuple. Qu'il vous suffise de savoir que Sergius ayant un jour reçu à sa table quarante Maures, venus vers lui comme députés d'une tribu amie et alliée, les fit tout à coup massacrer sans motif réel et sous le vague prétexte de trahison. Un des quarante échappa à la mort et porta cette sanglante nouvelle à toute la tribu qui attendait sous les murs de Leptis, le retour de ses ambassadeurs. Aussitôt, le cri de guerre retentit d'une extrémité de l'Afrique à l'autre, tous les peuples de l'Atlas entrèrent dans la ligue.

Salomon, effrayé des suites d'un combat inégal, veut traiter ; mais l'Africain ne peut plus croire à un serment chrétien, depuis que Sergius a enfreint celui qu'il avait prêté aux malheureux Leucathes. On ne l'entendra que si, au préalable, il punit le traître : ce traître est son neveu ; plutôt que de l'abandonner, il préfère la guerre et ses chances. L'armée le soutient faiblement, seul il sait résister bravement et mourir avec gloire. Cette affaire eut lieu dans les champs de Sébeste, non loin de Carthage.

Par suite de ce fatal aveuglement qui présidait aux décisions de l'empire, le gouvernement de toute l'Afrique fut confié à Sergius, à ce violateur de la foi jurée, à ce jeune débauché sans talents et sans courage, cause première de l'insurrection, et partant, de la mort de Salomon. Loin de modifier sa conduite, il ajouta à ses crimes et à ses cruautés passés, de nouveaux crimes, de nouvelles cruautés.

Antalas, chef puissant parmi les indigènes et ami des Gréco-Byzantins, avait, malgré ses sympathies, pris part à la guerre après le massacre des quarante Leucathes. Désireux de poser les armes, mais ne voulant et ne pouvant le faire qu'autant que Byzance ferait un nouveau choix, il adressa à cet effet, des représentations à Justinien qui n'en tint aucun compte. Stoza reparut alors sur ce grand théâtre de la guerre, dont il semblait s'être à tout jamais retiré. Sortant de sa retraite, il vint partager le pouvoir avec Antalas. L'Afrique devint une vaste arène que les Maures et les Numides, quelquefois refoulés, presque toujours vainqueurs, parcouraient sans cesse, désolant et saccageant tout.

L'empereur se décida, non à rappeler Sergius, mais à lui donner pour collègue Aréobinde, aussi incapable que lui, mais sénateur puissant et mari d'une nièce de Justinien. On leur adjoignit comme lieutenants Athanase et les deux Arsacides, Jean et Artabane, tous trois officiers distingués.

A peine arrivés, sur l'ordre exprès d'Aréobinde, ils attaquèrent Antalas et Stoza. Sergius, avec sa lâcheté accoutumée, refusa le secours qu'on attendait de lui, et les Maures furent victorieux. Stoza, blessé mortellement, vit avant de mourir le triomphe des siens. Il s'écria : « Je meurs content puisque nos ennemis sont vaincus ! » Ce furent ses dernières paroles.

Cette mort de Stoza mérite, mes amis, quelques détails. Jean l'Arsacide s'étant trouvé en face du chef maure, le défia à haute voix ; celui-ci répondit à son appel ; les deux armées cessant de se battre devinrent spectatrices et juges de la lutte. — Ne vous semble-t-il pas voir deux chevaliers, combattre dans un tournoi du moyen âge ? — Les deux antagonistes, forts et courageux, remplis de vigueur et d'adresse, échangèrent bien des coups avant d'en porter un qui fût mortel. Enfin, un des champions tomba; c'était Stoza! Les Maures se précipitèrent sur l'armée gréco-byzantine, la défirent complétement et s'emparèrent de Jean qu'ils tuèrent pour venger leur chef.

Après cette défaite, Justinien rappela Sergius et laissa tout le pouvoir à Aréobinde, le plus lâche des deux. Un nouveau chef parut alors parmi les insurgés; c'était un officier de Salomon, commandant pour l'empereur en Numidie, il s'appelait Gontharis. Après avoir fait un pacte avec Antalas, il vint lui-même à Carthage afin de soulever les habitants de cette ville contre leur gouverneur. Ses machinations réussirent, malgré le courage d'Artabane, frère de Jean l'Arsacide, qui, à la tête de ses Arméniens, commençait à faire reculer les conjurés, lorsque la pusillanimité d'Aréobinde vint tout perdre. Ce dernier se rendit à Gontharis, qui lui jura qu'il aurait la vie sauve, et qui tint sa promesse en le faisant massacrer la nuit même.

Ici, nous trouvons un changement dans la politique maure : ce n'est plus contre Byzance qu'elle combat, mais contre l'usurpateur. Voici dans quelles circonstances : Gontharis, maître de Carthage, crut pouvoir manquer au traité fait avec Antalas et lui refuser la cession de la Byzacène qu'il lui avait promise. Antalas, irrité de ce manque de foi, n'hésita pas à se joindre à l'armée grecque. Artabane entra dans cette ligue, mais secrètement, et tout en feignant de s'attacher à Gontharis qu'il fit poignarder au milieu d'une fête, trente-six jours après son usurpation.

Encore une fois l'Afrique était sans gouverneur; Justinien lui envoya Jean Troglita, général déjà illustre. Une suite de victoires, remportées sur les Maures, rétablit pour un instant la puissance byzantine. Ce furent les derniers exploits des Grecs en Afrique. Pendant la fin du règne de Justinien et sous ses successeurs l'oppression et l'affaiblissement allèrent toujours croissant.

La dépopulation augmentait dans une proportion effrayante. La nation vandale, qui avait compté jusqu'à 150,000 guerriers avec leurs femmes et leurs enfants, avait complétement disparu; les Maures avaient été décimés par les guerres, et les habitants des villes par des massacres souvent répétés. Vingt ans après l'arrivée de Bélisaire en Afrique elle comptait cinq millions d'individus de moins, et au dire de Procope, les villes avaient tellement changé d'aspect qu'elles ne ressemblaient plus à elles-mêmes.

L'impôt revêtait toutes les formes; de l'argent, toujours de l'argent! semblait la devise des empereurs, et, chose incroyable, l'un d'eux alla jusqu'à imposer le droit de respirer l'air.

Cette belle, mais malheureuse terre était une proie que se disputaient avec acharnement : d'une part, ses possesseurs, qui sentaient qu'elle allait leur échapper; de l'autre, les Maures qui espéraient s'en emparer. — Un troisième peuple était là, qui se demandait pourquoi ses vaisseaux, comme autrefois ceux des Vandales, ne traverseraient pas la mer; c'étaient les Visigoths d'Espagne. Nous allons voir surgir tout à coup un nouveau prétendant qui écrasera tous les autres, et qui élèvera sur les côtes atlantiques le croissant à la place de la croix.

# DEUXIÈME PARTIE.

## CHAPITRE XXIV.

### Domination arabe.
[DE 622 A 677.]

Les Arabes suivent en envahissant l'Afrique, une marche opposée à celle des dominateurs qui ont précédé. — Origine des Arabes. — Comme les indigènes africains, ils descendent d'Ismaël. — Amrou s'empare de l'Égypte. — Les Schictes et les Sonnites. — Invasion d'Abd-Allah dans l'Afrique septentrionale.— Bataille et prise de Tripoli. — Retraite des Arabes. — Deuxième invasion. — Prise de Cyrène et de la Pentapole. — Moawiah rappelle l'armée en Syrie. — Troisième invasion. — Progrès successifs des Arabes. — Fondation de Kaïrouan.— Réaction berbère. — Mort d'Oukbah. — Retraite des Arabes. — Hassan le Gassanide prend Carthage. — Moussa-Ben-Nozaïr, gouverneur de l'Afrique qui prend le nom de Mahgreb. — Ambition et projets des Musulmans. — Charles-Martel les arrête en France.

Jusqu'à présent, mes jeunes amis, les dominations en Afrique sont toujours venues du Nord. Soit que nous prenions les Phéniciens, les Romains, les Vandales ou les Grecs, la marche est la même : du littoral, la conquête s'est avancée vers l'intérieur, les côtes ont toujours été les premières envahies.

Maintenant au contraire, voici un peuple qui arrive dans le sens opposé. Il part du centre, des lieux mêmes où jusqu'à ce jour, nulle puissance étrangère n'a pu arriver. Là, il trouve une double barrière, l'Atlas et les indigènes, ces tribus belliqueuses et indépendantes que rien ne dompte ; et cependant, après plusieurs tentatives infructueuses, il franchit enfin ces obstacles.

Pour nous expliquer ce résultat surprenant, remontons à la naissance des peuples et nous trouverons une communauté d'origine qui nous donnera le mot que nous cherchons. En effet, ces Arabes appelés depuis peu par Mahomet à une civilisation nouvelle et unitaire, reconnaissaient pour père Ismaël fils d'Agar, ainsi que toutes les tribus du désert, soit asiatiques, soit africaines. Jusqu'alors, la même existence nomade, quoique sous d'autres cieux, avait été leur vie. Les mêmes mœurs, les mêmes usages les rapprochaient encore ; néanmoins, ne croyez pas qu'ils furent reçus sans résistance. Loin de là, ils durent combattre pas à pas, disputer chaque pouce de terrain ; seulement, les tribus de l'Atlas, n'étant pas soutenues par cette haine aveugle que leur inspire tout nom étranger, se lassèrent plus vite et leur orgueil ne leur défendant pas de se soumettre à des hommes de même race qu'elles, elles finirent par céder.

Revenons un peu en arrière. Amrou, lieutenant du calife Omar, après avoir contribué à soumettre la Syrie, avait marché sur l'Égypte. Maître d'Alexandrie, fondateur de Fostat (vieux Caire), ce général fougueux et habile, avec une armée seulement de 4,000 hommes, rangea toute l'Égypte sous la domination du croissant.

Déjà l'islamisme était en proie aux querelles et aux dissensions. Les Schictes, partisans d'Ali, et les Sonnites, musulmans orthodoxes, formaient deux camps distincts et rivaux. Peu après la réduction de l'Égypte, Omar fut poignardé ; Othman son successeur eut le même sort ; Ali arriva au pouvoir : il n'y resta pas longtemps. Vaincu et tué dans une bataille, après sa mort, le califat retourna dans le parti sonnite. Le nouveau calife Moawiah, choisit pour résidence Damas, l'antique capitale de la Syrie, et le calme rentra pour quelque temps parmi les sectaires de la loi du prophète.

L'Égypte étant entièrement soumise, les Arabes portèrent leurs vues sur l'Afrique septentrionale. Ces enfants de l'Asie, accoutumés aux fatigues et aux ardeurs d'une température brûlante, ne pouvaient être retenus par les difficultés de cette expédition, et sous les ordres du vaillant Abd-Allah, frère de lait du calife Othman, ils partirent de l'Égypte au nombre de 40,000, commencèrent une marche pénible à travers le désert et arrivèrent sous les murs de Tripoli. Le patrice Grégoire se porte à leur rencontre, son armée comptait 120,000 combattants. Il la commandait lui-même ayant à ses côtés sa fille, jeune personne d'une rare beauté, dont la main était solennellement promise à celui qui s'emparerait d'Abd-Allah mort ou vif. Cette récompense tant briguée, ne devint le partage de personne : Grégoire fut tué, sa fille tomba au pouvoir de l'ennemi, et les Grecs, obligés de prendre la fuite, se virent refoulés hors de la province, dont les habitants durent embrasser l'islamisme ou payer un tribut exorbitant.

Cette affaire n'eut cependant pas les résultats que les Arabes pouvaient en espérer. Décimée par les maladies, l'armée d'Abd-Allah renonça à sa conquête et revint en Égypte.

Une deuxième invasion sous le califat de Moawiah n'eut pas un sort meilleur. Cette fois, c'étaient les habitants eux-mêmes qui, fatigués du joug de Byzance, avaient demandé aide et secours au calife. L'armée s'était déjà emparée de la Pentapole et de Cyrène lorsqu'une révolte qui éclata en Syrie força Moawiah à rappeler ses troupes et à abandonner le cours de leurs succès.

Enfin pour la troisième fois, les Musulmans revinrent au nord de l'Afrique, ayant pour chef Oukbah-Ben-Nafy. Ils s'arrêtèrent d'adord à Barka et tentèrent de répandre l'islamisme parmi les Berbères; vain espoir! ceux-ci résistèrent et se liguèrent avec les Byzantins. Alors Oukbah se porta vers l'ouest, et s'empara de Bougie et de Tanger. Berbères et Byzantins furent partout défaits et l'Océan seul put arrêter la marche triomphante des vainqueurs.

C'en était fait : désormais l'Afrique était arabe, le croissant y dominait; c'était une province de plus au grand Empire des califes. Cependant quelques points du littoral appartenaient encore à l'Empire grec; en première ligne, Carthage et son territoire. Oukbah bâtit, à huit journées de marche de cette dernière et à 12 lieues de la mer, une ville, grande et puissante, à laquelle il donna le nom de Kaïrouan et dont il fit le centre de ses forces et de son administration; le premier il prit le titre de ouali de l'Afrique, c'est-à-dire gouverneur, titre que ses successeurs échangèrent plus tard contre celui d'émir.

Kaïrouan, placé à portée de Carthage, surveillait et menaçait la cité byzantine qu'elle dépassait déjà par ses splendeurs et ses savantes écoles. De cette première et célèbre capitale arabe en Afrique, capitale qui bientôt va devenir le siége d'un califat, il ne reste plus que quelques ruines.

Les Berbères profitant de la sécurité de leurs vainqueurs, réunirent toutes leurs forces, et comme un torrent furieux descendirent de leurs montagnes. Les Byzantins les joignirent, et tous ensemble fondant sur les Arabes, les forcèrent d'évacuer Kaïrouan et de se replier sur Barkah. Oukbah fut tué dans une bataille. Un moment la fortune abandonna l'étendard du prophète. Mais Hassan le Gassanide, gouverneur de l'Égypte, marcha au secours de ses frères, et sachant que c'est toujours au cœur des nations que les coups sont mortels, il s'avança droit sur Carthage. L'attaquer, la prendre d'assaut, recommencer pour la ville des Romains ce que ceux-ci avaient fait pour la ville phénicienne, c'est-à-dire la détruire de fond en comble, fut l'affaire de quelques jours. Le dernier effort de la résistance byzantine était brisé. L'influence européenne expira sous les ruines de la seconde Carthage.

Après Hassan, Moussa-Ben-Nozaïr fut nommé ouali de l'Afrique, il en acheva la conquête et en détermina définitivement le gouvernement.

Ici, mes jeunes amis, je vais vous montrer l'Afrique septentrionale sous un nouveau nom. Il ne sera plus question des divisions introduites par les Romains. Tout le territoire formera un grand État appelé le Mahgreb.

Après avoir envahi l'Asie, voici donc les Arabes maîtres de toute l'Afrique ; mais ce n'est pas assez. Leur prophète a développé chez eux l'ambition de la conquête ; il leur faut le monde. D'ailleurs, les Visigoths d'Espagne, dangereux voisins, ont prêté secours à la domination byzantine, et de l'autre côté de la mer, leurs bannières, surmontées de la croix de Jésus-Christ, semblent défier celles de Mahomet : un double motif, la prudence et la haine, les désigne aux vainqueurs de l'Orient comme une proie à saisir. Cette conquête, outre qu'elle les débarrassera d'incommodes ennemis, leur fera faire un pas immense vers ce rêve de tous les conquérants : l'empire universel. Voici quels étaient leurs desseins : Ils espéraient, une fois en Espagne, passer facilement les Pyrénées, réduire la Gaule, l'Italie et la Germanie, remonter le Danube jusqu'au Pont-Euxin, soumettre l'Empire de Constantinople, et faire ainsi de l'Europe une vaste province rattachée au gouvernement de Syrie. Vous savez comment la glorieuse épée de Charles Martel arrêta ce flot envahisseur et brisa ces gigantesques projets, au moment où ils étaient en voie de se réaliser.

# CHAPITRE XXV.

## Troubles et divisions parmi les Arabes.
[DE 710 A 757.]

État des Arabes. — Tarik-Ben-Zaïd débarque deux fois en Espagne. — Journée de Xérès. — Jalousie de Moussa. — Disgrâce de Tarik. — Prospérité de Cordoue. — Renom de Kaïrouan, de Fez et de Maroc. — L'islamisme ne peut s'établir en Afrique par la force. — L'intérêt et l'ambition opèrent de nombreuses conversions. — Dissensions religieuses. — Guerres civiles. — Handala-Ben-Safouan dans le Mahgreb. — Bataille de Kaïrouan. — Troubles dans le grand empire des califes. — Trois familles s'y disputent le pouvoir. — Les Abassides fondent Bagdad. — Les Ommiades en Occident. — Abdérame. — Les Arabes du Mahgreb se séparent des Abassides. — Anarchie. — Les Aghlabites et les Édrissites.

Si les limites, que je me suis fixées en commençant à vous raconter cette histoire, me le permettaient, ce serait ici le moment, mes jeunes amis, de vous développer la grandeur arabe, de vous la montrer envahissant l'Occident et y créant des chefs-d'œuvre de science, des écoles tellement renommées que les chrétiens eux-mêmes venaient puiser à leurs sources. J'aimerais à vous faire l'histoire de ce peuple qui, à peine posé au rang des nations, était déjà à l'apogée de la puissance et de la civilisation, civilisation brillante mais factice, née trop tôt et qui devait, établie sur des bases purement humaines, s'arrêter au milieu de sa course, ainsi que l'a prouvé l'avenir, et que nous le prouve à l'époque actuelle, l'état des peuples musulmans. Mais je ne dois vous entretenir que de l'Algérie et en général de l'Afrique septentrionale, je ne puis donc vous montrer les Arabes que sous un seul point de vue : leurs rapports avec ces contrées. Aussi me bornerai-je à vous indiquer leur passage en Espagne, parce que c'est de l'Afrique qu'ils sont partis pour s'y rendre, et là qu'ils sont revenus après sept siècles d'occupation.

Désormais possesseurs de l'Afrique, les Arabes, qui avaient recueilli avidement la tradition des succès d'Amilcar, d'Asdrubal et d'Annibal dans la Péninsule, saisirent avec ardeur la pensée d'une nouvelle conquête. Déjà l'impatience bouillonnait dans leur âme lorsqu'un motif d'invasion se présenta. Un des rois d'Espagne, Roderik, avait outragé Florinde la Cava (la méchante), fille d'un seigneur puissant, le comte Julien. Celui-ci ne voulant pas oublier l'offense et ne pouvant la venger seul, appela à son aide Tarik-Ben-Zaïd, le lieutenant du gouverneur Moussa. Tarik, à la tête de 500 Arabes seulement, traversa le détroit sur quatre grandes barques, et après avoir pillé l'Andalousie et fait un grand nombre de prisonniers, il rentra en Afrique avec l'intention bien arrêtée de réunir des forces considérables pour tenter une expédition plus sérieuse. — Six mois après, au printemps, il débarquait au pied de la colonne d'Hercule d'Europe à laquelle, en mémoire de cet événement, il donnait son nom Djebel-Al-Tarik (Gibraltar). Toute la vieille et chrétienne Ibérie fut saisie d'effroi ; les guerriers coururent aux armes, et Roderik se vit en un instant entouré de 100,000 soldats. Malheureusement ce n'étaient plus ces intrépides Visigoths, ces braves enfants du Nord, accoutumés à combattre et à vaincre : la douceur du climat avait eu sur eux son influence. Comme les Vandales, leurs prédécesseurs, s'étaient énervés sous le ciel africain, eux aussi avaient laissé refroidir leur ardeur guerrière, user et affaiblir leur énergie et leur rudesse. Le temps était loin où, sous leur nom de Goths, ils quittaient le berceau de leurs pères, l'antique Scandinavie, pour faire trembler le monde romain.

Les deux armées se rencontrèrent près de Xérès, non loin de Cadix. La bataille fut terrible, elle dura neuf jours entiers. Roderik ayant été tué, les Arabes, malgré l'infériorité du nombre, furent vainqueurs. Ce combat décida du sort de l'Espagne. Les Visigoths se soumirent en majeure partie ; d'autres, fidèles à leurs vieux principes d'indépendance, se réfugièrent dans les montagnes des Asturies où ils formèrent le noyau de l'armée qui en descendit, après des siècles d'attente, pour reconquérir la Péninsule.

Les succès de Tarik, loin de lui valoir des éloges mérités, lui attirèrent la haine et la jalousie du gouverneur Moussa, qui, se rendant sur les lieux pour s'attribuer une partie de la gloire acquise, l'accusa de méfaits imaginaires, le fit mettre en prison et alla, assurent certains historiens, jusqu'à le frapper de sa propre main.

Un ordre du calife rendit la liberté à Tarik qui continua ses conquêtes ; mais Valid I$^{er}$ étant mort, Soliman, son successeur, disgracia le héros de l'armée d'Espagne. Ce fait vous met à même, mes jeunes amis, d'apprécier la justice et la politique arabe qui entrait dans cette voie de partialité et d'ingratitude si funeste à l'empire d'Orient.

Cordoue, la première des villes soumises par Tarik, ne tarda pas à devenir l'émule, la rivale presque de Damas et de Bagdad. On peut la considérer comme le foyer et le point de départ de la civilisation arabe en Occident.

Les nouveaux conquérants n'appartiennent plus à l'Afrique, ils forment maintenant un État indépendant du gouverneur de Kaïrouan. Laissons-les donc, après avoir assis leur pouvoir, franchir les Pyrénées, s'établir au sud des Gaules, puis aller tomber sous le glaive chrétien dans les champs de Narbonne et à Poitiers. Repassons le détroit et rentrons dans le Mahgreb.

Ici, avaient été facilement introduites les connaissances et les lumières des Arabes. Leurs notions savantes sur la médecine, les mathématiques, l'astronomie et en général toutes les sciences exactes s'étaient rapidement répandues. De plus, ils avaient recueilli les germes de civilisation laissés par les Gréco-Romains, ils avaient donné une vigueur et une impulsion nouvelle aux arts auxquels ils faisaient faire de notables progrès. Enfin, les écoles de Kaïrouan, de Fez et de Maroc jouissaient d'un grand renom.

Si du côté scientifique, la domination arabe s'établissait avec tant de succès, il n'en était pas de même sous le rapport religieux. Les Musulmans ne pouvant gagner à leur foi, leurs nouveaux sujets, furent obligés de tolérer les autres cultes, malgré la volonté expresse du prophète exprimée ainsi dans le Coran : « *Combattez les infidèles jusqu'à ce qu'il n'y ait plus lieu aux disputes, combattez jusqu'à ce que la religion d'Allah règne seule sur la terre.* » Seulement ils frappèrent de mort civile, en les excluant de tout emploi, de toutes fonctions, ceux qui n'adoptèrent pas le Koran. Cette politique fit ce que n'avaient pu faire les menaces et les persécutions. Les païens (un grand nombre de tribus adoraient encore les idoles), des juifs, des chrétiens même se hâtèrent de prononcer la formule consacrée : « *Il n'y a de Dieu qu'Allah, et Mahomet est son prophète.* » Cette profession de foi faisait disparaître à l'instant l'immense distance qui séparait le vainqueur du vaincu.

A peine ces conversions intéressées furent-elles accomplies que naquirent, dans le sein de l'islamisme, des dissensions analogues à celles que je vous ai montrées déchirant le catholicisme. L'inconstance de ces peuples, leur caractère remuant et inquiet introduisirent une foule de sectes diverses, dans lesquelles les esprits se jetèrent avec d'autant plus d'ardeur, que c'était un moyen couvert de se séparer de la domination étrangère, ou de conspirer contre elle, tout en semblant l'adopter.

Avec les dissidences religieuses entrèrent dans le Mahgreb les guerres civiles toujours fomentées par les tribus berbères. Les insurrections, assez facilement réprimées au commencement, ne tardèrent pas à prendre de la gravité. Elles arrivèrent même à menacer sérieusement l'existence du gouvernement arabe. Le calife Hescham, effrayé à la pensée de voir échapper à son autorité une aussi belle partie de son Empire, fit un appel à ses peuples. La Syrie surtout y répondit et une armée commandée par Handala-Ben-Safouan, gouverneur d'Égypte, entra dans le Mahgreb. Une seule bataille livrée sous les murs de Kaïrouan suffit à le pacifier.

Le trouble n'agitait pas seulement l'Afrique, il était partout, dans les vastes États du calife. Trois maisons se disputaient le pouvoir et le possédaient tour à tour. C'est ainsi que Moawiah, dont je vous ai cité le nom au sujet de la deuxième invasion en Afrique, avait succédé à Ali, le gendre du prophète, qu'il avait détrôné. Une autre famille, celle des Abassides, descendant d'Abbas, oncle de Mahomet, vint à son tour, représentée par Aboul-Abbas, s'emparer du pouvoir. Voulant rompre avec les souvenirs du passé, les califes abassides abandonnèrent Damas, et fondèrent sur la rive droite du Tigre une nouvelle capitale qui devint la cité la plus importante des Musulmans. Cette ville était la fameuse Bagdad, qui eut bientôt jusqu'à 800,000 habitants. Une autre famille jouissait aussi d'une grande influence et formait un troisième parti séparé des autres par les intérêts, par les opinions et par la différence dans les pratiques religieuses, car toute division dans la société islamique se traduit surtout par les scissions dans les croyances et dans les cérémonies du culte. Cette troisième famille descendait de Fatime, la fille du prophète, et on l'appelait fatimite. — Pour établir une ligne de démarcation visible pour tous, elle avait adopté exclusivement la couleur verte, tandis que les Ommiades portaient la blanche et les Abassides la noire.

Si les Abassides dominaient en Asie, les Ommiades avaient conservé tout leur prestige en Occident. Aboul-Abbas, premier calife abasside, eut recours à la plus odieuse trahison pour anéantir le parti contraire. Sous le prétexte spécieux de terminer toute dispute, il invita les princes ommiades à un festin à Damas et les fit égorger sans pitié. Un seul membre de cette malheureuse famille échappa à la mort, il se retira en Afrique et trouva enfin un refuge à Tuhar, ville assez importante alors et dont il ne reste aujourd'hui que quelques ruines, non loin de Tlemcen. — Ce jeune homme, cet enfant presque, devait illustrer son nom et sa race ; il devait, jeune encore, scinder définitivement l'empire mahométan, en fondant le califat de Cordoue. Ceux d'entre vous qui ont étudié l'histoire générale ont déjà prononcé le grand nom d'Abdérame.

Fidèles aux Ommiades, les habitants de la Péninsule ne voulurent pas reconnaître les gouverneurs nommés par les Abassides. Alors ils envoyèrent à Tuhar une députation qui offrit le pouvoir à Abdérame. Celui-ci, entouré de 1,000 Africains braves et dévoués, passa le détroit et débarqua à Gibraltar où il fut reçu avec enthousiasme. Les ennemis vaincus furent obligés de se soumettre. — En vain, par les ordres d'Almanzor, deuxième calife abasside, l'émir d'Afrique alla en Espagne, dans le but d'étouffer la révolte : son armée fut défaite, et lui-même mis à mort après être tombé au pouvoir d'Abdérame qui reçut à cette occasion le surnom d'El-Mançour (le victorieux).

L'Afrique ne tarda pas à imiter sa voisine du Nord; seulement, comme il ne se présenta pas de ce côté de la Méditerranée un homme de génie capable de se poser comme centre d'unité, le pouvoir se subdivisa à l'infini. Il n'y eut plus d'émir ; l'autorité du calife resta comme autorité religieuse, mais ne fut plus reconnue comme autorité temporelle ; chaque cheik (petit chef) se rendit indépendant. De cet état de choses naquit une anarchie déplorable qui amena l'affaiblissement dans le Mahgreb, au moment même où la puissance arabe grandissait en Espagne sous le glorieux califat fondé par Abdérame.

L'union fait la force, a dit quelque part notre moraliste par excellence, le bon la Fontaine. Or, mes amis, l'union était loin de régner parmi les cheiks, leur désaccord causa leur ruine; deux familles, celle des Aghlabites à l'Est et celle des Édrissites à l'Ouest, profitaient de leurs divisions pour ressaisir le pouvoir et ramener par l'unité un peu d'ordre en Afrique.

# CHAPITRE XXVI.

## Les Édrissites et les Aghlabites.
### [DE 786 A 954.]

Édris-Ben-Édris réclame l'autorité.— Son parti devient menaçant.— Il est empoisonné.— Kethiva, sa veuve, donne le jour à un fils qui est proclamé émir. — Sagesse et habileté du jeune Édris-Ben-Édris. — Il fonde la ville et le califat de Fez. — Ibrahim-Ben-Aghlab érige Kaïrouan en califat. — Puissance de ses successeurs dans le Mahgreb. — Ils vont ravager la Sicile et les côtes d'Italie. — Les Édrissites et les Aghlabites réunis viennent en Provence. — Le Fraxinet. — Siége de Fréjus.— Prospérité des deux califats du Mahgreb. — Insurrection. — Les Beni-Méquineça à l'Ouest. — Mahadi à l'Est. — Mahadi prend Kaïrouan et menace Fez. — Abdérame III, appelé par le calife de Fez, s'empare de ses États. — Ruine des Édrissites et des Aghlabites. — Les premiers sont remplacés par les Sarrasins d'Espagne. — Les seconds, par Mahadi sous le titre de calife fatimite.

Édris-Ben-Édris, le chef des Édrissites, appartenait à l'une des trois puissantes familles dont je vous parlais tout à l'heure : il descendait de Fatime. Obligé de quitter l'Asie pour fuir les persécutions du héros des Abassides, du Charlemagne de l'Asie, du fameux Haroun-Al-Raschid, il s'établit à Tanger. Le cheik de cette ville le reçut avec respect et, entrant dans ses projets, le présenta lui-même aux tribus soumises à son pouvoir.— Le souvenir de sa haute origine exerça une grande influence sur les Berbères, qui se rangèrent sans hésiter sous son commandement. A la tête de cette armée volontaire et dévouée,

Édris-Ben-Édris s'empara d'abord de Tlemcen et ensuite d'une grande partie du Mahgreb.

Effrayé de cette nouvelle puissance qui pouvait, exercée par un descendant du prophète, arriver au point de contre-balancer la sienne, le calife de Bagdad emploie l'arme favorite des chefs de l'islamisme : la trahison. Un de ses émissaires s'empare, à force de ruse et de souplesse, de la confiance d'Édris ; et, un jour, en lui versant une de ces boissons rafraîchissantes, dont les habitants des pays chauds font un si fréquent usage, cet homme y vide le contenu d'un petit flacon qui lui avait été remis, à cet effet, à son départ de Bagdad. Ce flacon renfermait un poison sûr, comme l'Orient est habile à les fabriquer. Quelques minutes après avoir bu, Édris-Ben-Édris expirait. Il ne laissait pas d'enfants. Tout semblait donc fini pour la dynastie des Édrissites. Déjà, les Arabes délibéraient pour se choisir un autre émir, lorsqu'un officier représenta aux tribus rassemblées, que sous peu de jours Kethîva, la veuve d'Édris, devait mettre au monde un enfant et que c'était justice, si c'était un fils, qu'il succédât à son père. Kethiva ayant en effet donné le jour à un fils, on le proclama chef suprême des vrais croyants du Mahgreb, après l'avoir nommé Édris-Ben-Édris, nom qu'avait illustré et popularisé son père.

Dès ses premières années le jeune émir fit concevoir les plus hautes espérances, espérances que l'avenir réalisa amplement. A peine arrivé à l'âge de douze ans, il prit en main les rênes du gouvernement et montra la sagacité d'un homme expérimenté. Comprenant la nécessité de se créer un allié et un soutien contre Haroun-Al-Raschid, il conclut un traité d'alliance avec le calife de Cordoue El-Haklem ; puis voulant laisser à la postérité un souvenir vivant de son nom, il bâtit une ville nouvelle dont il fut reconnu calife et qu'il nomma Fez. Ses États comprenaient tout le pays qui s'étend entre Fez et Tlemcen, c'est-à-dire à peu près la moitié de l'Afrique septentrionale. Les Ben-Édris conservèrent leur souveraineté sur ces mêmes lieux pendant plus d'un siècle.

Tandis qu'un nouveau califat s'élevait à l'ouest du Mahgreb, l'est reconnaissait pour maître Ibrahim-Ben-Aghlab. Ce chef, stimulé par les succès d'Abdérame et jaloux de s'entourer de cette auréole de gloire qui donnait un si brillant prestige au prince Ommiade, résolut de jouer en Afrique le rôle que celui-ci avait joué en Espagne. Comme je vous disais dans le précédent chapitre, les cheiks avaient secoué le joug des califes de Bagdad. Les oualis du Mahgreb, dont l'autorité était presque nulle et s'étendait à peine à quelques lieues de Kaïrouan, s'étaient eux-mêmes rendus indépendants des Abassides, sinon d'une manière ostensible et ouverte, du moins de fait et tacitement. Ibrahim, lui, ne se contenta pas de se déclarer libre et, à tout jamais détaché du gouvernement de l'Orient ; mais encore il érigea Kaïrouan en califat, et força tout le territoire de la partie occidentale de l'Afrique à reconnaître sa puissance. Ses efforts tendirent à consolider son usurpation ; il s'attacha les esprits en abolissant presque les impôts. Il maintint toute pensée de révolte en faisant construire une forte citadelle qui commandait sa capitale, et, en s'entourant d'une garde fidèle et courageuse composée d'esclaves noirs. Une administration sage acheva d'affermir son œuvre ; et lorsqu'il mourut, ce ne fut pas un titre illusoire qu'il laissa en héritage à ses enfants, mais un empire puissant et assis sur de solides fondements. Ce califat précéda de quelque temps celui de Fez.

Les successeurs d'Ibrahim, exerçant une autorité incontestée dans le Mahgreb, songèrent à occuper leurs troupes et à satisfaire leur propre ambition en portant leurs armes au dehors. Ils tentèrent une expédition maritime et s'emparèrent de la Sicile qui, ainsi que vous avez pu le remarquer, a toujours été le point de mire et l'objet de la convoitise de toutes les dominations en Afrique. De là ils se répandirent sur les côtes d'Italie qu'ils ravagèrent.

Nous arrivons à un moment où l'histoire de ces deux califats de Kaïrouan et de Fez prend un double intérêt pour nous, puisque c'est jusque dans notre patrie que leur influence va se faire sentir. Les Édrissites et les Aghlabites, alliés fidèles, jetaient un regard d'envie sur notre belle et riche Provence. Déjà ces derniers avaient parfois porté la terreur sur quelques points de son littoral, et cependant les Arabes tremblant encore au souvenir de Narbonne et de Poitiers, souvenir que la grandeur et les conquêtes de Charlemagne avaient renouvelé en portant jusqu'aux extrémités de l'univers la crainte du nom français ; les Arabes, dis-je, pénétrés d'admiration et de respect, n'osaient rien tenter contre la terre de France. Les Sarrasins d'Espagne, plus acharnés contre les chrétiens, parce que, en étant plus près, ils devaient redouter leur voisinage et qu'aussi ils avaient à venger de vieilles et sanglantes défaites, mirent un terme à cette indécision. Mus par leur influence et aidés de leur concours, les deux califes de Mahgreb, enhardis par la faiblesse des successeurs de Charlemagne, débarquèrent sur les côtes de la Provence, et, après s'être emparés de Marseille, d'Avignon, d'Arles et de Saint-Tropez, après avoir soumis tout le pays qui dépendait de ces villes et y avoir bâti des forteresses et des châteaux dont les vestiges parlent encore de cette invasion, les Arabes concentrèrent leurs forces dans une citadelle fameuse, posée comme un nid d'aigle, au sommet du Fraxinet, l'un des points culminants de la Provence. Cette place forte mérite que nous nous arrêtions quelques instants à la considérer. Figurez-vous une haute montagne, surmontée d'un immense rocher lui faisant plate-forme, et sur ce rocher une forteresse avec ses tours massives, à meurtrières étroites, à solides créneaux ; ses pans d'épaisses murailles faisant suite à la roche escarpée et présentant de tous côtés un abord inaccessible à l'ennemi. Si votre œil pouvait pénétrer dans les cours intérieures, vous verriez là toute la prévoyance qui avait présidé à sa construction. Un arsenal contenant des munitions de guerre pour plusieurs années, de vastes magasins toujours approvisionnés comme si l'on était prêt à soutenir un siége ; par la plus importante de toutes les précautions, dans une région aussi élevée, de grandes citernes, creusées dans le roc, conservaient de l'eau en toute saison et en abondance. Ajoutez à cela que le seul sentier étroit qui pût conduire à la forteresse était défendu par un château appelé la Garde, et que sur toutes les hauteurs voisines étaient établies des tours d'observation, correspondant avec le Fraxinet, au moyen de signaux, absolument comme nos télégraphes modernes correspondent entre eux, et vous n'aurez pas de peine à comprendre l'opinion populaire et générale qui la disait imprenable.

Vous le voyez, c'était une occupation dans les formes que cette occupation arabe au sud de la France. Le Croissant, arboré au sommet du Fraxinet, menaçait encore une fois l'Europe. Heureusement que les Français ne furent pas d'aussi facile composition que les Visigoths d'Espagne : s'ils ne surent défendre leur territoire de toute invasion, du moins surent-ils l'empêcher de franchir certaines limites et de s'avancer vers le centre. Du reste, l'audace et le succès de cette tentative doivent vous donner la mesure du développement de puissance qu'avait déterminé dans le Mahgreb la fondation des califats de Fez et de Kaïrouan. En vous rappelant ce que je vous ai dit de l'affaiblissement et de l'anarchie qu'y avait apportés la division du gouvernement entre une infinité de petits chefs, vous pouvez apprécier l'heureuse révolution qui avait relevé une grandeur et une force près de s'éteindre.

Tandis que le pouvoir chancelait entre les mains trop faibles des derniers successeurs de Charlemagne, les Sarrasins du Fraxinet, après avoir reçu un renfort d'Afrique, assiégeaient Fréjus, et cette malheureuse ville, prise d'assaut, était livrée à toutes les horreurs de la plus affreuse cruauté.

Après ce succès, deux ans se passèrent sans que la France essayât rien de sérieux pour venger ce nouvel outrage; mais alors le duc de Provence, Hugues, qui était en même temps roi de Lombardie, voulut reprendre aux Arabes leurs conquêtes et les chasser hors de ses États. Vains efforts, renouvelés vingt-six ans après par Othon I*er*, et qui n'amenèrent pas un plus satisfaisant résultat une fois que l'autre !

Voici bien longtemps, mes jeunes amis, que nous avons quitté le Mahgreb, voyons ce qui s'y passait. Victorieux au dehors, les califes Édrissites et Aghlabites n'étaient pas moins heureux à l'intérieur : sous leur direction l'Afrique était entrée dans la voie du progrès indiqué par Bagdad et Cordoue et n'y avait pas eu des succès moindres que ceux de ces deux villes. Malgré cette prospérité apparente, ces deux familles touchaient au moment de leur ruine.

Les indigènes qui n'avaient jamais adopté franchement aucune domination, repoussaient dans leur cœur l'occupation arabe. Une tribu berbère, celle des Beni-Méquineça, dépendante du califat de Fez, leva l'étendard de la révolte. Encouragées par son exemple, une foule d'autres peuplades vinrent se réunir à elle, et tout le Mahgreb occidental fut mis à feu et à sang. Un marabout des environs de Tlemcen, homme adroit et profondément ambitieux, profita de cette circonstance pour se faire passer pour un prophète et pour prêcher la guerre au nom d'Allah. Ce qu'il avait prévu arriva : menacé des deux côtés, le calife de Fez se vit forcé de traiter au moins avec un de ses ennemis. Il paya la paix d'une province ; le marabout acquit en toute souveraineté la principauté de Tlemcen. — Ce sacrifice ne remplit pas le but que s'était proposé le calife ; quoique débarrassé de l'un de ses ennemis, il ne put venir à bout de l'autre. Les Beni-Méquineça formèrent un État indépendant auquel ils donnèrent pour capitale une ville très-rapprochée de Fez, Sidda dont ils changèrent le nom en celui de Méquinez.

L'insurrection avait eu des résultats plus positifs encore à l'est. Un marabout, connu sous le nom de Mahadi, descendant de Fatime, et se disant envoyé de Dieu pour ramener l'unité orthodoxe parmi les musulmans, s'était mis à la tête du mouvement. Après avoir attaqué et pris Kaïrouan, après en avoir chassé le dernier Aghlabite, il menaça également les villes sous la protection espagnole et les Édrissites, et se disposa à marcher sur Fez. — Le calife de cette ville appela à son aide celui de Cordoue, le fameux Abdérame III, qui était alors au plus haut degré de sa puissance. Abdérame s'empressa de se rendre à son appel, obtint de grands avantages sur Mahadi qu'il força à regagner Kaïrouan ; puis, au moment où les Édrissites voulurent le remercier de ses bons offices, il déclara qu'il avait travaillé pour son propre compte et les expulsa de leurs États.

Les Édrissites et les Aghlabites, arrivés au pouvoir à peu près à la même époque, en tombent presque au même moment. Les premiers sont remplacés par les Sarrasins d'Espagne, les seconds par Mahadi et ses successeurs, sous le nom de califes fatimites.

# CHAPITRE XXVII.

## Rivalité des califes de Cordoue et des califes fatimites.

[DE 959 A 1036.]

Mahadi organise un service de corsaires. — Abdérame irrité fait occuper Oran. — Son lieutenant Ahmet assiége et prend Tunis. — Les Zénètes. — Abdérame rappelle ses troupes. — Mahadi reprend l'offensive. — Victoires de Djewerel-Roumy. — Abdérame renvoie des forces dans le Mahgreb. — Conclusion de la paix. — Hassan, gouverneur de Fez pour les Ommiades. — Sa révolte. — Arrivée d'El-Gralib. — Défaite d'Hassan. — Il s'enfuit de Cordoue et revient en Afrique. — Vaincu une deuxième fois, il est mis à mort. — Révolte de Zeiri. — Abd-El-Melek. — Mort de Zeiri. — Décadence et extinction du califat de Cordoue. — Révolte à Kaïrouan. — Le calife Kaïm envoie une armée contre cette ville qui est détruite. — Morcellement du Mahgreb. — Anarchie.

Mahadi n'aurait pu trouver dans les Édrissites affaiblis des rivaux capables de soutenir une lutte; mais entre lui et les califes de Cordoue, il y avait parité de force; aussi la guerre, après l'usurpation d'Abdérame, fut-elle reprise avec une nouvelle ardeur.

Mahadi, ayant équipé une flotte nombreuse, tenait la Méditerranée de concert avec les Sarrasins de Sicile, et les ports espagnols, sans cesse observés, ne pouvaient plus faire sortir ni recevoir de vaisseaux, sans qu'ils fussent capturés par les corsaires. Irrité de cette audace, Abdérame réunit des forces considérables qui, sous les ordres de l'un de ses meilleurs généraux, Ahmed, débarquèrent à Oran.

De cette ville, Ahmed se porta rapidement vers l'Est, s'empara, en passant, des principales villes et, après une marche glorieuse de plus de 250 lieues, mit le siége devant Tunis, qui était devenu la continuatrice de Carthage, la ville la plus commerçante et par conséquent la plus riche de toute l'Afrique.— Les Zénètes, peuplades berbères, dont faisaient partie ces Beni-Méquineça que je vous ai montrés combattant avec succès les Édrissites, et fondant près de Fez, la ville de Méquinez, s'étaient joints à Ahmed. Les Fatimites, défaits en plusieurs endroits et n'ayant plus de chances de succès, allèrent s'enfermer dans Kaïrouan et ne tentèrent même pas de défendre Tunis, dont les habitants effrayés proposèrent de capituler ; mais ce n'était pas là l'affaire des assiégeants ; les Andalous et les Zénètes, également avides de butin, voulaient le pillage, et les Tunisiens durent se rendre à discrétion. Les richesses innombrables prises dans cette occasion furent envoyées à Séville, et après qu'on en eut prélevé un cinquième pour le calife, ce qui restait était encore si considérable que, non-seulement Ahmed et tous les officiers, mais encore tous les soldats en furent enrichis.

Mahadi, toujours renfermé dans Kaïrouan, attendait que les circonstances lui permissent de prendre sa revanche. Les événements d'Europe les amenèrent bientôt, telles qu'il pouvait les désirer. Abdérame, malgré la différence de religion, fut pris pour arbitre par des princes chrétiens, tant était répandue sa réputation de sagesse et de prudence. Sancho, héritier dépossédé du royaume de Léon, alla chercher un refuge à sa cour et s'insinua si bien dans ses bonnes grâces, qu'il se décida à lui donner une armée pour reconquérir ses États. Pour former cette armée, il fallut diminuer considérablement celle d'Afrique. Immédiatement après le départ des troupes andalouses, Mahadi reprit l'offensive ; Djewerel-Roumy (le Romain), capitaine habile et courageux, envahit la partie du Mahgreb appartenant au calife de Cordoue ; le lieutenant de celui-ci voulut l'arrêter, il fut tué et son armée complétement défaite dans les environs de Tlemcen. Après cette victoire, El-Roumy s'empara de Sigilmesse, ville très-importante et de Fez. Ces succès entraînèrent la reddition de tout le Mahgreb. Les trois villes de Ceuta, Tanger et Tlemcen seules tinrent bon.

Les succès d'El-Roumy n'eurent qu'un résultat momentané. Abdérame, furieux à la nouvelle des revers qu'avaient éprouvés ses armes, rassembla des forces considérables et mettant à leur tête ses meilleurs généraux, les envoya en Afrique; elles reprirent aux Fatimites les villes dont ils s'étaient emparés, et, après une expédition glorieuse, la paix fut signée. L'Espagne garda l'ancien califat de Fez, les Fatimites furent confirmés dans la possession de celui de Kaïrouan. Peu de temps après la signature de ce traité, Abdérame mourut chargé de gloire et d'années.

Les Abassides étaient bien dégénérés de ce qu'ils étaient à l'époque glorieuse d'Haroun-Al-Raschid et d'Al-Mamoun, et le pouvoir ne demandait qu'une occasion pour échapper à leurs mains déconsidérées. Les Fatimites, obligés de renoncer à s'emparer du Mahgreb oriental, résolurent de faire tourner cette faiblesse à leur profit. Quitter Kaïrouan à la tête de toutes ses forces, traverser le désert, s'emparer de l'Égypte, s'en faire proclamer calife, puis passer l'isthme de Suez, soumettre toute la Syrie à l'exception de la seule ville de Bagdad, fut pour Mahadi l'affaire d'une seule expédition. Dès lors, les Fatimites réunirent le Mahgreb occidental, la Syrie et l'Égypte en un seul califat dont ils transportèrent le siége au Caire. Kaïrouan reçut, comme dans les premiers temps de la domination arabe, un ouali ou gouverneur, et l'Afrique n'eut plus ses califes particuliers. Quant aux Abassides, longtemps encore, ils conservèrent Bagdad n'ayant plus aucune puissance, mais entourés d'un certain prestige religieux et considérés comme les oracles de l'islamisme.

El-Hakem avait succédé à son père Abdérame. Un des premiers actes de son autorité fut de donner le gouvernement des provinces espagnoles du Mahgreb à Hassan. Ce Hassan, mes jeunes amis, était le dernier et le seul descendant de ces Édrissites dépouillés par Abdérame. En commandant dans Fez pour les califes de Cordoue, il ne pouvait oublier les antécédents de sa famille, tout lui rappelait leur grandeur et son abaissement. Balkin-Ben-Zeiri, chef des Zanagas, tribu qui va bientôt jouer un rôle dans cette histoire, leva l'étendard de la révolte et dans une première rencontre avec Hassan fut victorieux. Balkin comprit qu'il devait attribuer ce succès à la surprise et qu'il lui serait impossible de conserver son indépendance vis-à-vis d'un aussi puissant adversaire que le calife de Cordoue; il entra en pourparler avec Hassan. Ne croyez cependant pas que ce fut pour se soumettre. Loin de là, l'habile Berbère avait deviné ce qui se passait dans le cœur du lieutenant des califes, il exalta son ambition secrète et le détermina à jeter loin de lui le masque de soumission qui lui pesait.

Soutenu par Balkin et par ses amis d'Afrique, Hassan fit un appel au souvenir des gloires de sa famille et, s'emparant du pays pour son propre compte, secoua le joug de l'Espagne. En apprenant cette trahison, El-Hakem se repentit de son imprudente confiance. Il se rappela, mais trop tard, le peu de confiance qu'il faut ajouter à la parole de ces chefs africains qui ne connaissent qu'une chose : leur intérêt; qui ne savent qu'un mot, le *moi*. El-Gralib, un de ses généraux, fut envoyé en Afrique. Il rallia à son armée les Berbères restés fidèles, s'avança à la rencontre d'Hassan et avant d'en venir aux mains, renouvela l'ancienne politique de Jugurtha. De l'or fut distribué par lui avec profusion aux petits chefs qui combattaient sous Hassan; grâce à la vertu magique de ce talisman précieux, il en détacha un grand nombre, et quand le parti ennemi fut bien affaibli par toutes ces défections, il livra bataille et remporta la victoire. Balkin s'enfuit dans le désert et Hassan gagna à grand'peine le château des Aigles, forteresse imprenable, refuge ordinaire des Édrissites toutes les fois qu'un danger sérieux les avait menacés. El-Gralib l'y assiégea et le manque d'eau le força à se rendre. Comme à Gélimer autrefois, on lui accorda la vie sauve et une existence honorable, à la seule condition qu'il se retirerait dans les États de son vainqueur.

Le Mahgreb occidental était de nouveau soumis à l'Espagne, la paix n'y fut pas de longue durée. Dès que El-Gralib fut revenu en Europe, Balkin reparut et le calife, occupé à une guerre contre les princes chrétiens, se vit contraint de traiter avec lui. — Hassan lui-même s'enfuit de Cordoue et étant allé au Caire implorer l'assistance des Fatimites, en obtint une armée. Cette démarche aboutit à une nouvelle défaite. Retombé au pouvoir des Ommiades, il fut mis à mort par l'ordre d'Almanzor, successeur d'El-Hakem. Une tradition rapporte qu'au moment où sa tête tombait sous le glaive espagnol, un vent très-impétueux souffla tout à coup, détacha et enleva le bournous qui couvrait ses épaules; malgré toutes les recherches on ne put retrouver ce manteau, et cet enlèvement fut rangé parmi les faits surnaturels que les Arabes aiment à raconter lorsque, réunis sous leurs tentes, ils fûment rangés en cercle et à demi couchés sur des nattes de palmier ou sur les épaisses fourrures, trophées de leurs victoires sur les féroces habitants du désert.

Les provinces du Mahgreb devaient, jusqu'au moment où de guerre lasse, les califes de Cordoue les abandonneraient, être sans cesse le théâtre de guerres et de révoltes. Le nouvel émir laissé à Fez par le vainqueur d'Hassan était le cheik d'une tribu zénète, il se nommait Zeiri. Sous son gouvernement les tribus insoumises rentrèrent dans le devoir; il chassa jusque dans le désert les successeurs de Balkin. Après avoir pacifié le Mahgreb occidental, se voyant puissant et respecté, il entra dans la voie qu'avait suivie Hassan et se rendit indépendant. Almanzor renvoya en Afrique Abd-El-Melek, son fils. Les deux armées se joignirent sur le territoire de Tanger, le combat dura depuis le lever jusqu'au coucher du soleil, et la victoire longtemps disputée resta aux Andalous. Zeiri se réfugia dans le désert où il mourut peu de temps après. Alman son fils se soumit, il fut nommé émir de Fez et se montra toujours fidèle au calife d'Espagne.

Le vainqueur d'Hassan et de Zeiri, le courageux Abd-El-Melek quitta l'Afrique pour aller remplacer sur le trône de Cordoue, Almanzor son père. Pendant son règne, le califat jeta son dernier éclat. Après lui, Hikem, prince sans énergie, se vit disputer le pouvoir par un ministre ambitieux. Deux factions, celle des Ommiades et celle des Ameris (partisans du ministre prétendant), firent de Cordoue le théâtre de leur lutte, et de toute l'Espagne musulmane, celui de guerres acharnées pendant lesquelles le Mahgreb s'affranchit de la domination espagnole, et qui amenèrent, sous le règne du faible Hescham, l'extinction de ce califat d'Occident, si brillant et si glorieux sous les Abdérame et sous Almanzor. La dynastie ommiade qui tient une si grande place dans l'histoire arabe, qui, après avoir rempli l'Orient de son nom, était venue en relever et en compléter l'éclat en Europe, s'éteignit en même temps que la puissance qu'elle avait fondée, et ne laissa aucun héritier qui pût un jour la représenter dans la société islamique.

Les Fatimites ayant transporté au Caire le siége de leur puissance, Kaïrouan n'avait plus de califes, mais simplement des émirs. Il arriva que l'un d'eux, cheik berbère, par conséquent avide d'indépendance et soumis à regret, profita d'un moment où Kaïm le calife était occupé à une guerre étrangère, pour se déclarer souverain du Mahgreb. Kaïm, ne pouvant disposer de son armée pour l'envoyer venger cette trahison, fit publier dans ses États, que tous ceux de ses sujets qui voudraient aller combattre le rebelle auraient le passage libre et recevraient en plus un dinar d'or (monnaie de Perse). Une foule de Musulmans, de Syriens surtout, se présentèrent immédiatement; les historiens portent leur nombre à plus de 50,000 combattants, suivis d'un million d'individus de tout âge et de tout sexe. Ce flot étranger se porta sur Kaïrouan qui résista huit mois et fut enfin prise et détruite de fond en comble, 347 ans après sa fondation. Cet événement n'eut aucun résultat heureux pour les Fatimites, le Mahgreb ne rentra jamais parfaitement sous leur domination. A dater de ce moment il fut morcelé en une foule de petits États indépendants.

De ce désordre, qui régnait à l'occident aussi bien qu'à l'orient de l'Afrique, devait encore une fois sortir l'unité, l'ordre, la grandeur. L'on pourrait dire presque que l'anarchie préparait les voies, puisque en divisant à l'infini l'autorité, elle devait rendre plus facile à ceux qui allaient venir la tâche immense de la réunir dans une seule main, de la rattacher à un seul pouvoir.

# CHAPITRE XXVIII.

### Domination berbère. — Almoravides.
[DE 1036 A 1070.]

Les Lamptunes. — Abd-Allah-Ben-Yasim. — Origine du nom d'Almoravides. — Victoire d'Abd-Allah. — Sa mort. — Abou-Beker lui succède. — Joussef-Ben-Taschefin. — Ses succès. — Il bâtit Maroc. — Dominateur de tout le Mahgreb, il prend le titre de prince des Musulmans. — Anarchie en Espagne. — Les Maures, menacés par les chrétiens, appellent Taschefin à leur aide. — Bataille de Zalaca. — Taschefin s'empare de l'Espagne. — Sa mort. — Ali-Ben-Youssef lui succède. — Soulèvement en Espagne. — Insurrection des Berbères.

Tout à l'heure, en vous parlant d'Hassan, je vous disais, mes jeunes amis, qu'il avait été enhardi à la révolte par Balkin, chef d'une tribu de Zanagas. Si vous voulez bien me suivre, nous allons traverser l'Atlas et nous transporter dans les déserts de la vieille Gétulie, chez ces mêmes Zanagas, ou plutôt chez les Lamptunes qui formaient une des nombreuses divisions de cette grande tribu.

Ces Lamptunes avaient au commencement de la domination arabe, adopté l'islamisme, mais ses rites extérieurs seulement qu'ils confondaient avec les anciennes croyances de leurs idoles. Quant au dogme et à la morale de leur religion nouvelle, ils ne s'en étaient jamais préoccupés, aussi pourrait-on dire qu'ils n'étaient musulmans que de nom. Ils avaient conservé, énergiques et vivaces, leurs mœurs primitives et guerrières, et poussés par une forte pensée, guidés par un chef capable et entreprenant, il n'était pas douteux qu'ils ne pussent de grandes choses.

Cet homme se montra enfin dans le désert. C'était un marabout de Suez, aussi renommé par ses connaissances universelles que par sa parfaite sainteté ; on l'appelait Abd-Allah-Ben-Yasim. En arrivant chez les Lamptunes, Abd-Allah commença par leur expliquer le Coran, en appuyant surtout sur le précepte du prosélytisme par les armes. Il s'adressait à des imaginations ardentes, faciles à exalter, à des peuples guerriers par tempérament et par éducation, endurcis aux privations et aux fatigues, avides de combats et de conquêtes. Le terrain était trop bien préparé pour qu'il ne réussît pas rapidement à saisir un pouvoir incontesté. Reconnu chef suprême, à la tête de la tribu tout entière il alla attaquer ceux de ses voisins qui adoraient encore les idoles, et les força à adopter la foi de Mahomet. Au retour de cette expédition glorieuse, Abd-Allah promet aux Lamptunes, au nom de Dieu, l'empire du Mahgreb, et inspiré par le ciel, disait-il, il leur donne le surnom magnifique d'Al-Morabith, c'est-à-dire hommes de Dieu, surnom dont on a fait dans l'histoire Almoravides.

Poussant ensuite l'exécution de son entreprise et se hâtant de mettre à profit l'enthousiasme des siens, Abd-Allah traversa l'Atlas, s'empara de Sigilmesse, du territoire de Davah et d'une partie du Sahel où son armée dressa ses tentes, autour de la petite ville d'Agmat qu'elle avait prise.

Après ces exploits, Abd-Allah mourut. Abou-Beker son disciple et son lieutenant lui succéda et prit en main la tâche qu'il avait commencée. Il la continua avec talent et il s'apprêtait à asseoir définitivement sa puissance dans le Mahgreb, par la construction d'une capitale dans les belles plaines d'Eylana, lorsque les Lamptunes, restés de l'autre côté de l'Atlas, menacés d'une guerre avec des peuples voisins, lui firent savoir le danger qu'ils couraient. Aussitôt Abou-Beker se hâta d'aller à leur secours.

Cependant tout en partant, il n'abandonnait pas entièrement

son entreprise et il laissait le soin de la continuer, en son absence, à un jeune Berbère, Youssef-Ben-Taschefin. C'est ici, mes amis, que commence réellement la grandeur berbère, le lieutenant va dépasser ses devanciers et ses maîtres, nous voici avec le vrai fondateur, avec le héros des Almoravides.

Comme celle de tous les hommes célèbres parmi les Arabes, l'enfance de Youssef avait été, au dire de ses compatriotes, marquée par des signes mystérieux qui annonçaient sa future grandeur. Voici la tradition, telle que la racontent encore les peuples de l'Afrique. Un jour dans les sentiers difficiles de l'Atlas, la mère de Youssef suivait à pied son mari qui allait, de tribu en tribu vendre le produit de son travail de potier; selon la coutume du pays, elle portait son fils sur son dos lorsqu'un essaim d'abeilles, loin de fuir à son approche, l'entoura en bourdonnant et s'abattit sur l'enfant, mais sans lui faire aucun mal. Les parents étonnés comptèrent les abeilles posées sur leur fils, ils en comptèrent cent. Préoccupés de cet événement singulier et ne doutant pas qu'il ne renfermât une prédiction pour l'avenir, ils en demandèrent l'explication à un Taleb jouissant d'un grand renom, il leur répondit, que la volonté d'Allah s'était clairement manifestée; que cet enfant deviendrait grand et puissant dans le monde; qu'il régnerait du couchant au levant et que son règne serait aussi long que glorieux; enfin, que ces abeilles représentaient des peuples nombreux et divisés qui se réuniraient sous son commandement pour ne former qu'un vaste empire.

Dès son enfance, Youssef montra de grandes qualités et ses parents purent, à mesure qu'il grandissait, voir s'accroître la certitude des destinées qui lui étaient réservées. C'est ainsi que sa bravoure, ses talents, la noblesse et la générosité qui faisaient le fond de son caractère avaient attiré sur lui les regards de tous, et que malgré l'infériorité de sa naissance, son mérite personnel l'avait mis en première ligne, lorsque Abou-Beker forcé de quitter le pays d'Agmat jeta les yeux sur lui pour le remplacer en son absence.

A peine à la tête des Lamptunes, Youssef gagna leur respect et leur amour par ses manières simples et dignes, son accueil bienveillant et affable, et surtout par le tact parfait avec lequel il savait à l'occasion se montrer libéral et magnifique. Les Lamptunes reconnurent comme définitif le pouvoir qui ne lui avait été confié que provisoirement. Proclamé chef, il soumit d'abord toutes les tribus voisines, puis les réunissant à son armée, il marcha à la conquête de l'ancien califat des Édrissites. De tous les points du Mahgreb, les Berbères, attirés par la réputation de sa sagesse, accouraient se joindre à lui et c'est avec 80,000 cavaliers qu'il se présenta devant Fez, dont il s'empara ainsi que de Méquinez. De là, il s'avança sur Tlemcen, s'en rendit maître et soumit toute cette province jusqu'à Beni-Mezegrena (Alger). Après cette brillante conquête, il revint dans le pays d'Agmat, où il bâtit cette capitale projetée par Abou-Beker, à laquelle il donna le nom de Maroquech (Maroc). Dès ce moment il fut maître de tout le Mahgreb occidental, c'est-à-dire de l'empire actuel du Maroc, de la province d'Oran et de la presque totalité de celle d'Alger.

Revenons à Abou-Beker ; après avoir pacifié les tribus du désert, il avait repassé l'Atlas et s'avançait vers Agmat, lorsqu'il apprit les brillants succès de Youssef. Il fut assez sage pour comprendre que son œuvre de régénération religieuse et de développement politique, ne pouvait être placée dans des mains plus habiles, et que d'ailleurs il lui serait malaisé, sinon impossible, de reconquérir une autorité qui avait été confiée volontairement à son rival ; aussi, loin de chercher à la lui disputer, il lui déclara qu'il n'avait fait un aussi long voyage, que pour admirer les merveilles opérées par son génie, et que désormais sa plus grande gloire serait d'avoir été son maître. Ils se séparèrent après une entrevue des plus touchantes, l'un, pour continuer le cours de ses victoires ; l'autre, chargé de magnifiques présents, pour regagner le désert.

Le vaste héritage des Edrissites ne suffisait pas à l'ambition de Youssef. Bientôt tout l'est fut conquis, et depuis l'Océan jusqu'aux frontières de l'Égypte, tout le Mahgreb reconnut ses lois. Il prit alors le titre de *prince des musulmans, défenseur de la religion!* Vainement, les mahométans dégénérés cherchaient-ils à secouer ce joug qui leur venait d'un peuple autrefois vaincu par eux. Les Arabes, proprement dits, avaient fait leur temps, le pouvoir s'était usé entre leurs mains ; c'était au tour des Berbères, auxquels ils avaient porté la conscience de leur force, en leur jetant, en passant, des éléments civilisateurs, à les dominer et à régner.

Cependant l'anarchie était complète parmi les Arabes d'Espagne. Depuis la chute des Ommiades, le pouvoir était divisé entre des princes rivaux et ennemis. Cet état de choses avait amené de tristes résultats pour les musulmans ; mais en revanche, il était favorable au rétablissement de la domination chrétienne. Déjà, sous les successeurs du roi Pélage, les Visigoths avaient quitté les montagnes qui leur avaient servi de refuge, et repris les beaux royaumes de Castille, de Léon, de Galice, de Navarre et d'Aragon. Les trois premiers, au moment qui nous occupe, obéissaient à Alphonse IV, que ses exploits guerriers avaient fait surnommer le Brave. Alphonse marchait de succès en succès; Tolède, Madrid, Maqueda et plusieurs autres villes venaient de lui ouvrir leurs portes ; les rois musulmans, se réveillant de leur inaction, résolurent enfin d'arrêter ses progrès. Pour y parvenir, et d'après l'avis de Mohammet-Ben-Abd, l'un d'entre eux, ils appelèrent Youssef à leur secours.

Le vainqueur du Mahgreb n'eut garde de manquer l'occasion qui lui était offerte ; il rassembla rapidement des troupes, et les chroniqueurs arabes disent qu'il réunit l'Afrique à l'Europe par un pont gigantesque, jeté sur le détroit de Gibraltar, pour faire passer sa nombreuse cavalerie. Il eut le soin de se faire remettre la forte place d'Algésiras qui le rendait maître du passage, et assurait son retour, en cas de non-réussite. Après une bataille célèbre, gagnée sur Alphonse IV, dans les plaines de Zalaca, il fut, heureusement pour les chrétiens, obligé de retourner en Afrique. A peine était-il parti, que la division était parmi ses alliés, et Alphonse, aidé de Don Sanche, roi de Navarre et d'Aragon, reprenait l'avantage sur eux.

Youssef comprit que le moment était venu d'en finir avec tous ces petits royaumes, et qu'à lui était réservé de rétablir l'unité dans la péninsule islamique. Il franchit pour la seconde fois le détroit, et se dirigea directement sur Grenade. Toutes les autres capitales tombèrent aussi en son pouvoir, et à son titre de maître du Mahgreb, il ajouta bientôt celui de souverain de l'Espagne musulmane. Le trop confiant Mohammet-Ben-Abd, qui le premier l'avait appelé dans ses États, alla finir ses jours en Afrique dans une triste captivité.

Arrivé au faîte des grandeurs humaines, sans avoir jamais éprouvé de revers, ayant vu tous les événements plier au gré de sa volonté puissante, Youssef mourut âgé de cent ans, et les Arabes ont soin de faire remarquer que c'était exactement le nombre d'abeilles que sa mère avait comptées, lorsqu'il était enfant.

Youssef, mes bons amis, est le héros des peuples musulmans atlantiques ; c'est lui dont le nom et le souvenir sont restés intacts dans tous les cœurs, et il n'est pas une tribu africaine qui ne conserve soigneusement la tradition de ses exploits.

Son fils Ali-Ben-Youssef lui succéda ; les commencements de son règne s'annoncèrent bien pour la prospérité de son peuple. Animé de l'esprit de prosélytisme, il songeait à porter au loin les préceptes du Coran, déjà il avait fait publier dans ses États la guerre sainte et il s'apprêtait à aller combattre les chrétiens d'Espagne, lorsque des événements intérieurs arrêtèrent ses projets, et la Providence délivra ainsi l'Europe d'une invasion menaçante.

D'une part, la péninsule soumise par la force des armes et obéissant aux Almoravides, par crainte et non par amour, se souleva. D'autre part, au sein même du Mahgreb, parmi les tribus Berbères, venait de naître, sous le souffle d'un fanatique génie, une nouvelle puissance qui devait absorber et remplacer celle fondée par Youssef.

Dans le prochain chapitre, mes jeunes amis, nous allons examiner ensemble les causes et les résultats de cette révolution, qui est un des événements importants de la domination arabe et berbère.

# CHAPITRE XXIX.

## Puissance des Almohades.

[DE 1123 A 1212.]

Mohammet-Ben-Abd-Allah. — L'iman El-Modhi. — Défaite d'Ali-Ben-Youssef. — Abd-El-Moumen. — Sa victoire sur Abou-Beker. — Mort d'Abd-Allah. — Organisation des Almohades.— Mort d'Ali-Ben-Youssef. — Taschefin-Ben-Ali. — Lutte et ruine des Almoravides. — Dans le Mahgreb, les Almohades se substituent à eux. — En Espagne, anarchie, désordre. — Al-Moumen meurt au moment de s'emparer de la Péninsule. — Youssef-Abou-Yacoub. — La peste éclate en Afrique. — Youssef envahit le Portugal. — Il est tué devant Santarem. — Révolte dans le Mahgreb. — Pacification. — Yacoub repasse en Espagne. — Bataille d'Alarçon. — Mohammet-Abou-Abd-Allah. — Décadence des Almohades. — Mohammet en Espagne. — Journée de Las-Navas de Tolosa. — La race Almohade s'éteint. — Anarchie dans le Mahgreb.

Mohammet-Ben-Abd-Allah, de la tribu Berbère de Masmouda, était le nouveau chef de parti, ou pour mieux parler, le rénovateur religieux qui allait changer, encore une fois, l'aspect politique du Mahgreb. Étudiant de Cordoue, ensuite de Bagdad, Abd-Allah avait rapporté de cette dernière ville les préceptes des Schictes, tandis que les Almoravides appartenaient à la secte Sonnite. Il prit habilement le prétexte de cette différence de croyance pour déclamer contre ce qu'il appelait l'hérésie et l'impiété des maîtres de l'Afrique, qu'il disait avoir mission de détruire, s'annonçant comme le précurseur de l'iman régénérateur El-Mohdi. Il prêcha d'abord à Tlemcen, et c'est là qu'il s'attacha Abd-el-Moumen, qui fut le compagnon de ses travaux, le confident de ses projets, l'héritier enfin, ainsi que le continuateur de son œuvre et de sa puissance. De Tlemcen, il se rendit tour à tour à Fez, à Maroc, puis à Agmat, et dans ce lieu, berceau de la grandeur Almoravide, s'augmenta et s'affermit réellement son pouvoir. Entouré déjà d'un brillant prestige, il quittait parfois Agmat, et parcourait le pays environnant; chaque jour amenait autour de lui de nouveaux prosélytes. Alors le rôle de précurseur ne lui sembla plus digne de son ambition, il fit un pas de plus et se donna pour l'iman El-Mohdi lui-même. Réunissant tous ses partisans autour de l'étendard blanc, qu'il adoptait comme symbole de sa mission régénératrice, il attaqua l'armée d'Ali-Ben-Youssef. Ses troupes exaltées par l'ardeur du fanatisme combattirent avec une impétuosité sans égale, et furent victorieuses.

Abd-Allah se tint en garde contre l'enthousiasme d'un premier avantage. Ne voulant s'avancer qu'autant qu'il se serait assuré une retraite en cas de non-succès, il alla s'emparer d'une place heureusement située sur un plateau de l'Atlas, la fortifia avec soin, et y passa quelque temps. C'était une petite ville nommée Tinmal.

Comme vous devez le penser, mes jeunes amis, ce repos ne pouvait être de longue durée. Après un triomphe comme celui qu'ils venaient de remporter, les Berbères, que du nom de leur chef (El-Mohdi), on appelait les Almohades, avaient hâte de reprendre le cours de leurs succès. Un jour, le Mahgreb fut inondé d'un torrent descendu de la montagne, c'était 30,000 cavaliers sous les ordres, non d'Abd-Allah, mais de son lieutenant chéri, Abd-el-Moumen. Abou-Beker, second fils d'Ali-Ben-Youssef, voulut leur opposer une digue; elle fut renversée, et les débris de son armée furent poursuivis jusqu'aux portes de Maroc dont les Almohades commencèrent le siège, qu'ils abandonnèrent presque immédiatement, parce que Abd-Allah, gravement malade à Tinmal, rappela auprès de lui Abd-el-Moumen, qu'avant de mourir, il proclama son successeur.

Le nouveau chef, étant depuis longtemps initié aux pensées les plus intimes et aux desseins les plus secrets de son maître, n'eut pas de peine à continuer son œuvre et à rester dans la même voie. Comme lui, il se réserva la haute direction des affaires, laissa l'administration entre les mains d'un conseil permanent de dix membres, assistés dans certains cas, d'un autre conseil composé de soixante-dix des principaux cheiks berbères. Pour distinguer les monnaies qu'il fit graver à son effigie, des monnaies almoravides, il leur fit donner une forme carrée, et fit mettre ces mots sur le revers : « Allah est notre Dieu ; Mahomet, notre prophète ; El-Mohdi, notre iman. »

Peu après Abd-Allah, Ali-Ben-Youssef mourut. De l'empire immense dont il avait hérité, il ne laissait à ses fils que quelques parcelles disputées encore par un redoutable rival. Abd-el-Moumen, maître d'une grande partie du territoire du Mahgreb occidental, accueillit les armes à la main, Taschefin-Ben-Ali qui, à la nouvelle de la mort de son père, s'était empressé de quitter l'Espagne pour repasser en Afrique. Après plusieurs défaites partielles, Taschefin voulut tenter un coup définitif. Les armées se rencontrèrent aux environs de Tlemcen ; la lutte fut terrible et sanglante, les Almoravides tombèrent avec gloire, mais ils tombèrent pour ne plus se relever ! Taschefin-Ben-Ali trouva un refuge momentané à Oran. Comme il quittait cette ville pour aller s'embarquer sur un navire qui devait le transporter, avec celle de ses femmes qu'il préférait, à Alméria, ville fidèle d'Espagne, il fut reconnu par des soldats almohades. Plutôt que de tomber entre leurs mains, il préféra la mort, et se précipita du haut d'un rocher escarpé. Le lendemain, on recueillait sur le bord de la mer, son cadavre, celui d'Aziza, sa femme, et celui de Rihhana, sa belle jument. Vous ne vous étonnez pas, n'est-il pas vrai, mes jeunes amis, qu'ici je fasse mention de Rihhana, car vous savez que chez les Arabes, la jument fait partie de la famille, qu'elle est l'amie de son maître, et partage, en servante fidèle, toutes ses destinées, heureuses ou malheureuses ;

vous savez qu'elle mange dans sa main ; qu'au désert, elle reçoit la première et dans le même vase, sa ration d'eau ; qu'elle couche sous sa tente ; qu'elle répond à ses paroles d'affection ou de tristesse par ses hennissements joyeux ou plaintifs.

Cependant, Taschefin-Ben-Ali laissait un fils que les débris du parti almoravide reconnurent pour chef à Maroc, seule ville qui ne fût pas encore soumise aux Almohades. Ce jeune prince, Ibrahim-Abou-Isehaq, tint bon quelque temps ; enfin, malgré son courage, la capitale de Youssef fut prise d'assaut, et son arrière-petit-fils, le dernier de ses descendants, massacré impitoyablement avec les cheiks qui l'entouraient et tous les malheureux Marocains. Des peuplades du désert furent appelées par Abd-el-Moumen pour repeupler Maroc.

C'en était fait des Almoravides dans le Mahgreb, voyons, mes amis, si, comme autrefois les Ommiades détrônés en Syrie, ils avaient chance de se relever en Espagne. Vous vous souvenez qu'à la mort d'Ali-Ben-Youssef, Taschefin-Ben-Ali, son fils, était en Espagne, d'où il partit sur-le-champ pour venir se mettre en possession de la couronne. A peine eut-il quitté la Péninsule, que les Andalous se révoltèrent, et Abou-Gania, son général, ne put conserver que les trois villes de Cordoue, Séville et Alméria. Cette dernière seule était encore fidèle lors de la fin tragique de Taschefin-Ben-Ali, pendant le siége de Maroc ; elle se soumit à son tour. Au même moment donc, la formidable puissance fondée par Youssef, s'écroulait sans retour en Europe et en Afrique.

Dans le Mahgreb, la révolution consista seulement en un changement de dynastie, changement accompli d'une manière souvent terrible et sanglante par Abd-el-Moumen. Les Almohades se substituèrent aux Almoravides, une domination berbère remplaça une domination berbère. En Espagne, il n'en fut pas ainsi ; un seul ne recueillit pas l'héritage des Almoravides. Une fois encore, de petits intérêts surgirent, la Péninsule devint la proie d'une foule de cheiks ambitieux, et l'anarchie et le désordre, qui avaient précédé la conquête de Youssef, s'y introduisirent de nouveau, à la suite de la ruine de sa famille.

L'est de l'Afrique n'avait pas encore reconnu la loi d'Abd-el-Moumen. Après la prise de Maroc, il se dirigea de ce côté, cette expédition fut une marche triomphale. Toutes les villes lui ouvrirent leurs portes, seule, Tunis voulut résister ; elle fut prise et livrée au pillage. Le Mahgreb lui appartenait tout entier !

Tandis qu'il complétait ainsi la conquête de l'Afrique, quelques-uns de ses partisans, passés secrètement en Espagne, intriguaient pour rattacher cette belle terre à son empire. Bientôt il y eut un parti déclaré qui alla même, dans la province de l'Algarbe, jusqu'à le proclamer souverain. Profitant de cette bonne volonté des uns, et de la désunion qui régnait parmi les autres, Al-Moumen voulut s'emparer définitivement du pouvoir. Il prêcha donc la guerre sainte dans le Mahgreb; mais il mourut subitement en laissant le soin de réaliser ses projets à Youssef-Abou-Yacoub, son fils.

Immédiatement après la mort d'Abd-el-Moumen, la peste éclata en Afrique, et notamment à Maroc, le fléau empêcha Youssef-Abou-Yacoub de profiter des préparatifs d'invasion rassemblés par son père. Quatre ans après seulement, il put passer en Espagne, envahit le Portugal et mit le siège devant Santarem. Là, une flèche lancée des remparts, l'atteignit pendant qu'il faisait une ronde : il mourut de cette blessure. Cette mort força l'armée de lever le siège, et bien plus, elle causa dans le Mahgreb des révoltes qui obligèrent son fils et successeur Yacoub-Ben-Youssef à revenir en Afrique.

La province de Tlemcen était en majeure partie peuplée de tribus arabes, il ne fut pas difficile au cheik de la ville de réveiller la vieille animosité qui a toujours existé entre les Berbères et les Arabes, et d'exciter ceux-ci à la révolte. Après les avoir soumis, Yacoub-Ben-Youssef, pour éviter de semblables troubles à l'avenir, fit transporter ces tribus arabes sur les bords de l'Océan. Celles qui ne voulurent pas obéir se réfugièrent dans le désert.

Cette pacification accomplie, Yacoub reporta ses vues sur l'Espagne. Il s'y rendit et attaqua les chrétiens que commandait Alphonse de Castille, dans les plaines d'Alarçon. Le croissant fut vainqueur, et depuis la fameuse journée de Zalaca gagnée par Youssef-Ben-Taschefin sur Alphonse IV, pareille bataille ne s'était livrée sur le sol musulman. Ce triomphe valut à Yacoub ce surnom qui, autrefois, avait été donné à Abdérame : El-Mançour, le victorieux. Pour en éterniser la mémoire, il fit élever la fameuse mosquée que les Espagnols appelèrent plus tard la Giralda.

Rentré à Maroc, Yacoub mourut, âgé seulement de 40 ans, laissant pour lui succéder, Mohammet-Abou-Abd-Allah, son fils.

Voici que la gloire des Almohades pâlit ; elle va s'éclipser à son tour. Toutes les fois que, depuis le commencement de cette histoire des dominations sont sorties du désert, comme celles-ci, elles n'ont fait que passer. Faut-il s'en étonner? — Œuvres d'hommes de génie, tant que ces hommes les ont étayées de leurs mains puissantes, elles ont été grandes et fortes; mais quand l'appui leur a manqué, faute d'être assises sur des institutions stables et solides, faute surtout de lien national, elles se sont ébranlées, et leur ruine n'a pas tardé.

Mohammet, après la mort de son père, passait son temps à Maroc, dans les douceurs de la vie oisive du harem. Il lui fallut s'arracher à ces délices pour marcher en Espagne, à la rencontre des chrétiens qui menaçaient les possessions islamiques. Mohammet rassembla 400,000 hommes; le pape Innocent III prêcha une croisade en Europe, et de toutes parts arriva du renfort à l'Espagne. Les armées se trouvèrent en présence dans les plaines de Tolosa. Il s'agissait ici non d'une bataille ordinaire, mais du sort de l'Europe entière, du dernier mot de la lutte entre le croissant et la croix. Dans cette mémorable affaire, l'Espagne fit pour l'Europe ce que Charles-Martel avait fait une fois, ce que les Polonais devaient renouveler plus tard sous le commandement de Sobieski ; elle fut le rempart et le bouclier de la chrétienté; elle fit triompher la vérité de l'erreur, la liberté du fatalisme ! Cette journée, dite de Las Navas de Tolosa, termina le grand duel entre les barbares orientaux et l'Occident; l'étendard almohade dut s'incliner devant la bannière invincible de Jésus-Christ. Cette bataille consacrée par des traditions miraculeuses, est restée dans la mémoire des peuples, et le grand Innocent III, pour la célébrer dignement, institua la fête du Triomphe de la Croix, qui s'observe encore aujourd'hui en Espagne, chaque année, le jour anniversaire de la victoire chrétienne.

Après sa défaite, Mohammet alla cacher sa honte dans son harem ; pour prévenir les excès auxquels le portait son caractère aigri par les revers, on l'empoisonna. Abou-Yacoub, son fils, mourut à peine âgé de vingt ans, après un règne insignifiant de dix années. Avec lui s'éteignit la race des Almohades.

L'anarchie se répandit sur tous les points du Mahgreb, et il serait impossible, mes jeunes amis, d'énumérer toutes les dynasties qui se partagèrent l'héritage des Almohades, d'autant que l'histoire arabe présente ici un grand nombre de lacunes.

Parmi ces familles, trois ont laissé leur nom à la postérité.

1º Dans la province du Maroc, les Béni-Méricin, fraction de la grande tribu Zénète. Les chroniques africaines disent d'eux : « Ils avaient le secret de faire de l'or ; ils lisaient dans les as- « tres, comprenaient la voix du tonnerre et pouvaient prédire « aux hommes leurs destinées. »

Ces mêmes Béni-Méricin régnaient à Tunis, lorsque notre roi Louis, de sainte et grande mémoire, mourut en faisant le siége de cette ville. Vous savez qu'une chapelle élevée au lieu même où était le camp du saint roi, consacre le souvenir de son expédition et de sa mort.

2º Les Béni-Zian, souverains de Tlemcen, renommés par leurs innombrables richesses et dont les magnificences nous semblent fabuleuses.

3º Le sultan El-Khal, roi de Méquinez, dont les aventures merveilleuses jouent un grand rôle dans les récits populaires des Arabes.

Avant de quitter tout à fait les Almohades, un mot encore sur leur fondateur. Le récit que je viens de vous faire vous dit assez que le souvenir d'Abd-el-Moumen doit tenir sa place à côté de celui de Youssef-Ben-Taschefin, dans la mémoire des peuples de l'Afrique ; seulement, tandis que le second est noble et pur de tout reproche sanglant, le premier au contraire, réveille des pensées de cruauté et de deuil ; son nom évoque la mémoire de villes pillées, de populations massacrées, de cadavres d'ennemis profanés et insultés. Cependant, hâtons-nous de le dire, ce farouche conquérant favorisa les sciences et la philosophie, et laissa, pour l'attester à la postérité, des fondations savantes, entre autres l'université de Maroc, dont le principal but était de conserver et de répandre la doctrine de l'iman El-Mohdi.

# CHAPITRE XXX.

## Domination turque. — Fondation de l'Odjeac d'Alger.

[DE 1504 A 1516.]

Influence de l'expulsion des Maures d'Espagne sur l'A rique. — Coup d'œil sur la naissance et les progrès de la piraterie turque. — Les États barbaresques se constituent corsaires. — L'Espagne s'empare des meilleures positions de la côte Africaine. — Elle choisit Bougie pour centre d'occupation. — Les frères Barberousse. — Leur arrivée à Tunis. — Le bey leur donne les îles de Gelves. — Tentatives sur Bougie. — A Gigel, on les proclame souverains. — Selim-Ectemy, cheik d'Alger, menacé par l'Espagne, appelle Aroudj à son secours. — Aroudj fait massacrer Ectemy et s'empare du pouvoir. — Il organise l'Odjeac. — Craintes de l'Espagne. — Expédition de don Francisco de Vero...

De toutes les parties de l'Afrique, celle qui souffrait le plus de cet état d'anarchie, c'était le Mahgreb-el-Aousath (plus tard la régence d'Alger). Placé, par sa position géographique, entre les puissants États de Tunis et de Maroc, il était sans cesse envahi soit par l'un, soit par l'autre des deux souverains. Mais si ce point du littoral souffrait davantage, avec plus d'ardeur aussi que tout autre il aspirait à une domination quelconque, qui lui donnât bonheur et force en lui apportant l'unité de gouvernement. Les esprits étaient préparés à une révolution, ils faisaient plus, ils la désiraient : le moment approche où elle va s'accomplir. Une société de pirates va se former sous le patronage de deux pauvres fils d'un patron de barque, connus sous le nom célèbre des frères Barberousse : et de cette société naîtra un empire puissant et vaste, l'Odjeac d'Alger.

Voici, mes jeunes amis, que nous entrons réellement en matière. Désormais l'Algérie proprement dite nous occupera seule, ou du moins, tous les faits dont nous nous entretiendrons se rapporteront à elle ; tandis que jusqu'à ce moment, comme elle ne formait pas encore un État distinct, les grands événements ne pouvaient se rapporter à elle qu'indirectement. En un mot, il ne pouvait s'agir de l'histoire de l'Algérie qu'en tant que l'Algérie faisait partie de l'Afrique septentrionale et que je vous racontais l'histoire générale de cette même Afrique. L'histoire particulière d'Alger ne date, et ne peut dater, que du moment où nous sommes.

Or, nous sommes au commencement du seizième siècle. Depuis dix ans à peine, le royaume de Grenade était tombé sous les coups de Ferdinand le Catholique et d'Isabelle de Castille. Les Maures, ayant ainsi perdu leurs dernières possessions en Espagne, avaient définitivement quitté le sol européen pour revenir demander un asile à cette même terre africaine, d'où leurs pères étaient partis huit siècles auparavant.

Si la fertile Andalousie avait tenté leurs ancêtres et leur avait semblé une conquête digne de leurs efforts, vous comprenez combien, après l'avoir possédée aussi longtemps, durent être grands leurs regrets de la perdre. D'ailleurs, leur position était fausse et précaire : d'une part, leur patrie, car on peut appeler patrie un sol qu'on a foulé huit cents ans, d'une part leur patrie les rejetait, de l'autre leurs coreligionnaires et leurs frères d'Afrique refusaient de les recevoir, les spoliaient cruellement et leur arrachaient, au débarquement, les quelques débris de richesses qu'au péril de leur vie ils avaient sauvés du désastre. Chassés par leurs ennemis, trompés et pillés par ceux qui auraient dû être leurs amis, les malheureux vaincus versaient des larmes de rage et juraient, par leur prophète, de se venger : ils ne pouvaient le tenter contre les Arabes qui avaient pris leurs précautions, les recevant en réfugiés, on pourrait dire en prisonniers, les disséminant sur différents points du littoral, ne leur permettant ni de s'avancer dans l'intérieur, ni de se réunir un certain nombre sur le même point. Mais cette haine, cette soif de vengeance ne pouvait se perdre ; elle se porta donc tout entière sur le peuple espagnol, dans lequel ils voyaient un double ennemi comme vainqueur et comme chrétien.

Une guerre franche et déclarée était impossible ; mais une autre voie leur était ouverte : je veux parler de la piraterie, ce fléau armé qui a infesté la Méditerranée pendant plus de trois siècles et qu'il était réservé à la France, notre noble patrie, de briser et de détruire. Mais j'anticipe, tandis que la marche de mon récit demande au contraire que je fasse quelques pas en arrière.

En effet, voyons si c'est seulement à présent, au seizième siècle, que les corsaires barbaresques apparaissent pour la première fois aux yeux de l'Europe effrayée. — Je feuillette l'histoire, et mes yeux s'arrêtent à une page de la domination romaine : Marc-Aurèle est sur le trône des Césars ; je vois les Maures, montés sur de grossières barques, tromper la surveillance de l'armée impériale, quitter pour la première fois les pays voisins de leurs montagnes, traverser le détroit et aller ravager les côtes septentrionales de la Méditerranée, puis rentrer dans leurs ports chargés de butin parmi lequel figurent de nombreux esclaves. Et dans cette expédition, qui, eu égard à ses effets immédiats, mérite à peine qu'on s'y arrête, je découvre le premier anneau de cette longue chaîne de piraterie, qui ne devient réellement forte et redoutable qu'au moment où nous sommes arrivés. Après cet essai, ces tentatives de corsaires cessent ou offrent si peu d'importance que l'histoire n'en fait plus mention jusqu'au temps où Genserik règne sur l'Afrique. Alors je vois les Vandales désoler sans trêve ni repos les côtes de l'Espagne et de l'Italie ; c'est le second anneau, il embrasse toute la domination vandale. — Avec le gouvernement de Byzance, la piraterie est comprimée. Enfin, sous les Arabes, la chaîne se renoue, c'est le troisième anneau ; il nous conduit au jour où les Maures d'Espagne viennent se réfugier en Afrique, jour où les États barbaresques se constituent corsaires, où la lutte entre le monde chrétien et le monde musulman, chassée de la terre ferme, prend pour théâtre la Méditerranée et se fait, non plus une guerre de batailles, mais une guerre d'escarmouches et de pillage.

L'Europe ne peut tenir en respect les galères africaines, habiles à l'attaque et promptes à la fuite. Les riches galions, expédiés de l'Amérique, nouvellement découverte, qu'attendent les ports de la mère-patrie, n'y arrivent pas ; ils vont grossir les trésors de Mélila, de Mers-El-Kébir, d'Oran, de Tedelès, d'Alger et de Mostaganem, principaux foyers et points de départ des pirates. Un seul moyen reste à l'Espagne, elle n'hésite pas à l'employer, elle vient attaquer son ennemi, non plus sur les flots où il lui échappe sans cesse, mais sur son territoire même, et s'empare successivement de tous les points que nous venons de nommer, plus Bougie, où elle établit le centre de sa domination. Quoique s'étant soumise volontairement, la ville d'Alger, grâce à son éloignement de Bougie, continua à armer et à croiser sur les côtes espagnoles. Pierre de Navarre, à la tête d'une forte escadre, se présenta devant le port : les habitants implorèrent la pitié des chrétiens qui, pour les obliger à tenir désormais leurs promesses, bâtirent une forteresse sur les îles Beni-Mesegrenna qui commandent le port d'Alger, auquel elles sont aujourd'hui réunies par une chaussée. Ce fort reçut une batterie d'artillerie et garnison espagnole.

Tandis que les musulmans, par leurs vains efforts, appelaient ainsi jusque sur le sol de l'Afrique les armes victorieuses des chrétiens, des hommes, qui devaient bientôt devenir les auxiliaires des Arabes et enfin leurs maîtres, abordaient de leur côté sur leur territoire. Ces hommes, dont j'ai déjà prononcé le nom en commençant ce chapitre, c'étaient les frères Barberousse.

Natifs, dit-on, de l'antique Lesbos, alors Métélin, ils faisaient partie de ce peuple turc apparu au monde il y avait deux siècles, conduit par le grand génie barbare que l'histoire appelle Othman ou Osman. Ils étaient quatre frères, tous quatre dressés dès l'enfance au rude métier de la mer. — Elias et

Isaac, les deux aînés, ne nous occuperont pas ; seuls Aroudj et Kaïr-Ed-Din vinrent en Afrique, attirés par ce qu'on leur rapportait des innombrables richesses qui arrivaient journellement aux Espagnols. Ils abandonnèrent les parages qu'ils exploitaient, et où d'ailleurs les galères des chevaliers de Rhodes les traquaient continuellement, pour venir se poster à portée de la riche proie dont ils se promettaient bien de ne pas laisser échapper leur part, d'autant qu'à l'avidité du corsaire ils joignaient la haine implacable du véritable musulman contre tout ce qui ne s'incline pas devant le croissant.

Depuis qu'âgé à peine de vingt-quatre à vingt-cinq ans, Aroudj était parvenu à s'enfuir de Rhodes où il était prisonnier, il n'avait cessé, de concert avec Kaïr-Ed-Din, d'écumer les mers, et la renommée des deux frères était déjà grande. Aussi, lorsque vers 1505 ils arrivèrent à Tunis, y furent-ils reçus avec empressement et distinction par le bey, et purent-ils disposer du port de cette ville. A ce moment ils possédaient quatre petits navires. A leur première course, ils s'emparèrent de deux galères du pape dont l'équipage était trois fois plus nombreux que le leur. Ce début était de bon augure, l'avenir ne le démentit pas. De l'embouchure du Quadalquivir au golfe du Lion, on trouvait partout les terribles frères, et partout ils étaient invincibles. En 1510, lorsque le bey leur donna les îles de Gelves, où ils établirent leur arsenal, leur escadre se composait de douze navires.

Fiers de leurs succès, et croyant tout possible à leur courage, ils attaquèrent deux fois les Espagnols, au centre même de leurs forces en Afrique, à Bougie. Dans la première attaque, Aroudj perdit un bras et dut se retirer. La seconde fut également infructueuse. Les deux frères alors se portèrent vers l'est et s'arrêtèrent à Gigel, dont les habitants les accueillirent avec enthousiasme. Gigel fut la première ville africaine occupée par eux. Bientôt, et après que d'un pauvre village ils en eurent fait une riche et somptueuse ville, elle leur offrit la souveraineté de son territoire qu'ils acceptèrent, plutôt comme le paiement d'une dette que comme un don. Dans leur ambition, ils se disaient qu'il leur fallait mieux que cela.

Cependant, mes jeunes amis, la couronne d'Espagne venait de changer de maître : Ferdinand V le Catholique était mort et un jeune prince l'avait remplacé. Ce jeune prince devait être plus tard Charles-Quint, mais il n'était encore qu'un enfant ; le moment était donc propice pour secouer le joug. Les Algériens qui, sous la surveillance espagnole, n'opéraient qu'avec beaucoup de difficultés et de lenteurs la piraterie qu'ils continuaient d'exercer malgré les traités, les Algériens, dis-je, voulurent profiter de l'occasion. Leur cheik, Selim-Ectemy, issu d'une famille arabe très-puissante dans la Mitidja, homme faible et craintif, n'osa rien tenter seul et appela à son aide l'aîné des Barberousse.

Comme vous avez pu le voir bien des fois dans le récit des faits précédents, cette politique, qui consiste à appeler et à fortifier un allié pour le mettre en présence d'un ennemi, a toujours été fatale à ceux qui l'ont employée ; au lieu du secours qu'ils demandaient, ils ont trouvé la ruine. Ce même résultat devait encore arriver ; et, comme la première base de la domination vandale avait été l'appel du comte Boniface à Genserik, de même la puissance turque en Afrique peut compter réellement du jour où, sur la prière d'Ectemy, Aroudj, à la tête de sa flotte composée de dix-huit galères et de trois navires de guerre, entra dans le port d'Alger où l'avait déjà précédé le noyau de sa brave milice, douze cents Turcs ou renégats intrépides et dévoués.

Reçu comme un libérateur, Aroudj fut logé au palais même du cheik et ses Turcs chez les principaux habitants de la ville. — La grande affaire des Algériens était de se débarrasser des Espagnols, et pour cela de s'emparer du Pénon d'Argel ; mais pour Barberousse ce n'était là qu'une affaire secondaire. Le principal pour lui était de se substituer à ses amis, et il lui importait bien plus encore d'écraser les Arabes que les chrétiens.

Peu de jours lui suffirent pour mûrir son plan secret. Son seul moyen préparatoire fut d'augmenter, par ses discours, ses actions et sa manière de vivre, la terreur et la crainte qu'inspirait déjà son nom. Puis, un jour où tout était calme et confiant dans la ville, un ordre, un mot sortit de sa bouche, et à ce mot, Ectemy, saisi par quelques Turcs, fut étranglé, et ceux des habitants qui voulurent résister tombèrent sous le cimeterre des soldats. Quelques heures suffirent à l'accomplissement de cette révolution ; Aroudj se fit proclamer souverain.

Placés entre les Espagnols d'une part et les Turcs de l'autre, les Algériens, dominés d'ailleurs par la grande réputation de Barberousse et par l'ascendant que lui donnait sur eux sa bravoure, acceptèrent le nouveau pouvoir que la force leur imposait. L'odjeac d'Alger avait pris naissance !

Aroudj, comme je crois vous l'avoir dit, avait été prisonnier des chevaliers de Rhodes. Il avait profité de sa captivité et de la confiance qu'on lui témoignait, pour étudier la constitution et le gouvernement de l'ordre. Dès qu'il se vit à la tête d'un État, il songea à mettre ses observations à profit. Avec la rare sagacité qui le distinguait, il appliqua les règlements militaires des chevaliers de Saint-Jean-de-Jérusalem à l'organisation de l'odjeac, en les appropriant aux mœurs de ses sujets. Les membres de la milice seuls furent déclarés aptes à remplir les emplois publics. Les fils de miliciens nés à Alger en furent même exclus. Le divan, ou conseil de régence, était entièrement formé par eux ; leur chef, l'aga, cumulait les doubles fonctions de chef civil et militaire. Cet ordre de choses était admirablement établi : Aroudj se garda bien de dire qu'il était calqué sur celui d'une association chrétienne ; loin de là, il en attribua l'idée à Sidy-Abd-Er-Rhaman, marabout dont la sainteté était en grande vénération.

A la nouvelle de cette usurpation, l'Espagne s'émut ; elle offrit un asile au fils d'Ectemy. Sous prétexte de le mettre en possession du pouvoir qu'avait exercé son père, et en réalité afin d'avoir le concours des indigènes de la Mitidja et du Sahel contre Barberousse, elle équipa une flotte considérable qui partit de Carthagène, conduite par Don Francisco de Vero, grand-maître de l'artillerie.

Les troupes débarquèrent sans opposition sous les yeux d'un grand nombre d'Arabes postés sur les hauteurs voisines. Alger étant sans fortifications, les Espagnols se crurent sûrs de la victoire et négligèrent toutes les précautions. L'armée se divisa en quatre corps qui marchèrent sans ordre sur la ville. Aroudj comprit le parti qu'il pouvait tirer de cette faute; il ordonna une sortie, les Arabes, neutres jusqu'à ce moment, se joignirent à lui. Pris isolément, entourés par la cavalerie des Bédouins, les Espagnols n'eurent rien de mieux à faire que de prendre la fuite. Ceux qui purent gagner le rivage s'embarquèrent, mais leurs malheurs ne devaient pas finir là. Après s'être dérobés à la rage des hommes, ils ne purent éviter celle des éléments. La nuit suivante, une tempête horrible les assaillit, dispersa et brisa presque tous leurs vaisseaux, un quart seulement de l'armée revint en Espagne porter au cardinal Ximenès la nouvelle de ce désastre. Le malheureux et imprudent Francisco de Vero périt victime de la fureur populaire.

Voici donc Aroudj doublement maître de la ville, puisque après l'avoir conquise par la force il a su la défendre par sa bravoure. Le voici chef d'un peuple et fondateur d'un État, chef des Turcs d'Afrique, fondateur de l'Odjeac d'Alger. — Voyons s'il jouira de son triomphe sans conteste.

# CHAPITRE XXXI.

### Accroissement de la puissance des Barberousse.

[DE 1517 A 1530.]

Révolte des Arabes. — Aroudj laisse le commandement d'Alger à Kaïr-Ed-Din et marche contre eux. — Il prend Tenez, puis Tlemcen. — Sa tentative audacieuse pendant le siége de cette ville. — Sa mort. — Politique de Kaïr-Ed-Din. — Il reçoit le titre de pacha. — Expédition du marquis de Moncade. — Ambition de Barberousse. — Révolution à Tlemcen. — Ce royaume devient tributaire de l'Odjeac. — Craintes du bey de Tunis. — Il marche sur Alger. — Kaïr-Ed-Din le force à regagner ses États. — Kaïr-Ed-Din quitte Alger pour Gigel. — Une insulte le rappelle dans sa capitale. — Il punit les traîtres. — Prise du Pénon d'Argel.

Sous le coup d'un danger commun, les Arabes avaient bien pu s'allier à Barberousse; mais dans leur cœur ils n'avaient pas oublié la mort d'Ectemy et ils n'attendaient qu'une occasion favorable pour en tirer vengeance; comme d'autre part, Aroudj voulait agrandir son territoire, la guerre ne pouvait tarder à éclater.

Les Arabes de la Mitidja se réunirent à Hammit-el-Abid, roi de Tenez, et, au nombre de huit mille combattants, s'avancèrent sur Alger. Aroudj sans se laisser effrayer par leur force, laisse le commandement de la ville à Kaïr-Ed-Din qui, après le meurtre d'Ectemy était venu le rejoindre, et sort à la rencontre des ennemis. Non-seulement, avec ses 1,500 Turcs, il les défait près de Blida ; mais encore les poursuit jusqu'à Tenez, s'empare de cette capitale et déclare le royaume définitivement réuni au territoire de l'Odjeac. Miliana et Médéah s'empressent de reconnaître son autorité.

Peu de temps après cette glorieuse expédition, il profita de la mésintelligence qui régnait entre le sultan de Tlemcen et ses sujets pour prendre possession de cette ville. Ce dernier succès amena par ses résultats la ruine d'Aroudj. Voici comment : jusqu'alors Tlemcen avait approvisionné Oran, place forte occupée par les Espagnols. Le premier acte d'autorité du vainqueur fut de défendre à ses nouveaux sujets toute relation avec les chrétiens. Ceux-ci, se voyant ainsi exposés à manquer des choses les plus nécessaires à la vie, désirèrent dans leur propre intérêt, de rétablir l'ancien ordre de choses. Ils offrirent leur appui au sultan dépossédé, Bou-Hamoud, qui accepta. Aussitôt le gouverneur lui envoya une partie de sa garnison. A la tête de ce secours, auquel se joignirent un grand nombre d'Arabes, Bou-Hamoud s'avança sur Tlemcen. Aroudj fit fortifier la ville, et pour plus de sûreté, se retira dans la citadelle. Le fort, placé sous le feu d'une redoutable artillerie, résista vingt-six jours ; au bout de ce temps, Aroudj, ne pouvant pas espérer de s'y maintenir longtemps encore, s'arrêta à une décision audacieuse et presque incroyable : entouré de quelques Turcs dévoués, il quitta sa retraite, traversa les lignes ennemies et tenta de se replier sur Alger. Vain espoir ! — Après un début heureux, il fut atteint dans sa marche par l'ennemi qu'il essaya sans succès d'arrêter en faisant semer sur sa route les objets innombrables et précieux de son trésor.

Toute chance de salut étant perdue, il voulut au moins mourir en brave. Ne continuant plus sa retraite, que désormais on aurait pu prendre pour une fuite, il se retourna vaillamment, attendit de pied ferme les Espagnols et les Arabes et ne tomba, percé de coups, qu'après s'être lui-même entouré de cadavres.

Aroudj avait 45 ans ; quoique manchot, il était d'une intrépidité et d'une force prodigieuse. De plus on trouve en lui le politique habile, le stratégiste savant; aussi était-il parvenu, avec un rare bonheur, à se maintenir dans un pays étranger, isolé de tout appui, avec de très-faibles moyens d'action.

Abou-Hamoud, ainsi rétabli sur le trône de Tlemcen, reconnut la suzeraineté de l'Espagne.

Vous comprenez, mes jeunes amis, combien était facile un coup de main sur Alger, au moment où, privé subitement de son chef, l'Odjeac devait évidemment être pris au dépourvu. Par malheur pour l'Espagne, le gouverneur d'Oran n'osa rien prendre sur lui sans avoir reçu des ordres positifs de Madrid. Ce délai sauva la domination naissante des Turcs; Kaïr-Ed-Din sut en tirer parti pour se faire nommer successeur de son frère. Le gouvernement, en restant le même, acquit une force de plus, force qui consistait dans le caractère du nouveau chef, qui joignait à la bravoure et aux talents militaires de son frère, un esprit plus rusé, plus capable, en un mot, de se faire des alliés, des partisans et des amis.

C'est ainsi que prévoyant, par la triste fin d'Aroudj, la difficulté de lutter seul contre les forces réunies des Arabes et de l'Espagne, il envoya sur-le-champ un de ses officiers à Constantinople, pour offrir au Grand-Seigneur l'hommage de l'Odjeac et en même temps de riches présents. Sélim, qui régnait dans ce moment, n'eut garde de refuser; il nomma Kaïr-Ed-Din gouverneur de la ville, avec le titre de pacha, et lui envoya solennellement le cafetan d'investiture, cérémonie en usage parmi les Turcs pour confirmer d'une manière publique et authentique toute nomination à de hauts emplois. En même temps que l'acceptation de Sélim, arriva à Alger quelque chose de plus positif encore pour le chef de l'Odjeac, c'est-à-dire un secours de 2,000 hommes! En outre, le Grand-Seigneur publia un firman qui garantissait le passage gratuit et la même solde que celle des Janissaires de Constantinople, à tous ceux qui se rendraient volontairement en Afrique. L'empire de Constantinople a fait un pas de plus; il vient de jeter une racine presque au cœur de la chrétienté; désormais, sur la côte septentrionale de l'Afrique, on battra monnaie, on fera la prière au nom des sultans; ils y auront le droit d'investiture, ils y entretiendront une milice à leur solde, enfin ce sera un point de départ pour leurs agressions sur les côtes européennes, un asile toujours ouvert pour leurs vaisseaux croisant dans la Méditerranée.

Les prévisions de Kaïr-Ed-Din ne l'avaient pas trompé. Encouragé par le succès éclatant remporté sur Aroudj, Charles-Quint voulut en finir avec les Turcs d'Afrique. A cet effet, il équipa une flotte et chargea le vice-roi de Sicile, le marquis de Moncade, de se mettre à la tête de cette expédition. Aroudj avait été tué en mai, et au mois d'août les Espagnols entraient dans la baie d'Alger. Le lendemain ils débarquaient sans obstacles et s'emparaient d'une hauteur située près de la ville. Tout leur faisait présager une heureuse réussite. Le sultan de Tlemcen leur avait promis son concours; on passa à l'attendre sept jours sans agir. Mais sous le climat d'Alger rien n'est moins stable que le temps vers la fin de l'été; des orages, d'autant plus violents qu'ils sont poussés par le vent du désert, y éclatent au moment où l'on y songe le moins. C'est ce qui arriva. Pendant que l'armée attendait les Arabes, une tempête horrible dispersa la flotte; et, comme lors de l'expédition de Francisco de Vero, brisa les navires et fit périr un grand nombre d'hommes. Cette fois les éléments firent tout, les Algériens n'eurent même pas à se défendre, car Moncade, effrayé et voyant le succès compromis, abandonna le siége avant que les travaux en fussent commencés, s'embarqua à la hâte avec son armée sur les débris de son escadre et fit voile pour les îles Baléares, laissant aux Turcs tout le matériel de campement. — Au dire des auteurs contemporains, les flots engloutirent dans cette nuit désastreuse 26 navires et plus de 4,000 hommes. Les avantages matériels, que les Algériens retirèrent de l'issue de cette expédition, sont palpables, mais un résultat plus grand encore fut la confiance qu'elle inspira à ce peuple dominé par la croyance au fatalisme. Kaïr-Ed-Din vit dans cette tempête, venue si à propos, la main puissante d'Allah, et dès lors les Turcs se considérèrent comme des protégés du ciel, à qui rien n'était impossible.

Cependant l'ambition de Barberousse n'était pas satisfaite; le territoire d'Alger ne lui suffisait pas. Le sultan de Tlemcen, l'allié des Espagnols, venait de mourir, ses deux fils se disputaient son héritage. L'aîné était soutenu par l'Espagne, Kaïr-Ed-Din prit parti pour le jeune. Cette fois encore les armes lui furent favorables, et placé par lui au pouvoir, trop faible d'ailleurs pour lui rien refuser, Massaoud le jeune sultan dut se reconnaître tributaire et vassal de l'Odjeac.

Moula-Mohammet, souverain de Tunis, commençant à craindre pour lui, voulut arrêter ces progrès toujours croissants. Il réunit sous ses drapeaux les Arabes mécontents et s'avança vers Alger. Kara-Assan, le lieutenant de Barberousse, gagné par l'or de Moula-Mohammet, laissa égorger ses troupes et entra dans l'armée tunisienne; d'autre part, une conspiration s'était organisée dans la ville. — C'en était fait de Kaïr-Ed-Din lorsqu'il est prévenu par un esclave. Connaître le danger et le vaincre, c'est pour lui une seule et même chose. Tous les conjurés sont réunis dans la mosquée, sous prétexte de prendre une décision sur la conduite à tenir contre les ennemis qui approchent. Des Turcs fidèles y sont aussi et Barberousse après avoir fait fermer les portes, n'a qu'à désigner les victimes; une tête tombe à chaque nom qu'il prononce. Quelques jours après cette sanglante exécution, Moula-Mohammet était obligé de regagner ses États.

Deux ans après cette double victoire, Kaïr-ed-Din quittait Alger pour Gigel, sa ville chérie, le berceau de sa domination en Afrique, décidé selon les uns par l'amour qu'il avait toujours conservé pour cette ville, selon d'autres, par la fatigue que lui donnaient les conspirations incessantes qui se tramaient autour de lui, et enfin d'après d'autres opinions à la suite d'une vision qui lui en intimait l'ordre. Quoi qu'il en soit, toujours est-il qu'une fois à Gigel, il sembla oublier complétement le reste de ses États pour ne plus songer qu'à son ancien métier de pirate. Tout le littoral européen de la Méditerranée était dans l'épouvante. Un nom redouté se mêlait chaque jour à des récits lamentables, et ce nom toujours le même, était celui de Barberousse. Sur les côtes, le deuil était partout, non-seulement il pillait les habitations, capturait les vaisseaux; mais encore il enlevait les femmes, les enfants, les hommes même qu'il enchaînait ensuite sur ses galères, ou qu'il vendait comme esclaves.

Trois ans s'écoulèrent ainsi. Le bruit de ses exploits retentissait d'un point de la Méditerranée à l'autre, et néanmoins ses sujets, qui ne recevaient pas de nouvelles directes de lui, doutaient presque qu'il existât encore. Quelques chefs habiles s'emparèrent du pouvoir en accréditant le bruit de sa mort, les Arabes se crurent libres, mais ils se trompaient, c'était le sommeil du lion, une insulte vint le réveiller : Hamed-Ben-el-Cadi, cheik arabe, s'était rendu maître d'Alger, sans que Barberousse s'y opposât, lorsqu'un jour une des galères de ce dernier fut assaillie en entrant dans le port par l'artillerie des batteries de mer. Cette insolente attaque irrita Kaïr-Ed-Din au dernier point. — Quitter Gigel, arriver à Alger, châtier le coupable, de là se porter sur Cherchell, où régnait ce même Kara-Assan qui avait déserté sa cause pour celle de Moula-Mohammet, ramener à l'obéissance le sultan de Tlemcen, fut pour lui l'affaire d'une rapide expédition. Le sang des traîtres coula en abondance, son autorité sortit de la lutte plus ferme que jamais et régna sans conteste sur une étendue de plus de 300 lieues.

Restait encore un obstacle qui gênait les mouvements de Barberousse, je veux parler de ce fort bâti par Ferdinand le Catholique sur les îles Beni-Mézegrenna, de ce Pénon d'Argel qui commandait le port. Cet obstacle était bien faible, me direz-vous ? — C'est vrai, mais il suffisait qu'il existât pour que le chef de l'Odjeac ne dût pas, ne pût pas le souffrir. D'ailleurs cette citadelle qui n'opposait, au temps où nous sommes, que de très-minces entraves aux entreprises de Barberousse, grâce à la négligence du gouvernement de Charles-Quint, qui n'y entretenait pas une garnison suffisante, pouvait, par le plus léger renfort, devenir un sujet d'inquiétude, de danger même pour la domination turque.

Ce serait ici le moment, mes jeunes amis, de dérouler à vos yeux une de ces pages brillantes dont fourmille l'histoire de la chevalerie, non que cette affaire puisse attirer l'attention par son importance matérielle, mais parce qu'on y trouve un de ces actes d'héroïsme qui font battre le cœur d'enthousiasme et de sympathie, parce que l'on y voit un effort du faible contre le puissant, un de ces élans patriotiques qui font que la vie est comptée pour peu quand il s'agit de l'honneur du pays, de l'honneur de son drapeau. Malheureusement les limites que je me suis posées ne me permettent pas de m'y arrêter. Je ne vous donnerai donc qu'un nom, celui d'un brave gentilhomme que l'histoire a enregistré avec respect, celui de don Martin de Vargas. Ce vaillant gouverneur du Pénon ayant perdu tous ses soldats, plutôt que d'abaisser le pavillon castillan, lutta seul, au moment du dernier assaut, contre toute l'armée turque, qui ne put l'amener à crier merci. — Épargné par les yatagans, il mourut quelques jours après, par ordre de Kaïr-Ed-Din, victime et martyr de son attachement à la religion de ses pères.

Barberousse avait bien choisi son moment. Quelques jours plus tard la besogne eût été plus rude. Tandis que les murs de la forteresse tombaient sous les coups de ses soldats, l'Espagne envoyait du renfort à la garnison; ce renfort arriva trop tard, tout était fini. Déjà par ordre de Barberousse les matériaux de la lourde tour étaient employés à former une digue. La flottille n'eut qu'à revenir sur ses pas pour raconter à l'Europe ce nouveau succès du chef de l'Odjeac, car aucun des acteurs chrétiens de ce drame terrible et glorieux n'avait survécu pour le dire lui-même.

La prise du Pénon est la dernière victoire de Kaïr-Ed-Din, comme simple souverain d'Alger. A dater de ce moment, il va entrer dans la hiérarchie turque et y occuper une des places les plus importantes. Ce ne sera plus le chef de pirates, ce sera le représentant d'une nation posée au rang des grandes puissances.

## CHAPITRE XXXII.

**Expédition de Charles-Quint.**

[DE 1535 A 1541.]

Kaïr-Ed-Din capoudan-pacha. — Il reprend les villes enlevées par André Doria à Soliman, et s'empare de Tunis. — Charles-Quint se porte sur cette ville. — Il en chasse les Turcs. — Kaïr-Ed-Din semble revenu à son ancien métier de pirate. — Soliman le rappelle à son devoir d'amiral. — Victoire d'Ambracie. — L'Odjeac commandé par Hassan-Aga continue son système de piraterie. — Charles-Quint décide l'expédition d'Alger. — Ses préparatifs. — Ses résultats. — Triomphe et accroissement de l'audace des Turcs. — Découragement de la chrétienté.

Tandis que la victoire était docile aux Turcs, partout où apparaissait le terrible drapeau rouge, vert et jaune de l'Odjeac, drapeau si nouveau encore et déjà si bien connu, la marine du Grand-Seigneur était vaincue sur tous les points par les flottes de Charles-Quint, et surtout par celles du grand amiral de Venise, le célèbre André Doria. Pour remédier au mal, Soliman jeta les yeux sur Kaïr-Ed-Din, dont la renommée était parvenue jusqu'à lui; et voici notre pauvre pirate qui, après avoir fondé un État, reçoit la seconde dignité de l'empire, le titre et le pouvoir de capoudan-pacha, c'est-à-dire le gouvernement en chef de la marine turque.

Il se rend à Constantinople, et, malgré les intrigues ourdies contre lui, il est mis en possession de sa charge, et il en repart grand amiral, champion des musulmans contre la chrétienté. A lui maintenant de soutenir la lutte contre André Doria.

Le noble marin de Venise a trouvé, non pas son maître, mais du moins un rival digne de lui. Rien ne résiste à Kaïr-Ed-Din : il rend à Soliman les villes qui lui avaient été prises par les Vénitiens ; parcourt, en les saccageant, les côtes de l'Italie ; puis se porte brusquement sur Tunis, dont il s'empare par surprise. — Dans cette dernière affaire, son but principal était de se venger de l'offense qu'il avait reçue du bey, lorsque celui-ci l'avait attaqué dans Alger. Cette conquête jeta la consternation en Europe. Tous les peuples de la Méditerranée implorèrent le secours de Charles-Quint.

L'empereur réunit en Sardaigne une nombreuse armée, en prit en personne le commandement et se présenta devant Tunis à la tête de 25,000 hommes, embarqués sur 400 navires. Comptant sur sa fortune ordinaire, Kaïr-Ed-Din, malgré l'infériorité de ses forces, voulut combattre et résister. Peut-être en fût-il venu à bout, si les chrétiens, captifs à Tunis, n'avaient brisé leurs chaînes et attaqué les Turcs par derrière. Pris ainsi entre les assiégeants et des ennemis intérieurs, Barberousse dut se retirer. Accompagné de quatre mille Turcs, il abandonna la ville ; et à peine en était-il sorti que Charles-Quint y entrait. Certes c'était là, pour un prince chrétien, un glorieux exploit. Les esclaves furent délivrés, et ils étaient plus de vingt mille ; le bey, que Kaïr-Ed-Din avait chassé, fut rétabli, moyennant la promesse de payer annuellement douze mille ducats d'or, de se reconnaître vassal de l'Espagne et de renoncer à la piraterie. Pour assurer la réalisation de ses promesses, le bey reçut garnison espagnole dans le fort qui domine le port et que l'on appelle la Goulette.

Kaïr-Ed-Din s'était dirigé par terre vers Alger, où sa flotte l'avait devancé. Après l'avoir suffisamment ravitaillée, il reprit la mer, et se livra avec toute l'impétuosité de son caractère aux violences et aux déprédations de son ancien métier de pirate. Ces courses terribles durèrent dix-huit mois sans interruption, et il ne fallut, pour y mettre un terme, rien moins que les ordres les plus précis du Grand-Seigneur.

8.

Forcé ainsi de reprendre le rôle plus honorable que lui imposait son titre de capoudan-pacha, il commença une longue campagne qui contient de nombreuses victoires et pas une défaite. Parmi ces victoires, qu'il serait trop long d'énumérer ici, arrêtons-nous à la plus fameuse entre toutes, à celle qui fut livrée dans les eaux du golfe d'Ambracie, non loin du fameux promontoire d'Actium. — La flotte chrétienne avait cent soixante-sept vaisseaux, elle était commandée par André Doria ; néanmoins Kaïr-Ed-Din resta maître de la mer, et ce résultat glorieux, il le dut tout entier à son courage personnel et à l'habileté de ses manœuvres.

Il est facile de comprendre qu'Alger tirait un immense avantage de la haute position de son chef ; en effet, la meilleure part des prises lui revenait ; et, outre cela, l'Odjeac avait son système particulier de piraterie dirigé par Hassan-Aga, renégat sarde, enfant d'adoption de Kaïr-Ed-Din, qui lui avait confié le pouvoir. Rien ne saurait exprimer l'audace et la cruauté des Algériens : leurs galères portaient partout l'incendie et la ruine.

Charles-Quint, encouragé par l'heureux succès de son expédition de Tunis, résolut de la renouveler pour Alger. On était au mois d'août. André Doria et le pape Paul III, se souvenant de la tentative faite par le marquis de Moncade, s'opposaient à la réalisation immédiate de ce projet ; l'empereur, convaincu d'avance de la réussite, ne voulut rien entendre, ni prières, ni remontrances ; il hâta de tout son pouvoir ses préparatifs, et désigna Majorque pour rendez-vous général. Alger, qui n'était naguère considéré que comme un petit nid de pirates, avait pris une telle importance que, pour l'attaquer, un des plus grands empereurs de l'Europe ne dédaigna pas de réunir toutes ses forces et de rassembler un des armements les plus considérables qui soient sortis jamais des ports de la Méditerranée. Cette expédition formidable se composait de 65 galères et de 430 navires de transport, manœuvrés par 12,350 matelots ; les troupes de débarquement, composées d'Allemands, d'Italiens, d'Espagnols, de chevaliers de Malte, de volontaires et d'officiers nobles, se portaient à 25,000 hommes. — Parmi ceux qui les commandaient, on voyait Fernand-Cortès, le conquérant du Mexique, et ses deux fils, le duc d'Albe, André Doria, et enfin Charles-Quint lui-même.

L'armée ne fut en état de partir qu'au mois d'octobre; la saison était on ne peut plus mal choisie, les vents d'équinoxe désolant toujours, à cette époque, les parages de l'Algérie ; mais l'empereur l'avait décidé ainsi, il le fallait. Hassan-Aga, qui n'avait pu supposer que toutes ces dispositions fussent prises contre lui dans un moment aussi inopportun pour la navigation en Afrique, fut pris au dépourvu : il n'avait à sa disposition que 800 Turcs ; il se hâta de former un corps de 1,500 Algériens ou Maures, et avec ces seules forces il résolut de tenter de sauver Alger. Il s'attacha à encourager les esprits, leur répétant sans cesse la prédiction d'une devineresse qui annonçait que trois expéditions consécutives, dont une commandée par un grand prince, viendraient échouer contre les remparts d'Alger. — « Or, disait-il, il n'en faut pas douter, les deux premières ont été celles de Francisco de Vero et de Moncade, la troisième est celle-ci ; le grand prince, c'est Charles-Quint. Ayons courage, il sera défait comme l'ont été avant lui ses généraux. Allah lui-même nous l'a révélé ! »

Le 21 octobre, l'armée impériale entra dans la rade, le 23 elle opéra son débarquement un peu à l'est de la ville, près de l'embouchure de l'Harrach. La plaine était couverte d'Arabes, et partout, sur les hauteurs, flottaient, au vent, leurs bournous. Ils voulurent en vain s'opposer au débarquement ; un feu bien nourri, qui partait d'une ligne de galères embossées à portée d'artillerie, les tint en respect.

Après que les troupes eurent pris terre, l'empereur envoya un parlementaire à Hassan-Aga qui, pour toute réponse, lui rappela le sort de Francisco de Vero et de Moncade. Cette sommation étant ainsi restée sans effet, l'armée, divisée en trois corps, se porta sur Alger. Ce ne fut qu'après une marche de deux jours, sans cesse harcelée par les Arabes, qu'elle gagna les hauteurs qui dominent la ville et put prendre position sur la même colline où avait campé le marquis de Moncade. La place était admirablement choisie, et il semblait impossible que la ville pût résister longtemps. En effet, ses murailles étaient faibles, son artillerie presque nulle, tandis que celle des Espagnols était nombreuse et bien servie. De plus, la marine devait seconder tous les mouvements de l'armée de terre.

Dès le jour même où les troupes prirent position, le ciel se chargea subitement d'épais nuages ; vers le soir la pluie tomba avec abondance, et dans la nuit la rafale éclata avec une violence inouïe : chefs, officiers, soldats, tout le monde était épouvanté ; on attendait le matin avec anxiété ; quand le jour arriva, la pluie n'avait pas cessé ; le brouillard était tel, qu'il était impossible de rien distinguer à une faible distance. Dans ce moment de cruelle inquiétude pour le sort de la flotte, les Turcs et les Arabes, familiarisés avec le climat africain, quittèrent la ville, franchirent les retranchements, et tombèrent sur les chrétiens en poussant de grands cris. — Les munitions étaient mouillées : les armes étaient donc nulles aux mains des soldats de Charles-Quint, tandis que l'ennemi se servait d'arcs en fer et de flèches acérées qui portaient avec elles la confusion et la mort. Les chevaliers de Malte et les Italiens s'organisent les premiers et forcent à se replier sur Alger cette multitude effrénée qu'ils poursuivent avec vigueur, s'engageant avec elle dans les rues étroites du faubourg Bab-Azoun : un moment ils espèrent entrer sur ses pas dans Alger; Hassan-Aga voit le péril et fait fermer les portes sur une partie de ses soldats qu'il sacrifie. C'est alors que se passa ce trait célèbre dans l'histoire de Malte que nous aimons surtout à citer, nous Français, parce qu'il fut accompli par un chevalier de France. Au moment où l'ordre de Hassan-Aga s'exécutait, Ponce de Balagner, qui tenait déployé au vent l'étendard de l'ordre, s'élança pour s'y opposer; mais la lourde porte était ébranlée, il ne put l'empêcher de se fermer. Furieux et irrité, malgré les traits qui pleuvent de toutes parts contre lui, il saisit son poignard, se jette contre elle, et d'une main vigoureuse enfonce son arme dans le bois en signe de protestation et de défi.

Cependant les Espagnols regagnaient leurs retranchements. Toujours avides des postes les plus périlleux, les chevaliers de

Malte formaient l'arrière-garde ; tout à coup ils sont attaqués par Hassan-Aga qui venait d'opérer une sortie. Épuisés par les fatigues de la journée, ayant contre eux le vent qui leur soufflait la pluie au visage, il leur était impossible de résister à cette attaque : néanmoins ils se retournèrent pour faire face au danger et moururent comme savent mourir les braves, en combattant jusqu'à la fin. Le lieu de ce combat a toujours porté depuis le nom de Tombeau des Chevaliers.

A peine les troupes engagées dans cette affaire étaient-elles rentrées dans les limites du camp et tandis que les chefs mesuraient d'un regard effrayé l'étendue des pertes, le ciel s'éclaircit et le plus affreux tableau se déroula à leurs yeux. Figurez-vous, mes jeunes amis, une plage couverte de débris, des navires brisés, des batteries entières la proie des flots, des cadavres rejetés et ballottés par la mer ; d'autres, victimes des Arabes, gisant sur la plage, dépouillés de leurs vêtements et baignés dans leur sang ; puis, au large, quelques navires, ceux qui avaient résisté à la tempête, ayant en tête le vaisseau amiral et s'éloignant à toutes voiles. Certes, ce spectacle eût suffi pour glacer les cœurs les plus courageux, et cependant il faut y ajouter les craintes personnelles de ceux qui le contemplaient. Sans munitions et sans vivres, qu'allaient-ils devenir dans un pays ennemi que l'orage de la nuit avait couvert de ravins, de torrents et de fondrières. — Que faire?..... comment même se défendre ? toute l'artillerie du siége avait péri. Mieux que personne, Charles-Quint sentait les difficultés de sa position, et pas plus que les autres il ne comprenait la manœuvre d'André Doria, qui semblait les abandonner, lorsqu'il reçut un message de ce dernier que je vais vous rapporter textuellement, autant pour vous donner une juste idée de la position de l'armée, que pour vous faire connaître le genre de rapports qui existaient entre l'empereur et le marin de Venise. « Mon
« cher empereur et fils, lui disait-il, l'amour que je vous porte
« m'oblige à vous annoncer que si vous ne profitez pour vous
« retirer de l'instant de calme que le ciel vous accorde, l'ar-
« mée navale et celle de terre, exposées à la faim, à la soif et à
« la fureur des ennemis, sont perdues sans ressources. Je vous

« donne cet avis parce que je le crois de la dernière impor-
« tance. Vous êtes mon maître ; continuez à me donner des
« ordres, et je perdrai avec joie, en vous obéissant, les restes
« d'une vie consacrée au service de vos ancêtres et de votre
« personne. » Le porteur de cette lettre prévenait en outre
Charles-Quint que la flotte allait l'attendre au cap Matifoux,
seul endroit où pût s'effectuer avec quelque sûreté un embar-
quement. Comme il est aisé de le supposer, ce fut la mort
dans l'âme, que l'empereur leva ce siége commencé avec tant
de confiance. La retraite était difficile, et c'est peut-être une
des plus belles pages de l'histoire de ce prince que celle qui
raconte la sollicitude qu'il montra pour le dernier de ses soldats, les précautions de toutes sortes, l'habileté des mouvements, le courage et la présence d'esprit qu'il déploya dans
cette circonstance. Enfin, lorsqu'il remit le pied sur le sol européen, la moitié seulement de son armée était avec lui, l'autre
moitié était ensevelie entre Alger et le cap Matifoux. Si la défaite du marquis de Moncade avait exalté les espérances et
l'audace des Turcs, les résultats de celle-ci, qui est sans contredit un des plus grands faits de l'histoire de l'Algérie, allèrent plus loin encore. Non-seulement les Turcs se crurent les
protégés d'Allah, mais encore la chrétienté, saisie de terreur
à la nouvelle de cette défaite inouïe, se croisa les bras et n'osa
plus rien tenter contre eux.

# CHAPITRE XXXIII.

## Mort de Barberousse.

[DE 1543 A 1544.]

Alliance entre la France et la Turquie. — Barberousse à Marseille. — Le duc d'Enghien commandant des forces françaises. — Siége de Nice. — Kaïr-Ed-Din revient à Toulon. — Il se porte sur l'île d'Elbe où il délivre Sinan, son fils adoptif. — Il rentre à Constantinople. — Sa mort. — Son tombeau. — Charles-Quint rend la liberté à Dragut. — Révolution à Tunis. — Mort d'Hassan-Aga. — Hassan, fils de Kaïr-Ed-Din, le remplace. — Bataille de Mostaganem. — Muley-Hamet, rétabli à Tlemcen, se reconnaît vassal de la Sublime-Porte. — Politique d'Hassan. — Les tribus de Callah et de Kouko. — Tlemcen érigé en Beylik. — Administration sage et éclairée de Hassan. — Il est rappelé.

Alger était encore dans l'enivrement du triomphe, lorsqu'une nouvelle inattendue vint y porter la joie au comble. — Le bruit se répandit que le chevaleresque roi de France, le valeureux François I$^{er}$, avait signé une alliance offensive et défensive avec le Grand-Seigneur, et que les flottes turques et françaises allaient agir de concert contre Charles-Quint. Ce fait, qui nous paraît surprenant, et qui dut le paraître bien plus encore à l'époque où il se passait, était cependant vrai. D'une part, pénétrés d'admiration et de respect pour ce grand peuple franc qui les avait si vaillamment combattus pendant les croisades, les musulmans avaient déposé en sa faveur leurs vieilles haines contre le nom chrétien; d'autre part, François Ier, pour opposer une digue à l'ambition toujours croissante de la maison d'Autriche, n'avait pas trouvé de meilleur moyen, lui descendant de saint Louis, que de réunir aux nobles épées de France, les terribles yatagans turcs.

Barberousse arriva à Marseille, où il fut reçu avec distinction. De toutes parts on accourait pour le voir et admirer sa magnificence. Si aujourd'hui on annonçait qu'une flotte turque vient de relâcher dans un de nos ports, il est sûr que la curiosité publique serait fortement excitée. Vous comprenez que ce sentiment devait être bien plus vif encore à une époque où les relations entre peuples étaient rares et presque impossibles. Aussi vit-on arriver à Marseille des gens qui y venaient uniquement pour voir des Turcs, et qui y venaient des points les plus éloignés du royaume. Le jeune comte d'Enghien, celui qui devait, l'année d'après, illustrer son nom et sa jeunesse par le gain de la bataille de Cérisolles, avait été désigné pour commander les Français dans cette expédition. Il arriva enfin et se mit sous les ordres de Kaïr-Ed-Din qui ordonna immédiatement de mettre à la voile.

Les heureux fruits qu'Alger espérait tirer de cette alliance, lui échappèrent. La chrétienté indignée en voyant le croissant uni aux fleurs de lis, se déclara contre François Ier; les Français eux-mèmes, soit répugnance, soit comme le prétendent certains auteurs, faute d'avoir pris les mesures nécessaires pour les approvisionnements, les Français combattirent froidement. Les deux flottes réunies mirent le siége devant Nice, dont elles s'emparèrent, mais tous leurs efforts échouèrent contre la citadelle. Elles se séparèrent après cet échec, mais non pas avant que les Turcs n'eussent mis le feu à la ville. Le Capoudan-Pacha gagna le port de Toulon.

Arrivé là, il attendit une décision de François Ier, pour reprendre la mer. Voyant qu'elle n'arrivait pas et que le temps se passait dans une inaction dangereuse, il partit, ayant reçu de la France des sommes immenses, et néanmoins mécontent de voir ainsi son entreprise manquée et les espérances, qu'il avait fondées sur son alliance, réduites à néant.

En quittant Toulon, Kaïr-Ed-Din passa par Gênes, où il reçut des présents magnifiques. Puis il se porta sur l'île d'Elbe, où un intérêt particulier réclamait son intervention. Comme toutes les natures ardentes, quand Barberousse aimait, il aimait profondément. Il avait élevé un jeune juif nommé Sinan, pour lequel il avait une affection de père, et il venait d'apprendre que ce jeune homme avait été fait prisonnier et qu'il était captif dans cette île. Or, c'était la liberté de Sinan qu'il lui fallait à tout prix. Il eut de la peine à l'obtenir et fut même forcé, pour arriver à ce résultat, de menacer sérieusement et de faire suivre les menaces d'un commencement d'exécution.

Après avoir quitté l'île d'Elbe, Kaïr-Ed-Din fit une longue croisière sur les côtes d'Italie, et quand la quantité de ses trésors fut devenue incalculable, quand ses galères ne purent plus recevoir d'autres esclaves chrétiens, faute d'espace pour les placer, alors il rentra à Constantinople, où son arrivée fut un vrai triomphe.

Ce fut la dernière expédition de Barberousse. Il ne quitta plus Constantinople, et fit succéder à la vie dure et agitée qu'il avait menée jusqu'alors, tous les plaisirs et toute la mollesse de l'existence efféminée qu'affectionnent tant les Orientaux. Soit que cette manière de vivre, n'étant pas en harmonie avec ses habitudes, ait contribué à abréger ses jours, soit qu'on doive l'attribuer à l'effet naturel de l'âge, peu de temps après s'être adonné au repos, une maladie se déclara qui amena la mort après quelques jours seulement de souffrances. Il fut enterré près de Constantinople et les navires turcs ont conservé longtemps l'usage de ne jamais passer en vue de sa tombe, sans la saluer d'une décharge d'artillerie. Son tombeau était aussi un pèlerinage très-fréquenté par les marins turcs.

En écoutant le récit de la vie de Kaïr-Ed-Din, dites-moi, mes jeunes amis, ne vous êtes-vous pas sentis émus et pénétrés de sentiments divers? En voyant ce mélange de génie et de grandeur, de cruauté et d'héroïsme, n'avez-vous pas admiré et tremblé? Ne vous êtes-vous pas intéressé à la vie de cet homme, parti de si bas, arrivé si haut; de cet homme, toujours vainqueur, qui semblait commander à la fortune et qui sut la dominer jusqu'au bout; qui, au service d'un maître soupçonneux et absolu, comme le sont tous les sultans, n'éprouva jamais de disgrâce, et mourut à 80 ans, entouré de toutes les splendeurs de la gloire et des richesses? N'est-ce pas une existence remarquable et rare dans l'histoire, que celle de ce Kaïr-Ed-Din, de ce pauvre et rude enfant de la mer que nous voyons, franchissant d'un coup les premiers degrés de l'échelle de la fortune, tour à tour fondateur d'un royaume, amiral d'une puissante nation, commandant en chef d'un prince du sang de nos rois, et de toute la fière et brillante noblesse de France; traité à l'égal des monarques les plus respectés, et enfin, après sa mort, doté d'une sépulture splendide et royale. On se demande avec regret: Pourquoi ne fut-il pas chrétien? Dépouillé de ce fanatisme musulman qui le poussa souvent à d'odieuses violences, à de froides cruautés, il eût mérité d'être placé au nombre des plus nobles figures de l'histoire.

Mais je m'aperçois qu'en vous parlant de Barberousse, j'ai un peu négligé ses États d'Alger. Si vous voulez bien revenir avec moi au moment, à peu près, où, dans le port de Marseille, il attendait l'arrivée du comte d'Enghien, nous allons réparer cet oubli.

Hassan-Aga, le lieutenant de Barberousse, à la tête d'une escadre de 25 galères, quittait Alger et se dirigeait vers les côtes d'Espagne. Nous ne suivrons pas les pirates dans leurs excursions, nous n'entrerons pas dans le détail de leurs déprédations et de leurs cruautés; seulement, je vous dirai, qu'au moment précis où les Algériens déploraient l'issue du siége de Nice, nous les voyons rentrer triomphants dans le port et apporter ainsi à leurs compatriotes une compensation positive et matérielle qu'ils purent évaluer en belles piastres et en esclaves robustes et vigoureux.

Peu après, un des leurs, nommé Dragut, homme de tête et d'exécution, bon soldat et hardi marin que les galères espagnoles avaient fait prisonnier, et pour lequel Barberousse avait offert une rançon digne d'un roi, sans pouvoir obtenir sa liberté, fut relâché sur ordre de l'empereur et sans aucune rançon. Cet acte de générosité, qui ne nous étonnerait pas de la part de François Ier, ne peut guère s'expliquer, venant de Charles-Quint, si ce n'est en lui supposant le motif que lui prêtent la plupart des contemporains qui prétendent qu'il n'avait d'autre but que de se créer une certaine influence parmi les Algériens, pour arriver à les décider à tourner leurs armes contre la France. Cette hypothèse s'accorde assez bien avec le caractère astucieux de Charles-Quint, pour que nous puissions l'admettre à notre tour. Dans ce cas, sa générosité fut peine perdue, les Algériens retrouvèrent un brave compagnon, un chef habile, ils ne se déclarèrent nullement contre la France et continuèrent à armer contre l'Espagne.

Sur ces entrefaites, une révolution éclata à Tunis; Hassan chercha à en profiter, pour s'emparer de la ville et de la régence. D'abord, il eut quelque succès; ensuite, repoussé par les Espagnols, qui étaient maîtres de la Goulette, il dut renoncer à ce projet. Tunis échappa pour cette fois encore à la domination turque, et continua à être gouvernée par des princes arabes, sous le haut patronage de l'Espagne.

Hassan-Aga étant mort, les Miliciens qui, déjà à cette époque, étaient turbulents et toujours prêts à la rébellion, lui nommèrent un successeur. Le gouvernement de Constantinople annula cette élection, qui était une usurpation de pouvoir, et nomma, pour remplacer Hassan-Aga, le fils de Kaïr-Ed-Din, nommé aussi Hassan. La présence du nouveau chef fit tout rentrer dans l'ordre.

Hassan se hâta de continuer des préparatifs de guerre commencés par son prédécesseur et destinés contre Tlemcen où régnait la guerre civile et l'anarchie. Enfin il put se mettre en route. Il arriva trop tard: le parti espagnol était victorieux. Aussitôt, sans chercher à pénétrer dans la ville, il se met à la poursuite d'un corps de chrétiens qui regagnaient Oran, les atteint près de Mostaganem, où probablement ils auraient tous péri sans la noble conduite du fils du gouverneur d'Oran, le comte d'Alcandette. Ce jeune homme, armé d'une pertuisane, se posta à l'arrière-garde, et par son courage rendit, en arrêtant l'ennemi, la retraite possible. Après cette victoire, Hassan revint sur ses pas et entra dans Tlemcen où il rétablit Muley-Hamet qui se déclara vassal de la Sublime-Porte.

Ainsi que nous l'avons vu, mes jeunes amis, jusqu'à ce jour nulle domination n'a pu s'établir en Afrique, sans y être l'objet de la haine des indigènes et exposée à leurs coups Les Turcs ne devaient pas faire exception, leur religion, quoique la même que celle du pays, comme croyance générale, offrait cependant une différence, en ce sens qu'ils n'appartenaient pas à la même secte. D'un autre côté, ils avaient établi leur pouvoir d'une manière trop brusque et trop cruelle pour qu'il ne fût pas odieux. Toutes les populations leur étaient donc opposées.

Hassan comprit qu'en face d'un tel état de choses, le seul moyen d'amoindrir le danger consistait à affaiblir ses ennemis, en les opposant les uns aux autres. Cette politique lui servit surtout à annihiler le mauvais vouloir de deux tribus berbères puissantes et nombreuses, celle de Kouko et celle de Callah. Abd-el-Asis, le cheik de la seconde, pour parvenir à dominer la première, fit taire sa haine contre les Turcs et rechercha l'alliance de Hassan, qui la lui accorda, et immédiatement après, lui demanda son concours pour une expédition qu'il projetait. Il ne s'agissait de rien moins que de marcher contre le roi de Fez et surtout de s'emparer définitivement de Tlemcen. Après une courte et glorieuse campagne, Muley-Hamet, quoique vassal de la Porte, fut expulsé, et ses États érigés en beylik. Le premier bey fut un Turc nommé Safer.

Au retour de cette affaire, Hassan soutint si bien son allié berbère que celui-ci devint presque le maître de toute la tribu ennemie de Kouko.

Hassan n'était pas seulement un habile politique, un brave guerrier; il aimait aussi les arts et leur accordait une protection éclairée. Il avait communiqué ce goût à ceux qui l'entouraient, et Alger s'était transformé sous son administration. De beaux monuments, des bains, un hôpital pour les miliciens pauvres ou infirmes, s'élevèrent comme par enchantement. Des maisons remplacèrent les misérables cabanes qui encombraient la ville, de nouvelles rues furent percées, des mesures d'assainissement prises. C'est au milieu de ces travaux utiles, qu'Hassan apprit qu'une machination s'ourdissait contre lui à Constantinople. Aussitôt, il confie le gouvernement d'Alger à Safer, qu'il fait venir de Tlemcen, et vole à Stamboul pour se disculper et conjurer le danger. Il n'arriva pas à temps; il était destitué, son remplaçant était nommé, et lui, fils du fondateur de l'Odjeac, il lui fallait rentrer dans la vie privée et voir l'État si laborieusement formé par son père gouverné par un étranger. Cependant il se sentait capable de le faire grandir et prospérer encore; mais telle était la justice distributive des musulmans.

# CHAPITRE XXXIV.

## Les Janissaires.

[DE 1555 A 1563.]

Salah-Reys. — Expédition de Tricarte. — Insurrection d'Abd-el-Asis, cheik de Callah. — Mohammet-bey marche contre lui. — Capture importante faite par Salah-Reys. — Expédition de Fez. — Muley-Buacon se reconnaît vassal de la Sublime-Porte. — Expédition de Bougie. — La flotte assiége l'île de Corse de concert avec la France. — Mort de Salah-Reys. — Progrès de la piraterie. — Dragut s'empare de Méhédia. — Il perd cette ville et prend Tripoli. — Tekeli repoussé par les Janissaires, qui ont nommé pacha, Hassan-Kaïd, est reçu par les marins. — Exécutions. — Révolte des Janissaires. — Quelques détails sur les Janissaires. — Hassan est nommé pacha pour la seconde fois. — Les Janissaires le reçoivent, il marche au secours de Tlemcen. — Défaite des Espagnols. — Mort d'Abd-el-Asis. — Pacification des Berbères. — Révolte des Janissaires. — Hassan déposé par eux est renvoyé une troisième fois. — Il prêche la guerre Sainte. — Siége d'Oran. — Levée du siége.

Le successeur d'Hassan était Salah-Reys, un des plus braves compagnons de Kaïr-Ed-Din, qui joignait à l'intrépidité et à la valeur personnelle, la prudence et l'expérience des hommes et des choses. Il ne changea rien à la politique de son prédécesseur et adopta sa maxime : diviser pour régner ; seulement il y ajouta un élément de force, sinon de durée, la crainte et la terreur. Sans pitié pour les traîtres et les rebelles, où il les rencontrait il sévissait avec sévérité contre eux.

Une occasion de mettre en évidence la vigueur de son caractère se présenta bientôt. Le cheik de Tricarte, petite ville sur les limites du désert à cent lieues d'Alger, avait sollicité l'alliance des Turcs contre un de ses ennemis et en avait obtenu des secours. Après la victoire, comptant sur son éloignement d'Alger pour lui assurer l'impunité, il avait refusé le tribut auquel il s'était engagé, et, de plus, tourné ses armes contre ses alliés. Malgré les difficultés sans nombre de la route, malgré les dangers de toute nature qui l'attendaient au passage, Salah-Reys n'hésita pas. Après vingt jours d'une marche pénible, l'armée expéditionnaire campait devant Tricarte. Un seul assaut suffit pour s'en emparer : la victoire fut terrible, la tribu dévastée, les habitants massacrés. Deux villes, Tricarte et Huerguela, reçurent garnison turque et furent taxées à un tribut exorbitant.

Cet exemple ne produisit pas les effets salutaires qu'en attendait Salah-Reys. Au retour, Abd-el-Asis, qui avait par son concours grandement contribué au succès, envisagea avec effroi la puissance toujours croissante des Turcs et vit que la faute qu'il avait commise, en s'alliant à eux, menaçait sérieusement sa propre indépendance en même temps que celle de toutes les populations Berbères. En comparant ses forces à celles de Salah-Reys, il vit que la majorité, même dans l'armée victorieuse de Tricarte, lui appartenait, et alors il conçut l'espoir d'arrêter les envahissements de la domination turque. Son influence sur les indigènes était immense : tous, la tribu ennemie et rivale de Kouko elle-même, se rangèrent sous son drapeau, et l'opposition prit de larges proportions.

Salah-Reys, à l'annonce du danger, quitta Alger et se porta sur Callah. La neige, qui se mit à tomber avec violence, l'arrêta en chemin et le força à rentrer dans sa capitale. Quelques jours plus tard, il envoya contre les insurgés une expédition commandée par son fils Mohammet-Bey. Dans cette affaire, la victoire la plus complète resta à Abd-el-Asis.

Mais, tandis que les Turcs éprouvaient sur ce point des revers auxquels ne les avait pas accoutumés la fortune, le vieux pacha, en croisant dans les parages du détroit de Gibraltar, faisait une capture bien importante. Le roi de Fez venait d'être dépossédé de ses États, et il se rendait en Portugal pour implorer l'assistance des chrétiens. Salah-Reys rencontra l'escadre portugaise qui avait reçu le prince fugitif, lui donna la chasse, et s'empara de tous les navires. Muley-Buacon tomba donc entre ses mains. Aussitôt, voyant le parti qu'il peut tirer de cet heureux hasard, il traite son captif avec le plus grand respect et lui offre ce secours qu'il allait chercher en Europe. Le roi détrôné accepte avec joie, et le pacha, sans se préoccuper pour le moment de la défaite de son fils, organise une armée pour marcher sur Fez. Il a le soin de répandre le bruit que les vainqueurs ne manqueront pas de s'emparer d'immenses richesses, et les Arabes, obéissant à l'avidité naturelle à leur caractère, désertent en masse le parti d'Abd-el-Asis. L'armée turque, grossie de toutes ces défections, rétablit sur le trône Muley-Buacon, qui reconnaît la suzeraineté de la Sublime-Porte. Salah-Reys rentre à Alger, après avoir donné aux sultans un royaume de plus.

Pendant son absence, Abd-el-Asis avait remporté des avantages signalés. Une fois encore, il est vrai, le parti arabe s'était affaibli en se scindant, mais il était à craindre qu'il ne se ralliât ; et avec un chef comme le cheik de Callah, toute réunion générale des tribus eût été redoutable, peut-être mortelle pour les Turcs. Il fallait donc distraire ces esprits, et, pour éviter le péril, donner une occupation à leur insatiable activité. Salah-Reys résolut l'expédition de Bougie. Il s'agissait cette fois d'attaquer des chrétiens ; or, c'était une guerre sainte, aucun musulman ne pouvait ni ne voulait y manquer ; nul donc ne songerait, pendant ce temps, à combattre les Turcs.

L'armée de terre s'avança contre la ville ; la flotte ne put agir de concert avec elle ; commandée par ce même Dragut auquel Charles-Quint avait autrefois accordé la liberté, elle était en ce moment devant l'île de Corse que la France attaquait de concert avec les Turcs. Car ce projet d'alliance, formé par François Ier et abandonné après un commencement d'exécution, avait été repris par Henri II, toujours pour arrêter les progrès de la maison d'Autriche. La différence qui existait entre les habitudes de guerre des Français et des Turcs fut toujours un motif de froideur et de mésintelligence entre eux, et par conséquent leur concours ne fut jamais pour nous un élément de succès. Les Turcs, et surtout les Algériens, qui ne se battaient que pour le pillage et le butin, ne pouvaient se décider à prendre une part active à une guerre qui se bornait à des avantages politiques et à la gloire, inappréciable pour eux, d'une conquête sans profit.

Cependant le siége de Bougie se poursuivait avec ardeur. Les forts ayant été successivement démantelés, il ne resta plus à la garnison qu'à demander à capituler. Le gouverneur, avec une suite d'une vingtaine de personnes, obtint seul la permission de retourner en Espagne : tous les autres habitants chrétiens de Bougie, soldats ou citadins, restèrent esclaves en Afrique. Il eût mieux valu pour le pauvre gouverneur qu'il partageât le sort général, car Charles-Quint, irrité de cette défaite, lui en fit porter la peine. Il fut condamné à mort et exécuté sur la place publique de Valladolid.

Encouragé par la réussite, Salah-Reys résolut d'attaquer Oran. Comme il préparait les moyens d'exécution, il fut atteint de la peste et mourut, âgé de soixante-dix ans. Son gouvernement avait été habile et glorieux, et il emporta dans la tombe les regrets de ses soldats qui avaient toujours été victorieux sous ses ordres.

Pendant que la puissance turque s'étendait et s'affermissait en Algérie, la piraterie ne se ralentissait pas et suivait aussi une marche ascendante. A une époque antérieure à celle des derniers événements que je viens de vous raconter, vers le moment de la mort de Barberousse, Dragut avait commencé ses courses dans la Méditerranée. Ses premières armes furent dirigées contre les côtes de la Calabre ; puis il songea à s'emparer de Méhédia, qui n'était rien moins que l'antique Adrumette, à laquelle le calife de Kaïrouan, Mahadi, avait donné son nom après l'avoir reconstruite. Cette prise était de la plus haute importance ; elle assurait aux Turcs un avantage qui leur manquait dans ces parages : un asile commode et sûr. Les chrétiens réunirent leurs efforts et parvinrent à la reprendre ; Dragut ne put la leur arracher de nouveau, mais en revanche il conquit Tripoli.

Cependant, mes jeunes amis, Alger était, par la mort de Salah-Reys, sans gouverneur. Les janissaires nommèrent provisoirement un renégat corse, Hassan-Kaïd, qui se mit à la tête des forces préparées contre Oran et alla assiéger cette place.

Lorsque Tekeli, gouverneur nommé par Soliman, arriva, Hassan-Kaïd, qui avait goûté du pouvoir, ne voulait plus l'abandonner. Les janissaires étaient pour lui, ainsi que les alcades des villes du littoral ; on refusa de recevoir l'envoyé du sultan, et Hassan fut proclamé chef définitif. Tekeli allait revenir à Constantinople, faute d'avoir pu débarquer, lorsque les marins d'Alger, par opposition aux janissaires avec lesquels ils étaient en mésintelligence, lui fournirent le moyen d'entrer dans la ville. Hassan-Kaïd et l'alcade de Bougie moururent dans les plus affreux supplices. Le premier fut jeté du haut d'un rocher sur des crochets de fer, où il resta trois jours avant d'y trouver la mort. Le second fut coiffé d'une calotte de fer rougie au feu et ensuite empalé.

Ces cruautés servirent de prétexte aux janissaires pour se venger de Tekeli. Ils choisirent pour chef du complot un renégat calabrais, alcade de Tlemcen, nommé Joussuf. Un jour que le pacha était dans une maison de campagne au bord de la mer, il est attaqué par les conjurés. Forcé de fuir, il trouve les portes d'Alger fermées et se retire dans un marabout, où Joussuf le perce lui-même d'un coup de lance et se fait nommer à sa place.

Cette révolte des janissaires n'est que le commencement et le prélude de ce qui va se passer pendant toute la domination turque, qui présentera sans cesse le spectacle d'une longue lutte entre la milice et les pachas, entre l'armée et le pouvoir.

Peut-être, mes amis, vous demandez-vous ce que c'était que ces janissaires que nulle autorité ne pouvait maintenir dans le devoir et l'obéissance ? — Je vais répondre à votre question en vous faisant, en quelques mots, l'histoire de ce corps redoutable ; non pas de celui d'Alger, mais de celui de Constantinople dont il partageait l'organisation, les immunités et les priviléges.

Le janissariat avait été organisé en 1347, peu de temps, comme vous le voyez, après la fondation de la puissance turque elle-même. Dans le principe, il n'était formé que de jeunes esclaves chrétiens, élevés dans la foi de Mahomet et que l'on accoutumait, dans les jardins du sérail, aux exercices militaires : leurs armes étaient l'épée et le mousquet, ils formaient la garde de l'empereur ; leur solde était bien supérieure à celle des autres troupes ; leur aga était un des cinq premiers officiers de l'empire, et, pour quelque crime que ce fût, ils ne pouvaient être jugés que par leurs chefs. Pour être admis dans cette arme d'élite, dont le nom signifie nouveau soldat, il fallait être beau, courageux, jeune et bien pris. — Certes, c'était le plus admirable corps qu'il fût possible de voir ; mais c'était bien aussi le plus turbulent, le plus audacieux, le plus prompt à la révolte que l'on puisse imaginer. Accoutumés à considérer en face les périls et la mort, rien ne les arrêtait lorsque leur haine, leur orgueil ou leur ambition étaient mis en jeu.

Ceux d'Alger, doués du même courage, possédaient le même esprit remuant ; leurs révoltes incessantes vous en donneront la preuve.

Soliman nomma au pachalik d'Alger, le même fils de Kaïr-Ed-Din, Hassan-Pacha, auquel, quelques années auparavant, on avait retiré cette dignité. Quand Hassan arriva, Joussuf était mort, et les janissaires lui avaient donné pour successeur un de leurs chefs, Jaga. Néanmoins, l'envoyé du divan fut reçu sans résistance. Il dissimula son ressentiment ; mais, pour se mettre à même de se venger plus tard, il s'appliqua à gagner l'affection des Arabes, surtout du cheik de Kouko, dont il épousa la fille. Bientôt Tlemcen étant menacée, il marcha au secours de cette ville et de là à Mostaganem, où il rencontra les Espagnols. La lutte fut sanglante : le comte d'Alcandette, gouverneur d'Oran, se couvrit de gloire et trouva la mort dans cette affaire. Son corps, tombé au pouvoir de Hassan, fut rendu par le pacha victorieux à son fils, qui lui-même était prisonnier des Turcs. Après avoir pris Mazagran, dont le nom, populaire parmi nous, réveille le souvenir d'une de nos gloires, Hassan rentra à Alger et tourna ses efforts contre Abd-el-Asis qui harcelait et menaçait sans cesse la domination turque. Le cheik fut tué dans un combat, sa mort fut le terme de la lutte. Les Berbères se soumirent. Tous ces succès n'empêchèrent pas les janissaires de songer à la révolte : ils déposèrent Hassan, s'emparèrent de sa personne, le jetèrent, chargé de chaînes, au fond d'une galère et le renvoyèrent en cet état à Constantinople.

Soliman ne savait ce que c'était que de céder. Une troisième fois donc, Hassan reparaît sur les rivages africains, revêtu de la dignité de Pacha, après toutefois qu'un envoyé du Divan, Hamet, eut fait justice des deux gouverneurs élus par les janissaires.

Dès son arrivée à Alger, Hassan voulut mettre à exécution le projet, depuis longtemps formé, d'attaquer Oran. Il fit prêcher au loin la guerre sainte, et jamais armement aussi redoutable n'avait été rassemblé en Algérie. Personne ne manqua à l'appel, il n'était pas une seule tribu qui n'y eût ses représentants. L'armée quitta enfin Alger, elle avait à faire un parcours de 80 lieues à peu près. Elle traversa la Mitidja, franchit le petit Atlas, longea les plaines du Dahra, traversa le Chéliff, et enfin arriva devant Oran. Hassan attaqua d'abord Mers-el-Kébir ; tous ses efforts échouèrent devant la courageuse défense des Espagnols, il ne fut pas plus heureux devant la ville. Les siens ayant appris qu'une flotte espagnole venait au secours des chrétiens, se laissèrent démoraliser par cette nouvelle, et malgré les menaces et les prières du pacha, refusèrent de monter à l'assaut. Hassan ayant perdu tout espoir, fut forcé de lever le siége et de se replier sur Mostaganem.

Le ciel protégeait les Espagnols d'Oran. Deux fois déjà ils avaient été attaqués, et deux fois ils avaient échappé à une perte qu'il était permis de considérer comme certaine.

# CHAPITRE XXXV.

### Les rois de la mer.
#### [DE 1565 A 1581.]

La flotte algérienne prend part au siége de Malte. — Hassan revient à Alger. — Il est déposé une troisième fois. — Mohammet-Pacha. — Ali le Fartas ou le Kilidj. — Prise de Tunis. — La Goulette reste aux Espagnols. — Siége de Chypre. — Bataille de Lépante. — Ali Capoudan-Pacha. — Prise de la Goulette. — Michel Cervantes à Alger. — Détails sur l'esclavage à Alger. — Les pères de la Merci. — État florissant de la piraterie. — Les pachas se donnent le titre de : *Rois de la Mer!*

Maintenant, mes jeunes amis, si vous voulez bien me suivre, nous monterons ensemble sur la magnifique capitane de Hassan-Pacha, et avec lui, nous quitterons Alger à la tête de son escadre composée de 28 navires et portant l'élite de ses troupes, ceux qui s'appelaient avec orgueil les *braves d'Alger*. Puis, nous mettrons toutes voiles au vent, nous cinglerons vers le nord-est et nous nous arrêterons juste en face de l'île de Malte. — Là, nous trouverons réunies toutes les forces de l'empire ottoman commandées, celles de mer, par Piali, Capoudan-Pacha, et celles de terre, par Mustapha, l'un des meilleurs généraux du sultan.

Pourquoi tous ces apprêts formidables? vous écrierez-vous après avoir jeté un coup d'œil sur les préparatifs qui se font autour de vous. Pourquoi? — Oh! tout simplement pour attaquer ce point jeté sur la Méditerranée ; cette île bien moins grande qu'un de nos départements de France. Soliman croit avoir besoin de déployer toutes ses forces dans cette entreprise, et il ne se trompe pas ! C'est qu'il n'a pas là à combattre des soldats ordinaires, mais bien les plus fameux guerriers de la chrétienté, la milice invincible de Saint-Jean de Jérusalem. Un Français, Jean de la Valette, était alors grand-maître de l'ordre. Il déploya dans ses préparatifs de défense, une grande habileté de stratégiste et dans la défense elle-même, une bravoure à toute épreuve. Ce siége de Malte est sans contredit un des faits les plus remarquables des annales militaires. Il serait trop long de vous raconter les assauts terribles qui furent livrés. Qu'il vous suffise de savoir qu'Hassan et ses Algériens étaient partout où se trouvaient le danger à affronter, la gloire à acquérir. Il y eut de part et d'autre des prodiges de valeur ; enfin, las de tant d'efforts inutiles, les Turcs renoncèrent à leur entreprise. Malte resta aux chevaliers de Saint-Jean de Jérusalem, et il y eut une grande et noble page de plus à enregistrer dans l'histoire de l'ordre.

Après que la flotte ottomane eut levé le siége, Hassan-Pacha rentra à Alger où il ne s'occupa plus qu'à diminuer le pouvoir des janissaires dont il ne pouvait oublier la conduite à son égard ; mais les priviléges de ce corps lui étaient trop bien garantis pour qu'un homme, quel qu'il fût, pût le maîtriser, surtout en temps de paix. La lutte se termina une fois encore à son désavantage ; il fut déposé.

Mohammet-Pacha, fils de Salah-Reys, succéda à Hassan, et après dix-huit mois d'un gouvernement marqué par de continuelles concessions à la redoutable milice, il fut remplacé à son tour par un renégat turc, Ali, que les Arabes désignent par les deux surnoms de *Fartas* et de *Kilidj* (le teigneux — l'homme d'épée). A peine installé à Alger, il dirigea toutes ses forces sur Tunis dont il s'empara. Malgré cette victoire, les Espagnols conservèrent le fort, dit de la Goulette.

Ce fut sur ces entrefaites que la guerre se ralluma entre Charles-Quint et le successeur de Soliman, Selim III, et que la flotte turque alla attaquer l'île de Chypre. Ali la rejoignit dans l'Archipel, et les Algériens prirent part au siége et aussi au pillage et au massacre de Bussa et de Nicosie. Après cette conquête, et comme enivrés de leurs succès, les Ottomans oubliaient enfin la honte de leur retraite devant Malte, lorsqu'ils rencontrèrent la flotte chrétienne dans le golfe de Lépante. Ici, mes jeunes amis, vous ne m'écoutez plus; animés d'un noble enthousiasme, vous nommez Don Juan d'Autriche, vous vous souvenez de cette immense victoire, achetée, il est vrai, au prix du sang de 5,000 de nos frères; mais pourrions-nous nous plaindre, en songeant que les musulmans y laissèrent, eux, 30,000 des leurs? Depuis la fameuse bataille gagnée sur Bajazet, par Tamerlan, le héros Mongol, les Turcs n'avaient pas éprouvé une aussi épouvantable défaite.

Dans cette affaire, comme dans celles qui ont précédé, les Algériens jouèrent un grand rôle. Parmi les chefs étaient Hassan-Pacha, leur ancien gouverneur, et Ali-Pacha, leur chef actuel. Ce dernier rallia les débris de la flotte et la ramena dans le port de Constantinople. Selim, voyant en lui le seul homme capable de relever la marine turque, l'appela, comme autrefois Barberousse, à la haute dignité de Capoudan-Pacha. Ali conserva le titre de gouverneur de l'Odjeac; mais, occupé qu'il était par ses nouvelles fonctions, il dut se faire suppléer à Alger par des intérimaires. — Cet état de choses était essentiellement vicieux, et ne pouvait qu'affaiblir l'autorité des pachas et neutraliser leur bon vouloir; aussi, tandis qu'Ali s'emparait de la Goulette et expulsait définitivement les Espagnols de la régence de Tunis, dont Selim formait un beylik relevant directement de la Porte-Ottomane; ne voyons-nous rien de remarquable se passer sur le territoire algérien; aucune tentative contre les Berbères, aucune expédition dans l'intérieur des terres, rien... Mais, en revanche, la piraterie ne se ralentit pas; les corsaires, en vrais écumeurs de mer, ne laissent rien échapper, les galères regorgent d'esclaves chrétiens, et Alger en fait au loin le commerce.

Il est un épisode de l'histoire qui nous occupe, dont presque tous, vous avez entendu parler, et que vous vous étonnez, je suis sûre, de me voir passer sous silence. Patience, mes jeunes amis, m'y voici. Il s'agit, n'est-ce pas, de Michel Cervantes, l'immortel auteur de Don Quichotte. Vous savez comment ayant perdu un bras à Lépante, il demeura à Messine pour se rétablir de sa blessure, comment s'étant embarqué sur un navire espagnol, il fut capturé et tomba au pouvoir du plus cruel ennemi des chrétiens, du renégat Arnaute-Mami, gouverneur par intérim. Vous avez lu le récit des indignes traitements qu'il eut à supporter. Vous l'avez vu, esclave fugitif, guetter à l'entrée de son souterrain, l'arrivée du vaisseau sauveur, et victime de la trahison, porter noblement ce malheur et assumer sur lui la plus grande part possible de culpabilité. Enfin, après l'avoir suivi, du service si dur de Mami, à celui plus humain du pacha Hassan, votre cœur a béni la mémoire du bon père de la Merci, Jean Gil, et la libération accomplie, vous l'avez accompagné avec bonheur sur le sol natal, qu'il revoyait après onze ans d'absence et cinq ans d'esclavage.

Nous lui sommes redevables de détails précieux sur le sort et l'état des esclaves en Algérie. Ils étaient divisés en deux grandes classes : ceux qui appartenaient à l'État et qui étaient employés, soit sur les galères, soit à l'exécution des travaux publics, et ceux achetés par les simples particuliers. Le sort de ces derniers était infiniment moins malheureux que celui des premiers, tant sous le rapport du traitement que sous le rapport de la facilité du rachat, l'offre d'un peu d'or agissant bien plus sûrement sur la volonté d'un seul homme, que sur celle d'un gouvernement. Comme esclaves, on tirait d'eux tout le travail que l'on pouvait en tirer ; comme chrétiens, on les tourmentait, on les privait de l'exercice de leur culte, et pour eux il n'y avait de soulagement et de repos que dans l'apostasie. Cependant, hâtons-nous de le dire, les apostasies étaient rares. Les chrétiens de quelque rang, de quelque âge qu'ils fussent, forts de leur foi, savaient encore, comme aux temps des martyrs, souffrir et prier. Les enfants étaient habituellement achetés par les familles haut placées et élevés par elles. Les femmes entraient au service des dames turques et maures, ou étaient destinées au harem.

Maintenant, un mot sur les pères de la Merci. Fondé en 1192, par saint Pierre Nolasque, cet ordre avait pour but unique le rachat des captifs. Sa mission comprenait deux parties distinctes : d'une part, recueillir les dons de tous les membres de la chrétienté ; mendier au nom du Dieu qui a créé tous les hommes frères et libres ; mendier l'aumône de la charité, non pas pour eux, mais pour de pauvres esclaves. Et puis, lorsque leur tâche de mendiants était achevée, alors, de suppliants, ils se faisaient libérateurs. Méprisant les dangers, dédaignant les fatigues, ils traversaient la mer, ils allaient chez des peuples ennemis acheter de la liberté avec l'or de la charité ; et lorsque leurs richesses étaient épuisées, il leur restait encore des trésors infinis à déverser sur ceux qu'ils ne pouvaient emmener ; trésors d'espérances, de consolations, de pieuses et fortes paroles ; sublime et difficile apostolat auquel aucun d'eux ne faillit jamais.

A Alger étaient des chrétiens de tous pays, de toute nation ; des Italiens et des Espagnols surtout. Les Français, grâce à l'alliance faite avec la Turquie, y étaient en plus petit nombre et moins maltraités que les autres, et cependant c'est la France qui s'est le plus profondément émue à l'aspect de tant de souffrances, de tant d'abjection ; la France qui a répondu au cri de détresse qu'apportait chaque jour le vent de la Méditerranée à l'Europe effrayée. Mais nous n'en sommes pas là ; la piraterie est à son apogée, elle doit encore subsister deux siècles et demi, et les pachas qui s'arrogent le titre orgueilleux de *Rois de la mer*, règnent en réalité, non-seulement sur les parages algériens, mais encore sur toute la Méditerranée. Ils vont même au delà du détroit de Gibraltar, jusque sur les côtes du Danemark et de l'Angleterre.

# CHAPITRE XXXVI.

### Conspiration des Koulouglis.

[DE 1604 A 1659.]

Formation du premier comptoir français en Algérie. — Attaque de navires marseillais. — Réparation est accordée à la France. — Changement dans la marine algérienne. — Infraction aux traités avec la France. — Guerre. — Traité de paix. — Il est mal exécuté. — Une flotte envoyée par Louis XIII est dispersée par les vents. — Nouveau traité en 1640. — Plusieurs pachas se succèdent à Alger. — Hussein. — Les Koulouglis. Circonstances qui amènent la conspiration. — Catastrophe. — Rôle négatif des pachas. — Puissance des Janissaires. — Organisation nouvelle dans l'Odjeac. — Création des Agas. — Trouble et anarchie à l'intérieur. — Au dehors, extension de la piraterie.

Comme je vous le disais tout à l'heure, l'alliance entre la Turquie et la France avait nécessairement amené de bonnes relations entre cette dernière et l'Odjeac, relations qui n'allaient pas jusqu'à nous garantir la libre navigation dans la Méditerranée, mais qui établissaient un échange commercial entre les deux pays. Le centre de ces opérations était Marseille, et dès 1561, deux commerçants de cette ville, Luiche et Didier, formèrent le premier comptoir français en Algérie; c'est l'établissement dit de la Calle. Peu d'années après, les rapports étant devenus plus fréquents, Marseille eut un consul à Alger. Sous les règnes de Charles IX, de Henri IV et de Louis XIII, des concessions importantes, tant territoriales que politiques et commerciales, nous furent successivement accordées. Les pirates ayant poursuivi les navires marseillais, sous prétexte que Marseille prêtait son pavillon à la marine d'autres nations, et frustrait ainsi les pirates de prises importantes, Henri IV porta plainte à Constantinople, et pour la première fois depuis la fondation de l'empire Turc, le Grand-Seigneur donna réparation à une nation chrétienne. Il ordonna que des dédommagements fussent payés à la France, et Heder-Pacha n'ayant pas déféré immédiatement à cet ordre, paya de la vie sa désobéissance.

Sur ces entrefaites une révolution importante s'opéra dans la marine des corsaires. Les navires à voiles furent substitués aux galères à rames. Ce changement donna une impulsion nouvelle à la piraterie. Marseille se vit attaquée dans son commerce, alors elle arma à son tour contre les Algériens qui, irrités qu'on osât leur disputer la souveraineté exclusive de la Méditerranée, se soulevèrent contre la France, firent M. de Vias, son consul, prisonnier, en un mot, rompirent définitivement avec elle.

A dater de ce moment il y eut guerre ouverte. En vain les sultans voulurent s'interposer; le changement continuel des pachas, la puissance toujours croissante de la milice empêchèrent leur intervention d'arriver à un résultat. Deux fois un traité de paix fut projeté, et deux fois les plénipotentiaires se séparèrent sans avoir rien conclu; ce ne fut que dix ans après la seconde tentative que la paix fut enfin signée.

Le traité fut mal exécuté. Hussein eut beau porter la peine de mort contre les raïs (commandants des navires Algériens) qui attaqueraient un navire français, il n'empêcha pas les haines et le pillage; des prises continuaient à être faites, les Marseillais usaient de représailles, et la paix existant comme acte politique était loin d'exister dans le fait.

Louis XIII n'ayant pu remédier au mal par la voie diplomatique, voulut essayer de la force des armes. Les vents contraires dissipèrent la flotte, et pour se venger de cet essai, les Algériens condamnèrent à l'esclavage tous les Français qu'ils purent atteindre, jusqu'au moment où un nouveau traité vint ratifier et remettre en vigueur toutes les conditions de celui de 1628.

Depuis le gouvernement d'Ali - Kilidj, bien des pachas s'étaient succédé à Alger. Hassan le Vénitien l'avait remplacé déposé en faveur de Jeffer, il arriva pour la seconde fois au pouvoir après lui. Vinrent ensuite, Mami-Arnaute, Méhémet, Héder, Mustapha sous lequel furent faites les premières propositions de paix avec la France, Sidi-Saref et enfin Hussein.

Ce fut pendant le gouvernement de ce dernier que se passa l'événement remarquable qui fait le principal sujet de ce chapitre et qui appartient exclusivement à l'histoire d'Alger ; je veux parler de la conjuration des Koulouglis. Et d'abord que je vous explique ce mot de Koulouglis. On appelait ainsi tout homme, né d'un père turc et d'une mère africaine. Dans le principe ils ne pouvaient, non plus que les Maures, servir dans la milice. Plus tard cet article du règlement de l'Odjeac tomba en désuétude, et à l'époque où nous sommes, ils étaient en assez grand nombre parmi les Janissaires. En général, mieux élevés et plus riches que leurs compagnons turcs ou renégats envoyés par la Sublime-Porte, les Koulouglis devinrent pour tous un objet de jalousie et de haine. Un complot est tramé contre eux, l'ancienne loi est remise en vigueur, ils sont bannis de la milice et de la ville. La résistance était impossible, les Koulouglis se soumettent. Cependant, forts de leur innocence, ils ne peuvent croire à la durée de cet état de choses, et sans crainte pour l'avenir, ils osent venir à Alger voir leurs parents, et se montrer librement dans les rues. Les Janissaires, furieux de ce qu'ils prennent pour une insulte et une bravade, s'arrêtent à une décision terrible : tous les Koulouglis que l'on trouvera dans la ville seront condamnés à mort. — Les juges se transforment en bourreaux, et plus de deux cents de ces malheureux sont cousus dans des sacs de peau et jetés à la mer.

Cet acte d'odieuse cruauté porta ses fruits. Retirés dans quelques petits villages du Sahel, les Koulouglis préparaient leur vengeance. Après s'être ménagé des intelligences dans la ville et dans le corps même de l'Odjeac, après s'être assurés que les

Maures qui formaient la majeure partie de la population d'Alger, étaient pour eux, ils tentèrent enfin la fortune. Cinquante d'entre eux entrent un jour à Alger, marchent droit à la Kasbah et s'en emparent. Leur cœur tressaille de gloire et de bonheur. C'en est fait de la brutale tyrannie des Janissaires. L'ère de la force aveugle est terminée, la voie de la civilisation va s'ouvrir. Des signaux sont arborés sur les cimes de la Kasbah, des décharges d'artillerie vont au loin, prévenir, dans la campagne, les amis et les compagnons des cinquante braves. Hélas ! on s'était trop pressé de proclamer la victoire. Les Janissaires, surpris un instant, avaient repris la défensive et, avant qu'aucun renfort eût pu arriver, les portes de la ville, soigneusement fermées, ne laissaient plus entrer personne. Les Algériens soupçonnés de sympathie pour les Koulouglis étaient gardés à vue dans leurs maisons, et la terrible milice s'avançait, nombreuse et menaçante, vers la forteresse. Que faire ? — Conserver la Kasbah était impossible, la citadelle était trop vaste pour qu'une si faible garnison pût en couvrir tous les points. — Se rendre ? C'était marcher au-devant d'une mort affreuse, sans gloire et sans profit. Les Koulouglis prennent une résolution désespérée ; ils ne cherchent pas à résister à l'assaut ; mais ils se forment en colonne serrée, attendent de pied ferme l'ennemi qui se précipite tumultueusement dans la Kasbah et combattant toujours ils reculent lentement devant le flot qui les presse. Enfin ils sont acculés dans un des endroits les plus retirés du fort. L'heure est venue de mourir, ils ne vont pas mourir seuls. Le lieu où ils sont, c'est la poudrière. D'une main ferme, ils y secouent des torches embrasées. Soudain, l'explosion éclate, la terre s'ébranle, le ciel s'obscurcit, la ville tremble sur ses bases, les cris de douleur des blessés et des mourants dominent tous les bruits. La Kasbah, cette lourde masse de pierre, s'était affaissée sur elle-même, les maisons voisines, au nombre de plus de cinq cents, avaient été détruites et plus de six mille personnes avaient péri. Les Koulouglis l'avaient juré, fidèles à leur serment : ils ne devaient pas mourir seuls !

Hussein-Pacha joua dans cette affaire un rôle tout à fait

négatif. La milice agissait par elle-même, déjà le titre de pacha n'était plus qu'une dignité honorifique, en tous points dépendante de la volonté des Janissaires. Après Hussein, la Porte nomma au pachalik Joussouf. Son gouvernement n'offre rien de saillant, pas plus que celui de Hamed. — Cependant ce dernier vit se conclure des traités d'une certaine importance avec l'Angleterre et la Hollande.

Ibrahim-Pacha arrive à son tour au pouvoir. Son gouvernement fut le dernier souffle de la puissance des pachas telle que l'avait créée Barberousse. Cette puissance, si elle n'existait plus de fait, existait toujours légalement. Les Janissaires allaient la détruire définitivement et concentrer, par une organisation nouvelle, toutes les forces de la régence dans leurs mains.

Ahmet I<sup>er</sup>, alors sur le trône des sultans, consentit à tout ce qu'ils voulurent. L'autorité des pachas fut réduite à un simple rôle de surveillance et on créa un autre chef, choisi par les Janissaires et nommé par eux, à qui l'on donna le nom d'aga. Désormais ce sera l'aga qui régnera en Algérie.

Le nouveau chef, représentant de la milice, aurait dû, ce semble, être à l'abri des réactions de ce corps. — Il n'en fut pas ainsi. Calik, pour lequel ce haut emploi avait été créé, tomba sous les coups des Janissaires, et peu après son successeur Ramadan, homme de talent et de mérite, eut le même sort.

Il serait difficile de vous donner une idée exacte de l'anarchie et des variations sans fin que la toute-puissance des Janissaires introduisit dans le gouvernement de l'Odjeac. — Seule, la piraterie, loin d'en souffrir, prenait chaque jour une extension nouvelle.

## CHAPITRE XXXVII.

### Création du Deylik d'Alger.

[DE 1663 A 1785.]

La flotte du duc de Beaufort bat les Algériens en plusieurs rencontres. — Occupation et abandon de Gigeri. — Le titre d'Aga est remplacé par celui de dey. — Mohamet. — Trik premier dey. — Baba-Hassan. — Invention des galiottes à bombes. — Bombardement d'Alger par Duquesne. — Second bombardement. — Hassan-Dey. — Mezzomorte. — Chrétiens attachés à la bouche des canons. — Traité de paix. — Il est mal exécuté. — Bombardement du maréchal d'Estrées. — Négociations. — Paix. — Le Bey Chaaban envahit le Maroc. — Siège et capitulation de Tunis. — Révolte des Janissaires. — Mort de Chaaban. — Hadji-Hamet. — Hassan-Chiaoux. — Défaite du bey de Tunis et du roi de Maroc. — Peste à Alger. — Hassan-Chiaoux se démet de ses fonctions. Moustapha. — Défaite de Tunis. — Pectache-Cogea. — Prise d'Oran. — Assassinat de Pectache. — Deli-Ibrahim. — Ali. — Réunion des deux titres de Pacha et de Dey. — Anarchie. — Tentative de Charles III, contre Alger. — Insurrection des Arabes et des Berbères. — Le Marabout Ben-Chériff. — Mekallech. — Mécontentement général.

Les navires français continuaient à ne pas être épargnés par les corsaires. Louis XIV, fatigué de cette violation flagrante des traités, équipa une flotte dont il donna le commandement au duc de Beaufort, et qui défit les Algériens en plusieurs rencontres.

L'année suivante, pour mieux assurer la répression des Barbaresques, la cour de Versailles résolut de former un établissement dans le royaume même d'Alger. L'escadre du duc de Beaufort prit et occupa Gigeri. Malheureusement les mesures n'avaient pas été bien concertées, et le défaut de vivres et de munitions obligea d'abandonner ce point, dont la possession nous eût été d'une grande importance.

Cette occupation momentanée n'eut d'autre résultat que d'irriter les Algériens, qui redoublèrent de cruauté, soit dans leurs déprédations sur les côtes, soit dans le traitement des esclaves.

Pendant ce temps, le désordre régnait toujours dans le gouvernement. Tous les Agas étaient morts d'une mort violente; enfin, après avoir fait périr dans d'affreux supplices, Ali, le dernier d'entre eux, les Janissaires supprimèrent, non pas les fonctions, mais bien le titre qu'ils remplacèrent par celui de dey qui signifie patron.

Le premier dey fut Mohamet-Trick, vieux raïs connu par sa haine contre la France. Il adopta son gendre Baba-Hassan entre les mains duquel il résilia plus tard le pouvoir. Baba-Hassan, qui partageait l'inimitié de son beau-père contre les Français, n'eut rien de plus pressé que de signer un traité de paix avec l'Angleterre et de menacer et de provoquer le consul de France.

Or, comme vous le savez, mes jeunes amis, Louis XIV n'était pas d'humeur endurante, d'autant qu'à cette époque il voyait l'Europe trembler à ses pieds; aussi, irrité de l'audace de ces pirates, eut-il la pensée d'en purger la terre. Justement, une invention nouvelle venait d'être mise sous ses yeux. Il ne s'agissait de rien moins que d'appliquer à la marine l'usage des bombes, dont jusqu'alors on ne s'était servi que sur terre. Le chevalier Renau, gentilhomme Navarrais, avait trouvé le moyen de construire des galiottes de telle façon qu'elles pouvaient recevoir chacune plusieurs mortiers et résister à la réaction de la bombe. L'essai de ce moyen formidable fut résolu contre Alger, et l'amiral Duquesne reçut le commandement de l'escadre. Comme lors des expéditions tentées par Charles-Quint, la saison était mal choisie; on était à la fin d'août lorsque le drapeau blanc parut en vue de la rade. Les vents contraires firent perdre quelques jours, enfin Duquesne put prendre position en face de la ville et le bombardement commença.

A la vue de ces boulets enflammés, qui portaient avec eux l'incendie et la mort, les Algériens épouvantés firent des tentatives pour obtenir la paix, mais ils ne purent s'entendre avec l'amiral. Le bombardement continua, une partie de la ville était détruite lorsque la saison, trop avancée, força la flotte française à renoncer à poursuivre ses succès. Duquesne rentra à Toulon.

Dès que le printemps permit à l'escadre de reprendre la mer, la flotte alla s'embosser en vue d'Alger, et l'attaque, interrompue l'année précédente, recommença avec une nouvelle ardeur. Dans ces quelques mois qui venaient de s'écouler, les Algériens n'étaient pas demeurés inactifs, les pertes et les dommages avaient été réparés. Cependant, effrayés de l'effet destructif des terribles projectiles, Baba-Hassan, alors dey, fit des propositions de paix, livra pour otage Mezzomorte, amiral de la flotte algérienne, et promit la liberté sans rançon pour tous les esclaves français. Un reste d'hésitation le retenait encore au sujet d'une indemnité que demandait notre gouvernement, pour les pertes que nous avions essuyées depuis quelques années, lorsque Mezzomorte promit à Duquesne, s'il le faisait mettre à terre, de faire décider promptement Baba-Hassan. Duquesne eut l'imprudence de se fier à sa parole. A peine à terre, Mezzomorte fait assassiner Baba-Hassan, se fait élire dey et au lieu de continuer à parlementer, salue la flotte française d'une décharge générale de l'artillerie de tous les forts.

A dater de ce moment, commence une scène tellement atroce, que c'est à peine si l'on peut y croire. Le vénérable père Levacher, vicaire apostolique et consul français, est traîné sur les remparts, son corps est attaché à la bouche d'un canon et nos marins et nos soldats voient ses membres palpitants dispersés par l'explosion. Après lui, c'est un autre; puis encore un autre; les Français se succèdent ainsi à la mort jusqu'au nombre de vingt-deux. Nos hommes indignés veulent à tout prix venger leurs compatriotes lorsqu'une nouvelle décourageante se répand parmi eux : il n'y a plus de bombes, une fois encore Duquesne ordonne à sa flotte de quitter Alger sans avoir complété son succès.

Ces deux expéditions aboutirent, l'année suivante, à un traité fort avantageux : tous nos esclaves nous furent rendus, le commerce et la libre navigation de la Méditerranée nous furent assurés, enfin nous envoyâmes de nouveau un consul à Alger et le dey eut un représentant à Paris.

Mais avec les Algériens, obtenir un traité n'était pas le plus difficile ; le faire exécuter, voilà le grand point. A peine quelques mois s'étaient-ils écoulés que déjà les corsaires de l'Odgeac couraient sus aux navires français. Il y eut des réclamations de la part du roi, des promesses de la part du dey, tout cela sans résultat. Enfin, Louis XIV dut agir sérieusement, une escadre sous les ordres du maréchal d'Estrées mouilla devant Alger, le terrible bombardement recommença, et de la part des pirates recommencèrent aussi les horreurs de l'expédition précédente. Le consul M. Piolle, des prêtres, des religieux, des matelots, en tout une quarantaine de personnes périrent à la bouche des canons. Le maréchal voulut prendre sa revanche ; dix-sept Turcs furent exécutés sur le vaisseau amiral et leurs corps jetés sur une légère embarcation, furent poussés par le vent dans le port. Après ces sanglantes représailles la flotte leva l'ancre.

A la suite de cette expédition, des négociations furent entamées ; elles durèrent un an, au bout de ce temps la paix fut conclue et cette fois mieux exécutée que précédemment, grâce aux autres préoccupations des Algériens.

Il s'agissait d'augmenter le territoire du deylik. Chaaban avait remplacé Mezzomorte qui venait d'abdiquer, lorsque l'armée algérienne envahit tout à coup le royaume de Maroc et remporta de magnifiques avantages. Le roi Ismaël implora la paix à genoux, et ne l'obtint qu'à des conditions humiliantes et onéreuses.

Sans prendre le temps de se reposer des fatigues de cette expédition, les Algériens se portèrent sur un point opposé. Ils assiégèrent Tunis qui dut se rendre après une inutile résistance.

Là s'arrêtèrent les succès de Chaaban, rentré à Alger il apprit que le gouverneur qu'il avait donné à la ville conquise, en avait été expulsé. Il témoigna la volonté de le soutenir ; mais les Janissaires se déclarant amis des Tunisiens refusèrent de marcher encore une fois contre eux. Le dey persiste, la milice se révolte et la lutte se termine par le dénouement inévitable en pareil cas : la mort du malheureux Chaaban.

Comme les insurgés venaient d'accomplir leur sanglante exécution, ils aperçurent un bon vieillard qui, assis sur une natte au seuil de sa porte, s'occupait paisiblement à raccommoder ses babouches; à la vue de cet homme, si indifférent à ce qui se passait autour de lui, qui vivait si éloigné de préoccupations politiques, les Janissaires crurent qu'Allah lui-même leur avait choisi le dey qu'il leur fallait, c'est-à-dire un homme simple et juste, incapable de haine ni de résistance, qui ne serait chef que de nom. Aussitôt, ils l'enlèvent malgré lui, le portent en triomphe et le proclament leur chef. Dès le jour même ils reconnurent qu'ils s'étaient un peu trompés dans leur attente. Hadji-Hamet, le vieillard qui, dans la vie privée, employait ses loisirs à raccommoder ses babouches, une fois appelé à la vie publique, sut ramener à lui une partie de l'autorité que la milice avait usurpée. Il gouverna avec fermeté et le premier, depuis la création du titre de dey, il mourut dans l'exercice de ses fonctions.

Le dey qui le remplaça, Hassan-Chiaoux, comprit tout d'abord et fit comprendre au divan l'utilité de conserver de bonnes relations avec la France. Tandis qu'il était occupé à renouveler avec elle les traités précédents, le bey de Tunis et le roi de Maroc n'oubliaient pas qu'ils avaient une injure et une défaite à venger. Leurs attaques ne servirent qu'à mettre en relief la bravoure et la force des Algériens. Malgré l'infériorité du nombre, ces derniers furent complétement vainqueurs de leurs deux ennemis. Craints et respectés au dedans et au dehors, les Algériens jouissaient en paix de leur triomphe lorsqu'un affreux fléau éclata sur eux et les décima ; ce fléau était la peste ; on prétend qu'elle fit plus de 40,000 victimes dans la seule ville d'Alger.

Moustapha, après avoir succédé à Chiaoux qui s'était démis de ses fonctions, alla attaquer Tunis, il ne put s'en rendre maître et revint à Alger ayant perdu l'élite de ses troupes. Le divan irrité le condamna au fatal lacet et lui donna pour successeur Hussein qui se vit ensuite déposer faute de pouvoir payer la milice. Pectache-Cogea fut élu après lui. Il illustra son nom par la dernière victoire sérieuse qu'aient remportée les Turcs à l'Odjeac. Il s'agit de la prise d'Oran. Cette ville, qui appartenait toujours aux Espagnols, résista avec le courage le plus héroïque. Malheureusement la trahison ouvrit à l'ennemi un des forts, et l'occupation de celui-là entraîna la soumission des autres. La vieille citadelle de Mers-el-Kébir tint bon la dernière, la famine l'obligea de se rendre. Les chrétiens n'avaient plus un seul point du littoral Barbaresque, quelque minime qu'il fût, où ils pussent dire : Nous sommes chez nous. Cependant sous Philippe V, les Espagnols, commandés par le comte de Mortemart, reprirent leur ville, mais leur influence y était complètement éteinte et ne s'y releva jamais. Aussi à la suite d'un tremblement de terre l'abandonnèrent-ils définitivement au dey.

La prise d'Oran exalta l'orgueil de Pectache, mais ne le mit point à l'abri de la haine des Janissaires. Malgré la gloire qu'il avait acquise, il mourut assassiné, et Deli-Ibrahim, son meurtrier, se fit proclamer, alors que ses mains étaient encore fumantes de sang. Ibrahim ne jouit pas longtemps du fruit de son crime ; six mois après il expirait à son tour, victime de l'ambition d'Ali son successeur.

De tous ces chefs sanguinaires qui s'étaient succédé au deylik d'Alger, Ali fut sans contredit le plus cruel. Cependant lorsque son autorité fut bien assise, lorsqu'elle n'eut plus besoin d'effusion de sang pour la cimenter, alors il se montra bon prince, ami de l'ordre, sévère mais juste. Jusqu'à lui, à côté de la puissance des deys était restée intacte, quant aux honneurs rendus, et surtout aux émoluments, la dignité des pachas. La Sublime-Porte les nommait et les envoyait, Alger les recevait, et pourvu qu'ils ne s'occupassent de rien les traitait grandement et avec le plus profond respect, c'était en quelque sorte un tribut que l'Odjeac payait à l'empire de Constantinople.

Ali résolut de s'en affranchir. Le pacha est embarqué sur un navire algérien et renvoyé à Stamboul, tandis qu'un ambassadeur expose au sultan des griefs imaginaires et supplie sa hautesse de permettre que le titre de pacha soit réuni à celui de dey. Achmet III, qui régnait alors, ne se sentant pas la force d'appuyer par les armes un refus, si besoin était, consentit à tout et envoya les insignes à Ali qui prit le titre de dey-pacha, titre que ses successeurs ont conservé jusqu'en 1830.

A dater de ce moment, mes jeunes amis, l'histoire de l'Algérie nous offre une suite non interrompue de crimes, d'assassinats, des actes de piraterie sans importance politique, et pas une seule action qui mérite qu'on s'y arrête. C'est ainsi que nous arrivons à la tentative sans résultat de Charles III d'Espagne contre Alger, tentative qui aboutit à un échec complet et qui amena, mais longtemps après, une paix douteuse.

Ensuite, de guerre lasse, l'Europe cessa un instant de disputer aux Turcs l'empire de la Méditerranée; mais si l'opposition ne leur venait plus du dehors, elle n'en existait pas moins, forte et vivace, autour d'eux. Dans la province d'Oran surtout la révolte fut terrible; le marabout Ben-Chérif qui dirigeait les Arabes contre les Turcs fut enfin défait par l'envoyé du dey, Mekallec. Ce dernier, homme courageux et brave, après sa victoire, reçut le titre de bey. Enivré de son succès, il s'abandonna à toute la fougue de ses passions et rendit encore plus odieux le nom turc parmi les indigènes, qui du reste, repoussaient toujours de toute la puissance de leur volonté, de toute la force de leurs désirs, une domination que malgré 300 ans de durée et la similitude de religion, ils considéraient toujours comme un joug étranger, partant dur et pénible à porter.

# CHAPITRE XXXVIII.

### Un coup d'éventail.
[DE 1802 A 1825.]

Aucun changement n'est apporté par la révolution française à nos rapports avec la régence. — La campagne d'Égypte amène une rupture. — Incendie de la Calle. — Traité de 1800. — L'Angleterre se substitue à la France dans ses concessions commerciales en Algérie. — Expédition du capitaine Décatur. — Expédition du lord Exmouth. — Courage d'Omar. — Sa mort. — Ali-Kodjia. — Il prend possession de la Kasbah, et se met ainsi à l'abri des tentatives des Janissaires. — Hussein-Pacha. — Son histoire et son caractère. — Sa politique à l'égard de la France. — Affaire de la maison Bacri. — Lettre d'Hussein-Pacha au roi de France restée sans réponse. — Le coup d'éventail !

Une révolution, mes jeunes amis, s'était accomplie en France. 1789 et 1793 avaient apporté de grandes modifications à nos rapports avec les puissances étrangères ; néanmoins nos relations avec Alger étaient toujours les mêmes. Les traités avaient été renouvelés plusieurs fois et rien ne présageait une rupture lorsque la campagne d'Égypte vint tout à coup changer les dispositions de l'Odjeac à notre égard. Forcé de prendre parti pour les sultans, il nous déclara la guerre, et dès lors il n'y eut plus moyen à notre marine de se montrer dans les eaux e la Méditerranée. Notre établissement de la Calle fut incendié, et les pirates nous firent une rude chasse, venant piller et dévaster jusque sur nos côtes.

Cet état de choses dura jusqu'en 1800 qu'un traité fut signé. Ce traité fut renouvelé l'année suivante dans des termes encore plus précis, et cependant il était mal exécuté. Il fallut plusieurs fois que Bonaparte rappelât ses promesses à Moustapha-Pacha, d'autant que, si le dey et une partie du divan était amie de la France, une autre partie, qui renfermait des hommes très-influents, luttait contre elle. Du reste, à différentes reprises, un mot de Bonaparte suffit pour obtenir ce qu'il voulait, tant était grand le prestige qui entourait le héros français qui était, pour ce peuple enthousiaste et fataliste, l'homme du destin.

Tandis que ces bonnes relations s'affermissaient entre les deux États, la France avait une rivale active à lui créer des entraves. Cette rivale, ennemie jurée de Napoléon, c'était l'Angleterre. Grâce à ses efforts, le bey de Constantine rompit avec nous et commença les hostilités en admettant d'autres peuples à partager des priviléges de commerce, qui nous avaient été exclusivement accordés. L'exemple était donné, le dey le suivit. L'année d'après, il nous substituait l'Angleterre dans toutes les concessions qui nous avaient été faites. Ce fut alors que Napoléon fit explorer les côtes par le capitaine Boutin, et projeta une expédition que les guerres continentales, qui survinrent, l'empêchèrent d'effectuer. La piraterie pendant ce temps ne se ralentissait pas.

Lorsque les puissances coalisées se réunirent au congrès de Vienne, il fut question de réprimer l'audace des Algériens et des autres peuples barbaresques ; mais l'Angleterre, elle qui sollicitait à ce moment même l'abolition de l'esclavage des noirs, refusa de rien faire en faveur des esclaves blancs de l'Afrique. Ce projet auquel elle refusa son adhésion dut être abandonné.

Peu après, l'initiative fut prise par l'Amérique qui, lasse du tribut qu'elle s'était laissé imposer, voulut enfin s'en affranchir. Le capitaine Décatur commandant de la flotte américaine attaqua Alger, précisément pendant que tous les croiseurs étaient en mer ; sans forces suffisantes pour soutenir une lutte, le dey accepta toutes les conditions qu'il plut au commodore de lui imposer.

Les rois alliés, alors réunis à Paris, s'émurent à l'annonce de ce facile succès. Depuis le congrès de Vienne, la politique de l'Angleterre avait changé, on ne sait pour quels motifs secrets, et cette fois, non-seulement elle entra dans les vues des autres puissances, mais encore elle proposa d'exécuter elle-même la décision prise.

Lord Exmouth reçut le commandement de la flotte qui fut équipée à cette intention. Il se présenta devant Alger et entra en communication avec le divan qui se montra intraitable. Le dey était Omar, descendant d'une famille de renégats grecs de Métélin, patrie des Barberousse. Il déclara s'en référer au jugement du sultan. Lord Exmouth accorda à cet effet un délai de trois mois. Pendant cet armistice, et au mépris de toutes les lois de la guerre, les Anglais furent maltraités, massacrés même, à Bone, à Oran, à la Calle et surtout à Alger, où le consul, sa femme et ses enfants furent ignominieusement outragés. Cette conduite des pirates mit fin à toutes les hésitations du gouvernement anglais. Les conditions furent nettement posées.

1° L'abolition de l'esclavage ;

2° La délivrance, sans rançon, de tous les esclaves chrétiens ;

3° La restitution des sommes payées en dernier lieu par les États Sardes et Napolitains pour le rachat de leurs esclaves ;

4° La paix avec les Pays-Bas aux mêmes conditions qu'avec l'Angleterre.

Le divan refusa de se soumettre. Lord Exmouth, au moyen d'une manœuvre hardie, entre dans le port, bombarde la ville, incendie tous les navires en rade, et écrit au dey qu'il est tout disposé à continuer le bombardement si ses conditions ne sont point acceptées sur-le-champ. Omar, qui avait déployé pendant l'action un grand courage personnel, s'exposant comme le dernier de ses soldats, et pointant lui-même les canons, Omar voulait continuer la résistance ; mais les officiers de la milice le forcèrent à se soumettre. Un traité définitif, contenant les quatre clauses ci-dessus, fut signé par le divan et par le gouvernement britannique.

## UN COUP D'ÉVENTAIL.

Le dey, qui voulait mourir sous les ruines d'Alger plutôt que de se rendre, fut accusé de lâcheté par ceux-là mêmes qui l'avaient forcé de traiter. Une conspiration s'ourdit contre lui, il parvint d'abord à détourner le coup qui le menaçait, mais ce ne fut qu'un moment de répit. L'heure arriva bientôt où, ne pouvant plus lutter contre les Janissaires, il mourut étranglé.

Son successeur fut Ali-Kodjia, son ennemi et son rival. Ali se fit un grand renom par sa tyrannie et ses cruautés. Les auteurs contemporains disent que les consuls étrangers n'arrivaient à la salle d'audience qu'après avoir passé sur 20 cadavres au moins. Tout tremblait devant lui, tout pliait au gré de son caprice, ses passions ne connaissaient pas de frein, aussi le jour où la peste l'atteignit fut-il un jour d'heureuse délivrance pour Alger.

Ali-Kodjia avait trouvé le moyen de rendre impuissant le mauvais vouloir des Janissaires. Au commencement de son gouvernement, il fit porter à la Kasbah le trésor public et ses richesses personnelles, sous prétexte de les mettre à l'abri d'un coup de main des Arabes. Peu après, il alla lui-même résider dans la forteresse où il s'entoura d'une garde composée de Maures dévoués. En y entrant il s'écria : « *Maintenant je suis maître !* » Dès lors toutes les conspirations vinrent échouer devant les solides murailles du Palais-Citadelle.

Ali-Kodjia est l'avant-dernier dey d'Alger, c'est vous dire, mes jeunes amis, que son successeur fut cet Hussein-Pacha, dont l'insolente conduite décida la France à prendre les armes en 1830.

Le nouveau dey refusa d'abord le pouvoir, mais il fut forcé d'accepter sous peine de soulever contre lui des haines violentes et dangereuses. Le jour de son élection, il alla s'enfermer à la Kasbah, qu'il ne quitta plus, que 12 ans plus tard, lors de l'arrivée des Français.

Hussein était né près de Smyrne, dans une petite ville de la côte nommée Vourla, et selon certains biographes à Smyrne même. Son père, officier de l'artillerie turque, lui fit donner une éducation des plus soignées et le fit enrôler, jeune encore, dans le corps des canonniers de Constantinople. Les qualités de Hussein lui firent rapidement obtenir un grade élevé dans cette arme, que bientôt il fut obligé d'abandonner pour cause d'insubordination. Ayant pris la fuite, il vint à Alger, et, pour se mettre à l'abri du châtiment, s'engagea parmi les Janissaires, leurs priviléges lui assurant l'impunité.

Or, les miliciens de l'Odjeac n'étaient pas tenus à un service régulier, ils pouvaient se livrer à une occupation quelconque; on ne leur demandait que d'être prêts à prendre les armes quand les besoins de la régence l'exigeaient. Hussein profita de cette latitude pour travailler à se créer une position dans le commerce. D'abord, petit marchand fripier, ensuite et tour à tour, directeur de l'entrepôt des blés, secrétaire de la régence, grand écuyer, administrateur des domaines de l'État, membre du divan, ministre et enfin dey choisi par Ali-Kodjia lui-même, avant sa mort, et élu par le divan qui, chose rare à Alger, ratifia le choix d'Ali.

Cette élévation, du reste, était pleinement justifiée par le mérite de Hussein qui joignait, à beaucoup de fermeté, l'amour de la justice et le désir de faire sortir son peuple de l'ornière de la routine, pour le lancer dans cette voie du progrès, dans laquelle venaient d'entrer, chez les Turcs d'Orient, le sultan Mahmoud et Méhémet-Ali. Malheureusement, à côté de ces qualités s'élevaient de grands défauts : une violence de caractère que rien n'avait jamais pu dompter; une foi aveugle dans le destin, et un orgueil, que la faiblesse des puissances Européennes, dans leurs rapports avec lui, avait poussé jusqu'à ses dernières limites.

Depuis l'arrivée de Hussein au pouvoir, Alger commençait à ressaisir une partie de cette ancienne prépondérance, que lui avait fait perdre l'expédition de Lord Exmouth, et la hardiesse des corsaires, surtout à l'égard de la France, prenait tous les jours un caractère plus marqué. C'est ainsi que successivement, un brick français fut pillé par les habitants de Bone, sans que le dey voulût accorder de réparations; notre établissement de la Calle fut menacé; la redevance que nous payions pour la pêche du corail fut portée de 60,000 fr. à 200,000 fr.; le domicile de l'agent français à Bone fut violé, et enfin des navires sous pavillon français furent attaqués et capturés sans que la France reçût réparation.

Cette facilité du gouvernement français donna à un dey obstiné et orgueilleux, comme l'était Hussein, une telle confiance dans sa force et son habileté, qu'il se crut en droit de tout oser. Il alla trop loin, la violence de son caractère le précipita de son trône, et en tombant, il entraîna Alger dans sa ruine.

Une insulte grossière faite par lui-même à M. Deval, notre consul, amena enfin une rupture et par suite l'expédition de 1830. Voici, mes jeunes amis, les motifs de cette querelle dont les résultats nous ont donné nos belles colonies d'Afrique.

Pendant la république française, une maison de commerce d'Alger, la maison Bacri, avait fourni à la France des grains qui n'avaient pas été payés : à la suite de réclamations souvent renouvelées, le gouvernement de la restauration reconnut la validité des demandes et en décida le payement qui fut fixé à 700,000 fr. La maison Bacri avait des créanciers en France qui réclamèrent cette somme comme devant leur revenir ; alors, d'après les lois françaises, elles furent déposées pour être, après décision des tribunaux, réparties à qui de droit. Hussein qui était aussi créancier de la maison Bacri réclamait de son côté et voulait que cet argent fût remis en ses mains. Au lieu de continuer ses réclamations par l'intermédiaire de M. Deval, il s'adressa directement à Charles X, qui, ne trouvant pas qu'il fût digne d'un roi de France de correspondre personnellement avec un dey d'Alger, surtout au sujet de prétentions personnelles et si mal fondées, ne répondit pas.

Sur ces entrefaites arriva le 30 avril, veille de la fête du Beyram, M. Deval se rendit à l'audience du dey pour le complimenter, comme c'était l'usage tous les ans à pareil jour. Hussein demanda au consul s'il avait une lettre du roi à lui remettre : sur sa réponse négative, le dey irrité le frappa au visage de plusieurs coups d'un de ces éventails de plumes de paon, dont on se sert, en Afrique, pour chasser les mouches.

A cette insulte faite en public, M. Deval fit observer que ce n'était pas à lui, mais bien à son souverain, le roi de France, que l'injure était faite. Le dey répondit violemment qu'il ne craignait pas plus le roi que son représentant, et il accompagna ce propos de l'ordre formel de quitter la salle d'audience.

Un semblable outrage adressé au consul d'une puissance telle que la France était un fait inouï dans l'histoire. L'audace des forbans était devenue de la folie!

# TROISIÈME PARTIE.

## CHAPITRE XXXIX.

### Expédition française, — Débarquement.
[DE 1827 A 1830.]

Impression que produit en France la conduite du dey.—M. Deval et tous les Français quittent Alger. — Blocus. — Le vaisseau *la Provence* est canonné. — Une expédition est résolue. — Commission d'examen. — Réunion de l'armée à Toulon.—Départ des troupes.—Relâche à Palma. — Arrivée à Alger. — Débarquement. — Victoire de Sidy-Ferruch.

Avant de vous faire assister aux résultats des événements que je viens de vous rapporter, un mot, mes jeunes amis, sur la suite de cette histoire. Nous voici arrivés à une époque contemporaine, à des faits qui font partie intégrante de notre Histoire nationale. Loin de moi la pensée d'entrer dans des détails stratégiques ou politiques, je n'ai pour cela, ni les talents, ni les connaissances nécessaires. Jusqu'à présent mon but a été de vous faire connaître le pays et son histoire, afin que par la comparaison, vous pussiez apprécier le présent, prévoir l'avenir. Maintenant je continuerai à vous raconter les faits tels qu'ils se sont passés, tels que les soldats de notre brave armée d'Afrique les ont vus s'accomplir sous leurs yeux. Je ne vous ferai pas suivre pas à pas nos troupes, je n'énumérerai pas le nombre de canons employés dans telle ou telle expédition, je ne vous dirai pas, non plus, tous ceux qui sont morts vaillamment, il me faudrait pour cela nommer tous ceux qui ont succombé, les soldats français sachant tous mourir en braves, seulement lorsque mon récit m'y amènera je vous répéterai le nom de quelques-uns de ceux que des actions d'éclat ont mis en ligne, afin qu'en me lisant vous leur donniez un souvenir, une pensée de reconnaissance.

Lorsque la conduite du dey fut connue en France, les esprits furent vivement impressionnés. Le gouvernement notifia sur-le-champ à son consul qu'il eût, ainsi que tous les Français habitant Alger, à quitter cette ville. Vainement, le dey fit publier une proclamation par laquelle il déclarait que ce qui s'était passé entre lui et M. Deval, était une affaire purement personnelle et que tous les sujets du roi de France pouvaient demeurer dans ses États, et être certains que sa protection veillerait sur eux : les Français d'Alger se hâtèrent d'obéir aux ordres qui leur étaient donnés.

L'affaire de l'éventail s'était passée le 30 avril, et le 15 juin, M. Deval se rendait à bord de la goëlette *la Torche*, où ne tardèrent pas à le suivre, nos compatriotes résidant à Alger. L'établissement de la Calle fut aussi évacué.

Cependant, une escadre de 13 bâtiments s'approchait d'Alger. Des conditions de paix furent proposées au dey, qui refusa d'y accéder. Si d'une part on peut accuser de superstition et d'orgueil ce Hussein, qui, confiant dans le destin, s'écriait à l'aspect d'un danger : « *Mon sort ne dépend de personne, la main d'Allah n'a-t-elle pas écrit sur le front de chaque homme quelle sera sa destinée!* » d'un autre côté, il faut l'avouer, les conditions de la France étaient dures et humiliantes.

L'escadre commença le blocus de la ville et des côtes. Les Turcs, pour se venger, détruisirent tous les établissements français en Algérie. Plusieurs tentatives furent faites contre nos vaisseaux, mais aucune n'eut de suites, grâce à l'active surveillance et au zèle de M. Collet, commandant de l'escadrille.

Le vaisseau *la Provence* fut envoyé au dey pour lui porter de nouvelles propositions; sans respect pour son drapeau de parlementaire, les batteries du port le canonnèrent au moment où il se retirait. Cette déloyale agression, que le dey prétendit n'avoir pas ordonnée, irrita au dernier point la marine française qui brûlait du désir de venger promptement cette insulte. Dès lors toute hésitation cessa; M. de Polignac, le dernier ministre du roi Charles X, vit ce que demandait l'honneur outragé de la France et il l'accomplit, malgré de vives oppositions. L'Angleterre surtout chercha à le dissuader, tantôt par des plaintes, tantôt par des menaces.

On nomma une commission pour examiner les chances d'une expédition, et décider des mesures à prendre. La plupart des marins consultés, déclarèrent le débarquement impossible; néanmoins, l'armée fut rapidement organisée, son effectif fut porté à 35,000 hommes et Sidy-Ferruch fut choisi comme point de débarquement. C'était le chiffre et le lieu qu'avait fixés le capitaine Boutin, lorsqu'en 1808, il avait exploré les côtes par ordre de Napoléon.

Le lieutenant général, comte de Bourmont, alors ministre de la guerre, reçut le commandement en chef de cette expédition, l'une des plus importantes qui soient jamais sorties d'un de nos ports de France. Le commandement de la flotte fut confié au vice-amiral Duperré, qui eut sous ses ordres l'élite de nos marins, entre autres MM. le contre-amiral Rosamel, le contre-amiral Mallet, le baron Hugon, Villaret-Joyeuse, Cosmao-Dumanoir, etc. L'artillerie fut commandée par le général vicomte de la Hite; le génie, par le baron Valazé. L'infanterie forma trois divisions qui eurent pour commandants les lieutenants généraux baron de Berthezène, comte Loverdo et duc d'Escars. Chacune de ces divisions forma trois brigades commandées par des maréchaux de camp.

Le 30 avril, ces troupes étaient déjà réunies à Toulon ou dans les environs. On les exerçait aux diverses manœuvres qui allaient être nécessaires dans un pays où l'on ne combat point à la manière européenne et régulière. Les soldats étaient remplis d'enthousiasme. Un certain nombre d'entre eux, prêts à rentrer dans leurs foyers, avaient renouvelé leur engagement, tout exprès pour faire partie de cette expédition. — De jeunes officiers, des Français et des étrangers de distinction, avaient sollicité et obtenu l'honneur de servir comme simples volontaires.

Trois mois à peine s'étaient écoulés depuis la fin des conférences de la commission, et le 11 mai, une flotte de 457 voiles se trouvait dans le port de Toulon prête à appareiller. Il me serait impossible de vous donner une idée de l'enthousiasme des populations méridionales de la France. — Pour elles, c'était en même temps la vie commerciale qui allait leur être rendue, la vengeance à tirer d'anciennes déprédations, une douce pensée religieuse, l'espoir d'une régénération chrétienne, sur la terre des saint Cyprien et des saint Augustin; enfin le noble et national orgueil de délivrer les États de l'Europe d'un joug onéreux et avilissant. Je vous ai dit déjà que la régence, grâce à son système de piraterie organisée, portait facilement des entraves à tout commerce dans la Méditerranée. Pour se mettre à l'abri de ces déprédations, presque tous les gouvernements s'étaient assujettis, par des traités particuliers avec le dey, à payer un tribut plus ou moins élevé, selon que leur position géographique ou politique rendait des hostilités plus ou moins à redouter.

Il ne sera pas sans intérêt pour vous, mes jeunes amis, de savoir au juste la position des barbaresques d'Alger vis-à-vis de l'Europe au moment même où nous allons faire de leur pays une colonie française. D'ailleurs il me semble que vous donner la liste des tributs payés par la chrétienté au dey d'Alger, c'est vous donner celle des services rendus à l'Europe dans cette circonstance par notre patrie.

« Les Deux-Siciles payaient un tribut annuel de 24,000 piastres fortes et fournissaient en outre des présents de la valeur d'environ 20,000 piastres fortes.

« Le Portugal avait accepté un traité aux mêmes conditions que les Deux-Siciles.

« La Sardaigne, que l'influence anglaise avait affranchie de tout tribut régulier, payait des sommes très-considérables à chaque changement de consul.

« Les États du Pape, grâce à la protection de la France, étaient affranchis de tout tribut et de tout présent consulaire.

« L'Autriche jouissait des mêmes avantages que les États de l'Église. Elle avait obtenu cette franchise par la médiation du Grand-Seigneur.

« L'Espagne n'était soumise à aucun tribut régulier, mais elle était assujettie à des présents à chaque renouvellement de consul.

« L'Angleterre, malgré les termes formels des conditions faites en 1816, par Lord Exmouth, devait un présent de 600 livres sterling à chaque changement de consul.

« La Hollande, depuis le bombardement de 1816, auquel elle avait pris part, ne payait ni tribut, ni présents ; aussi le dey cherchait-il sans cesse une occasion de rompre avec elle.

« Les États-Unis payaient, comme l'Angleterre 600 livres sterling à chaque renouvellement de consul.

« Le Hanovre et Brême avaient adhéré aux mêmes conditions.

« La Suède et le Danemark payaient annuellement un tribut, consistant en munitions de mer et en matériaux de guerre, équivalant à peu près à 4,000 piastres fortes, et en plus à la rénovation des traités, c'est-à-dire tous les dix ans, un présent de 10,000 piastres fortes.

En outre des conventions ci-dessus, chaque consul, en entrant en fonctions, faisait au dey des cadeaux dont l'importance, comme bien vous le pensez, était en proportion des exigences du dey et de la puissance de sa nation. C'est ainsi que la France qui, d'après ses traités, ne devait rien payer à la régence, avait cependant été forcée de maintenir l'usage des cadeaux consulaires et je dois vous assurer que le dey ne manquait jamais par ses intrigues de forcer les gouvernements à changer souvent leurs consuls.

L'amiral Duperré, qui prévoyait de grands obstacles au débarquement, prit ses mesures en conséquence. Les bâtiments de l'État formèrent trois escadres dites de bataille, de débarquement et de réserve. On désigna sous le nom de convoi, les navires frétés pour le transport des approvisionnements, et sous celui de flottille, ceux qui devaient effectuer le transport des soldats à terre.

Le 17, toutes les troupes étaient à bord ; le 18, on publiait, sur tous les vaisseaux de la flotte, un ordre du jour ainsi conçu : « Officiers, sous-officiers et marins, appelés avec vos « frères d'armes de l'armée expéditionnaire à prendre part « aux chances d'une entreprise que l'honneur et l'humanité « commandent, vous devez aussi en partager la gloire ; c'est « de nos efforts communs, de notre parfaite union que le roi « et la France attendent la réparation de l'insulte faite au pa-« villon français ; recueillons les souvenirs, qu'en pareille cir-« constance nous ont légués nos pères ; imitons-les et le succès « est assuré ; partons, vive le Roi ! » — Cependant, bien que tous les préparatifs fussent terminés, on ne put mettre à la voile immédiatement : les vents contraires retardèrent le départ de la flotte jusqu'au 25 dans l'après-midi.

Figurez-vous, mes jeunes amis, une flotte si nombreuse, qu'elle couvrait un espace d'environ 48 kilomètres, emportant à la conquête d'une ville, que n'avait pu prendre Charles-Quint lui-même, notre jeune et brave armée. Écoutez ces hymnes militaires que nos soldats nous envoient en signe d'adieu et auxquels répond ce cri de gloire et d'espoir : Vive le roi ! — Vive la France ! répété par les voix réunies de 50,000 spectateurs. Voyez tout cela, et dites-moi si vous aussi, vous ne partagez pas l'élan général ; dites-moi si vous ne revenez pas en arrière pour joindre votre pensée religieuse à la prière des femmes, votre espoir de gloire et d'avenir aux acclamations de tous. Ah oui ! j'en suis sûre, c'est du fond du cœur que vous vous écriez aussi : *Vive la France ! victoire à notre brave armée.*

Le 30 au soir, on n'était qu'à quelques lieues d'Alger, lorsque le vent ayant fraîchi, l'ordre fut donné de se diriger sur les îles Baléares. L'escadre relâcha à Palma où le calme la retint jusqu'au 10 juin.

Enfin, le 14 à trois heures du matin, l'impatience générale fut satisfaite; le débarquement commença à la pointe de Sidy-Ferruch. Il s'effectua avec une promptitude et une précision vraiment admirables.

Cette première journée du 14 fut marquée par une victoire complète, qui nous valut la prise de quinze canons, de plusieurs drapeaux et surtout la possession importante de la presqu'île où nos troupes prirent position.

Officiers et soldats, tout le monde dut saluer ce jour comme un jour heureux. Où donc étaient ces obstacles invincibles, cette lutte inégale et douteuse qu'on annonçait à notre armée avec tant d'assurance? Déjà elle avait planté ses drapeaux sur la terre ennemie, déjà elle avait remporté une victoire, et tout cela ne lui avait coûté que quelques heures et une trentaine d'hommes.

## CHAPITRE XL.

### Capitulation d'Alger.

[1830.]

Camp de Sidy-Ferruch. — Crainte de l'armée. — Staouëli. — Ibrahim.— Colère du dey. — Victoire de Sidy-Kalef. — Tactique des Arabes. — Arrivée sur le Boudjaréah. — Aspect d'Alger. — Siége du fort l'Empereur. — Les Turcs en font sauter la grosse tour. — Capitulation. — Entrée des Français dans la ville. — Confiance des habitants.

La plage de Sidy-Ferruch, si triste et si déserte naguère, s'était tout d'un coup transformée en un foyer de vie et de mouvement. Des cabanes de feuillage, des tentes de campement s'y étaient rapidement élevées, et partout circulaient, confiants et joyeux, les 37,000 hommes de notre armée. Le général de Bourmont avait eu soin de faire respecter tous les objets religieux du marabout où il avait établi son quartier général.

Deux jours ne s'étaient pas encore écoulés depuis que nos soldats avaient pris possession du territoire africain, lorsqu'une terrible anxiété vint faire battre tous les cœurs. Dans la journée du 16, un coup de vent menaça notre flotte du sort qu'avait éprouvé, trois siècles auparavant, celle de Charles-Quint; mais Dieu protégeait la France, le ciel était pour nous : le vent tourna et toute crainte disparut !

A six kilomètres est de Sidy-Ferruch se trouve un plateau

élevé, connu sous le nom de Staouëli : c'était là qu'était fixé le point de réunion des troupes turques, sous le commandement d'Ibrahim, aga de la milice et gendre du dey. Dans la journée du 18, des Arabes, venus volontairement au camp, annoncèrent qu'une attaque se préparait pour le lendemain.

Au point du jour le canon turc donna le signal, l'attaque se porta sur tous les points à la fois. L'ennemi combattait corps à corps : c'était une terrible mêlée, et partout nos soldats donnaient des preuves de ce courage dont les musulmans ont gardé le souvenir depuis les croisades. Nos hommes, en tombant, trouvaient encore la force de crier : Vive la France !

Sur l'ordre du général Bourmont, nos troupes quittent enfin leurs retranchements, se déploient dans la plaine, se précipitent sur l'ennemi, et en un clind'œil le mettent en déroute : Turcs et Bédouins prennent la fuite. Les Turcs ne s'arrêtent que lorsque les portes d'Alger se sont refermées sur eux, les Arabes se répandent dans la campagne : la victoire couronne la bravoure et le sang-froid de notre armée. Ceux-là mêmes qui se vantaient, le matin encore, de jeter à l'eau tous les Français, étaient maintenant découragés et vaincus, et Ibrahim, qui avait écrit à son beau-père : « *Si ces infidèles débarquent, ils périront tous* », se présentait tremblant devant lui, et cherchait à excuser sa défaite en assurant que nos soldats, n'ayant jamais rompu leurs rangs malgré ses efforts, devaient être ferrés les uns aux autres.

Je vous laisse à penser, mes jeunes amis, quelle dut être la colère du dey. Cette cruelle journée faisait évanouir son orgueil ; il ne pouvait plus compter sur la protection d'Allah, qui jusqu'alors avait fait toute son assurance. Dès ce moment il dut prévoir le sort qui l'attendait ; il dût regretter surtout son orgueilleuse cupidité qui l'avait décidé à laisser opérer sous ses yeux le débarquement des troupes françaises, convaincu qu'il était qu'une fois sur le sol africain, notre armée deviendrait une source de richesses, une proie facile à vaincre et à dépouiller.

L'occasion semblait favorable pour se porter sur Alger, qui, frappée de terreur, n'eût sûrement fait aucune résistance ; mais, les travaux du camp de Sidy-Ferruch n'étant pas terminés et le convoi qui amenait les chevaux étant encore en mer, la prudence exigea que l'on remît à plus tard l'attaque de la ville. L'ordre de se replier sur le camp fut donné, au grand regret de l'armée qui était d'autant plus animée à la poursuite qu'elle avait à venger d'horribles cruautés, d'affreuses mutilations accomplies contre nos soldats sur le champ même de bataille.

Après cette victoire, les ennemis ne se montrèrent pas de quelques jours. On croyait qu'ils avaient renoncé à la défense et l'on espérait un traité, lorsque le 24 ils reparurent et commencèrent une série d'attaques partielles, sans cesse répétées et toujours très-meurtrières.

Fatigués de ces continuelles escarmouches, les Français sortirent de leurs retranchements ; alors les Turcs et les Arabes allèrent prendre position à une lieue environ, dans le marabout de Sidy-Kalef, entouré de ravins boisés très-propres à la défense. L'armée s'élance sur leurs traces ; une heure lui suffit pour arriver à Sidy-Kalef, rien ne l'arrête ; elle franchit des haies épaisses et élevées, et tombe avec tant d'impétuosité sur l'ennemi que rien ne lui résiste ; l'invincible milice elle-même ne peut tenir nulle part. Une seconde victoire est à inscrire à côté de celle de Staouëli. Un seul officier fut blessé gravement dans cette affaire : c'était un jeune lieutenant du 38e, Amédée de Bourmont. Le général en chef achetait cher l'honneur de la conquête ; le sang d'un de ses fils était un des premiers versés sur le sol africain.

Voici les paroles mêmes de M. de Bourmont rendant compte au gouvernement de cette blessure de son fils : « Le nombre « des hommes mis hors de combat a été peu considérable ; « un seul officier a été blessé dangereusement ; c'est le second « des quatre fils qui m'ont suivi en Afrique. J'espère qu'il vi- « vra pour continuer de servir avec dévouement le Roi et la « Patrie ! » — Touchantes paroles, noble et cher espoir qui ne devait pas être réalisé. Quelques jours après l'entrée de l'armée à Alger, le jeune et brave Amédée succombait entre les bras de son père.

Après l'affaire de Sidy-Kalef, le bey de Tittery remplaça Ibrahim au commandement de l'armée turque. Il ne tomba point dans le même découragement que son prédécesseur. Dès le lendemain, les Arabes recommençaient à nous inquiéter.

Cependant nous avions gagné deux lieues de terrain, et ces deux lieues nous avaient fait quitter la plage inculte de Sidy-Ferruch pour les belles terres du Sahel. L'aspect admirable et nouveau pour nos troupes de la riche nature africaine attirait, malgré les dangers, bien des curieux hors des lignes fortifiées ; malheur à eux, les Arabes les massacraient sans pitié. Armés de fusils beaucoup plus longs que ceux des Français, habiles à profiter du moindre pli de terrain, d'un arbre, d'un buisson, pour s'y cacher et ajuster leur victime, les indigènes nous faisaient un grand mal et n'éprouvaient presque aucune perte. Depuis dix-sept ans leur tactique est restée la même, mais elle est devenue moins meurtrière depuis que nous avons acquis l'habitude des lieux.

Il serait trop long d'entrer dans le détail des engagements qui marquèrent les journées suivantes et dans lesquelles périrent un assez grand nombre d'hommes, entre autres, plusieurs jeunes officiers pleins de talent et d'avenir.

L'armée arriva le 29 sur les hauteurs du Boudjaréah, massif, en avant de la Mitidja, qui domine le Sahel et par conséquent Alger et la mer. Les Français avaient enfin en face d'eux cette ville pour laquelle ils venaient de quitter leur patrie, de traverser la mer. Ils la saluèrent d'un cri d'espoir et aussi d'admiration. C'est qu'il est difficile de se faire de la position d'Alger, une idée qui ne soit encore surpassée par la réalité. Une campagne magnifique, des jardins charmants, des villas délicieuses et au milieu de ce ravissant tableau une masse compacte de bâtiments d'un blanc mat et quelquefois légèrement doré, que dépassent, çà et là, les flèches des minarets, et qui se détache en un immense triangle, dont la base s'appuie sur la mer et dont le sommet est couronné d'une lourde citadelle, qui n'est rien moins que la Kasbah. Et puis, un peu en avant, le souvenir vivant du désastre de Charles-Quint, le fort l'Empereur, assis sur le roc vif, à l'endroit même où avait campé l'armée espagnole.

C'était à s'emparer de ce point important et redoutable que devaient tendre tous les efforts de l'armée, aussi le général Bourmont en commença-t-il immédiatement le siége.

Les Algériens n'avaient jamais redouté qu'une attaque du côté de la mer, car ils ne croyaient pas que des Européens pussent gravir le Boudjaréah ; ils n'avaient pris aucune mesure de défense sur ce point et il fallut la persuasion où ils étaient que le fort l'Empereur ne pouvait être pris qu'au moyen de la construction d'une citadelle de force supérieure, pour les tranquilliser.

Cette prévision, comme toutes leurs espérances depuis l'arrivée des Français, fut trompée.

Le 4 juillet, une explosion terrible faisait tressaillir la ville jusqu'à ses fondements et obscurcissait le ciel si pur de l'Afrique. Partout volaient des éclats de projectiles, des débris d'armes et de pierres. La terre tremblait sous les pieds de nos soldats ; une épaisse fumée les environnait de toute part. Bientôt, le vent la chassant en colonnes, l'armée put contempler le changement qu'une résolution désespérée avait opéré en quelques minutes. Au lieu d'une forteresse, elle n'avait plus devant elle qu'une scène de désolation et de ruine ; les défenseurs du fort l'Empereur venaient de faire sauter la grosse tour ; ils avaient juré qu'ils s'enseveliraient sous ses murs plutôt que de la laisser tomber aux mains des Français. Ils ne tinrent que la moitié de leur serment, ils rentrèrent à Alger, mais seulement après avoir chargé un nègre de mettre le feu aux poudres.

Avant d'en venir là, on avait déployé, de part et d'autre, une grande intrépidité. L'armée française, qui avait fait preuve d'une courageuse habileté, touchait au moment d'en recueillir les fruits. Après la catastrophe du fort l'Empereur, les Arabes abandonnèrent les Turcs. Hussein parlait de faire sauter Alger. La milice s'opposa à cet acte désespéré et le décida à demander une capitulation.

Cette capitulation lui fut accordée, mais à des conditions qu'il n'accepta qu'après de grandes hésitations. En voici le texte :

« Le fort de la Kasbah, tous les autres forts qui dépendent

d'Alger, et le port de cette ville seront remis aux troupes, le 5 juillet, à dix heures du matin (heure française).

« Le général en chef de l'armée française s'engage envers S. A. le bey d'Alger, à lui laisser sa liberté et la possession de toutes ses richesses personnelles.

« Le bey sera libre de se retirer, avec sa famille et ses richesses, dans le lieu qu'il aura fixé. Tant qu'il restera à Alger, il y sera, lui et sa famille, sous la protection du général en chef de l'armée française. Une garde garantira la sûreté de sa personne et celle de sa famille.

« Le général en chef assure à tous les soldats de la milice, les mêmes avantages et la même protection.

« L'exercice de la religion mahométane restera libre ; la liberté des habitants de toutes les classes, leur religion, leurs propriétés, leur commerce, leur industrie, ne recevront aucune atteinte. Leurs femmes seront respectées, le général en chef en prend l'engagement sur l'honneur.

« L'échange de cette convention sera fait le 5 avant dix heures du matin. Les troupes françaises entreront aussitôt après dans la Kasbah et dans tous les forts de la ville et de la marine. »

« Au camp devant Alger, le 5 juillet 1830,

*Signé* : Comte de Bourmont.

(Ici le sceau du Dey).

Ces conditions furent strictement observées de part et d'autre, seulement, l'armée n'entra à Alger qu'à midi. Jamais ville ne fut occupée avec plus d'ordre. Sauf à la Kasbah, où le départ précipité du Dey et l'affluence des Maures et des Juifs, donna lieu à quelques scènes de pillage et de violence, tous les quartiers présentaient le calme le plus parfait. Chacun vaquait tranquillement à ses affaires, quelques musulmanes soigneusement enveloppées dans leurs voiles se montraient çà et là, attirées par la curiosité ; les juives plus hardies garnissaient les terrasses de leurs maisons. Du reste, nul n'éprouvait le moindre sentiment de crainte, tant était grande la confiance qu'inspirait un serment français.

Bientôt même à ce calme succéda une joie bruyante. Les Juifs et les Arabes, en acquérant la certitude que ces Français, si vaillants au combat, si intrépides à l'attaque, étaient, après la victoire, doux et justes pour tous, pensaient avec raison que le joug chrétien serait bien différent du joug des Turcs, si dur et si pénible à porter. On entourait nos soldats ; on les fêtait, on refusait presque d'accepter le prix qu'ils offraient pour les rafraîchissements de toutes sortes qu'on leur offrait avec profusion. La cupidité arabe et juive semblait ce jour-là endormie, enfin on se disputait à qui approcherait le plus près de nos soldats et on tenait à honneur de les servir.

L'enthousiasme de l'armée était porté à son comble, et certes c'était un noble et juste orgueil. Elle avait le droit d'être fière, car cette ville qu'elle venait de conquérir méritait depuis trois siècles le titre, dont elle était si vaine : d'*Alger la victorieuse*, d'*Alger la bien gardée !* et cette victoire n'était pas due, comme l'ont prétendu quelques personnes, à un concours de circonstances dont un heureux hasard nous avait favorisés ; mais bien au contraire au talent des chefs, qui avaient su faire plier à leur volonté les événements qui semblaient même offrir des chances contraires. Elle était due à la sagesse et à la prudence des mesures prises, et, disons-le aussi, dans notre ortre orgueil national, au zèle et à la bravoure des soldats.

# CHAPITRE XLI.

## Départ du maréchal de Bourmont.

[DE 1830 A 1831.]

Départ d'Hussein-Pacha. — Ses rapports avec M. de Bourmont. — Dissolution du corps de l'Odjeac. — Effet que produit en France la prise d'Alger. — Révolution de juillet. — Trésor de la Kasbah. — Négligence du gouvernement. — Dispositions prises par le maréchal. — Expédition de Blidah. — Conjuration d'Alger. — Expédition d'Oran. — Expédition de Bone. — Les Beni-Yacoub. — Achmed-Bey. — Contrecoup de la révolution de juillet en Afrique. — Arrivée du général Clausel. — Départ du maréchal Bourmont.

Le 10 juillet au coucher du soleil, la frégate *la Jeanne d'Arc* quittait la rade d'Alger. Elle emmenait Hussein-Pacha, ses 55 femmes, le personnel de sa maison, en tout 110 personnes, plus sa fortune particulière qui ne s'élevait pas, assure-t-on, au-dessus de 4,000,000 de francs. — Il avait désigné pour sa résidence, d'abord Malte, puis Livourne et s'était décidé pour Naples. — De Naples, Hussein alla plus tard à Livourne, ensuite à Paris, et finit par se fixer à Alexandrie où il est mort en 1838.

Après la prise d'Alger, Hussein fit preuve d'un noble caractère. Ce même homme, qui avait abusé de la fortune, se montra supérieur à l'infortune. Ses rapports avec M. de Bourmont furent pleins de politesse et de confiance. Il lui donna des renseignements précieux sur le caractère des différents chefs de la régence, et sur la conduite à suivre avec eux. Malheureusement, on ne tint aucun compte de ses avis.

Selon les stipulations convenues, le corps de l'Odjeac étant dissous, les Janissaires désignèrent le lieu qu'ils choisissaient pour retraite. La plupart d'entre eux indiquèrent l'Asie-Mineure et tous témoignèrent une grande reconnaissance pour la générosité de la France, lorsque, la veille de leur départ, on leur compta à chacun deux mois de solde, sans que rien de semblable eût été stipulé.

C'en était donc fait de cette terrible puissance turque. Vingt jours, deux batailles, le siége d'un fort et le courage français avaient suffi pour la faire à jamais disparaître du sol algérien.

La veille du jour où le dey quittait Alger, la nouvelle de la conquête arrivait en France et y était accueillie avec une ivresse universelle ; à Paris surtout, qu'une sourde rumeur politique agitait depuis longtemps, la joie éclata avec un transport indicible. Lorsque le roi alla à Notre-Dame, pour assister au *Te Deum* solennel chanté en action de grâces, le peuple voulait l'y porter en triomphe. Le mécontentement avait fait place au bonheur de la victoire, à l'orgueil national. L'enthousiasme devait vite s'éteindre. Le canon des journées de juillet fit succéder le cri de la fureur populaire, aux acclamations de la journée du *Te Deum*. Les ministres, qui avaient su envoyer notre armée à la victoire et venger l'honneur français, n'avaient pas su conserver le sceptre à la main de leur roi.

Cependant, mes jeunes amis, le trésor de la Kasbah, que des exagérations nous avaient montré regorgeant d'or et d'argent, ne contenait, au moment de la prise d'Alger, que 48 millions. Ce fut pour la France une grande déception. Des propos calomnieux atteignirent le général en chef, et quoique absurdes, puisque les précautions prises avaient matériellement empêché aucun détournement, ces propos, envenimés par l'esprit de parti, s'accréditèrent assez généralement. A cela, il faut joindre le mécontentement de l'armée qui ne reçut d'autre récompense que la nomination de son chef au grade de maréchal de France, quoique M. de Bourmont eût proposé au ministère, d'abord, une liste de promotions, et ensuite la répartition entre les vainqueurs, d'une partie du trésor de la Kasbah. Cette indifférence serait inconcevable, si elle ne s'expliquait par les préoccupations politiques des derniers jours du gouvernement de la restauration. Le blâme en retomba sur le général en chef, qui ne cessait cependant de réclamer contre ce qu'il appelait, avec raison, une injustice. Son fils Louis de Bourmont et M. de Bessières refusèrent de porter la croix de Saint-Louis que, par exception, on leur avait accordée à eux seuls. Ils ne la prendraient, disaient-ils, que lorsque justice serait rendue à leurs camarades.

Un parti, très-nombreux en France, montrait l'occupation de l'Algérie comme onéreuse et inutile ; l'Angleterre irritée faisait opposition et menaçait, le gouvernement semblait indécis et ne donnait pas d'ordres, et l'inaction, après un semblable début, la différence de climat et de manière de vivre portaient dans l'armée le découragement et l'ennui.

Tout était donc livré à la sollicitude du maréchal ; il fit ce qu'il pouvait faire pour consolider sa conquête. Il régla l'administration de la ville, y assura le maintien de l'ordre, veilla à ce que la justice y eût son cours ; en même temps il créait des hôpitaux, un bureau de santé et commençait des travaux d'assainissement et d'utilité publique.

Depuis la capitulation, les avant-postes n'avaient essuyé aucune agression, lorsque le 18, une bande armée enleva, dans la Mitidja, des bœufs que nous envoyait le bey de Titteri. Cette attaque, qui prouvait que les Arabes commençaient à reprendre courage, décida le général en chef à répondre à l'appel des habitants de Blidah, ville assez importante, assise au pied de l'Atlas à 50 kilomètres d'Alger, qui réclamaient la protection des Français contre les Kabaïles. Outre ces motifs, M. de Bourmont était bien aise de reconnaître par lui-même cette Mitidja, l'une des plus spacieuses plaines de l'ancien monde (elle a 500,000 hectares de superficie), qu'on lui avait dépeinte comme très-propre à la colonisation.

Mille hommes d'infanterie, le général en chef, un brillant

état-major prirent part à cette expédition. Le parcours de la Mitidja fut pour tous un désappointement. Un sol, riche comme puissance de végétation, mais inculte et livré à lui-même, quelques tentes grossières, des pâtres, des troupeaux errants dans des pâturages à perte de vue ; voilà, excepté vers le sud où étaient de belles cultures, l'aspect peu enchanteur, derrière lequel se cachait la fertilité réelle que quelques efforts pouvaient rendre à ces terres.

Le 28 juillet, la petite armée bivouaquait sous les murs de Blidah, dont les habitants s'empressaient d'offrir à nos soldats toutes les provisions qui pouvaient leur être nécessaires. Les Kabaïles, stimulés par le bey de Titteri, qui avait sollicité le commandement de Blidah et essuyé un refus, nous harcelaient sans relâche, plusieurs hommes avaient été tués, entre autres M. de Trélan, aide de camp du maréchal. Le détachement français n'étant pas assez nombreux pour se répandre dans la plaine et disperser les Arabes, le seul parti à prendre était de se replier sur Alger. Cette retraite ne s'accomplit pas sans périls ; en arrivant, le corps expéditionnaire avait perdu 80 hommes.

Cette campagne nous mit à même d'apprécier le caractère astucieux et perfide des Arabes, et, en diminuant notre confiance, elle servit à nous donner plus de circonspection. Peut-être sans l'expérience qu'elle donna aux chefs de l'armée ne se fût-on pas aperçu, au retour, qu'une conspiration se formait à Alger. Les Janissaires mariés avaient obtenu de rester dans la ville, parmi les célibataires, quelques-uns avaient éludé les ordres du gouverneur et étaient aussi demeurés. En voyant les Français revenir si vite de l'expédition de Blidah, ils crurent à une défaite et voulurent la mettre à profit. On les surprit distribuant de la poudre et des armes aux Arabes ; aussitôt des mesures énergiques sont prises, deux Arabes sont fusillés, les Turcs, ayant violé leur serment de ne rien tenter contre nous, sont transportés hors de la régence et tout rentre dans l'ordre.

Tandis que M. de Bourmont se dirigeait sur Blidah, son fils aîné quittait Alger à bord du *Dragon* et se rendait à Oran. Le

*Dragon* arriva devant la place le 24 juillet ; immédiatement le capitaine Louis de Bourmont entra en relation avec le bey, dont l'intention était de remettre aux mains des Français la ville et les forts, et ensuite de se retirer en Asie où il était né. Pendant ces négociations, 110 hommes s'étaient rapidement emparés de l'importante position de Mers-el-Kébir, et notre drapeau flottait sur ce fort que l'Espagne et la régence s'étaient si longtemps disputé. Ce coup de main n'interrompit pas les négociations avec Hassan. Mais celui-ci ayant besoin de lutter contre les Arabes révoltés, le capitaine de Bourmont n'avait pas assez de troupes pour lui accorder une protection efficace. Il retourna vers son père et, sur son rapport, le 21$^e$ de ligne fut embarqué à destination d'Oran. Le jour même où il entrait en rade, l'ordre lui arriva de revenir sur-le-champ. Les premiers bruits des événements de juillet venaient de transpirer en Afrique, et la prudence exigeait ce retour. Mers-el-Kébir fut évacué, et les Français repartirent pour Alger, emportant les sympathies du bey et de la population, qui promit de défendre Oran jusqu'à la dernière extrémité et de reconnaître l'autorité du roi de France.

Revenons encore une fois, mes jeunes amis, au moment à peu près du double départ du maréchal pour Blidah et de son fils pour Oran. Une expédition se préparait dans le port d'Alger ; le contre-amiral Rosamel avait reçu le commandement de l'escadre et le général Damremont celui des troupes. Ce corps d'armée était destiné à aller prendre possession de Bone. Le gouvernement n'avait pas oublié nos possessions de la Calle qu'il voulait rétablir ; or, la Calle est à 60 kilomètres est de Bône ; les ordres les plus formels avaient été donnés au maréchal pour qu'il dirigeât des forces de ce côté.

Les habitants de Bône, que la cessation du commerce avec la France avait ruinés, reçurent nos soldats avec enthousiasme. Ils avaient refusé, quelques jours auparavant, d'ouvrir leurs portes au bey de Constantine et de lui livrer les munitions qu'ils avaient en magasin. La vengeance des Arabes les menaçait sérieusement, le général Damremont hâta le débarquement.

Bône est une ville sombre et triste, aux rues tortueuses et étroites, que le manque de commerce depuis 1827 avait en partie dépeuplée. A un kilomètre environ, sur les bords de la Seybouse, rivière large et profonde, sont les ruines de la ville épiscopale de saint Augustin, de la grande et célèbre Hippone. Ces ruines, qui occupent un vaste emplacement, donnent une idée de ce qu'était Hippone au temps de sa splendeur ; soit lorsque, ville royale des Numides, elle rivalisait presque avec Cyrtha ; soit lorsque, cité chrétienne, des conciles s'assemblaient dans son sein pour y agiter de graves questions religieuses.

Ces ruines nous sont chères. Elles sont encore toutes palpitantes de souvenirs catholiques ; aussi chaque année, le jour anniversaire de la fête de saint Augustin, le clergé y accourt, les fidèles s'y donnent rendez-vous et on y célèbre, avec toute la pompe possible, la fête de l'illustre et saint évêque. Après des siècles de silence, les échos des vieux rivages atlantiques répètent en tressaillant le nom à jamais béni du Dieu trois fois saint. Oh ! n'est-il pas vrai que là, mieux encore qu'ailleurs, chaque cœur français doit remercier le Seigneur d'avoir confié à sa patrie la grande mission régénératrice, qui a relevé l'étendard de J. C. aux lieux mêmes où il avait flotté avec tant d'éclat et de gloire, aux jours de la persécution, et après encore, aux jours de foi et de zèle qui ont enfanté ces hommes, orgueil de l'Église, lumière du temps.

La tribu des Beni-Yacoub répondit seule aux avances du général, toutes les autres suivirent le drapeau du bey de Constantine, le plus ardent de nos ennemis dans la régence. — Depuis le 4 jusqu'au 18, un grand nombre de petits combats furent livrés ; l'avantage resta toujours à nos troupes.

L'habitude qu'ont les Arabes, de ne jamais abandonner sur le champ de bataille les corps de ceux d'entre eux qui sont tués, empêche de connaître au juste leurs pertes, qu'on ne peut évaluer qu'approximativement. Cependant dans une attaque contre nos redoutes, ils furent reçus si vivement, qu'obligés de se retirer en toute hâte, ils laissèrent sur la place 85 morts, parmi lesquels était le beau-père du bey. Tout en repoussant

## DÉPART DU MARÉCHAL DE BOURMONT.

l'ennemi, le général Damremont ne perdait pas de vue l'administration civile. Il avait déjà créé un conseil de notables, et porté de grandes améliorations aux institutions établies par les Turcs, lorsqu'il fut rappelé à Alger. Cet ordre émanait des mêmes motifs qui avaient exigé le retour du corps d'armée d'Oran. Comme les habitants de cette dernière ville, ceux de Bône jurèrent fidélité à la France.

D'après ce que je viens de vous dire, vous pouvez voir que, sur les trois beys ou gouverneurs des trois provinces de la régence turque, un, celui de Titteri, nous trahissait; un autre, celui de Constantine, refusait de reconnaître notre domination et se posait en ennemi, et le troisième, le seul qui se montrât notre ami, avait par ce fait, perdu tout pouvoir sur les tribus et pouvait à peine se dire maître de la ville et du port. Cette tendance à la résistance fut augmentée, parmi les Arabes, par le retour des troupes à Alger. Incapables d'apprécier les motifs et les événements politiques qui faisaient agir le gouverneur, ils attribuèrent cette mesure à l'hésitation et à la faiblesse. Cette pensée, exploitée par leurs chefs, accrut leur audace, éloigna de nous ceux que la crainte en avait rapprochés et grandit les difficultés de notre établissement en Afrique.

Cependant, le changement de gouvernement en France devait nécessairement amener un changement de gouverneur en Algérie. M. de Bourmont fut remplacé; son successeur, le maréchal Clausel, arriva le 2 septembre. Le lendemain le maréchal fit ses apprêts de départ, après avoir témoigné à son armée le regret de n'avoir pu distribuer des récompenses justement méritées, et l'espoir qu'une dette aussi sacrée serait bientôt acquittée. En quittant Alger, M. de Bourmont n'eut pas la satisfaction de rentrer dans sa patrie. Des haines violentes étaient soulevées contre lui; et le général, qui avait accompli ce qu'avaient vainement tenté Charles-Quint et André Doria, s'éloigna en proscrit du théâtre de sa gloire. De ses quatre fils, deux seulement l'accompagnèrent en exil; l'aîné était en France, où il avait été chargé d'apporter les drapeaux conquis sur l'ennemi, et l'autre avait été, comme je vous l'ai déjà dit, tué à Staouëli.

# CHAPITRE XLII.

## Gouvernement du maréchal Clausel.
### [1831.]

Le maréchal Clausel. — Création des zouaves. — Première ferme-modèle. — Audace des Arabes. — Expédition de Médéah. — Bou-Mezrag. — Moustapha-Ben-Omar. — Affaire de Blidah. — Passage du col de Mouzaïa. — Installation du bey de Médéah. — Bou-Mezrag est envoyé en France. — Attaque de Blidah. — Les Français évacuent cette ville. — Évacuation de Médéah. — Occupation de Mers-El-Kébir. — Le maréchal Clausel cède les provinces de Constantine et d'Oran au bey de Tunis. — Refus du gouvernement de ratifier ces conventions. — Rappel du maréchal Clausel.

Le nouveau général en chef de l'armée d'Afrique était un ancien soldat de la république et de l'empire, qui avait gagné tous ses grades sur les champs de bataille. Ses talents militaires avaient pu être appréciés, on lui reconnaissait de la prudence, de l'habileté et du courage, aussi sa nomination fut-elle favorablement accueillie tant en France qu'en Algérie.

Ses premiers soins furent donnés à l'organisation civile et militaire. Il divisa l'administration en trois départements, les finances, la justice et l'intérieur. Il ajouta à l'armée, sous le nom de zouaves, deux bataillons d'indigènes, commandés par les capitaines Maumet et Duvivier, et, portant ses vues sur le système de colonisation, dès la fin d'octobre, il créa la ferme-modèle, dite d'Haouth-Hassan-Pacha.

Ces créations qui auraient dû inspirer des craintes aux Arabes, en leur prouvant que la domination française tendait à se stabiliser, ne diminuèrent nullement leur audace, et ils vinrent dévaster et piller, jusque sous les murs d'Alger. Le maréchal Clausel jugea nécessaire, pour imposer du respect à ces peuples, de frapper un grand coup et il résolut l'expédition de Médéah.

Bou-Mezrag, ce même bey de Titteri, qui, après s'être soumis à la France, avait, sous main, soulevé les Kabaïles, pressé par M. de Bourmont de déclarer ses intentions, avait enfin, quelques jours avant le départ du maréchal, répondu par des paroles de menace et de défi. Son armée se croyait d'autant plus redoutable que retranchée dans les montagnes, elle considérait l'Atlas comme un rempart infranchissable pour des Européens. Il n'en fut pas ainsi.

Le maréchal Clausel proclama la déchéance du bey, et lui donna pour successeur le Maure Mustapha-Ben-Omar, dévoué à la cause française. Puis il partit à la tête du corps expéditionnaire composé de 8,000 hommes. Les zouaves, le nouveau bey, son riche cortége imprimaient à cette armée un cachet tout à fait oriental.

Les habitants de Blidah firent des démonstrations hostiles. Le général ordonna l'attaque; le lieutenant d'Hugues, au péril de sa vie, escalade le mur d'enceinte, met en fuite les Arabes, s'élance vers les portes et les ouvre aux Français, qui entrent dans la ville, pendant que les habitants en sortent par le côté opposé. Le lendemain, pendant qu'une partie des troupes met la ville en état de défense, l'autre partie se met à la poursuite des Beni-Salah, celle des tribus Kabaïles qui nous avait le plus rudement attaqués la veille. On fit une soixantaine de prisonniers et pour l'exemple on en fusilla un certain nombre.

Après cet acte de rigoureuse justice, le maréchal laissa un détachement à Blidah et poursuivit sa marche. Le temps était magnifique, l'armée s'avança joyeuse jusqu'aux premiers défilés de l'Atlas. Là, elle s'arrêta : il ne s'agissait plus d'excursions sur les côtes, on allait s'engager dans l'intérieur, et la seule route pour y parvenir était un sentier étroit et difficile, où quelques hommes résolus, et les Arabes le sont, pouvaient espérer d'arrêter une armée tout entière.

Bientôt après être entré dans un sentier où deux hommes seulement pouvaient passer de front, 25 coups de canon annoncèrent l'arrivée des Français au col de Mouzaïa. Ce passage, large de 4 pieds, était gardé par six mille hommes, que commandaient Bou-Mezrag lui-même, son aga et son fils. Tous les plateaux dominant la position étaient occupés par des Arabes, qui tiraient sans relâche sur nos soldats. Ceux-ci, souffrant de la soif et accablés par un soleil brûlant, n'en combattaient pas moins comme des lions. L'entreprise était difficile, mais, telle était l'ardeur de l'armée que le soir ces Arabes, si intrépides et si formidablement défendus par leur position, étaient en fuite, le col de Mouzaïa, avec tous les points qui le commandaient, était aux Français!

Le maréchal Clausel, heureux et fier de ce succès, adressa aux soldats la proclamation suivante : « Soldats, les feux de « vos bivouacs, qui des cimes de l'Atlas semblent se confon- « dre avec la lumière des étoiles, annoncent à l'Afrique, la « victoire que vous achevez de remporter sur ses barbares dé- « fenseurs, et le sort qui les attend. — Vous avez combattu « comme des géants, et la victoire vous est restée. Vous êtes, « soldats, de la race des braves, les dignes émules des armées « de la révolution et de l'empire.

« Recevez le témoignage de la satisfaction, de l'estime, de « l'affection de votre général en chef. »

Cette glorieuse journée nous coûta plus de 200 hommes; après avoir laissé des forces suffisantes à Mouzaïa, l'armée continua sa route vers Médéah où elle fut accueillie par des promesses de soumission et de fidélité. Le maréchal installa le nouveau bey, qui fut favorablement reçu. Les tribus voisines refusèrent un asile à Bou-Mezrag, qui n'eut alors rien de mieux à faire que de se rendre aux Français comme prisonnier de guerre, ses janissaires suivirent son exemple. Envoyé en France, il se retira ensuite à Smyrne.

Le maréchal laissa à Médéah, une garnison de 1,200 hommes et quelques canons, puis il opéra son retour sur Alger. Partout, sur son passage, les tribus avaient arboré, en signe de paix, un petit drapeau blanc. Pas un coup de fusil ne fut tiré. Ces dispositions favorables des Kabaïles et des Arabes étaient dues à l'impression qu'avait produite sur eux la journée de Mouzaïa.

Cependant le même bonheur ne devait pas signaler toutes les phases de cette expédition. Tandis que l'armée victorieuse et respectée pouvait considérer sa marche comme un vrai triomphe, une surprise avait eu lieu sur un point qu'elle venait de quitter.

A Blidah, la garnison avait été attaquée, les Arabes avaient fait irruption dans la ville où tout était encore dans un affreux désordre, lors du retour de l'armée expéditionnaire. Le pavé des rues était ensanglanté, des cadavres mutilés gisaient abandonnés sur la voie publique, parmi eux étaient des femmes, des enfants, car c'était surtout sur leurs compatriotes sans défense, qui n'avaient autre chose à se reprocher que d'avoir cédé à la force, en recevant les Français, que s'était exercée la fureur des Arabes. Cette scène de deuil et de mort était éclairée par ce magnifique soleil d'Afrique qui ne semble créé que pour briller sur un sol heureux et privilégié; sous lequel il semble que tout devrait être fête et joie dans le cœur de l'homme. Triste opposition entre ce qui est et ce qui devrait être, entre les œuvres du Seigneur, telles qu'il les a créées dans une pensée de bonté, d'amour et surtout d'éternelle harmonie, et les œuvres de l'homme, empreintes de son esprit inquiet, perturbateur. En regardant au-dessus de soi, les yeux étaient réjouis par cette puissante végétation qui, partant des balcons et des terrasses de chaque maison de Blidah, s'élance d'un côté des rues à l'autre et les transforme en de ravissants berceaux de feuillage, que perce, à de rares intervalles, un fugitif rayon de soleil. Cette disposition, qui entretient une continuelle fraîcheur et qui séduit si gracieusement l'imagination, devait, dans cette circonstance, paraître à nos soldats une cruelle raillerie de la nature.

Cependant nous avions peu de pertes à regretter. Le colonel Rulhière, malgré le désavantage numérique de sa position, avait bravement repoussé l'ennemi. Bientôt même il avait repris l'offensive. Les drapeaux des Arabes étaient tombés en son pouvoir et un grand nombre d'entre eux avaient été tués. Leurs cadavres gisaient abandonnés à côté de ceux de leurs victimes. Cet événement décida le maréchal à abandonner la ville ; un grand nombre de ses habitants, qui redoutaient la vengeance des Kabaïles, demandèrent et obtinrent la permission de suivre l'armée qui, en rentrant à Alger, avait tout l'aspect d'une caravane.

C'était, en vérité, un triste sort que celui des habitants des villes de l'Algérie. Placés entre les Français et les Arabes, s'ils refusaient de recevoir les premiers, une victoire faisait vite justice de leur refus ; s'ils les recevaient, ils avaient tout à craindre des seconds et, lors même qu'ils ne les avaient reçus que par la force des armes, de terribles vengeances les attendaient. — Leurs propriétés pillées, leurs maisons incendiées, leurs enfants massacrés, tel était le sort qui leur était réservé dès que notre armée les avait quittés. Dans une semblable position, il ne leur restait qu'à s'exiler volontairement, à quitter la vie paisible du foyer domestique, et, suivis de leur famille, de leurs animaux utiles, de tout ce qu'ils pouvaient emporter avec eux, ils accompagnaient l'armée, ils subissaient la rude nécessité de demander asile, protection et secours à des hommes que la loi de Mahomet leur ordonne de fuir et de détester, à des chrétiens !

Malheureusement cette expédition n'eut pas les résultats que l'on devait en espérer. Faute de pouvoir disposer de troupes suffisantes, le maréchal ne put soutenir la garnison, et malgré les efforts du brave colonel Marion, malgré le courage du bey, les Français durent évacuer la place le 4 janvier.

Comme nous l'avons dit dans le précédent chapitre, M. de Bourmont avait été forcé de retirer au bey d'Oran, avant même qu'ils lui eussent été utiles, les secours qu'il lui avait accordés. Depuis ce moment rien n'avait été fait en faveur de Hassan-Bey qui se trouvait menacé et par les Arabes et par un ennemi plus redoutable encore, l'empereur du Maroc. Ce dernier s'était emparé de Mascara et de Tlemcen.

Le maréchal Clausel, pour arrêter ses progrès, fit occuper de nouveau Mers-El-Kébir et demanda au gouvernement français d'agir auprès de celui du Maroc, pour qu'il mît fin à toute hostilité.

Sur ces entrefaites, le bey de Tunis sollicita du général l'investiture de la province de Constantine pour un prince tunisien. Il s'engageait à le tenir de la France, comme une espèce de fief, et promettait de lui payer un million de redevance annuelle. Il s'obligeait en outre à recevoir garnison française dans les villes de Bône, Bougie et Stora.

Le 6 février des offres semblables furent faites, par le même souverain, pour le beylik d'Oran. Le général en chef les accueillit pour l'un comme pour l'autre, les conventions furent arrêtées et signées.

Le gouvernement français refusa de ratifier cette concession et rappela le maréchal Clausel. Le prince de Tunis, qui avait déjà pris possession des beyliks concédés, quitta immédiatement la régence et Sidi-Chakir, le ministre de Mehemet, qui avait formé ce projet, paya de sa tête sa non-réussite.

# CHAPITRE XLIII.

## La première église catholique à Alger.
### [DE 1831 A 1833.]

Le général Berthezène. — Les volontaires parisiens. — Deuxième expédition de Blidah. — Retour à Alger. — Conjuration de Sidy-Sady. — Ben-Aïssa et Ben-Zamoun. — Sidy-Mahiddin est nommé aga de la plaine. — Démission du général Berthezène. — État d'Oran. — Le général Boyer. — Système adopté par ce général. — Bône. — Ibrahim s'empare par trahison de la Kasbah. — Nouvelle organisation en Afrique. — Le duc de Rovigo gouverneur. — M. Pichon intendant civil. — Lutte entre ces deux pouvoirs. — Le maréchal consacre au culte catholique une des plus belles mosquées d'Alger. — Nos alliés sont attaqués et maltraités. — Expédition contre les Ouffia. — Révolte des Arabes. — Rappel de M. Pichon. — M. Genty de Bussy le remplace. — Bône rentre sous la domination française. — Défaite d'Ibrahim. — Soumission des Arabes. — Voyage en France du duc de Rovigo. — Sa mort.

Le successeur, que le ministère donna au maréchal Clausel, fut le lieutenant général Berthezène, homme de cœur, de profonde probité, mais qui n'avait plus toute l'activité que demandait la situation.

En quittant Médéah, la garnison française y avait laissé bien établie l'autorité de Mustapha-Ben-Omar. Les Kabaïles et les Arabes, ralliés par le fils de Bou-Mezrag, et réunis à un fort parti de Turcs et de Koulouglis, menacèrent la ville, qui soutint son bey et résista. En apprenant cette attaque, le général Berthezène se trouva dans un cruel embarras. Sur l'avis, un peu légèrement avancé, du général Clausel, le gouvernement avait rappelé en France les deux tiers de l'armée d'Afrique, qui se trouvait réduite à 9,300 hommes : le général en chef n'osa rien tenter, il écrivit à Paris et reçut bientôt un renfort. C'étaient des bataillons de dépôt et 2,000 volontaires parisiens. Ces volontaires étaient des troupes indisciplinées, formées après la révolution de juillet de jeunes gens turbulents et avides d'aventures, d'hommes sans état et sans asile, et même d'individus que la loi avait flétris. Ce corps, qui s'était d'abord organisé sous le nom de compagnies de la Charte, se distingua, en Afrique, par un courage indomptable et, si, au repos, l'insubordination de ces enfants de Paris donna fort à faire aux chefs, du moins sur les champs de bataille leur ardeur les entraîna toujours aux postes les plus périlleux. Plus tard ils furent incorporés dans les zouaves.

Dès l'arrivée de ce renfort, le général, à la tête de 4,500 hommes, marcha sur Médéah. L'expédition ne rencontra aucun obstacle sérieux. Les tribus qui refusèrent de se soumettre furent complétement battues par nos troupes, qui allèrent les attaquer sur le plateau d'Houara, où elles s'étaient retranchées dans des ruines romaines.

Les habitants de Médéah se félicitaient de ce succès, mais leur joie fut de courte durée; au lieu de mettre à profit sa victoire, le général Berthezène annonça l'intention d'emmener Mustapha-Ben-Omar et d'abandonner la ville.

Le corps expéditionnaire se replia en effet sur Alger. Sa retraite faillit être coupée par l'ennemi. Sans la présence d'esprit et l'habileté du commandant Duvivier, sans le courage des zouaves et des braves volontaires parisiens, c'en était probablement fait de l'armée.

Cette seconde campagne de Médéah eut un résultat tout opposé à celui de la première. Par une déplorable fatalité, les circonstances tendaient toujours à diminuer l'ascendant que la prise d'Alger nous avait donné sur les tribus. Elles crurent voir dans cette dernière retraite, et surtout dans le retour de Mustapha, un indice certain de crainte, et elles supposèrent que nous renoncions à la conquête du pays.

12.

Une vaste conjuration s'organisait contre les Français ; elle était dirigée par un Maure nommé Sidy-Sady, qui s'était concerté avec Hussein-Pacha qu'il avait vu à Livourne. Ben-Aïssa et Ben-Zamoun, chefs puissants parmi les tribus de l'est, étaient ses lieutenants.

Le 17 juillet Ben-Zamoun attaqua la ferme-modèle, le lendemain 3,000 hommes sortaient d'Alger et se dirigeaient sur le camp des ennemis qui s'enfuirent sans même essayer de combattre.

Si vous vous souvenez de ce que nous avons dit précédemment, mes jeunes amis, si vous avez bien compris le caractère arabe, vous devez supposer que la retraite de Ben-Zamoun ne fut pas définitive. A peine nos troupes furent-elles rentrées dans leurs cantonnements respectifs qu'il reparut, attaquant les blockhaus, les hommes, les détachements isolés, en un mot tout ce qui ne devait pas, ou ne pouvait pas faire une sérieuse résistance.

Cependant, le général Berthezène aspirait à la paix avant toute chose. Pour y parvenir il rétablit les fonctions d'Aga de la plaine, et les confia à Sidy-Mahiddin, marabout de Coléah. Cette espèce de restauration musulmane, cette protection demandée à un Arabe, ne pouvait avoir pour nous de bons résultats ; c'était ajouter à l'impression fâcheuse produite par l'expédition de Médéah.

Entouré de tant de difficultés, effrayé de la responsabilité qui pesait sur lui, le général en chef donna sa démission qui fut acceptée.

Avant de nous occuper de son remplaçant, nous avons à rétrograder un peu pour voir l'état d'Oran et de Bône.

Immédiatement après que le prince tunisien, qui avait été mis en possession d'Oran par le général Clausel, eut évacué cette ville, deux bataillons français y furent envoyés et les tribus voisines se soumirent ; mais ce ne fut pas pour longtemps. Quelques mois après, tout le pays était en armes. Alors le ministère sépara de la province d'Alger, celle d'Oran à laquelle il donna pour gouverneur le général Boyer.

Sur ce point régnait l'anarchie la plus complète.

L'organisation turque avait été détruite, et rien n'avait été mis à sa place. Chacun voulait son indépendance, et de fait chacun l'avait, puisqu'il n'existait pas d'autorité reconnue. Les trois villes de Mostaganem, Mascara et Tlemcen étaient encore occupées par les Turcs et les Koulouglis; partout ailleurs, les Arabes dominaient. Déjà Mascara venait de tomber aux mains de ces derniers, lorsque le général Boyer eut l'heureuse idée, pour ranimer et rendre utiles à la France les débris de l'invincible milice réunis à Mostaganem et à Tlemcen, de leur accorder une solde mensuelle. Dès ce moment ils furent pour nous de fidèles auxiliaires.

Deux tribus belliqueuses, les Douers et les Zmélas, nous harcelaient sans cesse; le gouverneur ouvrit des négociations avec elles. Par malheur il était entré dans une fausse voie, selon lui la crainte était le seul moyen d'arriver à un résultat. Cette terrible politique lui aliéna le cœur des indigènes et empêcha toute pacification, tout traité durable.

Maintenant, abandonnant l'ouest, portons-nous à l'est de l'Algérie. Là, nous trouverons Bône occupée par les Français. Puis un soir, nous tressaillerons tout-à-coup au bruit de la canonnade; c'est un ancien bey de Constantine, Ibrahim, qui a gagné, avec un peu d'or, les zouaves casernés à la Kasbah et qui reçoit par une décharge d'artillerie les officiers français qui étaient descendus en ville pour dîner. Vainement, deux bricks, à l'ancre dans la rade, prêtent-ils leur concours aux officiers, la Kasbah reste au pouvoir d'Ibrahim et des zouaves transfuges.

Lorsque le général Berthezène eut donné sa démission, le gouvernement voulut essayer d'une organisation nouvelle; à côté de la puissance militaire du gouverneur général, il créa une puissance civile indépendante de la première. Ce second chef avait la direction exclusive de tous les services civils, judiciaires et financiers. Dans un pays nouvellement conquis, où rien ne pouvait être prévu à l'avance, cette scission de pouvoirs était imprudente; elle devait nécessairement entraver la marche des affaires.

Le choix du gouverneur général et de l'intendant civil n'était pas de nature à faire disparaître ces inconvénients. Il eût été impossible de réunir deux hommes dont les caractères fussent plus opposés. — Le maréchal de Rovigo, duc de l'empire, ancien préfet de police de Napoléon, était habitué à voir tout plier sous sa volonté; prompt et décidé, il marchait à son but sans s'inquiéter des obstacles. — M. Pichon, au contraire, qui appartenait au corps diplomatique, ne s'écartait jamais de la parole même de la loi, et craignait toujours de se trop avancer.

Il devait y avoir lutte; elle commença dès leur entrée en fonction et cette dissidence fut exploitée par les Maures, qui dépeignirent les Français aux Arabes comme étant incapables d'administrer le pays.

Les premiers actes du duc de Rovigo furent remplis de sagesse. Il renferma Alger dans un espace d'environ six lieues carrées qu'il circonscrivit dans des lignes de fortifications, et qu'il sillonna en tous sens de routes stratégiques. Il s'occupa de l'assainissement de Bône et d'Alger, donna ses soins aux pêcheries de corail, abandonnées depuis nos différends avec Hussein-Pacha; il transforma en hôpital une magnifique maison de campagne, donnée en jouissance aux gouverneurs, et enfin il consacra au culte catholique la plus belle mosquée d'Alger. Vous devez croire, mes jeunes amis, que cet acte excita du mécontentement parmi les indigènes, eh bien! pas du tout. Jusqu'à ce moment, c'est à peine s'ils avaient pu se douter, par des pratiques extérieures, que nos troupes étaient chrétiennes; en effet, nos couleurs nationales étaient partout où nous avions passé; mais l'étendard religieux, mais la croix de Jésus-Christ, elle n'était nulle part. Cette absence totale de culte était pour les pieux sectateurs de la loi de Mahomet, un sujet d'étonnement et de blâme. En voyant arborer la croix sur un des minarets d'Alger, ils s'écrièrent: « *Enfin voilà les chrétiens qui se mettent à prier Dieu!*

Ce fait, mieux que tout autre, vous met à même d'apprécier le caractère arabe, qui est éminemment religieux. A ces hommes aux mœurs simples et primitives, tout parle du Créateur. Habitués à vivre au sein de la nature, à considérer les grandes scènes du désert, tout, autour d'eux, prend une voix pour leur dire : *Il y a un Dieu*, et nul parmi eux n'a osé encore comprimer ce cri de son cœur, et se dire à lui-même, ou dire aux autres : *Dieu n'est pas*. — Nul non plus n'a osé dire : *Dieu est, mais il ne demande pas à l'homme une adoration pratique.* — Ils ont, au contraire, conservé le souvenir des sacrifices que leurs pères offraient autrefois au Seigneur dans les champs chananéens et iduméens, ils ont conservé la tradition du dieu d'Abraham, et s'ils ont oublié que, pour la plupart d'entre eux, la loi de Jésus-Christ avait succédé à la loi antique des patriarches, tous du moins suivent les enseignements de leur prophète ; tous respectent sa loi, tous cherchent à l'accomplir. Oh ! mes amis, cette foi musulmane n'est-elle pas un sujet vivant de confusion pour l'indifférence chrétienne. Ces paroles arabes : *Enfin les chrétiens se mettent à prier leur Dieu!* ne doivent-elles pas résonner à notre oreille comme un grand enseignement, et, pourquoi ne pas le dire? comme un reproche juste et mérité?

La nouvelle église, avec son cachet tout oriental, mérite que nous la considérions un instant. Ces belles colonnes de marbre, qui virent si longtemps les pieux musulmans prosternés à leurs pieds, protégent maintenant une foule recueillie de disciples de la croix, qui viennent tous, mélange de nations diverses, Français, Allemands, Espagnols, Italiens, écouter la grande parole chrétienne. — Ces riches chaînes d'argent qui balançaient, aux fêtes du Beyram, les lampes à l'huile parfumée, les cassolettes aux parfums de l'Orient, soutiennent aujourd'hui les lampes qui brûlent devant le sanctuaire du vrai Dieu. Ici, la voix du muphti est devenue muette, celle du prêtre de Jésus-Christ la remplace ; l'Évangile repose où naguère régnait seul le Koran ; enfin tous les souvenirs, les inscriptions dorées du mur parlent de Mahomet, tandis que tous les hommages, toutes les adorations sont adressées au dieu des chrétiens.

Des Arabes du grand désert en quittant Alger, où ils étaient venus faire leur soumission à la France, furent attaqués par des Arabes, cruellement maltraités et dépouillés de tout. Ils revinrent sur leurs pas, se plaindre au gouverneur qui, sans plus amples informations, dirigea un corps d'armée contre les

Ouffia, tribu sur le territoire de laquelle avait eu lieu l'attentat; le cheick, fait prisonnier, fut jugé par un conseil de guerre et exécuté. Cette malheureuse affaire porta au comble l'impopularité du duc de Rovigo, d'autant que la culpabilité de la tribu fut loin d'être prouvée. Les Arabes s'étant soulevés, l'aga de la plaine déclara qu'il ne pouvait les maintenir. Il prit lui-même la fuite et se réunit à Sidy-Sady, qui s'était mis à la tête de l'insurrection, et avait choisi pour centre de ses opérations Blidah, Coléah et Mélianah.

Après quelques succès sur les rebelles, le gouverneur, ayant taxé ces trois villes à 1,200,000 francs de contributions, somme énorme qu'il leur fut impossible d'acquitter, marcha sur Blidah, qu'il livra au pillage. Puis à son retour à Alger, il fit exécuter deux chefs qui, sur un sauf-conduit, s'étaient rendus auprès de lui. Ce dernier acte acheva d'exaspérer les indigènes. Le souvenir en est encore vivant en Afrique et nos ennemis ne se font pas faute de le réveiller pour l'exploiter contre nous.

Sur ces entrefaites, M. Pichon fut rappelé et l'ordonnance qui déclarait l'intendant civil indépendant du gouverneur, fut rapportée. M. Genty de Bussy, son successeur, se trouva ainsi placé sous les ordres du gouverneur général. Du reste, ses relations avec le duc de Rovigo furent des plus intimes et des plus cordiales; il régna toujours entre eux un accord parfait, tant dans la vie privée qu'en fait d'administration.

Pendant que les événements que je viens de vous raconter s'accomplissaient dans la province d'Alger, Bône rentrait sous la domination française, grâce au capitaine d'artillerie d'Armandy et au jeune mamelouk Youssouf, déjà à cette époque capitaine des chasseurs d'Afrique. Ces deux braves officiers, seuls de Français dans la place, se jettent dans le fort, abandonné par Ibrahim-Bey, et assiégé par Ahmet, le puissant bey de Constantine, et là animant par leur courage et leur fermeté ces mêmes zouaves qui s'étaient vendus à Ibrahim, ils soutiennent tous les assauts jusqu'à l'arrivée d'un corps de 3,000 hommes, venant directement de Toulon sous les ordres du général Monk-d'User.

Après l'arrivée des troupes françaises, toutes les tribus voisines se soumirent, excepté celle des Beni-Yacoub; mais une démonstration hostile suffit à les disperser. Nos soldats, occupés à relever les murailles et les maisons qui avaient été presque complétement détruites, furent ensuite attaqués par Ibrahim-Bey qui regrettait la perte de la Kasbah. Ibrahim fut défait. Cette double victoire produisit un effet étonnant sur les Arabes. Pénétrés d'admiration pour le courage et l'habileté des Français, ne songeant plus à se montrer nos ennemis, ils offrirent leur concours au général Monk-d'User, qui employa les plus sûrs à la police de la plaine.

Cependant le duc de Rovigo, atteint d'une cruelle maladie, fit un voyage en France pour consulter les médecins, il ne revint pas en Afrique qu'il avait quittée en mars; il mourut trois mois après son arrivée à Paris.

Avant d'aller plus loin, mes jeunes amis, arrêtons-nous dans la province d'Oran. Nous avons à y faire connaissance avec le Jugurtha de l'Afrique moderne, avec le héros actuel de l'Algérie. Vous avez nommé Abd-El-Kader.

# CHAPITRE XLIV.

## Abd-El-Kader.

[ DE 1832 A 1833.]

Abd-El-Kader. — Modhy-Ed-Din son père fait remonter sa généalogie jusqu'à Fatime. — Éducation d'Abd-El-Kader. — Son voyage à la Mecque. — Son exil. — Son retour en Afrique. — Occupation française.— Le gouvernement marocain promet à Abd-El-Kader un appui tacite.— Réunion des tribus dans la plaine d'Éghris. — Abd-El-Kader est proclamé émir. — Il prêche la guerre sainte. — Détails sur la guerre sainte. — Les Kabaïles. — Les Arabes. — Portrait d'Abd-El-Kader.— Attaque d'Oran. — Défaite de l'émir.

Abd-El-Kader est né en 1806, dans la Kethna (réunion de tentes fixes) à dix milles ouest de Mascara. Sa mère, Zora, était la troisième épouse de Modhy-Ed-Din, marabout renommé qui faisait remonter sa généalogie jusqu'aux Kalifes Fatimites et, par eux, jusqu'à Fatime la fille du prophète. Cette origine, pour ceux à qui elle est prouvée, place Abd-El-Kader, comme prince religieux, sur le même rang que l'empereur de Maroc, que les musulmans d'Afrique reconnaissent comme chef de religion.

Il paraît que Modhy-Ed-Din rêvait depuis longtemps une restauration arabe et que dès la naissance de son fils, il compta sur lui pour réaliser ce vaste projet. Tous ses efforts tendirent à présenter cet enfant comme destiné à de grandes choses. Il racontait à ce sujet d'étonnantes merveilles : des visions surnaturelles, des songes, des prodiges, toutes choses qui exercent une grande influence sur l'esprit crédule et exalté des Arabes.

A peine son fils eut-il atteint l'âge de huit ans qu'il lui fit faire le pèlerinage de la Mecque. De retour à la Kethna, aidé par son frère Achmet-Bilhar, le plus savant marabout de l'ouest, il l'initia à tous les secrets de la science arabe et à l'âge où les hommes sortent à peine de l'enfance, le jeune Abd-el-Kader passait déjà parmi ses compatriotes pour un savant et un lettré.

Le bruit de la mission à laquelle le jeune Abd-el-Kader se prétendait appelé, arriva jusqu'aux Turcs, qui s'effrayèrent de l'influence que commençaient à prendre le père et le fils. Arrêtés et conduits à Oran, ils échappèrent à la mort, grâce à l'intervention d'amis puissants, mais ils furent obligés de quitter l'Algérie. Ils passèrent plusieurs années en Orient où ils accomplirent une seconde et une troisième fois le saint pèlerinage. Ce ne fut qu'en 1828 qu'ils purent rentrer dans leur patrie. Ils semblaient avoir oublié leurs projets ambitieux et borner leurs désirs à se faire une réputation bien établie de vertu, de science et de sainteté, quand la conquête des Français leur permit de mettre encore une fois leurs plans à découvert.

Comme vous le voyez, les voies étaient habilement préparées, les circonstances vinrent encore concourir à la réussite. L'empereur de Maroc menacé par la France, dut renoncer à toute participation ouverte aux affaires de l'Algérie. Au moment où il faisait, bien à contre-cœur, évacuer les points occupés par ses troupes, la réputation d'Abd-el-Kader arrivait jusqu'à lui. Il vit dans ce jeune marabout tout ce qu'il fallait pour faire un chef de parti capable de lutter contre la France, et il lui fit offrir de l'aider sous main, dans tout ce qu'il pourrait tenter contre elle.

Fort de cet appui qui, bien que tacite, était pour lui d'une haute importance, Abd-el-Kader entra franchement dans le

13

rôle qu'il a joué depuis, il se posa en futur sultan de l'Afrique.

Au mois de septembre la plaine d'Eghris, non loin de Mascara, était couverte de tentes. Les tribus de l'ouest s'étaient solennellement réunies pour se donner un chef. Assis en rond sur des nattes de palmier, les cheiks délibéraient. Un vieillard, marabout de grande sainteté, se lève et raconte que l'ange Gabriel lui est apparu, pour lui ordonner de proclamer, au nom d'Allah, qu'Abd-el-Kader était celui que le ciel avait élu pour relever la nationalité arabe. — Un autre dit que le célèbre Pakir de l'Orient, le grand Muley-Abd-el-Kader, celui qui fut enlevé au ciel tout vivant, s'est montré à lui et lui a fait entendre les mêmes paroles. Enfin Modhy-ed-Din raconte une vision du même genre. Ces différents récits soulèvent un enthousiasme universel et, à l'unanimité, Abd-el-Kader est proclamé émir El-Moumenim (prince des croyants) et revêtu du bournous violet, insigne de sa haute dignité. Le lendemain de son élection, Mascara, qui s'était érigée en république après l'expulsion des Koulouglis, se donnait à lui.

Le premier soin du jeune émir fut de prêcher la guerre sainte qui devait armer contre nous Arabes et Kabaïles et qui allait répandre d'une extrémité à l'autre de l'Algérie, ce cri de guerre que nos soldats connaissaient déjà : *mort aux Français!*

Ce qui avait jusqu'alors manqué aux Arabes contre nous, un centre d'unité, leur était assuré dans l'ouest. L'opposition à la domination française s'organise d'une manière sérieuse, c'est le moment de jeter un coup d'œil sur cette guerre sainte et sur ces Arabes et ces Kabaïles qui vont y prendre part avec tant d'ardeur.

La guerre sainte ou Djehad est prescrite comme obligatoire par Mahomet. Nul n'en est dispensé, excepté les femmes, les enfants, les infirmes et les esclaves, encore les femmes et les esclaves peuvent y prendre part avec la permission de leur mari et de leur maître. La passion du prosélytisme, des promesses de récompense dans une vie meilleure, le principe du fatalisme absolu, tels furent d'abord les mobiles qui entretinrent l'ardeur des musulmans pour le Djehad. Lorsque l'exaltation religieuse se fut calmée, à ces motifs, qui n'eussent peut-être plus été suffisants, vinrent s'en joindre de purement humains : l'espoir du butin, le désir du pillage. Et certes, ce sont là des excitants auxquels nul Arabe ne sut jamais résister.

Restreinte depuis longtemps aux limites étroites de la piraterie, la guerre sainte réveilla de vieux et chers souvenirs lorsque Hussein-Dey la fit prêcher, après sa rupture avec la France. Cependant elle n'eut pas les suites qu'il en attendait. En voyant qu'il n'y avait pas de butin à espérer, les tribus se dispersèrent.

Mais lorsqu'à la voix d'un Turc, d'un prince étranger, succéda la voix d'un chef national, se disant élu et choisi de Dieu, oh ! alors, mes jeunes amis, l'énergie se ranima dans tous les cœurs, le fanatisme, l'amour de l'indépendance reprirent le dessus, et Arabes et Kabaïles vinrent à l'envi se ranger sous l'étendard du prophète.

Ces deux races distinctes des Arabes et des Kabaïles, c'est-à-dire des nomades et des sédentaires, sont encore, à la différence de religion près, ce qu'elles étaient sous les dominations de Carthage et de Rome. Divisées en tribus, la tribu emprunte son nom, quelquefois à un lieu remarquable du territoire qu'elle habite, le plus souvent à celui qui passe pour l'avoir fondée. De là, les mots de *beni* et *ouled* qui signifient fils, enfant, si souvent répétés dans la dénomination des tribus. Chaque tribu, ou plutôt chaque grande division de tribu a son *cheik* ou chef, qui doit être réélu tous les ans au moins, et quelquefois tous les trimestres. Chez eux la loi du talion est en usage; le sang versé demande du sang et, lorsqu'il y a meurtre, le parent le plus proche de la victime est obligé de la venger.

Les Kabaïles sont de taille moyenne, leur teint est brun, ils sont maigres et robustes, leurs mouvements sont brusques et rapides, leur caractère, naturellement porté à la cruauté. Ils jettent sur leur simple chemise de laine, un *haïk*, ample pièce d'étoffe rattachée sur la tête par plusieurs tours de corde. L'hiver, ils complètent ce costume par le bournous. Leurs jambes sont nues, cependant, les cheiks portent en campagne des bottes de maroquin rouge, ornées de massifs éperons, et faites à peu près sur le modèle de celles que portaient les chevaliers au moyen âge. Les femmes kabaïles, quoique musulmanes, ne se voilent pas le visage ; elles jouissent d'une grande liberté ; reçoivent chez elles les hôtes étrangers et prennent part à toutes les fêtes, à tous les exercices de la tribu. — Comme les Berbères de l'antiquité, les Kabaïles de nos jours sont agriculteurs et artisans. Ils aiment le sol natal et ne s'en éloignent guère que pour les besoins de la guerre ; jusqu'à ce jour rien n'a pu vaincre leur amour de l'indépendance. Ils aiment les expéditions hardies ; au moment où l'on y songe le moins, on les voit quitter les contre-forts de l'Atlas, où ils habitent des maisons grossièrement construites, et se ruer sur les villes, sur les habitations isolées qu'ils pillent et qu'ils saccagent. Dans le cours de ces expéditions, ils font le plus de prisonniers possible, et les condamnent ensuite à d'affreux supplices, si on ne les rachète moyennant de fortes rançons. Enfin les Kabaïles sont musulmans très-peu zélés.

Les Arabes au contraire s'appliquent à l'étude et à la pratique du Koran, ce qui ne les empêche pas d'être turbulents et amis du changement et de la guerre. Avides du merveilleux, enthousiastes et superstitieux, ils se passionnent aisément, mais devant l'intérêt personnel et l'amour du gain, tout autre sentiment s'affaiblit. Ils ne veulent plus aujourd'hui ce qu'ils voulaient hier, ils promettent et ne tiennent pas, enfin rien n'est moins stable que leur fidélité. Ils se divisent en deux classes : les sédentaires, qui s'adonnent à la culture, et les nomades, qui sont pasteurs. Chez ces derniers, surtout, se sont conservées les mœurs patriarcales. Un Européen, admis dans la tente de leur chef, recevant de lui une hospitalité simple et abondante, croit lire quelqu'une des sublimes pages de la Bible. Ces mêmes hommes, qui rappellent les temps heureux des âges primitifs, au premier signal de guerre deviennent terribles. Il n'est pas de cruautés dont ils ne se rendent coupables. Leur physionomie est d'une saisissante expression. Ils ont les yeux brillants et enfoncés dans leur orbite, le teint brun, le nez fortement recourbé, la bouche bien dessinée et d'une mobilité extrême, les dents admirablement rangées et très-blanches. Ils portent en toute saison le bournous flottant et sont les plus intrépides et les plus adroits cavaliers du monde.

Les Arabes, comme les Kabaïles, sont toujours armés. Chaque homme est guerrier en naissant. Ils n'ont pas de troupes régulières ; le danger les rassemble. Après le triomphe, comme après la défaite, ils se débandent. Chacun est libre jusqu'à un nouvel appel. D'ordinaire les femmes et les enfants les suivent à la guerre, et se tiennent à l'abri de tout danger derrière leur armée.

Les Arabes et les Kabaïles ne peuvent jouir de l'organisation religieuse des villes. Pour eux les muphtis et les ulémas sont remplacés par les marabouts, que l'on ne peut considérer comme des prêtres musulmans, mais plutôt comme des espèces de religieux ou d'ermites. Ils ne sont rangés dans aucune hiérarchie, ne reçoivent aucune consécration, leur sainteté et leur savoir leur donnent seuls le droit d'interpréter le Koran. Ils forment des disciples qui prennent après quelques années d'études le nom de *Thalebs*. Les marabouts et les thalebs jouissent d'une grande vénération et exercent une immense influence sur le peuple.

Voilà, mes jeunes amis, les hommes contre lesquels toute domination en Afrique a lutté sans pouvoir les subjuguer. — La France sera-t-elle plus heureuse ? — Tout nous permet de l'espérer. Elle a pour elle l'expérience du passé et le progrès de la civilisation.

Maintenant revenons à Abd-el-Kader. Si vous vous figurez un héros à la taille athlétique, à la mine guerrière et farouche, son portrait va bien tromper votre attente, écoutez plutôt. Ce n'est pas moi qui parle.

« Abd-el-Kader est un homme à la taille petite, mais bien
« prise, marchant avec lenteur, les yeux baissés, le dos un
« peu voûté, avec l'attitude du recueillement et de la médi-
« tation, tenant à la main un chapelet à gros grains selon l'u-
« sage des pieux musulmans. Sa physionomie est douce et
« sereine, son sourire mélancolique et même triste. Sa parole
« est brève, son élocution est facile, le timbre de sa voix grave.

« Son costume ne diffère de celui des cheiks arabes que par
« la couleur du bournous qui est violet. Sa barbe épaisse et
« noire descend à mi-poitrine. A la racine du nez il a une
« petite marque de tatouage, signe commun à tous les mem-
« bres de la tribu des Hakem-Cheraga. Sous cette allure
« calme, modeste, recueillie, méditative, se cache une valeu-
« reuse intrépidité, une fierté orgueilleuse, une infatigable
« activité, une intelligence supérieure, en un mot, une de ces
« âmes fortement trempées dont la mission semble devoir
« être d'assurer le triomphe d'un principe ou de mourir à la
« peine. »

Dès qu'Abd-el-Kader se vit à la tête d'un nombre suffisant
de troupes, il se porta sur Oran que commandait toujours le
général Boyer. Heureusement la garnison venait d'être ren-
forcée d'un régiment de cavalerie, et la ville put résister à l'a-
gression des Arabes, qui fut terrible et sanglante. L'Émir et
son père firent des prodiges de valeur. On vit Abd-el-Kader
lancer, en signe de défi, son cheval contre les obus et les boulets qu'il voyait ricocher à ses pieds, sans même sourciller.

Malgré tous ses efforts, il dut renoncer à prendre la ville et se
retirer. Nos troupes ne se bornèrent pas à ce succès de défense;
elles mirent à profit le découragement des Arabes pour opérer
dans la province des razzias importantes. Tout cela frappa
d'un moment de défaveur l'autorité naissante de l'Émir.

# CHAPITRE XLV.

### Journée de la Macta.

[DE 1833 A 1834.]

Le général Avizard gouverneur par intérim. — Fondation du bureau arabe. — Le général Voirol, gouverneur par intérim. — Créations utiles. — Rétablissement du Marghzen. — Bougie. — Expédition dirigée de Toulon sur cette ville. — Résistance et défaite des Kabaïles. — Insurrection des Hadjoutes. — Razzia. — A Oran, le général Desmichels remplace le général Boyer. — Prise d'Arzew. — Occupation de Mostaganem. — Fâcheuse position de l'Émir. — Le général Desmichels signe un traité. — Conséquences de ce traité. — Le comte Drouet d'Erlon, gouverneur général. — Ses premiers actes. — Le colonel Duvivier à Bougie. — Ben-Durand auprès du gouverneur. — Le général Trézel à Oran. — Abd-El-Kader passe le Chéliff. — Conduite du général Trézel. — Les Smélas et les Douers. — Journée de la Macta.

En terminant l'avant-dernier chapitre, je vous disais, mes jeunes amis, le voyage à Paris du duc de Rovigo. Quoique marquée par une trop grande sévérité, son administration n'avait pas été sans fruits. Entre son arrivée à Alger et son départ, les créations utiles s'étaient multipliées et notre colonie avait totalement changé d'aspect. En quittant l'Afrique, il y laissa, comme gouverneur par intérim, le plus ancien de ses maréchaux de camp, le général Avizard qui signala les quelques jours de son pouvoir par l'institution du *bureau arabe*, pour assurer l'extension et la régularité de nos rapports avec les indigènes.

Vers la fin d'avril le baron Voirol, le plus jeune des lieutenants généraux de France, vint remplacer, toujours comme intérimaire, le général Avizard. Au mois de juin le duc de Rovigo mourut.

Le général Voirol déploya, dès le début de son administration, une grande activité. Il fit continuer le tracé des routes, il créa les spahis-d'el-Fahs (des faubourgs), établit une milice recrutée parmi les indigènes et destinée à maintenir l'ordre dans la banlieue. Cette milice peut être regardée plutôt comme le rétablissement à notre profit du Marghzen, principale force des Turcs dans la régence, que comme une création nouvelle.

Je ne sais si vous vous souvenez d'une tentative infructueuse faite sur Bougie dès les premiers jours de la conquête, par le maréchal Bourmont. Depuis ce moment rien de nouveau n'avait été tenté contre cette place, que les Kabaïles considèrent, avec raison, comme la ville la plus importante de leur nation.

La position de Bougie, entourée de montagnes d'un accès difficile aux Européens, avait causé cette indifférence, qui n'était cependant rien moins que justifiée par les richesses réelles du sol et l'importance de la situation. Abritée par un immense amphithéâtre de rochers que le soleil africain a calcinés et revêtus d'une chaude teinte rouge ; dominée par le fort de la Gouraya, posée comme un nid d'aigle à deux mille deux cents pieds au-dessus du niveau de la mer, Bougie offre un pittoresque tableau. Au milieu de charmants jardins, au milieu de la plus éclatante verdure, sont jetées çà et là, comme des pierres précieuses incrustées sur un fond d'émeraude, des constructions appartenant à tous les temps, à tous les peuples qui ont passé sur l'Afrique: romaines, vandales, sarrazines, espagnoles, génoises et françaises.

C'est à Bougie que les Kabaïles viennent échanger ou vendre les produits de leurs récoltes et de leur industrie. Lorsqu'à jours fixes ils descendent et se réunissent sur le marché, l'Européen voit avec étonnement une petite croix tatouée avec soin sur presque tous les fronts, surtout sur ceux des femmes.

Ces montagnards, sectateurs de la loi de Mahomet, ne comprennent pas maintenant la valeur de ce signe qu'ils ne portent qu'en mémoire de l'usage qu'en avaient contracté, il y a treize ou quatorze siècles, leurs ancêtres chrétiens ; mais pourquoi avec un des illustres visiteurs de l'Algérie n'y verrions-nous pas, en même temps qu'un témoignage du passé, une espérance pour l'avenir !...

L'audace des habitants de Bougie s'accrut en proportion du temps qui s'écoulait sans y amener les Français. Nos navires y furent insultés, les agents d'Hussein-Bey y établirent le centre de leurs intrigues ; de plus, le bey de Constantine, pour se dédommager de la perte de Bône, se disposa à s'en emparer. Ces motifs réunis décidèrent l'armement d'une expédition, dont le commandement fut confié au général Trézel et qui fut dirigée directement de Toulon sur Bougie.

La petite escadre arriva à sa destination le 29 septembre et fut reçue par le feu des batteries. Le débarquement s'effectua malgré une vive opposition, et bientôt après le drapeau français flottait sur la Kasbah et sur tous les autres forts ; mais une résistance désespérée attendait nos soldats dans la ville. Chaque maison avait été transformée en forteresse ; chaque rue, chaque jardin en champ de bataille. Délogés d'une position, les intrépides Kabaïles allaient se poster cent pas plus loin, et c'était à recommencer. Cette lutte acharnée dura quatre jours entiers, et il ne fallut rien moins, pour la terminer, que l'arrivée d'un renfort et l'établissement d'une batterie qui fit de la ville une vaste ruine.

Le général Trézel, qui avait été gravement blessé, se rendit à Alger, et laissa le commandement de la place à M. Duvivier, jeune chef de bataillon, qui dut bientôt défendre sa conquête contre les tribus kabaïles.

Maintenant, mes jeunes amis, en allant de Bougie à Oran retrouver le général Boyer, que nous y avons laissé, travaillant à asseoir la domination française par la crainte et la terreur, faisons une halte dans la Mitidja et voyons ce qui se passait aux portes d'Alger.

Les mois d'août et de septembre sont des mois d'oisiveté

pour les cultivateurs de la plaine ; les récoltes sont achevées, et le moment des semailles n'est pas encore arrivé. C'est d'ordinaire le moment où se réveille la turbulence des tribus; celles des environs d'Alger ne firent pas défaut aux habitudes générales. Des assassinats, des meurtres commis, sur les Français et sur leurs alliés, n'ayant été autrement vengés que par une ordonnance d'enquête, les Arabes se crurent sûrs de l'impunité. Alors les Hadjoutes, tribu féroce et sanguinaire, lèvent le masque, marchent contre nos alliés, les pillent et les massacrent. Une telle audace ne devait pas rester impunie ; le capitaine Lamoricière dirige contre les Hadjoutes une terrible razzia. — Et si vous me demandez ce que c'est qu'une razzia, je vous répondrai par quelques mots empruntés à l'ouvrage de MM. Leynadier et Clausel. « Si les razzias ne sont
« pas conformes au droit public européen, elles sont plus effi-
« caces chez les Arabes que dix victoires. Là, mais là seulement
« est pour eux la force, et chez eux la force constitue le droit.
« Une grande bataille livrée les frappe moins qu'une razzia
« opérée avec vigueur. Là tout est palpable, les moissons dé-
« truites, les jardins dévastés, les silos vidés, les bestiaux pris,
« les douairs incendiés ou détruits, les populations massacrées,
« tout porte et garde l'empreinte de cette effrayante frénésie
« humaine qu'on nomme la guerre. »

Après la répression des Hadjoutes, le gouverneur augmenta le nombre de la milice indigène. Bientôt ces tribus du Marghzen furent appelées à faire leurs preuves sur le champ de bataille. En mai 1834, les Hadjoutes se soulevèrent de nouveau ; le général Voirol marcha en personne contre eux, et ce fut au concours des indigènes qu'il dut en partie le succès de cette expédition.

A Oran, le système, suivi par le général Boyer, avait rendu le nom français odieux à tous les indigènes ; aussi, bien que nous eussions conservé la ville et les forts, n'avions-nous pas un rayon d'une lieue autour. Le général Boyer fut remplacé par le général Desmichels qui adopta un système tout opposé au sien. Après avoir un peu dégagé la place par une sortie, le nouveau pline et de désordre dans nos rangs, amenèrent une défaite que de beaux dévouements et l'énergie des chefs entremêlèrent de nombreuses alternatives de succès. Plusieurs fois, les chants nationaux de France dominèrent tous les autres bruits, plusieurs fois aussi l'armée se crut perdue. Enfin, une fausse direction donnée à la retraite décida du sort de cette affaire. Les Français, resserrés dans un étroit défilé sur les bords de la Macta, se défendirent vaillamment; ils laissèrent 800 hommes sur le terrain et la victoire demeura au drapeau arabe.

A cette nouvelle, le comte d'Erlon, qui n'avait ni approuvé ni improuvé les mesures prises par le général Trézel, lui retira son commandement qu'il donna au général d'Arlanges.

Malgré les malheurs de cette fatale journée de la Macta, la vigueur du général Trézel ne nous fut pas inutile. Elle nous assura deux alliés fidèles, les Douers et les Zmelas qui vinrent se grouper sous les murs d'Oran et opposèrent, dans la personne d'Ibrahim, ancien kaïd de Mostaganem, qu'elles se choisirent pour chef, un puissant adversaire à l'autorité, toujours croissante, de l'émir.

# CHAPITRE XLVI.

## Première expédition de Constantine.
### [DE 1835 A 1837.]

Rappel de la légion étrangère. — Le maréchal Clausel remplace le général Drouet-d'Erlon. — Le choléra à Alger. — Répression des Arabes. — Arrivée en Algérie du duc d'Orléans. — Expédition de Mascara. — Journée de l'Habra. — Maladie du prince Royal. — Tentative de l'émir sur Tlemcen. — Les Français en possession de cette ville. — El-Mezari. — Exploration des bords de la Tafna. — Contribution frappée sur Tlemcen. — Voyage du maréchal à Paris. — Blocus du camp de la Tafna. — Arrivée du général Bugeaud. — Affaire de la Sikak. — Fuite de l'émir. — Situation des Français à Bone. — A Bougie. — Projets du maréchal Clausel. — Approbation et promesse du ministère. — Expédition de Constantine. — Sa non réussite. — Le maréchal est remplacé.

La fâcheuse affaire de la Macta fit d'autant plus de sensation en France, qu'une circonstance étrangère vint empêcher de la venger. Pour venir en aide à la malheureuse Espagne, que désolait la guerre civile, le gouvernement lui céda sa légion étrangère, qui combattait depuis trois ans en Afrique et se trouvait en ce moment, presque en entier, dans la province d'Oran. Le départ de ces troupes réduisit de 5,000 hommes nos forces, déjà insuffisantes, et partout se levèrent en armes les Arabes et les Kabaïles.

Ce fut le dernier événement qui marqua le gouvernement

du comte d'Erlon. Il fut rappelé et remplacé par un général que vous connaissez déjà, par le maréchal Clausel.

Cette nomination fut généralement accueillie avec enthousiasme, surtout en Algérie où le nouveau gouverneur fut reçu avec de grandes ovations.

Cependant, le choléra sévissait à Alger. Ce motif retarda de trois mois l'envoi de troupes promises au maréchal, qui, pour mettre un terme aux déprédations des Arabes, se décida à entreprendre, avant leur arrivée, une expédition contre les Hadjoutes et surtout contre notre ancien aga, Sidy-ben-M'Barach, qui était devenu un des meilleurs lieutenants d'Abd-el-Kader. Après avoir défait M'Barach en plusieurs rencontres, il le força de se réfugier dans la montagne. Sur ces entrefaites, arriva le secours attendu de France, et avec lui un des fils du roi, S. A. R. Mgr le duc d'Orléans qui venait réclamer sa part des fatigues et des travaux de la brave armée d'Afrique.

Le corps expéditionnaire fut rapidement organisé à Oran, qu'il quitta un mois après pour se porter sur Mascara, ancienne et importante ville berbère, que l'émir avait choisie pour sa capitale. L'armée était en marche depuis cinq jours lorsqu'elle rencontra l'ennemi sur les bords de la Sig, au pied de l'Atlas. Après une lutte très-vive, le camp arabe resta en notre pouvoir.

Le surlendemain, 3 décembre, l'ennemi s'étant posté sur la rive opposée de la Sig, dans le bois de l'Habra, il devint très-difficile de l'en déloger. Le duc d'Orléans donna dans cette affaire, les premières preuves de ce sang-froid et de cette intrépidité que nos soldats d'Afrique ont pu admirer dans toutes les circonstances où il s'est trouvé. Sans s'inquiéter du danger, il s'élance à la tête de deux compagnies du bataillon d'Afrique, aborde vigoureusement l'ennemi, qui l'attend de pied ferme, et décide ainsi du succès de cette brillante journée.

Les Arabes, battus et dispersés, ne se montrent plus et lorsque l'armée arrive à Mascara, elle n'y trouve pour tous habitants que quelques juifs ; Abd-el-Kader et tous les musulmans l'avaient évacuée et s'étaient retirés à 12 kilomètres au sud, à Cachevo.

Faute de moyens suffisants, le maréchal ne put tirer tout le parti possible de cette expédition. Sans pousser plus loin, sans occuper la ville, il se remit en marche pour Alger, après avoir mis le feu aux constructions élevées par l'émir et aux matériaux rassemblés, à grands frais, pour des desseins ultérieurs.

Soit l'influence du climat, soit la température pluvieuse et malsaine de la saison, le prince royal fut atteint pendant le trajet d'une de ces fièvres chaudes si dangereuses en Afrique. Obligé de rentrer en France, il ne le fit pas sans laisser de touchants adieux à ses compagnons d'armes.

Comme tout ce qui précède a dû vous l'apprendre, mes jeunes amis, un chef arabe n'est pas subjugué parce qu'il est vaincu. L'organisation militaire des tribus leur donne bien la facilité de se disperser après la défaite ; mais aussi elle ne leur permet pas de méconnaître la voix du chef, qui les rallie sans peine quelques jours après, surtout lorsque, empruntant la voix du Coran, il les appelle au nom d'Allah. Aussi ne vous étonnerez-vous pas de voir après chaque action, Abd-el-Kader reparaître à la tête de troupes aussi nombreuses, et quelquefois plus nombreuses qu'auparavant.

L'émir se montra donc bientôt, et manifesta l'intention de s'emparer de Tlemcen, importante cité romaine, capitale d'un royaume maure, dont l'antique splendeur a été presque anéantie par la domination turque. Les Koulouglis qui tenaient le Méchouar, refusèrent de lui en livrer les clefs et demandèrent du secours aux Français.

Dans les premiers jours de janvier, le maréchal arriva devant la ville, que les musulmans avaient abandonnée ; il fut reçu comme un libérateur par la garnison.

La prise de possession de Tlemcen ne satisfit pas le gouverneur général, qui mit à la poursuite des fuyards une partie de ses soldats et les indigènes alliés, notamment les Douers et les Zmælas commandés par El-Mezary, ex-aga d'Abd-el-Kader qui, après la journée de l'Habra, était entré dans nos rangs, où servait déjà, avec tant de zèle et de dévouement, son oncle Mustapha-ben-Ismaël. L'émir fut forcé d'abandonner son camp et ses bagages, et n'échappa lui-même que grâce à la rapidité de son cheval. Il se réfugia dans la tribu des Beni-Amer. Nos troupes ramenèrent à Tlemcen plus de deux mille prisonniers.

La beauté et la fertilité du pays, la position avantageuse de la ville, décidèrent le maréchal à l'occuper et à faire une reconnaissance dans les environs. Il suivit le cours de la Tafna, rencontra deux fois l'émir, et le battit chaque fois. Avant de quitter Tlemcen, pour faire cette petite expédition, le maréchal avait frappé cette ville d'une contribution de 150,000 fr.; à son retour, une foule de réclamations l'attendaient. Les Maures et les Juifs, chargés par lui d'effectuer la perception de cet impôt, avaient eu recours à des moyens odieux et arbitraires. Les populations étaient épuisées, et cependant le produit ne s'élevait encore qu'à 94,000 fr. Le gouverneur général reconnut la validité des plaintes; il suspendit la levée des contributions et bientôt même y renonça complétement. Des bruits malveillants se répandirent à ce sujet, et le maréchal, accusé de spoliation, fut obligé de donner des explications sur sa conduite.

Après avoir approvisionné le Méchouar, installé un bey et laissé dans la place un bataillon français, sous les ordres du capitaine Cavaignac, l'armée reprit la route d'Oran.

En diminuant le prestige qui environnait Abd-el-Kader, les deux expéditions de Mascara et de Tlemcen avaient consolidé le pouvoir de la France; néanmoins, il aurait fallu appuyer, par des actes de vigueur, nos derniers succès pour les rendre réellement profitables, et le petit nombre des troupes rendit impossible toute entreprise à cet effet.

A peu près à cette époque, la question d'Alger devant être agitée à la chambre des députés, le gouvernement manda à Paris le maréchal Clausel, pour lui demander des explications que nul ne pouvait donner mieux que lui. Le commandement fut confié en son absence au lieutenant général Rapatel.

Avant de quitter la province d'Oran, le gouverneur général avait jugé indispensable, pour assurer les communications de Tlemcen avec la mer, d'établir un camp à l'embouchure de la Tafna. Le général d'Arlange à la tête de 3,000 hommes se rendit sur les lieux pour protéger les travaux, qui se poursuivaient avec ardeur. Au moment où il allait rentrer à Tlemcen, Abd-el-Kader se montra, accompagné d'environ 10,000 hommes. Le général se porta à deux lieues du camp pour reconnaître l'ennemi; les deux armées s'attaquèrent avec une égale ardeur; malgré la disproportion numérique, les Français prirent bientôt l'offensive, et ne rentrèrent au camp qu'après avoir vu les Arabes fuir de toute part.

Malgré cette défaite, les Arabes se présentèrent le lendemain en vue du camp dont ils commencèrent le blocus. Chaque jour grossissait l'armée de l'émir, et chaque jour aussi augmentait les souffrances de notre petite armée, qui manquait de vivres, et de fourrage pour les chevaux. Cette position critique éveilla de vives sympathies en France et le gouvernement, comprenant que le général Rapatel ne pouvait rien faire, fit partir trois régiments sous les ordres du général Bugeaud.

Le général Bugeaud était arrivé depuis un mois au camp de la Tafna et déjà il avait rencontré et battu deux fois l'ennemi, lorsque le 6 juillet, comme il allait à Tlemcen, il fut arrêté au passage de la Sikak, par Abd-el-Kader. L'avantage du nombre, la position, tout était en faveur de l'émir, et cependant, sa déroute fut complète. Jamais encore il n'avait éprouvé un semblable revers. Sans armes, sans argent, il courut se réfugier à Mascara où il avait reporté sa capitale après que nos troupes l'avaient eu abandonné. Bientôt ne s'y trouvant pas en sûreté, il se réfugia à 20 lieues plus loin, à Tekedempt, où il se proposait d'établir son centre d'opérations.

Après le succès de la Sikak, le général Bugeaud rentra à Paris où il fut promu au grade de lieutenant général. Le pouvoir d'Abd-el-Kader était momentanément ruiné et le reste de l'année 1836 s'écoula sans qu'il pût reprendre l'offensive.

A Bône, la paix continuait, mais on était toujours sur le qui-vive. Hamed-Bey conservait une attitude menaçante.

A Bougie, c'était des escarmouches sans fin. M. Salomon de Musis, commandant de la ville, ayant été convoqué à une entrevue par un chef influent, fut traîtreusement assassiné, ainsi que son secrétaire, sans que l'état de nos forces sur ce point permît d'en tirer vengeance.

Le maréchal Clausel, toujours à Paris, préparait l'accomplissement d'un grand projet. Il ne s'agissait de rien moins que d'une expédition sur Constantine, sur cette magnifique Cyrtha, la ville Royale, l'antique et opulente capitale des rois numides ; et par suite, la possession de la province qui est, sans contredit, la plus riche et la plus fertile de toute l'Afrique septentrionale. Si vous vous en souvenez, mes jeunes amis, c'est là, mieux que sur tout autre point, que s'était implantée la civilisation romaine. Les noms seuls de Cyrtha, de Madaure, d'Hippone rappellent tout le glorieux passé du territoire numidique. Les Turcs y avaient régné en maîtres, et depuis plus de six ans que nous étions en Algérie, nous n'avions encore rien fait pour l'arracher à Ahmed-Bey, ce chef ambitieux qui avait profité de notre conquête pour y asseoir son autorité.

Le maréchal était rentré en Afrique avec la promesse du ministère de porter l'armée à un effectif de 35,000 hommes. De plus, le mamelouk Youssouf qui, depuis l'expédition de Mascara, était investi par la France du titre de bey de Constantine, s'était chargé des approvisionnements et avait promis le concours des tribus ennemies d'Ahmed-Bey, qu'il se croyait sûr de rattacher à notre parti.

Par malheur, un changement de ministère retarda l'envoi des troupes et le maréchal ne put arriver à Bône que le premier novembre. Ce retard compromettait le résultat de l'expédition, car il la renvoyait précisément à l'époque des pluies. Ce ne fut pas le seul contre-temps qui vint déranger les plans du maréchal Clausel. La France n'avait pas envoyé le matériel nécessaire, le chiffre de l'armée ne put être élevé au-dessus de 9,000 hommes ; six pièces de campagne et dix obusiers formaient tout le matériel de l'artillerie. En outre les approvisionnements promis par Youssouf firent défaut et aucune des tribus, sur lesquelles il comptait, ne se présenta.

En arrivant devant Constantine, le maréchal se trouvait donc réduit aux seules forces qu'il avait amenées de Bône ; mais une espérance lui restait encore : on lui avait donné l'assurance que les habitants de la ville feraient leur soumission.

A l'aspect du drapeau arabe fièrement arboré sur tous les

points; à la vue de la population couronnant les remparts et chantant en chœur le cantique de guerre, toute illusion tomba, mais le courage ne faillit à personne. Le siége commença.

Que vous dirai-je? — Après des efforts incroyables, après mille traits de dévouement et de bravoure, le courage impuissant des Français se brisa contre les portes bardées de fer de la ville.

Deux coups de main vigoureux et meurtriers avaient été inutilement tentés. Le capitaine de génie Grand et le commandant Richepanse avaient été tués, comme ils essayaient de faire enfoncer une des portes de la ville en présence de l'ennemi qui tirait sur eux à bout portant.

Encore quelques heures d'efforts, a-t-on assuré depuis, et la ville se rendait; mais l'armée était épuisée, elle n'avait plus que quelques livres de poudre et les vivres manquaient complétement. Le maréchal dut ordonner la retraite, on précipita le matériel dans les ravins, et les troupes commencèrent une marche des plus pénibles. La pluie tombait sans relâche, les routes étaient défoncées, le soldat, souffrant de la faim et du froid, était sans cesse harcelé par des nuées d'Arabes, qui avaient hâte de se mettre en mesure de réclamer la prime qu'Ahmed-Bey avait promise pour chaque tête de Français.

Comme toujours, la brave armée d'Afrique supporta avec énergie les fatigues et les souffrances; mais elle ne put se résigner aussi aisément, à cette autre souffrance morale, à laquelle elle n'était pas accoutumée : à l'insuccès. La retraite fut habilement organisée par le maréchal. La plus grande sollicitude veilla sur les blessés. On vit des officiers supérieurs conduire par la bride leur cheval, sur lequel ils avaient placé quelque malheureux soldat. Mgr le duc de Nemours qui, à l'exemple de son frère le Prince Royal, avait voulu prendre part à son tour, aux travaux de l'armée, partagea avec un calme et un courage admirables, les périls et les fatigues de ses compagnons d'armes, qu'il ne cessa d'encourager par son exemple. Dans cette retraite qui fut signalée par bien des actions d'éclat, entre tous les officiers qui méritèrent la reconnaissance de l'armée, on aime à citer le commandant Changarnier qui, à la tête du 2ᵉ léger réduit à quelques centaines d'hommes, s'opposa à l'ennemi pour protéger l'armée et prononça ces héroïques paroles : « Ils sont six mille et vous êtes trois cents ; la « partie est donc égale. Regardez-les en face et visez juste ! »

Le second jour de la retraite, la pluie cessa et le retour du soleil sauva nos soldats, qui auraient probablement péri dans les boues, sans la chaleur réparatrice de ses rayons.

Le 1ᵉʳ décembre, l'armée rentra à Bône diminuée d'un vingtième et ramenant avec elle un grand nombre de malades et de blessés qui pour la plupart ne tardèrent pas à mourir, si bien que les pertes totales causées par cette expédition ont été portées à près de 2,000 hommes.

Le maréchal se hâta de venir en France expliquer sa conduite et solliciter les moyens de venger cet échec. Mais à sa défaite il lui fallut ajouter une disgrâce. En février 1837, il fut remplacé par le comte Damremont.

Ce nouveau malheur lui fut d'autant plus sensible que sa conscience lui disait que son administration avait eu d'heureux résultats pour l'Algérie, et il maudissait cette destitution qui, disait-il, « faisait trébucher toute une carrière de victoires sur « un seul revers. »

# CHAPITRE XLVII.

## Prise de Constantine.
### [1837.]

Le comte Damremont, gouverneur général. — Insurrection dans l'est. — Boudouaou. — Razzia chez les Yssers. — Delhis. — Le général Bugeaud est nommé commandant de la province d'Oran. — Traité de la Tafna. — Ses résultats. — Préparatifs pour la campagne de Constantine. — Arrivée du duc de Nemours. — Siége de la ville. — Mort du général Damremont. — Le comte Valée. — Courage héroïque du colonel Combes. — Prise de la ville. — Soumission des tribus. — Arrivée du prince de Joinville avec le 12e de ligne. — Le 12e communique le choléra à l'armée. — Paroles du roi caractérisant la prise de Constantine.

Le comte Damremont avait déjà d'honorables précédents en Afrique, aussi sa présence fit-elle immédiatement espérer une revanche sur Constantine.

En arrivant à Alger, le comte Damremont trouva une grande fermentation parmi les indigènes. Bientôt l'insurrection éclata chez les tribus de l'est. Afin de les maintenir plus aisément, le gouverneur s'empara de la position militaire de Boudouaou, où il ne put laisser que 900 hommes d'infanterie et 45 cavaliers, commandés par le brave chef de bataillon Laterre. Le 25 mai les Arabes se montrèrent en armes dans la plaine; leur nombre se porta rapidement à 5,000. Ils se ruèrent contre la place; mais, grâce aux talents militaires de son commandant, grâce au courage énergique des soldats, la petite troupe tint bon et força même les Arabes à fuir en désordre.

Le général Damremont ayant été prévenu du projet d'attaque avait fait partir du secours d'Alger. Quand il arriva tout était fini, et nos soldats, après avoir complimenté leurs camarades sur ce brillant fait d'armes, se mirent à la poursuite des fuyards, dévastèrent et bouleversèrent tout sur le territoire des Isser, tandis que des forces maritimes se portaient sur Delhis et forçaient ses habitants, qui avaient pris part à l'insurrection, à déposer les armes et à livrer des otages. Ces mesures de répression suffirent à rétablir la paix dans l'est, dont les tribus sont d'ailleurs plutôt agricoles que guerrières.

Dans l'ouest, la défaite de Constantine avait donné une nouvelle force à l'autorité d'Abd-el-Kader; mais ici le général Damremont n'était pas appelé à agir seul. Une fois encore le gouvernement avait scindé l'autorité en Algérie, en donnant un gouverneur particulier à la province d'Oran. On avait choisi pour remplir ces fonctions le vainqueur de la Sikak, le général Bugeaud, sa mission était surtout de conclure avec l'émir une paix définitive. Abd-el-Kader envoya près de lui Ben-Durand, chargé de lui proposer des conditions inacceptables, qu'il modifia ensuite par l'intermédiaire de Sidy-Amadi-Ben-Séal, agent dévoué de M. Bugeaud.

L'armée française s'était portée sur la Tafna, et c'est là que fut conclu et signé le traité qui prit son nom de cette rivière.

Les deux camps étaient à dix lieues l'un de l'autre. Après que l'original du traité eut été remis entre les mains du général Bugeaud, une entrevue fut décidée entre lui et l'émir. Les détails de cette entrevue méritent, mes jeunes amis, de vous être rapportés. Nous voyons là en présence, la civilisation européenne, toujours grande dans sa simplicité de formes, et la pompe, l'étiquette orientale qui cherche à cacher derrière un semblant de majestueuse grandeur, l'infériorité et la décrépitude de ses institutions. Le rendez-vous avait été désigné entre les deux camps. A neuf heures du matin, le général Bugeaud était arrivé avec six bataillons, sa cavalerie et son état-major. Les heures, la journée presque entière se passa sans amener Abd-el-Kader, cependant vers le soir ses émissaires vinrent expliquer ce retard par une prétendue indisposition. Le général comprit facilement la ruse de l'émir qui, voulant à tout prix se grandir dans l'opinion des siens, cherchait un moyen de pouvoir leur persuader que le *sultan* de France lui faisait, par son représentant, toutes les avances. Cependant le général Bugeaud ne voulant pas perdre les avantages d'une entrevue qu'il avait demandée lui-même, se porta en avant avec son état-major et s'engagea dans un sentier difficile et raboteux, où tout semblait parler de trahison et d'embuscade. La petite troupe marcha ainsi pendant une heure, n'entendant d'autre bruit que celui qu'elle faisait elle-même, n'apercevant d'autre créature vivante que les oiseaux qui s'enfuyaient, effrayés à son approche. Enfin à un détour de la route, on aperçut inopinément l'armée arabe rangée en bataille au fond de la gorge et sur les mamelons environnants. En vérité, mes jeunes amis, il fallait être loyal comme des Français pour ne pas croire à une ruse de guerre, intrépide comme des soldats pour ne pas être effrayé. La nature avait là un aspect sauvage et imposant qui parlait tout à la fois à l'esprit et à l'imagination. 150 ou 200 chefs de tribus étaient rassemblés et entourés de tout l'appareil arabe. Leur taille en général haute et bien prise, leur physionomie ardente et énergique, l'adresse avec laquelle ils maniaient leurs superbes chevaux, la majestueuse ampleur de leurs vêtements, tout se réunissait pour donner à cette scène un cachet saisissant.

On était au milieu des avant-postes d'Abd-el-Kader, le général s'arrêta : — « N'aie pas peur, dit le cheik de la tribu des Oulassas, en s'avançant vers lui, n'aie pas peur, l'émir est là, sur le mamelon ; il t'attend. — Je n'ai peur de rien, répondit le général Bugeaud, mais je trouve bien indécent que ton chef me fasse venir de si loin et attendre si longtemps. »

— Et il se dirigea au galop de son cheval vers l'endroit où se trouvait l'émir. Abd-el-Kader se tenait au milieu d'un groupe nombreux de chefs, desquels il ne se distinguait que par la simplicité de son costume et la couleur violette de son bournous, son cheval noir était magnifique, des Arabes tenaient ses étriers, d'autres soutenaient les pans de son bournous. Le général, après lui avoir demandé s'il était l'émir, lui serra la main en signe d'amitié, au grand étonnement des Arabes, peu accoutumés à des formes aussi familières, et l'engagea à descendre de cheval afin de causer plus librement. Abd-el-Kader mit pied à terre, par un mouvement très-rapide, et s'assit immédiatement ; le général se hâta d'en faire autant et faisant brusquement signe à la musique âpre et discordante des Arabes de se taire, il entama ainsi la conversation : — « Sais-tu bien que peu de généraux français auraient osé traiter avec toi et agrandir ta puissance et ton territoire comme je l'ai fait, mais j'espère que tu n'en feras usage que pour le bonheur de ta nation, en la maintenant en paix avec la France. — Je te sais gré de tes bons procédés avec moi ; si Dieu le veut, je ferai le bonheur des Arabes, et si la paix est jamais rompue, ce ne sera pas de ma faute ; Allah défend de manquer à sa promesse, je ne l'ai jamais fait. — A ce titre je te demande ton amitié particulière et je t'offre la mienne. — Je l'accepte avec reconnaissance ; mais j'ai un conseil à te donner : que la France se garde des intrigants. — Les Français ne prendront conseil que d'eux-mêmes, et si jamais quelques brouillons cherchaient à semer le trouble et le désordre, nous nous en préviendrions mutuellement afin de les punir. — C'est bien, tu n'as qu'à me dénoncer ceux qui violeront le traité, je les punirai. — Je te recommande les Koulouglis qui sont encore à Tlemcen. — Tu peux être tranquille, ils seront traités comme les Hadars. Mais tu m'as promis de cantonner les Douers et les Zmelas entre le lac Sebka et la mer. — Si ce pays ne peut leur suffire, ils seront toujours placés de manière à ne point pouvoir troubler la paix. »

Après quelques instants de silence, le général reprit : « — As-tu ordonné le rétablissement des relations commerciales de l'intérieur avec Alger et les autres villes que nous occupons ? — Non, je le ferai dès que tu m'auras rendu Tlemcen. — Tu peux être sûr que Tlemcen te sera rendu dès que le traité sera approuvé par le roi. — Tu n'as donc pas le pouvoir de traiter ? — Je puis traiter, mais il faut que le Roi ratifie ce dont nous sommes convenus; sans cela un autre général pourrait défaire ce que j'ai fait. — Si tu ne me rends pas Tlemcen comme tu me l'as promis, au lieu de la paix nous n'aurons fait qu'une trêve. — En effet, si le roi ne ratifie pas ce traité, ce ne sera qu'une trêve, mais tu n'auras qu'à gagner à cet intervalle, puisque pendant ce temps je ne détruirai pas vos moissons. — Tu peux les détruire si tu veux; une fois la paix faite, je t'en donnerai l'autorisation si cela te fait plaisir, il nous en restera toujours plus qu'il ne nous en faut. — Il me semble que tous les Arabes ne sont pas de ton avis, car plusieurs déjà m'ont fait remercier d'avoir conservé leurs moissons. » Abd-el-Kader sourit d'un air dédaigneux. « Combien de temps faut-il attendre la ratification du Roi des Français? — Trois semaines environ. — C'est bien long. — C'est trop long, trois semaines, reprit Ben-Arach, confident de l'émir, qui s'était rapproché de lui pendant la conversation; nous ne pouvons attendre cette ratification que dix à douze jours. — Peux-tu commander à la mer? répondit le général français. — Eh bien! nous ne rétablirons les relations commerciales qu'après l'arrivée de la ratification du traité. — Comme il te plaira, c'est aux musulmans que tu fais le plus de tort, puisque tu les prives d'un commerce avantageux, tandis que la mer nous fournit tout ce dont nous avons besoin. Le détachement que nous avons laissé à Tlemcen peut-il avec tous ses bagages nous rejoindre à Oran? — Il le peut. »

La conversation s'arrêta là. Le général se leva, Abd-el-Kader ne bougea pas, affectant de faire tenir le Français debout devant lui. Vous le voyez, c'était la continuation du rôle qu'il avait joué en commençant. Il profitait de toutes les occasions pour montrer aux siens des preuves de sa supériorité prétendue, il voulait leur persuader surtout que cette supériorité était reconnue par ses ennemis eux-mêmes. Le général Bugeaud s'en aperçut et lui dit avec une brusquerie toute militaire, que lorsque lui, le représentant du roi des Français, se tenait debout, le chef des Arabes pouvait bien en faire autant. Et, sans attendre de réponse, il saisit, d'un poignet vigoureux, la main frêle et délicate de l'émir et l'enleva de terre en souriant, comme il aurait pu le faire d'un enfant. La manière d'agir du général français excita un vif étonnement parmi les Arabes, la plupart d'entre eux en parurent même choqués ; c'était en effet contre toutes les coutumes, contre toutes les règles reçues parmi eux.

Les deux chefs échangèrent encore quelques paroles amicales, puis se quittèrent pour ne plus se revoir que sur le champ de bataille. Au moment où les Arabes saluaient le général et son cortége qui s'éloignaient, d'un long et dernier cri d'adieu, un grand coup de tonnerre vint mêler sa voix à la leur, et ajouter encore au grandiose de cette scène. Sous l'impression du spectacle qu'ils venaient d'avoir sous les yeux, les Français qui accompagnaient le général, purent bien sans un trop grand effort d'imagination voir dans cette révolution des éléments, le sceau donné par la nature à la paix qui venait d'être conclue ; la sanction à un rapprochement entre l'Europe et l'Afrique, entre l'Occident et l'Orient. Pénétrés de cette pensée, ils regagnèrent le camp en s'entretenant de l'émir, de sa suite, des mœurs et du caractère arabe qui venaient de se dérouler à leurs yeux dans toute leur pompe typique et qui étaient pour eux un objet d'étonnement et parfois d'admiration, car tout en s'neorgueillissant d'être supérieurs à ce peuple sous le rapport des lumières et de la civilisation, ils étaient forcés de reconnaître qu'ils trouvaient en lui je ne sais quel parfum antique, qui rappelait les âges lointains des patriarches, parfum que la civilisation, il faut bien le dire, a partout détruit sur son passage et dont rien en Europe ne peut donner une idée.

Ce traité, qui joue un grand rôle dans l'histoire de notre domination en Algérie, compléta l'œuvre commencée par celui de M. Desmichels, et donna une dernière sanction aux prétentions de l'émir qui reconnut, il est vrai, la souveraineté de la France, mais qui reçut en échange de cette concession, nonseulement la province d'Oran, mais encore celle de Titteri et une partie de celle d'Alger. C'était doubler l'étendue de son territoire.

Le traité de la Tafna fut vivement combattu par le général Damremont ; ses observations ne purent en empêcher la ratification.

Tandis que la France semblait ainsi circonscrire à plaisir le territoire de sa conquête, le gouverneur menait rapidement ses préparatifs pour l'expédition de Constantine. Le colonel Duvivier, qui commandait à Ghelma, position importante sur la route de Bône à Constantine, avait gagné à notre cause les tribus environnantes. Ahmed, auquel le gouvernement français avait fait faire des propositions de paix, posait des conditions inacceptables. Rien donc ne retardait plus la campagne.

L'armée se mit en marche le 1ᵉʳ octobre. Le gouverneur général la dirigeait en personne. Le duc de Nemours avait reçu le commandement d'une brigade, les généraux Rulhières, Trézel et le colonel Combes, celui des trois autres.

Le 6, l'armée arriva sur le plateau de Mansourah. La ville se préparait à une vive défense ; comme l'année précédente, Ben-Aïssa, lieutenant d'Ahmed-Bey, commandait dans Constantine, et Ahmed lui-même tenait la campagne. Les topjis (artilleurs), attentifs à leurs pièces, accueillaient chaque groupe de Français qui se montrait à découvert, avec une bombe ou un boulet, lancé toujours avec une grande justesse.

Les travaux du siège commencèrent immédiatement. Le 7, deux sorties simultanées furent appuyées par les troupes du dehors. Notre brave armée soutint vaillamment le choc, et ne tarda pas à obliger les Turcs et les Koulouglis à regagner précipitamment la ville, et les Arabes à se disperser.

Le 8 les travaux étaient terminés ; le 9 le feu commença. Le temps était affreux, cependant le transport de canons d'une batterie à l'autre étant devenu indispensable, nos soldats eurent à exécuter une tâche qui semblait au-dessus des forces humaines. Un terrain argileux et glissant, détrempé par la pluie, pas de routes tracées, mais des sentiers serpentant au bord d'affreux précipices, des torrents à franchir, des rochers à escalader, et cela sous le feu de l'ennemi, avec de lourdes pièces de canon sur les épaules. Après deux jours et deux nuits de ces durs travaux, l'armée fut amplement récompensée de ses efforts. Des cris de joie s'élevaient de toute part : un obusier pointé par le commandant Maléchard, venait de déterminer un éboulement ; la brèche était ouverte.

commandant porta ses vues sur Arzew, ancienne ville romaine dont il se contenta d'occuper le port dit le Mersa.

D'Arzew, qu'Abd-el-Kader chercha vainement à lui disputer, le général se dirigea sur Mostaganem qui, par la route de terre, en est éloignée de 7 myriamètres. La garnison turque qui l'occupait, quoique soldée par la France, était peu sûre et il n'est pas douteux que si elle avait pu résister, elle l'aurait fait; mais intimidée par le nombre et la tenue de nos soldats, elle ouvrit les portes de la ville sans difficultés.

Les Arabes, furieux de nos succès, se levèrent en masse et conduits par Abd-el-Kader à peine de retour de Mascara, où il était allé recueillir le dernier soupir de Modhi-ed-Din, ils menacèrent nos nouvelles conquêtes. Le général Desmichels eut recours à la ruse pour détourner le danger. Des razzias sont opérées sur le terrain des tribus qui formaient l'armée ennemie. Atteinte par un danger personnel, chacune d'elles vole au secours de sa famille et abandonne l'émir qui se trouve ainsi réduit à des forces trop minimes pour rien entreprendre de sérieux contre les Français.

Le moment semblait propice pour l'anéantir à tout jamais, mais bien au contraire, au mois de février, le général Desmichels traita avec lui. Ce malheureux traité a eu de bien funestes résultats pour la France. Il consolida le pouvoir jusque-là contesté d'Ab-el-Kader. Un traité, fait avec lui et reconnaissant son titre d'émir, c'est-à-dire de prince légitime, consacra ses prétentions que la majorité considérait comme fausses et mensongères, puisque dans les mosquées on ne faisait nulle part les prières en son nom. Aussi, bien des musulmans disent-ils qu'après Dieu et Mahomet, c'est à la France qu'il doit le plus de reconnaissance. Peu après la signature de ce traité une révolte générale éclata contre lui ; aussitôt le général Desmichels envoya des hommes à son secours et, chose incroyable, on vit les Français étayer l'homme qui s'était fait la personnification de la résistance contre eux.

Les tribus de l'ouest soumises grâce à notre concours, Abd-el-Kader annonça ce succès au général Voirol, et se posant comme l'élu du ciel destiné à intervenir entre les Arabes, il manifestait l'intention d'aller poursuivre sa mission dans l'est. Le général se hâta de lui répondre que son intervention était pour le moins inutile ; qu'il ne devait pas passer les limites qui lui étaient assignées : qu'en conséquence s'il se montrait en deçà du Chéliff le traité serait rompu.

Cet avis suffit. Abd-el-Kader tourna sa politique du côté de la diplomatie. Il chercha à brouiller les généraux Voirol et Desmichels et ne put réussir.

Tel était l'état des affaires en Algérie, lorsque le gouvernement, au lieu de convertir en mandat définitif, le mandat provisoire du général Voirol, le rappela.

Son successeur, le comte Drouet d'Erlon, au lieu du titre de *commandant ou général en chef de l'armée d'Afrique*, qui avait été le titre officiel de tous ses prédécesseurs, reçut le premier celui de *gouverneur général*. C'est qu'une détermination venait d'être prise au sujet de l'Algérie, sur les conclusions d'une commission nommée par le roi pour examiner le pour et le contre de la colonisation. Toute hésitation avait disparu et le gouvernement venait de déclarer la volonté expresse de conserver notre conquête sous le nom de *possessions françaises dans le nord de l'Afrique*. Il y avait enfin certitude de stabilité pour notre occupation.

Le comte d'Erlon était un des officiers distingués de l'Empire, mais il était vieux, et à son âge c'est une trop lourde charge qu'une mission comme celle qu'on venait de lui confier. Il faut surtout en Afrique de la fermeté, de l'énergie, une volonté en dehors de toute influence étrangère, et ce sont des qualités que possède rarement un homme de 70 ans.

Néanmoins ses premiers actes furent énergiques. Il désavoua tout système de concession, rendit des arrêts relatifs au commerce et aux douanes, établit près de Bouffarik un très-beau camp qui a conservé son nom, et prit des mesures pour assurer la sûreté des colons. A côté de ces créations utiles on peut malheureusement placer une grande faute : la dissolution du bureau arabe. Peu après, quelques désordres ayant été commis dans le Sahel, et le bureau arabe n'existant plus pour procéder par les formes judiciaires, force fut de recourir aux moyens violents. On opéra une razzia chez les Hadjoutes et chez les Mouzaïa, qui étaient depuis quelque temps nos alliés et qui devinrent pour nous des ennemis plus acharnés encore que par le passé.

Le colonel Duvivier commandait toujours à Bougie. Après avoir déjoué tous les efforts des Kabaïles, il devint victime du désir qu'avait le gouverneur général d'obtenir la paix à tout prix. Voici comment : Ouly-Ourebah, chef Kabaïle, se disant le représentant de toutes les tribus du pays, s'imagina de traiter seul de la paix. Jugeant M. Duvivier trop difficile à tromper, il s'adressa, non à lui, mais à l'intendant civil de Bougie qui en écrivit au comte d'Erlon, et reçut, au mépris de toute hiérarchie, le pouvoir de traiter. Ces négociations, interrompues par le feu des Kabaïles qui n'avaient confié aucune mission à Ouly-Ourebah, donnèrent lieu à des plaintes justes de la part du colonel Duvivier. Plus tard, ces négociations furent reprises et la première condition exigée par Ouly-Ourebah fut le rappel du commandant de Bougie. Le gouverneur général refusa, mais M. Duvivier, se considérant comme un obstacle, demanda à rentrer en France. Le traité fut signé; il n'amena pas la paix, la plupart des populations refusant de le ratifier.

Abd-el-Kader, de son côté, avait repris son projet de venir pacifier les Arabes de la province d'Alger ; le comte d'Erlon agit vigoureusement et déclara l'intention formelle de traiter en ennemie de la France, toute tribu qui accepterait l'intervention de l'émir ; Abd-el-Kader renonça à passer le Chéliff.

L'émir, avec son rare talent d'observation, s'était aperçu du peu de fixité dans la manière de voir et d'agir du gouverneur général. Il en avait conclu qu'il devait être facile de prendre une influence absolue sur son esprit. Il résolut d'exploiter cette circonstance à son profit en mettant auprès de lui, comme agent permanent, un homme adroit, insinuant et dévoué. Cet homme, il le trouva dans la personne d'un juif astucieux et habile, façonné aux mœurs de l'Europe où il avait été élevé et qui parlait le français avec une grande facilité. A peine installé à Alger, Ben-Durand avait déjà pris sur le comte d'Erlon un empire illimité. Non-seulement il devint son conseiller intime, mais encore le contrôleur de tous ses actes. En un mot, par l'entremise de Ben-Durand, Alger était en quelque sorte gouverné par Abd-el-Kader.

Un moment cependant, le gouverneur général reprit sa volonté propre. Ce fut pour demander le rappel du général Desmichels. Le général Trézel alla le remplacer et montra autant d'ardeur à diminuer le pouvoir de l'émir que le comte d'Erlon semblait mettre de bonne volonté à le consolider.

En homme adroit, l'émir flattait les Français. Il accueillait avec distinction les officiers qui allaient le visiter et qui le quittaient d'autant plus enchantés que, comme le dit le commandant Pelissier, « toute sa personne est séduisante, et il est difficile de le connaître sans l'aimer. »

Sur ces entrefaites, Abd-el-Kader, enivré d'un succès remporté sur des tribus insurgées, passa le Chéliff et s'avança jusqu'à Milianah.

Le général Trézel demande des ordres pour punir cette infraction au traité. Il n'en reçoit point et prend sur lui de s'en passer. Par la voie diplomatique, il parvient à détacher de l'émir les Douers et les Zmelas qui se déclarent sujets de la France. Abd-el-Kader, irrité, envoie contre eux un de ses lieutenants ; de son côté le général n'hésite pas à leur accorder la protection qu'il leur a promise, et à la tête de 2,500 hommes, il va s'établir à deux lieues d'Oran, au camp du Figuier. Il écrit à l'émir de renoncer à toute prétention de suzeraineté sur les tribus qui se sont placées sous sa protection. L'émir répond arrogamment : que *sa religion lui défend de laisser des musulmans sous la domination chrétienne*. Une telle réponse équivalait à une déclaration de guerre.

Le général Trézel se trouvait ainsi dans un cruel embarras ; vainement il écrivait à Alger, il ne recevait pas de réponse, cependant, d'un côté, était l'honneur français, de l'autre, sa propre responsabilité, qu'il exposait. Après quelque hésitation il s'arrêta à une noble et courageuse décision ; il prit l'offensive.

Ce fut pour les Français une terrible journée. Le grand nombre d'Arabes, surtout de cavaliers, un moment d'indisci-

Avant de monter à l'assaut, le général Damremont voulut faire une dernière sommation aux assiégés. Le lendemain matin, il reçut cette fière réponse : « *Les Français ne seront* « *maîtres de Constantine qu'après avoir égorgé jusqu'au dernier* « *de ses défenseurs.* — *Ce sont des gens de cœur,* s'écria-t-il, *eh* « *bien ! tant mieux, l'affaire n'en sera que plus glorieuse pour* « *nous.* » Et il monta à cheval pour se rendre à la batterie Coudiat-Aty.

Ayant mis pied à terre, il s'avança pour examiner la brèche, et comme le général Rulhières s'approchait en toute hâte pour lui faire observer le danger qu'il courait : *laissez, laissez,* répondit-il avec calme. Il acheva à peine ces paroles ; un boulet le renversa sans vie. Le général Perregaux, qui voulut l'arrêter dans sa chute, fut gravement blessé et tomba à son côté.

Ce coup subit, qui privait l'armée de son chef, juste au moment où, assuré du succès, il s'apprêtait à jouir de son triomphe, en excitant un regret général, fit naître un vif désir de vengeance et ajouta encore à l'ardeur du soldat.

Le lieutenant général d'artillerie, comte Valée, prit le commandement en chef de l'armée.

Le 13 à 9 heures du matin, le duc de Nemours ayant donné le signal, les troupes s'élancèrent à l'assaut. Le lieutenant-colonel Lamoricière et le chef de bataillon Vieux arrivèrent les premiers sur le sommet du talus, et purent, d'un seul coup d'œil, juger des dégâts qu'avaient faits nos batteries.

Tout n'était pas encore fini. Comme à Bougie, les Arabes se défendirent dans les maisons et ne cédèrent le terrain que pied à pied. L'explosion d'un magasin à poudre, auquel un coup de fusil mit le feu, vint ajouter aux dangers et aux pertes de cette journée. Le colonel Lamoricière fut horriblement brûlé et le colonel Combes, atteint d'un coup mortel, eut l'héroïque courage de venir rendre compte au duc de Nemours du succès d'un mouvement qu'il avait dirigé : « *Heureux,* dit-il en terminant, *heureux ceux qui ne sont pas blessés mortellement ! ils jouiront du triomphe.* » En achevant, il chancelle et tombe. Le surlendemain l'armée pleurait sa mort.

Cependant nos troupes avaient vaincu la résistance de la population, dont une partie, craignant les suites d'un assaut, prit la fuite. Bon nombre de ces malheureux périrent sur les rochers escarpés qui ceignent la ville et qu'ils ne pouvaient franchir qu'en se suspendant à des cordes que leur poids fit bien souvent casser. C'était un terrible spectacle, que la vue de ces hommes, de ces femmes, de ces enfants entassés au fond de l'abîme, écrasés et mutilés.

Le duc de Nemours et le général Valée prirent possession du palais du bey, et les principaux édifices furent affectés au service des ambulances. Bientôt, rassurés par la conduite de l'armée, les habitants, qui avaient fui à notre approche, rentrèrent ; les tribus voisines vinrent faire leur soumission. La puissance d'Ahmed était à tout jamais ruinée.

Le jeune prince de Joinville, jaloux de partager les périls de son frère, devait faire partie de l'expédition. Retenu, par la quarantaine, ainsi que le 12e de ligne, il n'arriva, avec ce régiment, que lorsque tout était fini et repartit presque immédiatement. Quelques hommes du 12e étaient atteints du choléra ; ils communiquèrent cette cruelle épidémie au reste de l'armée et la maladie ajouta de nouvelles victimes aux victimes déjà trop nombreuses de cette glorieuse compagne.

Vers la fin d'octobre, après avoir laissé à Constantine une garnison de deux mille cinq cents hommes, l'armée reprit la route de Bône, accompagnant les dépouilles mortelles du comte Damremont, qui furent ensuite déposées aux Invalides. Le général Valée trouva, à son arrivée à Bône, un envoyé de France, chargé de lui remettre le bâton de maréchal et le titre de gouverneur général.

La prise de Constantine était le plus grand événement accompli depuis celle d'Alger, et le 23 octobre, le canon des Invalides, en l'annonçant officiellement aux habitants de Paris, produisit une émotion générale. Le désastre de l'année précédente était noblement vengé ; il était effacé. Peu de temps après, le roi à l'ouverture de la session, caractérisait ainsi notre nouvelle conquête : « *Si la victoire a plus fait quelquefois pour la puissance de la France, jamais elle n'a élevé plus haut la gloire et l'honneur de ses armes !* »

# CHAPITRE XLVIII.

### Expédition des portes de fer.
[DE 1387 A 1839.]

Organisation nouvelle donnée par Abd-el-Kader à la province de Titteri. — Conventions du 4 juillet. — Abd-el-Kader devant Aïn-Madhy. — Création des réguliers de l'émir. — Occupation de Coléah et de Blidah. — Sage organisation dans la province de Constantine. — Fondation de Philippeville. — Prise d'Aïn-Madhy par Abd-el-Kader. — Refus de l'émir de ratifier les conventions du 4 juillet. — Zèle et dévouement des différents Marghzens. — Expédition des Portes de fer. — Le duc d'Orléans prend le commandement de la première division. — Détails sur cette expédition. — Les Beni-Abbas. — Arrestation des courriers d'Abd-el-Kader. — Le fort de Hamza. — Arrivée au Fondouck. — Entrée à Alger. — Départ du Prince pour la France.

Tandis que l'armée française nous assurait, par la prise de Constantine, la possession de la plus riche partie de l'Algérie, Abd-el-Kader, mes jeunes amis, ne perdait pas son temps. Il donnait à la province de Titteri une organisation nouvelle, il en forma trois départements ou aghaliks dépendants du kalifat de Médéah.

Vers la fin de novembre, lorsque le maréchal rentra à Alger, il était temps d'arrêter l'audace toujours croissante des tribus. Des scènes de brigandage et de violence étaient journellement commises par les Hadjoutes, auxquels prêtait main-forte, le frère de l'émir, El-Hadj-Mustapha, qui s'était emparé de Blidah.

La paix n'était pas ostensiblement rompue entre l'émir et la France, quoique des contestations se fussent élevées au sujet des limites. Le mandataire d'Abd-el-Kader, après s'être adressé directement au gouvernement français, fut obligé de traiter avec le maréchal Valée, qui ne voulut rien accorder à ses exigences. Des conventions supplémentaires et explicatives du traité de la Tafna furent signées le 4 juillet; mais Abd-el-Kader ne les ratifia pas. Il est vrai que son agent expliquait sa lenteur par des motifs, qu'on pouvait admettre comme plausibles. Occupé au siége d'Aïn-Madhy, dont le marabout avait refusé de reconnaître son autorité, il affectait d'être complétement absorbé par les soins de cette guerre lointaine et difficile, et il avait suspendu toute relation, toute affaire politique.

Depuis quelque temps, une grande modification s'était introduite dans son système militaire. Je veux parler de la création d'une armée régulière. Grâce au concours de quelques déserteurs qui, disons-le bien vite pour l'honneur national, appartenaient presque tous à la légion étrangère, il était parvenu à enrégimenter un certain nombre d'Arabes et à les former en troupes régulières, toujours sur pied, nourries et soldées à ses frais.

Le moment était venu d'exécuter l'article du traité de la Tafna qui nous assurait la possession de Blidah et de Coléah. Le maréchal se porta sur ces deux villes qui le reçurent avec les plus grandes démonstrations de respect et de bon vouloir.

Pendant ce temps, le siége d'Aïn-Madhy se continuait et l'éloignement de l'instigateur de toutes les révoltes contre la domination française donnait un peu de répit aux provinces d'Oran et d'Alger. Quant à celle de Constantine, le calme qui y régnait nous donnait l'assurance que la stabilité et la colonisation seraient plus faciles sur ce point que sur tout autre. Le maréchal, s'étant rendu sur les lieux pour s'occuper des besoins de l'administration, donna à cette province une organisation en harmonie avec les habitudes et les mœurs de ses habitants. Il diminua les impôts et conserva la hiérarchie arabe.

Cette habile et prudente politique réussit complétement à nous gagner tous les cœurs. Le gouverneur profita de ces bonnes dispositions à notre égard, pour construire non loin de Stora, qui est en quelque sorte le port de Constantine, une ville française qu'il nomma Philippeville. Si nous anticipons un peu sur les temps et que nous nous transportions à un an, jour pour jour de sa fondation nous la trouverons en pleine prospérité et contenant déjà 1,700 habitants, outre la garnison et les fonctionnaires publics.

Après plusieurs autres mesures tant militaires que civiles, le maréchal rentra à Alger avec l'intention d'aller prendre possession du fort de Hamza sur le chemin des fameuses Portes de fer, possession que nous garantissait un des articles du traité de la Tafna. Les pluies qui survinrent, l'obligèrent à remettre à plus tard l'exécution de ce projet.

Vers le commencement de l'année, Aïn-Madhy se rendit; son marabout, Tedjini, fut forcé de capituler. Tout enorgueilli de ce succès, Abd-el-Kader refusa de ratifier les conventions du 4 juillet. Ce refus n'amena point une guerre immédiate.

Dans la province d'Alger, aucun événement saillant ne signala le cours de l'année 1839. L'ancien Marghzen turc tendait chaque jour à se réorganiser et à s'étendre à notre profit. Les tribus, qui en faisaient partie, n'attendaient pas même des ordres pour venger les insultes ou les déprédations commises sur notre territoire.

Cependant le maréchal était retourné dans la province de Constantine. Après l'occupation successive de Djigelly, l'Igilgilis des Romains, la Gigel des Barberousse ; de Djimmilah, point militaire et important, et de Sétif, cette ville qui maintenant n'est plus qu'une bourgade, elle qui du temps des Romains méritait de donner son nom à une des Mauritanies. Après avoir reconnu les beautés et les richesses de cette vieille terre Numidique, témoin de la grandeur des Massinissa, des Micipsa, des Juba II, il projeta une expédition dont les difficultés étaient telles que les aigles romaines avaient reculé, sans oser les affronter. Il ne s'agissait de rien moins que du passage des Portes de fer.

Aucune expédition en Afrique n'a été plus pacifique que celle-ci, et aucune n'est plus remarquable, tant par ses résultats que par l'audace et le courage qui ont présidé à son exécution. S. A. R. le duc d'Orléans, ce prince que sa bonté, son aménité et sa haute bravoure, avaient rendu si cher à notre armée d'Afrique, le duc d'Orléans avait voulu y prendre part. Le gouneur général la dirigeait lui-même et chose remarquable, après avoir opiniâtrément interdit le passage à toutes les dominations de l'Afrique, même aux Turcs, les tribus, qui en sont gardiennes, subjuguées par l'ascendant de notre conquête de Constantine et par la conduite des Français, depuis qu'ils étaient les maîtres de cette province, n'hésitèrent pas à nous servir, elles-mêmes, de guides.

Mais procédons avec ordre, cette affaire mérite bien que nous entrions dans quelques détails.

Le 16 octobre, l'armée formant deux divisions, l'une sous les ordres du Prince Royal, l'autre commandée par le général Galbois, quittait Constantine. Les troupes ignoraient le but et le motif de cette expédition. On leur avait seulement dit qu'elles étaient destinées à opérer dans l'ouest. Rien d'admirable comme la marche de cette armée qui côtoie ou traverse des jardins d'une étonnante fertilité, sans qu'aucun homme cède à la tentation d'y cueillir un seul fruit. Tous les chefs accourent au-devant des Français, les uns pour faire leur soumission, les autres pour présenter leurs hommages au fils du sultan de France. Ceux-ci, aux vêtements blancs sur lesquels tranche le chapelet noir à rubans jaunes, ce sont des marabouts. Ceux-là, au large bournous noir, jaune ou vert, dont les plis flottent au gré du vent, ce sont les principaux cheiks des tribus. Ils offrent des présents : les uns, des chevaux ; les autres, des fruits, de l'orge, de la paille ; d'autres enfin, et c'est le plus grand nombre, des plats immenses de couscoussou, mets du pays, sorte de bouillie épaisse. Tous disent, par le jeu expressif de leurs physionomies, l'étonnement qu'ils éprouvent à considérer nos troupes, que pour la première fois, ils approchent en amis.

C'était vraiment une charmante et délicieuse marche. Ici quelques pics dentelés dessinant sur le ciel leurs fantastiques silhouettes ; là, de gracieux ombrages de lentisques, de myrtes et de lauriers-roses ; plus loin une grande et sublime scène : des ruines romaines gisant éparses à l'ombre de vieux palmiers. C'est ainsi que l'armée, après s'être arrêtée à Msilah, à Ma-Allah, à Djimilah, arriva à Sétif où elle passa quelque temps.

Enfin le 27 octobre, deux jours après avoir quitté Sétif, le grand mot est prononcé, ou plutôt le soldat l'a deviné. Un nom, un seul nom est dans toutes les bouches et porte partout l'enthousiasme à son comble : les *Bibans*, les *Portes de fer*! Arrivées au confluent de l'Oued-Mellah et de l'Oued-Bouqueton qui se réunissent au moment de tomber dans l'Oued-Biban, les deux divisions se séparèrent. La première eut seule le périlleux honneur d'ouvrir par une voie inconnue et redoutée, le chemin par terre de Philippeville à Alger ; la seconde dut retourner à Constantine. Là aussi, les cheiks des Beni-Abbas, gardiens des Portes de fer, arrivent auprès de son Altesse Royale ; ils viennent se mettre à sa disposition.

A ce moment commencèrent les difficultés et les fatigues. Figurez-vous, mes jeunes amis, nos soldats marchant, tantôt dans le lit même de la rivière, ou pour parler plus juste, du torrent ; tantôt gravissant des montées escarpées, ou se laissant glisser du sommet des rochers à pic ; tantôt s'engageant entre deux murailles de granit qui s'élevaient à plus de mille pieds, puis s'abaissaient brusquement dans une large découpure pour se relever un peu plus loin. Enfin l'armée arriva dans une sorte de corridor entouré de rochers énormes, dont les cimes rougeâtres, surplombant à une grande hauteur, semblent vouloir regarder ce qui se passe à leur pied. Cet étroit préau n'a qu'une seule issue large de deux mètres et demi et pratiquée perpendiculairement entre deux rocs parallèles. C'est la première porte. Après l'avoir passée on entre dans une ruelle étroite qui aboutit à la seconde, qui est à peine assez large pour qu'un mulet chargé puisse la franchir. A 15 pas plus loin est la troisième ; la quatrième, plus large que les autres, est à 50 pas au delà.

Après cette dernière porte, l'armée fit encore 300 pas environ dans un sombre défilé et déboucha tout à coup dans une vallée, d'autant plus riante que le contraste, qu'elle offrait avec la nature sauvage que l'on quittait, était grand. Chaque soldat avait, en passant, cueilli une palme aux palmiers séculaires jetés çà et là dans les interstices des rochers, et chacun en retrouvant la lumière du soleil, agitait la sienne en triomphe. Certes, jamais trophée ne fut plus pur et plus noble. Pas une goutte de sang ne l'avait taché.

Entre la première et la deuxième porte, au lieu le plus abrupte, les sapeurs avaient, par ordre du duc d'Orléans, gravé ces mots :

ARMÉE FRANÇAISE. — 1839.

La pierre se chargeait de conserver à la postérité la mémoire et la date du premier passage des Portes de fer par des Européens. Le lendemain, lorsqu'on arriva en vue des villages des Beni-Mansour, les habitants, en voyant sortir des chrétiens des chemins des Bibans, ne pouvaient se rendre compte de ce qu'ils regardaient comme un miracle. Leur premier mouvement fut de s'enfuir, leur second de se prosterner aux pieds du Prince et du maréchal et de protester de leur soumission. A Beni-Mansour on arrêta des courriers de l'émir, qui apprirent au maréchal que son kalifat se proposait d'attaquer l'armée au fort de Hamza. Grâce à cet avis, la colonne se hâta et put arriver en vue de la forteresse en même temps que Ben-Salem. Le duc d'Orléans ayant ordonné de charger, les Arabes se retirèrent et le fort, presque en ruine, resta au pouvoir des Français. Ceux-ci ne pouvant l'occuper achevèrent de le détruire. A dater de ce moment les Arabes se montrèrent de temps à autre, se bornant toujours à harceler l'arrière-garde.

Le 1er novembre, la colonne expéditionnaire arriva au Fondouck où elle trouva la division Rulhières. Là, chaque soldat rencontre des amis qui le fêtent et le félicitent, et il oublie, comme par magie, ses fatigues et ses dangers.

Le lendemain on se remet en marche pour Alger. Avant d'y arriver le Prince Royal fait arrêter le corps d'expédition. Il remercie les troupes de leur zèle, leur adresse ses adieux. A

peine eut-il achevé que des acclamations enthousiastes sortent de tous les rangs. Au milieu de l'émotion profonde et générale, on entendit le maréchal Valée s'écrier : « *Il faudrait
« mourir maintenant. Après avoir compté dans mon armée
« trois fils du roi et en avoir vu deux au feu, je ne puis plus que
« déchoir.* »

Tout le monde ignorait à Alger que cette expédition dût avoir lieu. On apprit le projet et l'exécution seulement le jour de l'arrivée. Aussitôt la population, sans acception d'origine et de croyance, se met en habits de fêtes, pavoise sa demeure et s'empresse d'accourir au-devant de ces braves qui viennent « de
« déployer le drapeau français, dans des lieux où les Turcs
« baissaient les leurs et où les Romains n'avaient jamais
« porté leurs aigles.

« Les femmes musulmanes se groupent autour des arbres
« ou sur le toit des maisons, en chantant au son des instru-
« ments, et toutes les corporations mahométanes marchent à
« la rencontre du prince. Les bourgeois distribuent aux sol-
« dats du vin et des cigares et se chargent de leurs sacs. »

Le 4, des fêtes publiques, un banquet, un bal, une palme d'honneur, cueillie aux Portes de fer et offerte par l'armée au duc d'Orléans, célébraient, à Alger, cette importante expédition, et le 6 le Prince Royal quittait la ville pour venir lui-même la raconter à la France!

# CHAPITRE XLIX.

### Mazagran.

[DE 1839 A 1840.]

Abd-el-Kader recommence la guerre. — Arrivée de nouvelles troupes en Afrique. — État de la province d'Oran. — Mazagran. — Défense héroïque du capitaine Lelièvre et des cent vingt-trois. — État de la province de Constantine. — Abd-el-Kader dans l'ouest. — Le duc d'Orléans prend le commandement de l'expédition contre l'émir. — Combat de l'Afroum. — Passage du col de Mouzaïa. — Médéah. — Occupation de Milianah. — Fin de la campagne. — Les Arabes reparaissent en armes. — Campagne d'automne. — Le maréchal Valée quitte l'Afrique.

Le passage des Portes de fer irrita profondément l'orgueil de l'émir qui, dès ce moment, ne dissimula plus ses intentions hostiles. Des tribus amies furent déplacées et entraînées loin de notre voisinage, d'autres furent dévastées et pillées. Les Hadjoutes recommencèrent leurs déprédations et les beys de Milianah et de Médéah, passant brusquement la Chiffa, se répandirent dans la plaine, brûlant et saccageant tout. La guerre fut donc ainsi recommencée inopinément et sans aucune déclaration préalable; seulement, après la reprise des hostilités, Abd-el-Kader écrivit au maréchal pour lui annoncer le projet arrêté, disait-il, par tous les musulmans, de recommencer la guerre sainte.

A la nouvelle des agressions des Arabes, le gouvernement français se hâta d'envoyer du renfort en Afrique. Alors le maréchal put reprendre l'offensive. L'ennemi, successivement attaqué entre le camp de l'Arba et l'Harrach, sur la route de Bouffarik à Blidah, entre Blidah et la Chiffa, et plus tard près du camp du Fondouck, fut chaque fois défait avec des pertes considérables.

La province d'Oran, berceau et siége principal de la puissance d'Abd-el-Kader, devait nécessairement suivre l'impulsion qu'il donnait; plusieurs tentatives furent faites contre les Zmelas et les Douers, nos alliés, et enfin une attaque directe fut dirigée contre nous. Ici vient se placer sous ma plume un nom à jamais célèbre, Mazagran ! — Mazagran dont l'héroïque défense est un des plus glorieux faits d'armes de notre armée d'Afrique. Mazagran, mes jeunes amis, n'était rien de plus qu'un petit fort, élevé à la hâte par les Français, non loin de Mostaganem. Il renfermait la 10e compagnie du bataillon d'Afrique, c'est-à-dire 123 hommes commandés par le capitaine Lelièvre, lorsque le 1er février, quelques éclaireurs arabes vinrent reconnaître les lieux. Le lendemain les contingents de quatre-vingt-deux tribus, formant 12 à 15,000 hommes, sous les ordres de Mustapha-ben-Tehamy, kalifat de Mascara, prirent position devant le fort. La garnison n'avait pour toutes provisions qu'un baril de poudre, une pièce de canon et 40,000 cartouches; mais en revanche elle était composée de braves disposés à vendre chèrement leur vie.

Animé par le fanatisme religieux et par des promesses de récompense, l'ennemi se précipita avec rage contre les murailles, que son artillerie avait entamées, et y planta quatorze de ses drapeaux. Les assiégés reçurent cette attaque et celles qui suivirent par un feu de mousqueterie qui couvrait de cadavres les abords de la brèche. Trois fois le canon abattit le drapeau national, trois fois il fut relevé avec enthousiasme aux cris de : *Vive le roi! vive la France!*

Le 3, les assaillants revinrent à la charge avec une ardeur nouvelle. Cette fois, les cartouches étant à moitié épuisées, on les reçut à l'arme blanche, et le courage français continua de lutter avec avantage contre un ennemi dont la supériorité numérique était de 120 contre un.

Le 4, l'acharnement des Arabes redoubla. Ils venaient sur la brèche se faire tuer en se précipitant sur les baïonnettes de nos soldats. Sur le soir, les munitions étaient presque complétement épuisées, le capitaine Lelièvre rassembla ses hommes :
« — *Mes amis,* leur dit-il, *nous avons encore un tonneau de*
« *poudre presque entier et douze mille cartouches ; nous nous défen-*
« *drons jusqu'à ce qu'il ne nous en reste plus que douze ou quinze,*
« *puis nous entrerons dans la poudrière pour y mettre le feu,*
« *heureux de mourir pour notre pays.* — *Vive la France !* »

On se battit ainsi pendant quatre jours et quatre nuits, et c'était, dit un Arabe qui a rendu compte de ce siége mémorable, «c'était quatre grands jours, car ils ne commençaient pas
« et ne finissaient pas au son du tambour ; c'était des jours noirs,
« car la fumée de la poudre obscurcissait les rayons du soleil ;
« et les nuits étaient des nuits de feu, éclairées par les flammes
« des bivouacs et par celles des amorces. »

Le cinquième jour, les Arabes, fatigués de cette intrépide résistance, renoncèrent au succès et abandonnèrent la place, emportant plus de mille morts ou blessés. Lorsque les braves de Mazagran purent se compter, il ne leur manquait que dix-neuf des leurs, trois morts et seize blessés.

Ce serait justice de placer à côté du nom glorieux du capitaine Lelièvre, ceux de tous les braves qui l'entouraient ; mais parmi ceux-ci il en est quatre surtout qu'un infatigable dévouement, plus encore que leur position, multipliait en quelque sorte pour les porter partout où aide et secours pouvaient être utiles à leurs compagnons d'armes. C'étaient le lieutenant Magnien, le sous-lieutenant Durand et les sergents Villemot et Giroux. Honneur à eux ! — Honneur aux 123 !

La garnison de Mostaganem, forcée d'assister presque à cette lutte inégale sans que ses propres forces lui permissent d'essayer une sortie en faveur des assiégés, était dans une cruelle anxiété. Dès que le silence de la plaine lui eut indiqué l'éloignement des Arabes, elle se dirigea triste et morne sur Mazagran, croyant n'avoir plus à remplir qu'un dernier et solennel devoir. A l'aspect de ses héroïques frères d'armes vivants et vainqueurs, elle ne put contenir ses transports et les ramena triomphalement à Mostaganem.

Tandis que ces événements se passaient dans les provinces d'Alger et d'Oran, celle de Constantine, malgré tous les efforts de l'émir, continuait à jouir de la paix. Sétif se relevait de ses ruines, les Beni-Abbas et les Amer-Cherebah se mettaient à notre disposition, et Ben-Ganah, auquel nous avions confié les importantes fonctions de cheik-el-Arab, attaquait, avec le concours des seuls indigènes, le lieutenant d'Abd-el-Kader qui se dirigeait vers Biskara, lui tuait plus de 500 hommes et faisait un butin considérable. C'était la première fois qu'un chef arabe, institué par nous, marchait seul contre nos ennemis à plus de 80 lieues du siége de notre puissance. Ce fait met en lumière les progrès de notre domination sur ce point. Les tribus apportaient toutes cachetées aux Français les lettres de l'émir qui les excitait à la révolte. — Les tentatives d'Ahmed-Bey, n'avaient pas un meilleur résultat.

Plusieurs familles avaient quitté la province de Titteri pour venir dans celle de Constantine se placer sous la domination française. Le tribut se percevait assez facilement, les marchés étaient régulièrement fréquentés et les indigènes sollicitaient le concours de nos soldats pour apprendre d'eux différents modes de culture, notamment celle de la pomme de terre, dont ils commençaient à apprécier la valeur. Enfin, un certain nombre parmi eux avaient déjà adopté la vaccine. — D'après tout ceci, vous voyez que c'est précisément dans la partie de l'Algérie conquise la dernière que notre situation avait en 1840 le plus progressé.

Maintenant, mes jeunes amis, si nous revenons à l'ouest, nous y trouverons Abd-el-Kader préparant avec activité ses plans de campagne et cherchant par tous les moyens possibles à atténuer l'effet moral produit par l'héroïque défense de Mazagran, défense qui avait eu, sous ce point de vue, une portée immense. Il organisa l'effectif de toutes les tribus qui lui étaient soumises, fit occuper les points importants et disposa ses forces de manière à pouvoir envelopper, comme d'un vaste réseau, le territoire d'Alger, de Titteri et d'Oran.

Une expédition fut décidée et le commandement en fut donné à S. A. R. le duc d'Orléans, qui vint avec son frère, M^gr le duc d'Aumale, rejoindre la division à Bouffarik. Le 24 avril, elle se mit en marche, le lendemain elle campa au tombeau de la *chrétienne*. C'est là que l'ennemi, qui ne s'était pas encore montré, parut à l'improviste. Le Prince Royal le reçut avec vigueur et bientôt, prenant l'offensive, le refoula dans les ravins de l'Afroum. Le duc d'Aumale, à la tête d'une seule compagnie de chasseurs, par la hardiesse et la rapidité de son mouvement, contribua puissamment au succès.

Avant d'arriver au camp de Mouzaïa, l'armée se trouva en présence de celle d'Abd-el-Kader. La Chiffa seule séparait les deux troupes. Les Français distinguaient parfaitement le drapeau de l'émir qui se retira, dès les premières dispositions prises par le prince.

Après s'être arrêtés quelques jours au camp de Mouzaïa, nos soldats arrivèrent le 12 mai, au col du même nom, qu'Abd-el-Kader avait soigneusement fortifié.

A trois heures du matin le canon donna le signal. « *Allons, « enfants*, s'écrie le duc d'Orléans, *les Arabes nous attendent et « la France nous regarde!* » Et les troupes gravissant les rochers s'emparent du premier plateau où elles font une halte.

— Ensuite commence l'escalade du piton. La résistance fut terrible, la première colonne seule était engagée, un nuage épais dérobait à la vue les combattants. Bientôt une fanfare annonça la prise d'un des mamelons. A ce moment le soleil, se dégageant de son voile de ténèbres, éclaire les flancs de la montagne, et l'on peut admirer d'une part les efforts presque surhumains de nos soldats, qui ne se laissent arrêter par aucune crainte ; d'autre part, le calme et le sang-froid des Arabes, qui penchés sur l'abîme, l'œil attentif, le doigt sur la détente du fusil, attendent, immobiles, le moment de viser juste et bien. Le 2ᵉ léger, encouragé par la voix si puissante du général Changarnier, redouble d'ardeur, et le drapeau français est arboré sur la crête la plus élevée.

L'ennemi vaincu ne se dispersa pas, et il fallut avant de gagner Médéah, le débusquer du bois de l'Olivier, où on le retrouva, posté de nouveau, peu de jours après, lorsque l'armée expéditionnaire, après avoir laissé une garnison dans cette ville, revenait par le même chemin au col de Mouzaïa.

Il restait encore pour compléter la campagne à s'emparer de Milianah. L'émir devina notre projet et combina ses opérations de manière à s'y opposer. — Malgré sa résistance, 10,000 Français passèrent le col de Gontas et entrèrent à Milianah que ses habitants avaient quittée. L'armée y laissa garnison et alla ravitailler Médéah. — L'ennemi, quoique toujours repoussé avec perte, ne cessa d'inquiéter l'arrière-garde.

Une seconde colonne fut dirigée sur Milianah, avec ordre de faire le plus de mal possible aux Arabes. Cette colonne, commandée par le général Changarnier, fut attaquée par l'émir qu'elle repoussa vigoureusement.

Les fortes chaleurs forcèrent les troupes de rentrer dans leurs cantonnements respectifs. Alors les Arabes reparurent de toutes parts. En Afrique, il en est toujours ainsi : tant que le chef, centre de ralliement, existe, la guerre est interminable.

Vers la fin d'août, l'armée se remit en campagne; les villes furent approvisionnées, les garnisons relevées; l'ennemi se montra bien quelquefois, mais il fut toujours impossible de l'amener à un engagement.

Le général Lamoricière alla châtier, jusque sur leur territoire, cinq à six tribus, qui comptaient sur leur éloignement pour leur assurer l'impunité.

Après la campagne d'automne, le maréchal Valée obtint son rappel qu'il sollicitait depuis longtemps. Il quitta l'Afrique où il laissa des regrets universels. Son gouvernement avait enrichi l'Algérie de fondations utiles, remarquables surtout par ce cachet de régularité, de force, d'ordre et de stabilité qu'il a su imprimer à toutes ses œuvres dans ce pays.

## CHAPITRE L.

### Prise de la Smala d'Abd-el-Kader,

[DE 1841 A 1843.]

Le général Bugeaud gouverneur général. — Système adopté pour l'Afrique. — Attitude d'Abd-el-Kader. — Ravitaillement de Médéah et de Milianah. — Attaque de notre colonne expéditionnaire. — Prise des trois forts d'Abd-el-Kader. — Succès des Français dans l'Est et dans le Sud. — Destruction de la Kethna. — Conduite de l'émir à l'égard des prisonniers français. — L'abbé Suchet. — Remise de captifs. — Monseigneur Dupuch. — Le général Lamoricière se rend à Mascara. — Le col de Bardj. — Nouveau mode de subsistance adopté pour les Français. — Soumission des tribus. — Alliance entre les Français et Ben-Abd-Allah. — Destruction des Hadjoutes. — Fuite d'Abd-el-Kader dans le désert. — Retour de l'émir; il reprend l'offensive; réaction arabe. — La Smala d'Abd-el-Kader. — Une expédition sous les ordres du duc d'Aumale est dirigée contre elle. — Attaque et prise de la Smala. — Mort de Moustapha. — Ben-Ismaël. — Le général Bugeaud est nommé maréchal de France. — Le duc d'Aumale prend le commandement de la province de Constantine.

Jusqu'à ce moment aucun système de colonisation n'avait été adopté pour l'Afrique. Le gouvernement n'avait encore rien fixé pour l'avenir agricole et industriel de notre colonie. — D'autre part, l'effectif de nos troupes sur ce point n'avait jamais permis de recueillir des fruits durables de nos succès.

Le choix du général Bugeaud, homme au caractère énergique et entreprenant, fit immédiatement voir qu'un changement de système était résolu ; en effet, peu de temps après l'arrivée du nouveau gouverneur en Algérie, son armée fut portée à plus de 80,000 hommes, et ordre lui fut donné de conserver Médéah, Milianah, Cherchell, et d'utiliser les troupes à la culture des terres.

Abd-el-Kader continuait à jouir d'une grande influence sur les musulmans ; son armée était nombreuse ; il possédait des places fortes, des arsenaux, des fabriques d'armes et de munitions de guerre. Il s'agissait de ruiner son autorité, et pour cela, le meilleur moyen était de détruire les forteresses qu'il avait élevées à grand'peine, dans des endroits qu'il croyait inaccessibles à notre armée.

A l'ouverture de la campagne, on songea à ravitailler Médéah et Milianah. La colonne expéditionnaire, qui se rendait dans cette dernière ville, rencontra l'ennemi, le 1er mai, et eut à le combattre. Le surlendemain, elle fut encore attaquée, et cette fois par Abd-el-Kader renforcé d'un nombreux parti de Kabaïles, en tout 20 à 22,000 hommes. Les Français étaient à peine 8,000, le gouverneur-général et leurs AA. RR. les ducs de Nemours et d'Aumale étaient avec eux. Malgré leur supériorité numérique, les Arabes furent mis en déroute et le convoi continua sa marche sur Milianah.

Après l'approvisionnement de ces deux places, une expédition, sous les ordres du général Baraguay d'Hilliers, fut envoyée dans le bas Chéliff, pendant que le maréchal se portait lui-même dans la province d'Oran pour y détruire les dépôts fortifiés d'Abd-el-Kader. — Ces forts étaient au nombre de trois; Tekedempt construit en 1835, Thasa posé sur un des plus hauts plateaux de l'Atlas, et Boghar, non encore achevé.

Le plus complet succès couronna cette entreprise. Les trois forteresses, abandonnées par les Arabes qui, bien qu'en forces, n'osèrent pas essayer de les défendre, furent prises et à jamais ruinées. Lorsque le maréchal rentra à Mostaganem, après une campagne d'un mois, l'émir n'avait plus ni arsenaux, ni places de refuge, Mascara lui avait été également enlevée et chaque fois que ses troupes s'étaient montrées, elles avaient été repoussées avec perte.

Dans l'Est et dans le Sud, les résultats étaient les mêmes ; Msilah avait été enlevé à l'agent d'Abd-el-Kader, Hadj-Mohamet, qui en avait fait le foyer de ses intrigues. Les autres kalifats de l'émir avaient été battus, bon nombre de tribus s'étaient soumises et des razzias importantes avaient été opérées avec bonheur.

Au sud de Mascara, le général Lamoricière avait détruit la Kethna où était né Abd-el-Kader, ainsi que le fort de Saïda, élevé par son beau-père dans la tribu des Beni-Yacoub. Ce coup de main inquiéta les tribus environnantes, qui vinrent solliciter notre alliance.

Soit par simple humanité, soit, et cette opinion est la plus probable, soit pour se concilier des partisans parmi les Français, l'émir renonça, à peu près à cette époque, à l'usage national et barbare de tuer les prisonniers. Il ordonna de les traiter avec égard.

A cette nouvelle, un vénérable prêtre du clergé d'Alger, l'abbé Suchet, animé d'un saint zèle, se rend, malgré les dangers, auprès de l'émir pour traiter de l'échange de quelques prisonniers. Sa courageuse témérité lui réussit. Partout sur son passage, les musulmans s'inclinent avec respect. Ces mêmes hommes si acharnés contre les Français, ces mêmes hommes qui sacrifieraient volontiers leur vie pour l'honneur d'en tuer un, abaissent leurs armes à l'aspect de ce Français qui passe devant eux, accompagné d'un seul interprète, devant un Français sans armes et sans défense. Oh ! c'est que celui-là porte un saint habit, c'est que pour eux il est revêtu, comme il le serait pour nous, d'un caractère sacré de paix, de bénédiction et de sainteté. Puissant effet des sentiments profondément religieux des Arabes, qui les porte à respecter tout ce qui rappelle l'idée de Dieu, même lorsque cette idée se rattache à un culte ennemi.

L'émir le reçut avec une respectueuse émotion. Pour la première fois, il se trouvait, lui qui se considère comme prêtre d'Allah, en présence d'un prêtre chrétien et peut-être, à ce moment, une voix du cœur lui disait-elle, que celui-là seul qui était devant lui avait réellement mission d'en haut. Mais pourquoi cette supposition? qui saura jamais ce qui se passe dans le secret intérieur de l'homme? — Quoi qu'il en soit des pensées d'Abd-el-Kader, toujours est-il, qu'il accueillit favorablement les demandes de l'abbé Suchet ; qu'il lui donna sa parole que désormais aucun chrétien, placé sous sa dépendance, ne serait forcé de travailler le dimanche, que tous pourraient remplir leurs obligations religieuses et, que, le cas échéant où le nombre des prisonniers chrétiens augmenterait, ils pourraient avoir auprès d'eux un prêtre de leur religion.

Le vénérable abbé Suchet était chargé par monseigneur d'Alger de présents que l'émir accepta avec une gracieuse reconnaissance, protestant que d'aucun autre Français il n'aurait voulu les recevoir, tandis qu'il se trouvait honoré de les tenir d'un aussi éminent prélat. Enfin, en quittant le camp arabe, le ministre de celui qui a dit : « Ce que vous ferez à « vos frères en mon nom, je vous le rendrai au centuple dans « mon royaume éternel, » le ministre de Jésus-Christ avait obtenu la remise de 59 captifs français. Oh ! n'est-il pas vrai, mes amis, qu'elle devra être glorieuse et belle la couronne céleste qui récompensera un jour un tel zèle, un tel dévouement, et déjà combien ne doivent pas être grandes pour lui la consolation et la joie d'avoir rendu le bonheur à tant de familles, la liberté à tant d'individus ! A la suite de cet heureux essai, Mgr. Dupuch, évêque d'Alger, s'adressa à plusieurs kalifats de l'émir, notamment à celui de Milianah, qui rendit à la liberté 128 Français et écrivit à cette occasion à celui qu'il appelle : « *le vénérable évêque de Jésus et de Marie,* » une lettre que je suis heureuse de pouvoir vous citer et dont les sentiments et les expressions sont de la plus naïve et de la plus touchante simplicité.

« Louanges, honneur à Dieu seul, prières à Jésus-Christ Notre-Seigneur, l'esprit, l'âme de Dieu.

« Sidy-Mohamet-Ben-Allah, califat, que Dieu le protége : Amen.

« Au serviteur de Dieu, au serviteur de Jésus-Christ, l'évêque Antoine, notre bien-aimé, que Dieu le conserve, que la volonté de Dieu soit sur lui.

« Nous avons reçu tes lettres, nous en avons compris le contenu, nous avons reconnu avec bonheur ton amitié et ta vérité ; les quatre prisonniers qui les apportaient sont heureusement arrivés ; il nous reste à te prier de t'occuper du soin de ceux qui sont encore à Alger ou ailleurs, et très-particulièrement de Mohammet-Ben-Molkat. Les parents, les amis de ces pauvres prisonniers étaient venus avec nous le jour où nous nous sommes si doucement rencontrés ; quand ils ont vu que ceux qu'ils aiment n'y étaient pas, ils se sont mis à pleurer, mais quand ils ont su ce que tu nous avais promis et qu'ils ont vu ton écriture, ils se sont réjouis, l'amertume de leur cœur s'est changée en joie, persuadés qu'ils les reverront bientôt, puisque tu l'as dit.

« Nous t'écrivons ceci, parce que tous les jours ils viennent pleurer à la porte de notre tente ; aussi seront-ils consolés ; car pour nous, nous te connaissons et nous savons bien qu'il n'est pas nécessaire que nous te fassions de nouvelles recommandations ; nous savons qui tu es, et que ta parole d'évêque est sacrée.

« Nous t'envoyons la femme, la petite fille et les prisonniers chrétiens qui étaient demeurés à Tegdempt ou chez Milon-Ben-Aratch : quant au capitaine et aux autres prisonniers chrétiens qui sont avec lui, sois sans inquiétude pour eux, ils sont en toute sûreté sous la garde de Dieu ; sans la sortie du général et des fils du roi, ils seraient déjà auprès de toi avec les autres ; la guerre seule nous empêche encore de te les envoyer, mais tu les auras tous bientôt. Je t'envoie en attendant le sauf-conduit dont tes amis pourraient avoir besoin. Ils feront bien d'abord d'aller chez le kaïd des Hadjoutes, les chemins ne sont pas sûrs.

« Je t'envoie vingt chèvres avec leurs petits qui tètent encore leurs mamelles pendantes ; avec elles tu pourras nourrir les petits enfants que tu as adoptés et qui n'ont plus de mère. Daigne excuser ce présent, car il est bien petit. — Adieu. »

A peine nos troupes avaient-elles repris leurs cantonnements d'hiver qu'Abd-el-Kader en profitait pour ranimer son parti. Hadj-Mustapha, nommé bey de Mascara dans le courant d'août et dont l'influence avait déjà attiré, dans notre parti, des alliés nombreux et puissants, contre-balançait bien l'activité de l'émir et déjouait ses intrigues ; mais cela ne pouvait suffire. Le général Bugeaud le comprit, et donna ordre au général Lamoricière de se rendre à Mascara et de s'y établir avec sa division.

Ben-Thamy, kalifat d'Abd-el-Kader, se présenta au col de Bordj, pour disputer ce passage à nos soldats qui avançaient lentement, chargés d'effets et de vivres. A la première charge, l'ennemi fut culbuté. Ben-Thamy défait, mais non découragé, attaqua de nouveau les Français lorsque, quelques jours après être entrés à Mascara, ils firent une excursion dans la plaine d'Eghris. Cette seconde fois il eut encore à se repentir de sa témérité.

Pour obvier aux inconvénients qui, jusque-là, avaient rendu les opérations militaires si pénibles au soldat, le général Lamoricière résolut de faire subsister sa division d'après la manière arabe. Il donna à ses troupes des moulins portatifs, de façon que chaque homme recevant une ration de blé, put le moudre lui-même, soit pour en faire des galettes, soit pour préparer le couscoussou. Une ration de sucre et de café était toujours jointe à ce repas. Grâce à ce nouveau mode, les expéditions purent être plus longues et se porter sur des points plus éloignés. Elles réussirent partout ; au 1$^{er}$ janvier toutes les tribus de la province d'Oran étaient soumises, à l'exception de celle des Lachems. Nous nous vengions de cette résistance en les empêchant de cultiver leurs terres.

Les tribus de la Tafna, secouèrent l'autorité d'Abd-el-Kader et se donnèrent pour chef le marabout Ben-Abdallah-Ouled-Sidy-Chigr, rival de l'émir et par conséquent son ennemi acharné. Ne se sentant pas assez fort pour lutter seul, Sidy-Chigr se rapprocha des Français, conclut avec eux une alliance solennelle et dans une conférence de plus de mille cavaliers, presque tous chefs des tribus qui l'avaient accompagné, on proclama la déchéance d'Abd-el-Kader.

Cette pacification était le but que se proposait le général Bugeaud qui, ayant des connaissances pratiques en agriculture, s'occupait beaucoup de colonisation, sans cependant négliger la guerre ; car après avoir complétement détruit ces terribles et infatigables Hadjoutes qui se montraient, depuis si longtemps, nos plus cruels ennemis ; après avoir puni les Beni-Menacer, chez lesquels s'entretenait un foyer permanent d'insurrection et avoir soumis une vingtaine de tribus de la province d'Alger, il se porta sur le territoire des tribus des montagnes, que l'on n'avait jamais pu empêcher de faire des incursions dans la Mitidja et les enveloppa d'un immense cercle. Chaque jour, les lignes se resserraient et chaque jour l'espace qui leur appartenait diminuait. Ainsi entourés et ne pouvant espérer de salut ni par la fuite, ni par le sort des armes, les cheiks et les vieillards implorèrent la paix et livrèrent des otages. De son côté, le général Lamoricière à la suite d'une importante razzia avait poursuivi Abd-el-Kader qui s'était réfugié au désert.

Cette retraite forcée ne fut pas longue, bientôt il reparut et, à l'aide de promesses et de menaces, il obtint la défection de quelques tribus. Le général Lamoricière ne voulant pas lui laisser le temps d'en rallier un plus grand nombre, marcha contre lui et le battit complétement. Cette fois il ne quitta pas le pays et alla rejoindre un parti de Kabaïles avec lesquels il attaqua notre colonne expéditionnaire. Un combat corps à corps s'engagea, il dura deux nuits et deux jours et les deux armées se séparèrent sans que ni l'une ni l'autre eût remporté un avantage décisif.

Au moment où l'on croyait la pacification accomplie, on apprit que l'émir avait repris l'offensive et qu'il était parmi les populations belliqueuses des Ouarenseris. On était en novembre, malgré les désavantages de la saison, une expédition fut organisée. Le 25 elle quittait Milianah et se portait contre les Flittas. Bientôt tout fut soumis sur la rive gauche du Chéliff et les Arabes, pour qui la force est la suprême loi, abandonnaient en masse l'émir.

L'année 1842 semblait donc se terminer glorieusement pour nous ; mais avec cette instabilité particulière à l'Algérie, quelques jours suffirent à changer la face des choses. Le mois de janvier était à peine commencé que l'émir était de retour et que le drapeau de l'insurrection était arboré sur tous les points de la vallée de Chéliff.

La réaction fut terrible. Notre kaïd de Braz fut décapité, d'autres chefs périrent dans d'affreux tourments. Ces cruautés effrayèrent les tribus qui s'étaient soumises. Elles se hâtèrent de rentrer sous l'autorité d'Abd-el-Kader qui alla attaquer Cherchell. Mais il fut repoussé par le général de Bar jusque dans les montagnes de Gouraya. Pendant ce temps le duc d'Aumale et le général Changarnier vengeaient les razzias faites par Abd-el-Kader, et châtiaient les rebelles.

Le gouverneur général, ayant appris l'arrivée d'Abd-el-Kader dans la province de Titteri, marcha contre lui. Un temps affreux faillit compromettre le succès de cette expédition. Le général Bugeaud essuya le feu de six coups de fusil tirés sur lui successivement et presque à bout portant. Par un rare bonheur, son cheval seul fut blessé. Malgré ces conditions défavorables, tout l'avantage resta aux Français.

Depuis que l'émir n'avait plus de résidence fixé, et que son rôle s'était abaissé aux étroites proportions de chef de bande, sa famille et celles des principaux personnages de sa maison avaient dû partager sa vie nomade, et se former en smala. On appelle smala chez les Arabes ce que nous nommerions les équipages, la suite, elle comprend la famille, les domestiques, les tentes, les richesses du maître. La smala d'Abd-el-Kader contenait 12 à 15,000 personnes. Elle suivait tous ses mouvements et était l'objet de sa plus grande sollicitude. Le général Bugeaud songea à s'en emparer et confia l'exécution de cette entreprise difficile à S. A. R. le duc d'Aumale.

Le 10 mai, le jeune prince se mit en marche à la tête de 13,000 fantassins et de 600 cavaliers. Le 14 il arriva à Goujilah où il apprit que la smala était, en ce moment, à 15 lieues au sud-ouest, il prit aussitôt cette direction, et le 16, après 25 heures d'une marche accablante, dans un pays inculte et sans eau, il aperçut, près de Tagouin, une réunion de tentes, occupant un espace de près de deux kilomètres. — N'écoutant que son ardeur, sans songer à sa faiblesse numérique, l'avant-garde, composée de 500 chevaux seulement, s'élance au galop, conduite par le prince, par le colonel Youssouf et par le lieutenant-colonel Morris. Dire l'effet de cette attaque subite serait impossible. Les femmes épouvantées, les vieillards et les enfants se pressent en tumulte et communiquent leur trouble aux fantassins réguliers, qui résistent à peine. C'était une mêlée, une confusion affreuse. Ceux qui purent prendre la fuite se dirigèrent vers le désert, les autres, au nombre de 4,000 restèrent nos prisonniers. Le trésor de l'émir, ses tentes, ses drapeaux tombèrent en notre pouvoir.

Le 19 au matin, quelques fuyards de la tribu des Lachems apprirent le succès de notre attaque au général Lamoricière, qui était vers les sources du Chéliff. Aussitôt il se porte en avant et rejoint une tribu fugitive. Abd-el-Kader était avec elle. Encore sous l'impression d'un sentiment de terreur, les Arabes refusent de se défendre. L'émir est obligé de s'éloigner avec ses réguliers. Toute la population, 2,500 personnes, les troupeaux et les bagages restent au pouvoir de la colonne.

Enfin, le 22, au pied du plateau de Djedda, nos troupes rencontrent les derniers débris de la smala et s'en emparent. — Peu s'en faut cette fois que l'émir lui-même ne soit pris.

Ces victoires successives nous coûtèrent la mort du plus ancien et du plus fidèle de nos auxiliaires : le brave Mustapha-Ben-Ismaël dont le corps, tombé au pouvoir d'Abd-el-Kader, subit d'atroces mutilations. Mustapha malgré ses 80 ans était encore fort et vigoureux. Son regard vif et ardent commandait l'obéissance et le respect. Son neveu Taga et El-Mezary, lui succéda dans le commandement du marghzen d'Oran.

Afin de ne pas perdre les fruits du résultat obtenu, il était essentiel de ne laisser aucun répit à l'émir. Une grande opération fut dirigée dans l'Ouarenseris, et le général Tempoure, sur un autre point vainquit son plus puissant kalifat Sidy-M'Barach, qui perdit la vie dans cette affaire. De beaux succès vinrent s'ajouter à celui-là et clore dignement la campagne de 1843. Jamais l'autorité d'Abd-el-Kader n'avait été réduite à un aussi triste état. En effet, mes jeunes amis, non-seulement son pouvoir, mais encore sa fortune particulière était compromise.

Il était frappé dans ses affections domestiques, sa vie d'intérieur était bouleversée et détruite.

A la suite de cette brillante affaire, le général Bugeaud fut nommé maréchal de France. Le prince reçut le commandement de la province de Constantine, et MM. Lamoricière et Changarnier furent promus au grade de lieutenant-général.

# CHAPITRE LI.

## Les Flissahs.
[1844.]

Système de colonisation. — Le duc d'Aumale organise la province de Constantine. — Expédition dans le Zab. — Occupation de Biskara. — Ben-Salem chez les Flissahs. — Résistance de ces tribus. — L'Alfa. — Le camp de Bardj-Ménaïel. — Marche sur Delhis. — Défaite des Amraouas. — Défaite et soumission des Flissahs. — Succès du général Marey dans la province d'Alger. — Soumission du marabout Tedjini.

Le gouverneur général mettait à profit notre situation favorable pour activer les travaux de colonisation. Dans la province d'Alger, un système de rayonnement, comprenant la Mitidja, le Sahel et le revers septentrional de l'Atlas, était en pleine voie de prospérité. Des routes étaient tracées, des ponts reliaient entre elles les rives jusqu'alors séparées des divers cours d'eau. Enfin, des villages nombreux s'élevaient comme par enchantement.

Le duc d'Aumale, de son côté, s'occupait à organiser les provinces dont le commandement lui était confié, et en même temps il projetait une expédition contre les tribus insoumises; car, si le calme le plus profond continuait à régner à Constantine et dans toute la partie qui s'étend entre cette ville et la mer, les montagnes du sud étaient agitées par les intrigues de l'ex-bey Ahmed, et dans le Zab, réunion de petits villages sur les frontières du Saharah, dont la capitale est Biskara, ville d'entrepôt pour les caravanes du désert, le kalifat d'Abd-el-Kader était parvenu à relever son autorité.

Ce fut sur cette place, dont le commerce est fort important, que se dirigea la colonne expéditionnaire. Après en avoir pris possession et y avoir laissé une faible garnison, composée d'indigènes, elle se porta rapidement sur tous les points occupés par Ahmed, qui faillit tomber en son pouvoir.

Pendant que les tribus effrayées faisaient leur soumission, Mohammed, le kalifat d'Abd-el-Kader, gagnait les habitants de Biskara et faisait massacrer la garnison. Le duc d'Aumale s'empressa d'accourir, sévit avec vigueur contre les traîtres, et ne rentra à Constantine, qu'après avoir rangé sous le commandement de quatre kaïds, nommés par lui, les tribus qui s'étendent entre le Zab et le Tell.

Abd-el-Kader n'avait pas reparu, mais ses émissaires agissaient pour lui, et l'un d'eux, Ben-Salem, avait surtout pris une excessive influence sur les tribus kabaïles de l'est, notamment sur les Flissahs, dont il ne cessait d'exciter le fanatisme.

« Fils des montagnes, leur disait-il, levez-vous pour la dé-
« fense de votre nationalité qui n'a jamais fléchi sous aucun
« maître.—Guerriers de la montagne, auriez-vous dégénéré?—
« Levez-vous, Abd-el-Kader n'attend que le jour de la grande
« lutte pour reparaître plus grand et plus terrible que ja-
« mais ! »

Après lui, un marabout vénéré s'écriait : « Brandissez votre
« fissih (sabre fabriqué à Flissah) à la lame pesante, ajustez
« votre long fusil au bois incrusté de corail, et après la jour-
« née de la poudre, vous reviendrez dans votre gourbi
« (village) avec des têtes d'infidèles pendantes à la selle de
« votre léger coursier, car le guerrier de la montagne, le plus
« valeureux et le plus invincible du Mahgreb, ne reculera pas
« devant des chiens de chrétiens. »

Et pour mettre en jeu les sentiments religieux, un autre ajoutait. « Le prophète a écrit : *Le glaive est la clef du ciel et de l'en-*
« *fer. Au jour du jugement, les blessures de celui qui périra dans*
« *une bataille seront éclatantes comme le vermillon, parfumées*
« *comme l'ambre. Des ailes d'ange et de chérubin remplaceront*

« *les membres qu'il aura perdus en combattant. Il habitera une*
« *contrée délicieuse où les corps ne donnent point d'ombre, et*
« *où il jouira d'un repos et d'une félicité invincible.* »

C'est par de tels discours qu'on excitait contre nous des populations belliqueuses, au caractère ardent et passionné. Les chefs et les riches montraient bien quelque hésitation à nous déclarer une guerre, qu'ils pressentaient devoir leur être funeste ; mais les pauvres et surtout les femmes la demandaient à grands cris. — Leur enthousiasme allait jusqu'au délire.

Le maréchal se dispose à aller attaquer les tribus chez elles ; mais avant d'envahir leur territoire il leur adresse une proclamation dans laquelle il leur déclare « qu'il ne prendra point « de repos qu'Abd-el-Kader ne soit ruiné et anéanti, dût-il « le poursuivre jusque dans les sables du désert. » Il leur montre les dangers d'une guerre avec nous et leur offre paix et protection.

Pendant qu'il attendait leur réponse, Mahiddin, notre kalifat, vint rejoindre l'armée avec un corps d'auxiliaires indigènes, et le kaïd des Krachenas vint lui apporter l'alfa, redevance en nature que toute tribu soumise doit offrir au maître du pays lorsqu'il passe sur son territoire. Ce tribut consiste en provisions de toute nature, telles que couscoussou, volailles et moutons rôtis tout entiers et embrochés à de longues perches, figues, dattes, oranges, laitage, etc.

Le caractère de grandeur naïve qui entoure l'offre de ces présents a quelque chose qui enchante et étonne. Ces cavaliers drapés dans leurs haïks blancs, précédés d'une musique tantôt mélancolique, tantôt vibrante et sauvage ; l'abondance de ces viandes et de ces provisions préparées avec toute la simplicité des temps antiques, tout cela est tellement éloigné de nos mœurs que ces scènes semblent aux Européens qui en sont témoins, empruntées à un ordre de choses qui n'existait plus pour eux que dans le souvenir des pompes bibliques du désert.

Les Flissahs n'ayant pas répondu à la proclamation du maréchal, et les dix-neuf fractions de cette grande tribu, au nombre d'une vingtaine de mille hommes, faisant leurs préparatifs de combat, l'armée continua sa marche, malgré les obstacles qui semblaient devoir s'y opposer : car contrairement à ce qui se passe d'ordinaire à cette époque de l'année, le temps était affreux ; il fallait faire des efforts surhumains pour avancer dans des chemins défoncés, et, en certains endroits, transformés en marécages. Les marabouts ne manquèrent pas d'exploiter cette circonstance : ils montrèrent cette perturbation des éléments comme la voix du ciel, qui se déclarait contre nous.

Après des fatigues inouïes, l'armée campa à quelques lieues de l'ennemi, à Bardj-Ménaïel, petit fort abandonné. La pluie avait avarié les provisions, les soldats étaient exposés à toutes les angoisses de la faim et la retraite était impossible. A la tête d'une colonne, le maréchal poussa jusqu'à Delhis d'où il ramena un convoi contenant des armes, des munitions et des vivres pour un mois.

Les Amraouas, ayant attaqué la colonne, furent repoussés avec perte et pourchassés de plateaux en plateaux. Ils furent entièrement écrasés et tous leurs village détruits. La nouvelle de ce succès, aussi complet que terrible, amena quelques ouvertures de négociations de la part des Flissahs ; mais telle était l'influence du fanatisme sur eux, qu'ils rompirent brusquement et ne voulurent pas profiter de l'exemple.

Quelques jours plus tard c'était leur tour. Ils se défendirent vaillamment ; la position, le nombre, la connaissance du pays, tout était pour eux. Sans cesse repoussés et se ralliant sans cesse, ils soutinrent la lutte, sans trêve ni repos, pendant quatorze heures. Au bout de ce temps, les Français étaient seuls maîtres du champ de bataille, qui s'étendait sur un espace de plus de 8 kilomètres et sur lequel l'ennemi avait laissé plus de mille morts, outre ceux qu'il avait emportés et qui étaient en plus grand nombre encore. — Une quarantaine de villages avaient été incendiés.

Cette victoire d'Ouarezzivin fut des plus sanglantes ; mais elle eut pour nous un résultat inespéré. Ben-Zamoun, le chef de la grande tribu des Flissahs, vint trouver le maréchal : « *Tu es le plus fort*, dit-il. *Allah l'a ainsi voulu ; accepte donc notre soumission.* » En échange de ses promesses de fidélité, il reçut le bournous d'investiture en qualité de kalifat de la France. Cette cérémonie fut accompagnée de toute la solennité orientale ; on lui remit un bournous rouge à frange d'or, un sabre magnifique et un fusil garni d'argent et renfermé dans un étui de velours cramoisi. Le taraka (salve de six coups de canon), le taraka, signal de la paix chez les Kabaïles, répercuté d'écho en écho, alla annoncer au loin le retour de la paix.

Cette campagne, si remarquable et par ses résultats et par le courage de nos soldats qui avaient eu à lutter, non-seulement contre des ennemis belliqueux et farouches ; mais encore contre des difficultés et des fatigues de tout genre, se termina le 30 mai.—Elle avait duré un mois juste depuis le départ des troupes d'Alger, jusqu'au jour de leur retour dans cette ville.

Le général Marey obtenait sur un autre point de la province d'Alger, un résultat également important : la soumission du marabout Tedjini.

Ce Tedjini, mes jeunes amis, n'est point un chef vulgaire. Il appartient à une famille de marabouts très-vénérée dans le pays et qui surpasse en illustration et en renom celle d'Abd-el-Kader lui-même. Sa soumission était donc, non un fait isolé, mais bien une acquisition de haute importance qui devait nécessairement entraîner à sa suite celle d'un grand nombre de petits chefs. Vous vous souvenez que ce même Tedjini avait longtemps arrêté l'armée de l'émir devant les murs d'Aïn-Madhi sa capitale. Ce précédent eut probablement une grande influence sur sa décision. L'espoir de se venger d'un rival, autrefois vainqueur, dut certes être d'un grand poids sur un esprit arabe, enclin par nature à ne jamais oublier une offense, à ne pardonner aucune supériorité et, dès que l'occasion s'en présente, à tirer vengeance de l'une comme de l'autre. Que ce motif ait ou n'ait pas influé sur sa résolution ; le résultat, pour nous, était le même : Abd-el-Kader avait, au sein de ses compatriotes, un ennemi de plus, et nous, un allié et un ami de plus sur le sol africain. Après avoir reçu la soumission de Tedjini, le général Marey s'avança jusqu'à El-Ayhouat à cent vingt lieues d'Alger, y rétablit l'autorité de notre kalifat Ahmet-Ben-Salem, et rentra sans avoir eu à tirer un seul coup de fusil.

# CHAPITRE LII.

## Isly et Mogador.
### [1844.]

La province de Riff dans le Maroc. — Les Riffains. — Abd-el-Kader chez eux. — Le gouvernement français et le gouvernement marocain. — Les troupes marocaines prennent position à Ouchdah. — Violation du territoire français. — Ouverture des hostilités. — Engagement de Mouïla. — Ultimatum du maréchal resté sans réponse. — Occupation d'Ouchdah. — Situation d'Abd-el-Kader. — Bombardement de Tanger. — Le fils de l'empereur vient se mettre à la tête des Marocains. — Bataille d'Isly. — Mogador. — Détails sur cette ville. — Les Français s'en emparent. — Les Kabaïles y mettent le feu. — Résultats de la double victoire d'Isly et de Mogador. — Le maréchal est fait duc d'Isly. — Convention de Tanger. — Paix de Lella-Maghnia.

Je m'aperçois, mes jeunes amis, que je vous fais bien souvent changer de lieu. Je vous fais parcourir dans tous les sens le sol algérien, que voulez-vous ? Ce n'est pas ma faute, c'est la suite de mon récit, c'est l'enchaînement des faits qui m'entraîne malgré moi. Donc un peu de complaisance; jetez un coup d'œil sur la carte pour vous orienter, et accompagnez-moi sur le territoire marocain, dans la province de Riff, sur l'extrême frontière de celle d'Oran. Avant d'aller plus loin faisons connaissance avec les Riffains.

« Ce sont les plus farouches habitants de ces parages..... Re-
« tranchés sur des montagnes inaccessibles, d'où ils bravent

« impunément l'autorité des chériffs, ils n'en descendent que
« pour se livrer à des actes de violence, de rapine, de pillage,
« à tout ce qui constitue la vie de bandit. Leur industrie se
« borne à élever quelques maigres troupeaux et à fabriquer
« de longs poignards, dont ils savent faire un terrible usage.

« Nul, ni chrétien, ni Maure, n'ose s'aventurer dans leurs
« montagnes inhospitalières. Dans leurs douairs nomades, tou-
« jours situés sur les âpres ravins des monts, ils ne recon-
« naissent guère que l'autorité de leurs amzarghis (seigneurs
« héréditaires) ou de leurs arngaris (anciens). Ils sont grands
« chasseurs. A leurs cheveux blonds, on les prendrait plutôt
« pour des Européens du nord, que pour des Africains. Leur
« taille est moyenne, mais leurs formes sont athlétiques;
« leur regard est assez franc et ouvert; mais dans les mo-
« ments de colère, il contracte une effrayante expression de
« férocité. »

A quoi bon, vous demandez-vous peut-être, ces détails sur une population du Maroc, lorsque c'est l'histoire de l'Algérie qui nous occupe? — Vous allez le comprendre : c'était chez les Riffains qu'Abd-el-Kader avait trouvé un refuge après la prise de sa smala, c'était là qu'il intriguait, là enfin qu'il cherchait à reconstituer le noyau de sa puissance.

Le gouvernement français se plaignit à l'empereur Abder-Rhaman qui déclara que son autorité étant à peine reconnue chez les Riffains, il lui était impossible d'obtempérer à la demande de la France, avec laquelle, ajoutait-il, *il avait le plus grand désir de conserver la paix*. Malgré ces assurances, il nommait Abd-el-Kader kalifat de la province de Riff et ajoutait ainsi un titre puissant, aux yeux des Arabes, au double titre, de marabout et d'émir, que possédait déjà notre ennemi. Il est vrai qu'en cela Abd-er-Rhaman avait, dit-on, la main forcée par des puissances rivales de la France.

Cependant avec cette nouvelle dignité, l'ambition d'Abd-el-Kader avait grandi, et il dissimulait à peine l'espoir de prétendre plus tard à la couronne du Maroc. En attendant, pour préparer les voies à son double but, il excitait par tous les moyens possibles les populations marocaines contre nous, et par son influence soulevait entre la France et le Maroc une question de frontières qui amena les troupes d'Abd-er-Rhaman à Ouchdah, en face du camp et du fort français de Lella-Maghnia.

Depuis plusieurs jours, ces troupes placées sous les ordres de El-Guennaoui, et ayant avec elles Abd-el-Kader et ses partisans, faisaient des préparatifs qui ressemblaient à une menace, lorsque le 30 mai, le prince impérial Sidy-el-Mamoun étant arrivé à Ouchdah, elles se portèrent en vue du bivouac français. Le général Lamoricière dut repousser cette violation de territoire. — Il le fit avec le plus grand succès.

Les hostilités étaient donc ouvertes. — Des forces furent envoyées de France. Le maréchal-gouverneur arriva en personne, amenant plusieurs régiments avec lui. Il demanda à El-Guennaoui une entrevue, dans laquelle il se fit remplacer par le général Bedeau. Pendant la conférence, des coups de fusil ayant été tirés par les musulmans, elle fut brusquement rompue. Le maréchal prévenu à temps se hâta d'accourir au secours de l'escorte du général Bedeau, qui était entourée par 8 à 10 mille cavaliers. Quelques heures après son arrivée sur le théâtre de l'action, les Marocains, battus et dispersés, avaient laissé au pouvoir de nos soldats de magnifiques dépouilles.

Après cet engagement de Mouïla, le maréchal demanda d'une manière formelle, à El-Guennaoui, la fixation des frontières aux limites qu'avaient les Turcs, l'expulsion d'Abd-el-Kader et le déplacement vers l'ouest des tribus qui l'avaient servi. Cet ultimatum n'ayant pas reçu de réponse, le maréchal se porta sur Ouchdah, où il arriva le 19 juin et qu'il occupa sans coup férir.

En apprenant l'approche des Français, les tribus s'éloignèrent d'Abd-el-Kader, qui se trouva forcé, pour suffire à la subsistance de ses réguliers, d'opérer des razzias sur une des tribus de la province d'Oran, qui lui était toujours restée fidèle. Il en était arrivé à la triste nécessité de frapper sur les siens.

Le maréchal, s'étant avancé jusqu'à l'Oued-Isly, fut inquiété par les Marocains. Alors les hostilités recommencèrent. Les Français dispersèrent la cavalerie ennemie qu'ils poursuivirent jusqu'au delà d'Ouchdah.

Pendant ce temps, le prince de Joinville, à la tête d'une escadre, bombardait Tanger, après en avoir fait sortir par surprise le consul et les Français qui y résidaient. Il ne quitta la rade que lorsque tous les forts furent démantelés et ruinés. La défense avait été brillante, et les boulets logés dans la coque de nos navires en étaient les témoins irrécusables.

Des négociations se poursuivaient entre les deux gouvernements, mais le Maroc demandait le rappel du maréchal Bugeaud et refusait de s'expliquer au sujet d'Abd-el-Kader. Elles furent rompues, et le fils de l'empereur vint lui-même, avec une vingtaine de mille hommes, prendre le commandement des troupes rassemblées sur la frontière.

Ce fut alors que le gouverneur général, redoutant les suites de toute lenteur, qui pouvait donner le temps aux tribus de la province d'Oran de se déclarer contre nous, résolut de prendre l'initiative, et le 13 août se porta en avant à la tête de 9,400 hommes. Le lendemain 14, il passait l'Isly sans rencontrer l'ennemi ; quelques heures après, au moment de traverser une seconde fois la rivière, il l'aperçut au nombre de 30,000 hommes, dont 25,000 de cavalerie, campé dans une position formidable et prêt à disputer le passage. Sur le plateau le plus élevé était la tente du fils de l'empereur. Sa présence était indiquée par ses drapeaux et surtout par le parasol, signe du commandement.

Malgré la résistance d'un corps nombreux de cavalerie qui défendait le passage, nos troupes traversèrent les gués, et atteignirent rapidement le plateau, placé immédiatement au-dessous de celui où était le fils d'Abd-er-Rhaman, à ce moment, des masses de cavalerie se précipitèrent sur l'armée qui soutint sans s'ébranler, l'impétuosité du choc et qui, prenant bientôt l'offensive, continua de se porter en avant et enleva la grande butte.

Des dispositions furent prises pour enlever également le

camp marocain. Le colonel Youssouf y arriva le premier à la tête de six escadrons de spahis. Il fut reçu par des hommes résolus qui, après avoir fait jouer l'artillerie, lui disputèrent pied à pied le terrain. Du renfort lui étant arrivé, le camp tomba au pouvoir des Français, avec tout ce qu'il renfermait, c'est-à-dire des munitions et des provisions de toute espèce, l'artillerie, les tentes, les bagages et surtout les nombreuses boutiques des marchands qui avaient suivi l'armée.

L'ennemi ne nous abandonnait pas tout cela sans regrets ; aussi, se ralliant sur la rive gauche de l'Isly, fit-il mine de vouloir le reprendre. Nous ne lui donnâmes pas le temps de l'essayer, et notre attaque fut si vigoureuse que la déroute fut complète.

Cette journée, qui avait jonché le champ de bataille de près de 3,000 Marocains, dont 800 morts, ne nous coûtait que 150 morts ou blessés, et quelques jours après, notre brave armée d'Afrique envoyait à la France une foule de trophées, parmi lesquels étaient dix-huit drapeaux et le parasol de commandement.

Le lendemain même de la bataille d'Isly, notre escadre, conduite à la victoire par le prince de Joinville, prenait sa part de combats et de succès. Dites, mes jeunes amis, ne vous semble-t-il pas, qu'animée d'une noble émulation, elle n'ait pas voulu rester en arrière de l'armée de terre ?

Le 15 dans l'après-midi, l'escadre qui attendait, depuis quatre grands jours d'orage et de danger, un moment de répit qui lui permît d'agir, venait s'embosser sous les batteries de Mogador, *la ville chérie* d'Abd-er-Rhaman. Et si vous voulez l'admirer avec moi, hâtez-vous, car bientôt il n'y aura plus ici que des ruines fumantes.

Mogador, le port le plus important du Maroc, fut fondé en 1760 par le sultan Muley-Mohammed. Les Marocains l'appellent *souharah* (tableau), et certes sa situation exceptionnelle et pittoresque lui donne droit à ce nom. Assise sur une presqu'île fort basse, d'un côté les flots viennent battre violemment ses remparts ; de l'autre, les sables mouvants qui l'entourent, souvent remués par le vent du désert, formant une suite d'ondulations, font songer à une mer dont une volonté puissante, la baguette enchantée d'une fée, par exemple, aurait immobilisé les vagues. Sur cette plaine d'eau et de sable qui se confond à l'horizon avec le ciel bleu de l'Afrique se détachent, capricieux et irréguliers, les nombreux minarets de la ville musulmane.

Et maintenant, que vos yeux étonnés et séduits se sont familiarisés avec la *souharah*, examinez-en les détails, et vous vous apercevrez bien vite que ce n'est pas seulement un site pittoresque, que c'est encore une position formidable. Ne comptez pas les bouches de fer, qui n'attendent qu'un signal pour vomir la mitraille et la mort, ce serait une fatigue inutile ; je puis vous en dire le nombre. Il y a ici 125 à 130 canons, et chaque pièce a près d'elle un pointeur habile.

Mais, revenons à l'escadre française. Je pourrais bien en copiant textuellement le compte-rendu de ses mouvements, vous faire assister à tous les détails de cette glorieuse affaire ; mais en vérité, je ne crois pas que vous y comprissiez grand chose, et si vous m'interrogiez, je serais forcée de me déclarer incompétente. Or, comme je n'aime à parler que de ce que je puis développer, je vous dirai simplement : qu'après quelques heures d'un feu bien nourri, les batteries furent démantelées et ruinées ; qu'une colonne d'attaque, ayant été débarquée, fut rejointe par le prince de Joinville, et fit preuve du plus brillant courage. Je vous dirai enfin, que le 16, lorsque les Français se rembarquèrent, après avoir complété la victoire de la veille par l'entière destruction des remparts, des canons et des magasins à poudre, les Kabaïles de l'intérieur entrèrent à leur tour dans la ville, dont tous les habitants étaient morts, prisonniers ou en fuite, la pillèrent et y mirent le feu. Quand ils s'éloignèrent, la belle *souharah* n'était plus qu'un amas de ruines noircies par l'incendie et criblées de boulets.

Abd-er-Rhaman se trouvait attaqué dans ses intérêts et dans ses affections les plus chères. Mogador était sa ville de prédilection, et aussi celle dont la douane rapportait le plus à son trésor. Le coup avait été bien frappé, il fut profondément senti.

Ordre fut donné au pacha de Larrache d'entrer immédiatement en négociations avec le prince de Joinville.

De son côté, la France salua avec orgueil ces deux journées d'Isly et de Mogador, le gouvernement accorda de nombreuses récompenses à notre vaillante armée et donna à son général en chef le titre de duc d'Isly.

# CHAPITRE LIII.

## La grotte de Fréchih.

[1845.]

Fausse position d'Abd-el-Kader. — Menace d'insurrection, surtout chez les Kabaïles. — Accident du 8 mars à Alger. — Insurrection dans le Dahra et l'Ouarenseris. — Bou-Maza. — Les Arabes s'attribuent la victoire de la plaine de Gri. — Politique du maréchal. — Fuite de Bou-Maza. — Abd-el-Kader passe la frontière. — Quelques tribus appellent les Français à leur aide. — Scène de mœurs arabes. — Fantasiah. — Les Ouled-Riah. — Drame terrible de la grotte du Fréchih. — Résultats de cette affaire. — Soumission des tribus. — Voyage du maréchal en France. — Le général Lamoricière gouverneur par intérim.

Pendant que les Français consolidaient les fruits de leurs victoires par les travaux paisibles de la colonisation, Abd-el-Kader, signalé à l'empereur du Maroc comme fomentant l'esprit de révolte parmi les montagnards, était obligé de se cacher pour échapper à un ordre d'expulsion lancé contre lui, et appuyé par des forces imposantes. Malgré ce nouvel échec, le prestige qui s'attachait à lui n'était pas entièrement détruit en Algérie et si l'insurrection ne s'était encore déclarée nulle part, elle menaçait partout, notamment chez les Kabaïles.

La campagne du printemps allait s'ouvrir, on était au 8 mars. Tout était tranquille et calme dans la ville d'Alger, lorsque vers 9 heures du soir, une violente explosion suivie d'un ébranlement semblable à un tremblement de terre, vint porter l'épouvante dans les cœurs les plus résolus. Un magasin à poudre venait de sauter. Il avait englouti 135 personnes.

Les habitants de la ville, accourus sur le lieu du sinistre, considéraient avec stupeur cette scène de désolation, et en frémissant, ils bénissaient Dieu de leur avoir évité un malheur bien autrement considérable ; l'explosion de la grande poudrière qui, placée tout auprès, n'avait été épargnée que par miracle. On n'hésita pas à attribuer ce malheur à la malveillance, mais des fouilles exécutées par le génie donnèrent la certitude que la négligence seule l'avait causé.

Pendant ce temps, mes jeunes amis, un compétiteur à la puissance d'Abd-el-Kader, venait d'apparaître dans la partie de nos possessions qui semblait le mieux pacifiée. Le Dahra et l'Ouarenseris étaient en pleine insurrection.

L'instigateur de cette nouvelle levée de boucliers était Mohammed-Ben-Allah, plus connu sous son surnom de Bou-Maza. Ce surnom, qui signifie père de la chèvre, lui a été donné parce qu'il avait élevé une chèvre, dont le lait, assurait-il, était assez abondant pour nourrir tous ceux qui combattaient pour la foi. Bou-Maza avait été recueilli, étant tout jeune, par une veuve âgée qui l'avait élevé par charité. Il vivait auprès d'elle dans l'austère pratique de toutes les vertus musulmanes, lorsqu'un jour, comme un orage formidable allait éclater, il quitta sa bienfaitrice en lui révélant qu'il était l'envoyé d'Allah, le Moulé-Sah prédit par les prophètes.

Le lendemain il faisait la même déclaration devant une assemblée de Kabaïles, et il ajoutait que le ciel l'avait revêtu d'une armure invisible contre laquelle, ni les balles, ni la foudre même ne pouvaient rien.

Les populations auxquelles il s'adressait, et dont la crédulité passe toute croyance, se laissèrent facilement persuader par quelques scènes habilement jouées, et bientôt, avec la nouvelle de l'apparition de l'envoyé du ciel, vola de montagne en montagne le signal de la guerre.

Les premières tentatives furent sanglantes ; le kaïd de Medjonne, le kaïd Bel-Kassem et son fils, qui nous étaient soumis, périrent dans d'affreux supplices. Quelques jours après, Bou-Maza ayant attaqué une colonne française, son audace fut rudement châtiée, mais avec une adresse infinie, il fit servir cette défaite à augmenter ses partisans, en affirmant avec une incroyable assurance, qu'il avait été vainqueur. Les Arabes, si méfiants à l'égard des autres, ont une aveugle facilité à adopter tout ce qui flatte leur amour-propre ; on le crut, et les tribus célébrèrent, par leurs chants de triomphe, la victoire supposée de la plaine de *Gri*.

Le maréchal comprit qu'avec un chef, qui adoptait la tactique arabe de fuir et de se dérober sans cesse à toute action décisive, le meilleur moyen était de ne pas user son temps et ses forces à l'attendre, mais bien de détacher de lui les tribus en les attaquant séparément et sur leur propre territoire. Ce moyen réussit complétement.—Bou-Maza abandonné de tous les gourbis, dut prendre la fuite, emportant avec lui son trésor et son fameux drapeau rouge. Il fut atteint par un de nos kalifats, son trésor fut pillé, ses cavaliers furent égorgés, mais il parvint à se sauver.

Le bruit courut qu'il avait été assassiné par un membre de la tribu où il avait cherché un asile. Cette nouvelle fut démentie par sa réapparition qui ranima la rébellion près de s'éteindre.

Sur un autre point de l'Algérie, Abd-el-Kader, encouragé par cette circonstance, repassait aussi la frontière du Maroc, mais de ce côté, on ne pouvait craindre quelque chose de sérieux : chaque jour l'émir éprouvait un nouveau mécompte ; les chefs refusaient d'aller le trouver, d'autres enfin, menacés par lui, appelaient à leur secours notre brave armée. « Tu nous as promis, écrivaient-ils au colonel Gery, tu nous as « promis de nous secourir contre nos ennemis ; viens donc « nous délivrer tous? »

Le colonel se rendit à cet appel ; après deux jours de marche, il fut rejoint par des populations qui venaient, avec leur famille et leurs troupeaux, se mettre sous sa protection. Bientôt 300 tentes, contenant 12,000 personnes, furent déployées et dressées autour du camp, et à cette occasion se passa une scène tellement pittoresque et caractéristique des mœurs arabes, que je ne puis résister au désir de vous la décrire.

Sur des chameaux richement caparaçonnés, les femmes des chefs, abritées sous des espèces de cages revêtues d'étoffes légères, voyaient tout ce qui se passait sans être vues. — Du haut de chaque cage pendaient de riches cordons terminés par des glands, que tenaient de jeunes enfants, vêtus de blanc. C'est dans cet appareil que les femmes se présentèrent devant la tente du colonel pour le remercier de ce qu'il avait fait pour elles et pour leurs familles. Puis, pour appeler la bénédiction d'Allah sur lui et sur les soldats, elles chantèrent en chœur un chant rempli d'animation et d'harmonie.

Après cette scène dont le charme avait tout l'attrait de la nouveauté, les guerriers exécutèrent la *fantasiah*, sorte de combat simulé, ou plutôt de tournoi, en grand usage chez les Arabes, et qui leur donne occasion de déployer leur adresse à manier leurs chevaux, adresse dont rien de ce qui se fait dans ce genre en Europe ne peut nous donner une idée. Les femmes, comme les nobles dames du moyen âge, encourageaient et applaudissaient; seulement elles étaient toujours renfermées dans leurs cages.

Ces exercices étranges, mêlés de cris plus étranges encore, le costume ample et bizarre des cavaliers, la présence de ces femmes soigneusement cachées et qui ne se révélaient que par leurs chants et leurs applaudissements, ces chameaux chargés avec profusion d'ornements aux couleurs éclatantes et supportant ces habitations mobiles aux voiles légers et flottants, tout cela joint à je ne sais quelle senteur du désert qui avait, avec les chaudes bouffées de vent, franchi ce jour-là les barrières de l'Atlas; tout cela, dis-je, avait ce caractère féerique, qui nous fait rêver lorsque nous lisons les vieux contes de l'Orient.

Tandis que s'accomplissaient les cérémonies de cette alliance, un terrible drame se dénouait dans le Dahra. La tribu des Ouled-Rhiah avait refusé de se soumettre, se confiant dans le prestige attaché à des grottes spacieuses qui se trouvent sur son territoire et qui passent pour imprenables. Ce serait, en effet, une téméraire folie que de s'engager dans ces labyrintes naturels, dont les indigènes seuls connaissent les détours. Le 17 juin, se voyant serrés de trop près, ils se réfugièrent avec leurs familles et leurs troupeaux dans la plus inaccessible de ces cavernes, qui du nom d'un petit ruisseau qui baigne son entrée, s'appelle Ghar-el-Frechih (la grotte du Fréchih).

Le 18, le colonel Pelissier vint en face de l'ouverture de cette grotte. Mais que faire? — L'assiéger : c'était impossible ; la mousqueterie de l'intérieur aurait décimé nos soldats, sans même qu'ils pussent riposter. S'éloigner : c'était donner un nouvel aliment à l'insurrection en laissant croire aux tribus qu'elles pouvaient nous braver impunément. Un seul parti restait à prendre, mais il était terrible. Il s'agissait d'asphyxier ces malheureux dans leur réduit. Cette décision arrêtée, on jeta des fagots à l'entrée des grottes et on y mit le feu. Trois fois on suspendit le jet des fascines pour leur envoyer des parlementaires avec l'offre de la vie, à la seule condition de déposer les armes ; trois fois, ils refusèrent, avec une héroïque fermeté. Des femmes ayant voulu fuir, leurs pères et leurs maris les tuèrent, plutôt que de nous être redevables de leur vie. Alors on rendit au feu toute son intensité et comme par une singulière coïncidence entre la nature et nos projets, le vent chassant la flamme et la fumée dans l'intérieur, nos soldats pouvaient pousser les fagots dans la gueule béante de la grotte comme dans un four.

A travers les pétillements du bois vert, qui composaient les fascines, arrivaient à l'oreille épouvantée de nos soldats, des clameurs déchirantes puis, de temps à autre, des détonations. La chaleur déterminait-elle ces explosions? s'entre-tuaient-ils? — Nul ne l'a jamais su. Lorsque le lendemain, on put pénétrer dans la grotte, on trouva tous les cadavres nus, leurs vêtements avaient été dévorés par le feu ; leurs positions indiquaient qu'ils étaient morts dans d'affreuses convulsions ; quelques-uns avaient reçu de profondes blessures. Oh! que l'agonie de ces malheureux dut être affreuse, dans ce tombeau sans issue, en face de ce feu qui avançait toujours, impitoyable et terrible.

La tribu des Ouled-Rhiah n'existait plus, elle était en entier détruite. Plus de mille personnes avaient péri. Certes c'était une bien cruelle exécution ; mais la guerre a parfois de dures nécessités, et ceci en était une. Il fallait frapper l'insurrection dans son foyer perpétuel, que d'anciennes prophéties montraient comme inattaquable. Il fallait à tout prix détruire le prestige superstitieux qui s'attachaient à ces grottes. — En somme, avec un peuple comme le peuple arabe, qui adore la force et n'obéit qu'à elle, c'était un coup habile qui devait épargner bien du sang, puisque toutes les tribus eurent hâte de se soumettre.

Les chefs des Kabaïles, frappés de la vigueur et de l'énergie de cet acte, vinrent à Alger, au nombre de douze, faire également leur soumission.

Depuis ce moment (15 août), à part quelques hostilités partielles et peu sérieuses, l'Algérie était tranquille. Abd-el-Kader était toujours dans le Maroc et les esprits s'occupaient plus de colonisation que de guerre.

Le maréchal Bugeaud profita de ce calme pour venir faire un voyage à Paris. Une autorisation royale lui ayant permis de confier les fonctions de gouverneur par intérim au lieutenant général Lamoricière, il partit d'Alger le 4 septembre.

# CHAPITRE LIV.

## Le marabout de Sidy-Brahim.

[1846.]

Fausse sécurité. — Réapparition d'Abd-el-Kader. — Tentative de Bou-Maza. — Les Flittahs. — Le général Cavaignac chez les Beni-Ouersons. — Détachement du lieutenant Marin. — Les Souhaliahs. — Expédition du colonel de Montagnac. — Mort de ce brave officier. — Destruction de sa petite troupe. — Le capitaine Géraux et le lieutenant Chapdelaine au marabout de Sidy-Brahim. — Héroïsme du capitaine Dutertre. — Blocus du marabout. — Tentative désespérée des Français. — Treize seulement échappent à la mort. — Effet moral de ce beau fait d'armes. — Développement de l'insurrection dans l'Ouest. — Le colonel Walsin-Esterhazy. — Défaite de Bou-Maza par le colonel Tartas. — Ben-Guerrera. — Le général Lamoricière se porte sur Oran. — Le col d'Aïn-Kebira. — Soumission des Traras. — Les Français reprennent l'offensive. — Retour du maréchal Bugeaud. — L'émir est contraint de se retirer dans le Maroc.

Un moment, en France et en Afrique, on crut à la pacification de l'Algérie, on oubliait le passé. On ne se souvenait plus des Jugurtha, des Tacfarinas, des Firmus; on ne se souvenait plus qu'Abd-el-Kader vivait, et qu'Abd-el-Kader est plus qu'un homme pour les indigènes : il est la personnification de l'idée de nationalité. Tant qu'il vivra, il saura toucher à des cordes toujours vibrantes dans le cœur de chaque Arabe : l'amour de l'indépendance, le fanatisme religieux, la haine de la domination étrangère. Il le sait bien, et c'est parce que non-seulement il connaît son pouvoir, mais encore se l'exagère, qu'il est doublement dangereux.

Bou-Maza avait songé à profiter de la recrudescence d'exaltation que réveillent toujours chez les musulmans, les jeûnes, les prières, les méditations du Rhamadan (carême des mahométans). Ses efforts avaient été vains. Rien ne pouvait donc nous inquiéter sur ce point; malheureusement à l'ouest, il n'en était pas ainsi. Dès le milieu de septembre, on apprit coup sur coup, l'arrivée d'Ab-el-Kader sur notre territoire et l'insurrection des tribus de la montagne.

Les Flittahs venaient d'attaquer le général Bordjelly qui s'était porté sur leur territoire, pour y réprimer quelques actes de brigandage.

Du côté de Tlemcen, le général Cavaignac, s'étant mis en relation avec les Traras, reçut une réponse insultante des Beni-Ouersons, fraction de cette grande tribu. Aussitôt il va camper au centre de leur territoire. Après avoir soutenu plusieurs escarmouches, les Français se préparaient à attaquer sérieusement l'ennemi, lorsque les Kabaïles se précipitent sur les zouaves avec une furie incroyable. Repoussés de ce côté, ils abordent une position crénelée et font mine de vouloir s'y établir. Alors, le commandant de zouaves Puyragnier s'élance à la tête d'une seule compagnie dans l'enceinte menacée. Ce brave officier, vieux soldat de l'île d'Elbe, tombe victime de sa glorieuse témérité; mais son audace a exalté la bravoure de nos troupes. Le lendemain, la victoire la plus complète forçait l'ennemi à fuir en désordre. A côté de ce succès vient, mes jeunes amis, se placer une des douloureuses pages de notre histoire d'Afrique. Trois jours après la défaite des Kabaïles, 200 hommes, choisis dans les zouaves et dans le 15ᵉ léger, étaient détachés, par le général Cavaignac, pour aller renforcer un poste qui n'était pas suffisamment gardé. Arrivé au marabout de Sidy-Moussa, le lieutenant Marin vit devant lui des troupes nombreuses qu'il prit pour un goum ami. Il ne se trompait pas; c'étaient bien les Beni-Achmez du Marghzen d'Oran, seulement ils avaient fait défection et se trouvaient en ce moment réunis à d'autres tribus, sous les ordres d'un kalifat d'Ab-el-Kader. Déjà nos soldats avaient mis leurs fusils en faisceaux, lorsqu'ils s'aperçurent de leur méprise. Il n'était plus temps; ce malheureux détachement se soumit silencieusement à son sort, sans qu'un seul coup de fusil eût été tiré de part ni d'autre.

Non loin de là se passait, presque au même moment, un des plus tristes épisodes de cette nouvelle insurrection, mais aussi un des plus héroïques faits de nos annales militaires : la défense du marabout de Sidy-Brahim.

Les Souhaliahs, se disant menacés par Abd-el-Kader, demandèrent aide et protection au lieutenant-colonel de Montagnac, qui commandait à Djemmâa, sur la frontière du Maroc. A la tête de 420 hommes, le colonel de Montagnac se porta à leur secours. Après avoir établi son camp sur les bords du ruisseau de Sidy-Brahim, il s'avança jusqu'à 3/4 de lieue plus loin et trouva là un fort parti d'Arabes qui, au lieu de le recevoir en auxiliaire, l'attaquèrent avec impétuosité ; parmi eux était Abd-el-Kader qui se nomma à haute voix en tuant de sa main le capitaine Gentil de Saint-Alphonse. Les Français avaient été attirés dans un affreux guet-apens.

Enveloppé par des forces plus que décuples, le colonel de Montagnac communique à sa faible troupe son courage désespéré. Bientôt il tombe mortellement atteint. Il se sent mourir et voit les siens diminuer un à un, il fait un dernier effort :
« Enfants, dit-il, vous êtes accablé par le nombre ; retirez-vous
« dans le marabout de Sidy-Brahim. Ne vous inquiétez pas de
« mon corps, tout est fini pour moi. » Et il expire.

Malgré cette recommandation, la petite troupe lutte encore durant trois heures. Au bout de ce temps, ce groupe invincible, devenu silencieux faute de munitions, tombe jusqu'au dernier homme sous le feu des Arabes.

Le commandant Froment-Coste, laissé au camp par le colonel Montagnac, n'arriva au secours de ses frères d'armes que pour succomber à son tour. Du bataillon d'Orléans, il ne restait plus que 83 hommes, demeurés sous les ordres du capitaine Géraux et du lieutenant Chapdelaine pour garder le camp. Afin de mettre sa troupe à couvert, le capitaine Géraux se dirigea sur le marabout de Sidy-Brahim, situé à un quart d'heure environ. Dans cette courte retraite il perdit cinq hommes. En même temps qu'il prenait position dans le marabout, plus de 3,000 cavaliers l'entouraient en tumulte.

Dans l'espoir d'être aperçu par le colonel de Barrat, qui devait être tout au plus à une distance de trois lieues, on improvisa un drapeau au moyen d'une ceinture rouge et d'un mouchoir bleu. Vain espoir; aucun secours n'arriva.

Abd-el-Kader fit sommer les Français de se rendre : « *Nous « sommes décidés à nous battre jusqu'à la fin*, répondit le ca- « pitaine Géraux. *Si l'ennemi veut, il peut commencer: nous « sommes tous prêts, et bien résolus, jusqu'aux derniers.* » En recevant cette réponse l'émir, qui avait dans son camp 80 prisonniers français, donna ordre à l'un d'eux, le capitaine Dutertre, d'engager le capitaine Géraux à se rendre, sous peine d'avoir, lui et les autres prisonniers, la tête tranchée. Le capitaine Dutertre, après avoir consulté ses compagnons de captivité, s'avança près du marabout : « *Malgré les injonctions et les « menaces d'Abd-el-Kader*, cria-t-il aux assiégés, *je vous ex- « horte à ne pas vous rendre; mourons tous, s'il le faut, jusqu'au « dernier.* » Il paya de sa vie son héroïque conseil.

Après trois attaques successives, soutenues avec un courage que l'imminence du péril exaltait jusqu'à ses dernières limites, Abd-el-Kader renonça à un assaut qui avait été trop meurtrier pour les siens, et changea le siége en blocus. Il se retira laissant 450 hommes autour du marabout.

Épuisés, affaiblis, exposés à une mort certaine s'ils restaient dans ce lieu sans vivres et sans eau, les assiégés s'arrêtèrent à une résolution extrême. Le 25 au matin, ils se précipitent la baïonnette en avant, hors du marabout, traversent comme une bombe la ligne du blocus et se mettent en marche, sans que l'ennemi ose les suivre, autrement que de loin.

Ils gagnèrent sans avoir plus de 4 blessés, un ravin, où ils s'arrêtèrent pour se reposer. Bientôt deux mille Kabaïles les entourent.

Une fois encore, cette intrépide phalange qui n'avait plus ni cartouches, ni balles, s'élança résolûment sur les masses ennemies et s'y fraya un passage. Cette manœuvre leur coûta cher ; lorsqu'ils purent se compter, ils n'étaient plus que 40. Le brave lieutenant Chapdelaine avait succombé avec les 40 autres. Ceux qui restaient n'étaient pas sauvés, les Kabaïles revenaient à la charge. Ils jettent leurs fusils qui les embarrassent, se disent un dernier adieu, et la baïonnette au poing, se précipitent en désespérés sur l'ennemi dont ils font un terrible carnage. 27 sur 40 succombent et parmi eux le capitaine Géraux. 13 parviennent à traverser les rangs ennemis et, noble débris d'un des plus héroïques faits d'armes dont l'histoire ait conservé le souvenir, ils sont recueillis par la garnison de Djemmâa, qui venait à eux.

Ce qui va vous surprendre, mes jeunes amis, c'est l'habileté avec laquelle Abd-el-Kader prévint l'effet moral que devait produire sur les Arabes, l'héroïsme de cette poignée de braves, succombant un à un, en passant à travers une armée avec la disproportion numérique d'un contre cent ! Il prétendit que pour éprouver la foi et la persévérance des siens il avait voulu que les Français se montrassent des héros, tandis, ajoutait-il, que le détachement du lieutenant Marin était tombé sans résistance, parce qu'il l'avait fasciné de son regard tout-puissant. Et les Arabes le croyaient, vous écriez-vous. Oui, ils le croyaient, et c'était surtout dans les croyances de cette nature qu'ils puisaient l'ardeur et l'audace toute nouvelle qu'ils déployaient depuis l'ouverture des hostilités.

Parmi les tribus de l'Ouest, l'insurrection marchait vers un développement effrayant. Le colonel Walsin-Esterhazy, commandant du Marghzen d'Oran, ayant appris qu'un goum nombreux émigrait pour aller rejoindre l'émir, rassembla ce qu'il put réunir de Douers et de Smélas, trois cents hommes environ, et se mit à la poursuite des Arabes. Il les rejoignit et leur ordonna de rebrousser chemin. Les chefs l'entourent, et leurs regards expriment la menace et le défi. Il fallait frapper un grand coup, le colonel n'hésita pas. Il arma ses pistolets, ajusta les deux principaux chefs et les étendit à ses pieds. Grâce à cette énergique exécution, le goum rentra dans le devoir, ainsi que plusieurs autres tribus.

Sur un autre point, le colonel Tartas n'ayant avec lui que 150 chevaux, apprend que Bou-Maza, à la tête de 1200 cavaliers et d'un grand nombre de fantassins, vient d'opérer une razzia chez une tribu alliée. Aussitôt il le poursuit, le rejoint, met en fuite sa cavalerie, massacre son infanterie et lui reprend la presque totalité du butin qu'il restitue à ceux à qui il avait été enlevé.

Ces traits de courage exerçaient une grande influence sur les Arabes, mais ce n'était qu'un effet local, tandis qu'Abd-el-Kader semblait se multiplier pour agir sur tous les points. Du côté de Tlemcen, un de ses kalifats, Bou-Guerrera, qui paraît pour la première fois sur le théâtre de la guerre, venait d'arriver du Maroc. Il marquait son début par le lâche assassinat du commandant Bellet, du lieutenant Dombeyle et de quatre hussards attirés dans un guet-apens par ses émissaires, et ensuite, il mettait le siége devant le fort Sebbou, dont la petite garnison résista énergiquement.

Cependant, le gouverneur par intérim, le général Lamoricière, était arrivé à Oran avec un supplément de forces et avait pris ses mesures afin de concentrer l'insurrection dans un cercle assez étroit pour qu'il devînt facile de s'en rendre maître. Ensuite il se porta en face d'Abd-el-Kader qui se hâta d'aller se retrancher au col d'Aïn-Kebira. Le 13 octobre le général Lamoricière arriva au col, que les tribus révoltées défendirent avec courage, et néanmoins inutilement. La cavalerie de l'émir, qui n'avait pas pris part au combat, se hâta de s'éloigner dès que la chance eut tourné en notre faveur. Les huées et les imprécations des Traras, qu'ils abandonnaient ainsi, accompagnèrent longtemps leur marche. Bientôt le général ayant acculé les Kabaïles à la mer, ceux-ci, les Traras en tête, demandèrent à capituler. Ils étaient à notre discrétion, le plus léger effort les précipitait dans une ruine certaine; mais il était plus noble et en même temps plus utile de montrer de la clémence. Le général Lamoricière pardonna, puis il se rapprocha du camp d'Abd-el-Kader, qui était toujours à Aïn-Kebira.

Lorsque le général Bugeaud, qui s'était empressé de quitter la France, arriva à Alger avec un renfort de 1,200 hommes, il trouva le rôle agressif d'Abd-el-Kader déjà réduit à une position simplement défensive. Malgré ce changement, il se porta sur l'ouest où le danger menaçait toujours, par suite de la grande effervescence qui régnait dans le Maroc, parmi les populations des frontières.

Des mesures furent prises pour ne pas laisser vivre l'insurrection devant soi, et l'émir, ne pouvant soutenir les tribus contre la France, se vit forcé de les engager, lui-même à dissimuler et à se soumettre, ou à le suivre au Maroc. Le Maroc était toujours le centre de ralliement qu'il se choisissait pour retremper les éléments d'une lutte qui ne finira qu'avec sa disparition.

# CHAPITRE LV.

### Massacre des prisonniers français de la deira d'Abd-el-Kader.

(1846.)

Défaite d'Abd-el-Kader à Temda. — Ben-Salem dans le Hamza. — La colonne de Sétif est surprise par les neiges. — L'émir chez les Harras-Gharabas. — Bou-Maza dans le Dahra. — Retour des Ghossels. — Complôt contre la vie de El-Boghady et de Bou-Alem Ben-Chérifa. — L'émir dans le Jurjura. — Défection et retour de Ben-Zamoun. — Organisation des condamnés militaires d'Alger en corps spécial. — Expédition du Jurjura. — La colonne expéditionnaire à Djemmâa-Ghazouat et à Sidy-Brahim. — État des trois provinces au 5 mars. — L'émir poursuivi par le colonel Camon est encore une fois contraint de prendre la fuite. — Affaire de Bousada. — Odieuse exécution de MM. Levy et Lacoste. — Djedid et Ben-Aouda négocient leur grâce. — Le général Youssouf à Zamina. — Prétentions de Mohammed-Ben-Abd-Allah (El-Sid-el-Fadel). — Étrange lettre de ce nouveau chériff. — Il s'avance vers Tlemcen. — Le général Cavaignac le défait à Afir. — Seconde victoire et prise de son camp. — Ordonnance du maréchal au sujet des propriétés des émigrés. — Retour d'un bon nombre de tribus. — Affaire de Gherza. — Défaite du marabout Dhaleb. — Défaite de Bou-Maza et capture de son kalifat. — Le maréchal dans l'Ouarenseris. — Le duc d'Aumale à Boghar. — Nouvelle du massacre des prisonniers de la deira. — Détails sur ce sinistre événement. — Dissolution de la deira.

Abd-el-Kader, mes jeunes amis, n'avait pas tardé à reparaître, et le 23 décembre l'armée française, conduite par le général Youssouf, le rencontrait à Temda à la tête de forces assez nombreuses. Après s'être battu longtemps et avoir eu un cheval tué sous lui, il nous abandonna le champ de bataille et prit la fuite, ainsi que Bou-Maza, qui avait pris part au combat avec sa cavalerie.

En même temps qu'Abd-el-Kader, son kalifat Ben-Salem reparaissait et soulevait les tribus du Hamza. Quelques démonstrations vigoureuses, faites par Mahiddin, mirent fin à ses tentatives.

Dans la province de Constantine, les émigrations étaient arrêtées avec succès par le maréchal de camp Levasseur, qui s'était porté sur Sétif. Le 3 janvier, en quittant cette ville pour revenir à Constantine, les troupes furent surprises par la neige. Le soldat engourdi par le froid avait peine à avancer dans des chemins, devenant à chaque instant de plus en plus impraticables. Le sort de toute la colonne était compromis; néanmoins, grâce à l'habileté des chefs, grâce au courage des soldats, elle échappa au péril, mais ce ne fut pas sans avoir jalonné sa route de nombreux cadavres.

Pendant que ce désastre frappait l'armée de Constantine, le général Lamoricière poursuivait Abd-el-Kader et le forçait à quitter l'Ouarenseris et à se réfugier chez les Harras-Gharabas.

Sans se laisser intimider, comme on l'espérait, par la nouvelle défaite de l'émir, Bou-Maza continuait ses intrigues dans le Dahra; il s'était avancé jusqu'à Tadjena. Le lieutenant-colonel de Canrobert l'ayant rejoint le força après deux combats successifs, le 29 et le 30 janvier, à prendre honteusement la fuite.

Dans l'Est, le calme était presque complet, et dans l'Ouest tout faisait espérer de prompts résultats.

Le général Cavaignac, sachant le désir qu'avaient les Ghossels, émigrés sur le territoire marocain, de rentrer en Algérie, passa la frontière. Ce mouvement décida, outre les Ghossels, d'autres populations qui hésitaient encore ; 500 tentes environ se rallièrent à la colonne et revinrent avec elle dans la province d'Oran.

Au moment où tout était assez tranquille dans la subdivision de Milianah, nos deux agas, El-Boghady et Bou-Alem-Ben-Chérifa, apprirent qu'une douzaine des principaux chefs du pays, gagnés par le kalifat de l'émir, avaient formé le projet de les assassiner. Ne pouvant parer ce coup avec leurs seules forces, les deux chefs, placés par nous à la tête des tribus du Chéliff, eurent recours à l'autorité française. Une colonne fut dirigée sur ce point, elle s'empara des coupables et les conduisit à Alger.

Cependant l'émir, au lieu de rester chez les Harras-Gharabas, était venu s'établir au centre des montagnes du Jurjura, d'où il appelait les Kabaïles à la guerre sainte. La saison, on était en février, ne permettait pas de s'aventurer dans l'intérieur des montagnes pour y détruire le germe de l'insurrection ; on se contenta de l'écorner, en quelque sorte, en la resserrant de plus en plus.

Cette retraite de l'émir chez les Kabaïles avait occasionné une défection que nous devions regretter, celle du jeune et brave Ben-Zamoun qui avait abandonné nos drapeaux. Cette faute, due sans doute à un moment d'entraînement et de vertige, fut vite réparée : Ben-Zamoun, revenu à la conscience de son véritable intérêt, se hâta de solliciter sa grâce et de rentrer dans le devoir, lui et tous les chefs des nombreuses fractions de sa tribu.

La situation était loin d'être menaçante pour les Français ; mais comme avec des peuples tels que les Arabes, il faut toujours craindre, tant qu'ils ont un chef capable de les rallier, le maréchal ne négligeait aucune précaution. Outre son infatigable activité qui lui faisait partager les fatigues du soldat et qui le mettait à même de tout diriger, de loin comme de près, il s'occupait de mettre sur pied toutes les forces possibles ; c'est alors qu'il fit organiser en corps spécial, les condamnés militaires d'Alger.

Le 15 février, le temps se montra favorable, et le maréchal se mit en route pour aller surprendre Abd-el-Kader. Après avoir, sur son passage, châtié et ramené à l'obéissance les tribus révoltées, il arriva le 19 sur une des plus hautes cimes du Jurjura et aperçut l'émir qui rentrait dans le Hamza. suivi de 1,500 à 2,000 Kabaïles. Voir l'ennemi, le poursuivre, l'atteindre, fut une seule et même chose pour notre brave armée. Les Kabaïles furent successivement délogés de plusieurs positions et forcés de défiler dans un ravin étroit, où ils éprouvèrent une fusillade des plus meurtrières. On les poursuivit jusqu'à la nuit close, mais sans pouvoir joindre la colonne d'Abd-el-Kader qui se réfugia à l'est d'Hamza, avec Ben-Salem qui l'accompagnait. Il avait été obligé d'abandonner la majeure partie de ses bagages et de ses bêtes de somme. Après ce succès, qui entraîna la soumission de plusieurs tribus, le maréchal ramena la colonne expéditionnaire à Alger où elle fut reçue avec enthousiasme.

Maintenant, mes jeunes amis, si vous voulez bien me suivre dans la province d'Oran, nous irons sur les bords de la Moulaya, — cours d'eau considérable dont le lit a en moyenne une largeur de 70 à 80 mètres, — rejoindre une colonne, conduite par le général Cavaignac, et, avec elle, nous nous dirigerons sur Djemmâa-Ghazouat, en suivant la route qu'avait prise le brave colonel de Montagnac. Nous serons les premiers Français qui visiterons le théâtre d'un combat à jamais mémorable, et après cinq mois, nous trouverons gisants encore sur le sol, les cadavres de ces soldats qui ont péri, victimes de la trahison. Après avoir recueilli avec un religieux respect ces glorieux débris, nous ferons une halte à Sidy-Brahim dont les vieux murs sont encore teints de sang.

Après avoir séjourné quelques jours seulement à Alger, le maréchal-gouverneur repartit pour aller, au Fondouck, prendre le commandement d'une division destinée à agir dans l'Est. Voici quel était dans ce moment, — 5 mars, — l'état des trois provinces.

« Les tribus ont repris confiance en voyant que nous ne nous bornions pas à parer les coups qu'on nous portait et que nous allions nous-mêmes en porter, au loin, de plus décisifs.

« Tout le cercle d'Alger, les subdivisions de Milianah, de Médéah et d'Orléansville sont parfaitement calmes. Tous les chefs de la plaine de la Mitidja et des montagnes environnantes, sont allés visiter M. le gouverneur général à son retour, et lui ont assuré que la tranquillité ne serait pas troublée.

« La province d'Oran est à peu près rétablie dans la situation où elle était avant les tentatives d'Abd-el-Kader. Toutefois, de temps à autre, quelques partis de cavaliers angades et sud viennent se jeter entre Oran et Tlemcen.

« Quelques chérifs, quelques prédicateurs de guerre sainte se montrent sur trois ou quatre points de la province de Constantine, et cependant l'esprit de cette contrée est si bon, que ces artisans de troubles n'ont trouvé encore que très-peu de sympathie. »

Abd-el-Kader qui avait semblé vouloir prendre la fuite en apprenant que le maréchal rouvrait la campagne, Abd-el-Kader n'avait pas quitté l'Algérie et montrait une activité incroyable. Comme il venait d'opérer une razzia audacieuse sur les tribus du Tell soumises aux Français, il fut poursuivi par le colonel Camon. Les tribus, ainsi soutenues, se montrèrent entreprenantes. Les résultats de la journée furent superbes, les goums ennemis perdirent 150 cavaliers, entre autres l'aga Mohammed-Ben-Adda Djedid fut grièvement blessé, et l'émir, qui avait eu un cheval tué sous lui, fut contraint de prendre la fuite.

Le général Youssouf le suivit avec toute sa cavalerie, il ne le rejoignit que le 13 auprès de Bousada. Ce second succès compléta celui du 7, et le camp de l'émir tomba entre nos mains. Un acte d'odieuse inhumanité signala cette journée : Abd-el-Kader avait dans son camp deux prisonniers français, M. Lacoste, chargé des affaires arabes du Travet, et M. Lévy, interprète. Avant de prendre la fuite, il ordonna de les faire périr. L'arrivée de nos troupes arrêta cette exécution déjà commencée. M. Lévy mourut peu de temps après des suites des coups de feu qu'il avait reçus ; M. Lacoste plus heureux en fut quitte pour la fracture d'une côte et une blessure à la cuisse.

Nous avions pris une offensive menaçante, nous relancions l'ennemi jusque dans le désert; aussi Djedid et Ben-Aouda, ces deux grands chefs du désert de Médéah, s'empressèrent-ils de négocier leur grâce par l'intermédiaire du kalifat de Laghouat qui, après avoir opéré trois razzias sur nos ennemis, avait témoigné, en faisant tirer le canon, la part qu'il prenait à nos succès du 7 et du 13.

Le général Youssouf continuait à poursuivre l'émir. Il arrivait 30 heures seulement après lui dans la petite ville de Zamina qu'il traitait sévèrement. Abd-el-Kader croyait si peu à la possibilité d'une poursuite aussi vigoureuse, qu'il accusait de mensonge, et faisait châtier, ceux qui lui en donnaient les premières nouvelles. Pendant qu'il fuyait ainsi devant nos armes victorieuses, d'autres ambitieux cherchaient à exploiter la crédulité arabe en se faisant passer pour sultans. Un entre autres, Mohammed-Ben-Abd-Allah, plus connu sous son surnom d'El-Sid-el-Fadel, après avoir été battu sur les rives du Chalt, s'était retiré sur la frontière du Maroc, où il avait réuni un nouveau corps de troupes. Vers le 20 mars, il se montra sur le territoire de la province de Tlemcen et écrivit au général Cavaignac une lettre tellement étrange et curieuse que je ne puis résister au désir de vous la communiquer.

### Mohammed-Ben-Abd-Allah (Sid-el-Fadel) au général Cavaignac.

« Louange au Dieu unique. Personne ne lui est associé. Du
« serviteur de son Dieu, Mohammed-Ben-Abd-Allah, au chef
« français, salut sur quiconque suit la vraie voie.

« Sachez que Dieu m'a envoyé vers vous et vers tous ceux
« qui sont dans l'erreur sur la terre. Je vous dis que Dieu vous
« ordonne de dire : Il n'y a d'autre Dieu que Dieu et Mohammed est son prophète. N'admettez pas d'autre religion, parce
« que Dieu n'en admet d'autre que l'Islamisme.

« Le Très-haut dit : Dieu n'admet que la religion musulmane,
« et vous dites : Nous sommes dans le vrai, nous n'avons pas
« besoin de Mohammed. Le Très-Haut a dit, et son dire est
« très-vrai : Que le juif dise au chrétien qu'il est athée et réci-
« proquement, la vérité pour tous deux serait de témoigner en
« faveur du prophète.

« Cessez de commettre l'injustice et le désordre. Dieu ne
« l'aime pas. Sachez qu'il m'a envoyé pour que vous vous sou-
« mettiez à moi. Il a dit : Soumettez-vous à moi et à mon en-
« voyé.

« Vous savez qu'il doit venir un homme qui régnera à la fin

« du temps. Cet homme, c'est moi, Mohammed envoyé par
« Dieu, et choisi parmi les plus saints de la suite du prophète.
« Je suis l'image de celui qui est sorti du souffle de Dieu.

« Je suis l'image de Notre-Seigneur Jésus. Je suis Jésus res-
« suscité ; ainsi que tout le monde le sait, croyant à Dieu et à
« son prophète. Si vous ne croyez pas les paroles que je vous dis
« en son nom, vous vous en repentirez, aussi sûr comme il
« n'y a qu'un Dieu au ciel, qui a le pouvoir de tout faire.

« Salut. »

Cette lettre, comme bien vous le pensez, demeura sans réponse. El-Sid-el-Fadel quitta son camp et se dirigea sur Tlemcen pour y faire son entrée. On ne sait, en vérité, si l'on doit s'étonner davantage des prétentions et des promesses incroyables de ce nouveau chef de parti, ou de la facilité avec laquelle les populations arabes ajoutaient foi à ses assertions.

Le général Cavaignac sortit de la ville et s'avança vers l'ennemi qu'il rencontra à Afir. Le combat fut vif, le colonel Cagnon, à la tête de son régiment, chargea le premier et culbuta l'ennemi, qui, repoussé sur tous les points, abandonna ses drapeaux et prit la fuite sans même songer à se réunir ni vers Sebbou, ni chez les Beni-Snouss.

Ce serait dépasser mon plan que de vous nommer tous les braves qui se sont distingués dans cette affaire ; mais je ne puis passer sous silence l'admirable dévouement du brigadier Seurat, qui, au plus fort de la mêlée, mit pied à terre, au risque de sa vie, pour dégager son colonel, pris sous son cheval. M. Thévenin, jeune sous-lieutenant, qui avait fait preuve d'un brillant courage dans de précédentes affaires, fut tué au moment où il s'emparait d'un drapeau.

Après le combat d'Afir, Mohammed-Ben-Abd-Allah se réfugia dans les montagnes au nord de Sétif, et il se préparait à reprendre l'offensive lorsque le lieutenant-colonel Dumontel tomba à l'improviste sur son camp. Le combat dura trois heures ; quand il fut terminé, 200 Kabaïles étaient étendus sans vie sur le champ de bataille. Les tentes, les bagages, les troupeaux, tout était en notre pouvoir. Ce nouveau succès remplit les Kabaïles de terreur et ruina complétement l'influence du chérif.

Cependant, mes jeunes amis, une ordonnance du maréchal ayant déclaré confisqués et joints aux propriétés de l'État tous les biens des Arabes émigrés, et d'autre part, nos généraux poursuivant sans relâche les tribus émigrantes, sur lesquelles ils prélevaient de fortes contributions, on voyait chaque jour des goums abandonner la deira et revenir chez eux, malgré les efforts de Bou-Hamed pour les retenir. La plus importante de ces défections fut celle de Milon-Ben-Arath.

Le général Youssouf ne quittait pas la trace de l'émir. Il n'avait encore pu l'amener à aucun engagement sérieux, lorsque, le 22 avril, il atteignit à Gherza un rassemblement nombreux d'Ouled-Nayls dans lequel était l'émir. Avec le rare bonheur qui le protégé, il parvint à s'échapper et s'éloigna vers le Sud; à peu près au même moment, le commandant Prévost, informé que le marabout Dhaleb avait cherché un refuge dans le Serbou, marche contre lui, s'empare de son camp et de 2,000 bestiaux et lui tue beaucoup de monde. Ce partisan de l'émir, sans un seul homme d'escorte et emportant sa fille en croupe, ne parvint à s'échapper que grâce à la rapidité de son cheval. Enfin, sur un autre point, le colonel Canrobert battait Bou-Maza dans le Dahra et faisait prisonnier son califat Kaddour-Ben-Maka.

Dans les premiers jours de mai, le duc d'Isly quitta Alger pour se rendre dans l'Ouarenseris où l'on prétendait qu'Abd-el-Kader avait le projet de se porter. Ni Bou-Maza, qui y avait cherché un refuge, ni Hadji-Boghir ne purent organiser de résistance sérieuse, et l'arrivée des Français suffit partout pour décider les tribus à se soumettre.

S. A. R. le duc d'Aumale, qui avait pris depuis la fin de mars le commandement de la colonne de Milianah, s'était avancée jusqu'à Boghar, et le succès couronnait partout ses entreprises. Tel était l'état satisfaisant des affaires, lorsque le patron d'une balancelle, partie de Djemmâa-Ghazouat le 9 mai, apporta à Alger la nouvelle d'un événement horrible. Événement hélas trop vrai et qui marque d'une page sanglante cette longue et audacieuse insurrection : le massacre des prisonniers français de la deira d'Abd-el-Kader.

Je laisse parler le clairon Guillaume Rolland qui était au nombre des victimes désignées, mais qui parvint à s'échapper après avoir reçu la triple blessure d'un coup de feu, d'un coup de yatagan et d'un coup de poignard. La parole pleine de simplicité d'un spectateur, et en même temps, d'un acteur de ce sombre drame aura, je suis sûre, plus d'intérêt pour vous que n'en saurait avoir un récit fait par moi.

« La deira, dit-il, était campée à environ trois lieues de la Moulouïa. Les prisonniers établis sur le bord de la rivière occupaient une vingtaine de gourbis, au milieu du camp des fantassins réguliers. Ceux-ci sont au nombre de 500 environ, répartis aussi dans des gourbis, par bandes de cinq ou six. Le camp était clos par une enceinte de broussailles fort élevée, dans laquelle on avait ménagé deux passages; de cette manière la garde était plus facile.

« Le 27 avril, vers deux ou trois heures de l'après-midi, il est arrivé une lettre d'Abd-el-Kader ; ensuite trois cavaliers sont venus à notre camp pour chercher les officiers de la part de Mustapha-Ben-Thami et sous prétexte de les faire assister à une fête chez le kalifat, ils les ont conduits à la deira. Ils ont emmené MM. de Cognord, Larazet, Marin, Hillerain, Cabasse, Thomas adjudant, le maréchal-des-logis-chef des hussards, Testard, le hussard Trattel et deux autres.

« A l'entrée de la nuit, les autres prisonniers ont été réunis sur un rang. On nous avait donné l'ordre d'apporter tous nos effets avec nous. Quand nous avons été ainsi rassemblés, les fantassins réguliers sont venus et on nous a séparés pour nous conduire dans leurs gourbis. Nous étions sept pris par les habitants des quatre gourbis ; ils nous firent entrer ensemble dans le même gourbi. Je dis à mes camarades qu'il y aurait quelque chose pendant la nuit, qu'il ne fallait pas dormir ; mais nous tenir prêts à nous défendre si l'on voulait nous tuer. J'avais un couteau français que j'avais trouvé sur le bord de la Moulouïa trois jours auparavant. En entrant dans la cabane j'avais trouvé une faucille, je l'avais donnée à mon camarade

Daumat. Au moindre bruit, leur avais-je dit, je sortirai, vous me suivrez.

« Vers minuit, les soldats d'Abd-el-Kader poussent un cri. C'était le signal. Je sors le premier, je rencontre un régulier ; je lui donne un coup de couteau dans la poitrine ; il tombe, je saute dans l'enceinte de buissons et je roule par terre. Pendant que j'étais à me débarrasser, des soldats arrivent cherchant à me prendre ; mon pantalon était en mauvais état, il reste entre leurs mains et je m'échappe en chemise. Dans un ravin, à cent mètres du camp, une embuscade tire sur moi, une balle m'a légèrement blessé à la jambe droite. Je continue à fuir, je monte sur une colline, *et je m'assieds pour voir si quelqu'un de mes camarades pourra me rejoindre.*

« En me tournant vers le camp, j'entendais les cris des prisonniers et des gens d'Abd-el-Kader. Les coups de fusil ont duré plus d'une demi-heure ; mes camarades ont dû se défendre, si j'en juge par le bruit que j'ai entendu.

« Pour échapper au massacre dans les gourbis des réguliers, plusieurs prisonniers s'étaient réfugiés dans nos gourbis, au milieu du camp ; pour les en chasser on y mit le feu, on les tirait au fur et à mesure qu'ils sortaient.

« Voyant que personne ne me rejoignait, j'ai franchi la Moulouïa, j'ai marché pendant trois nuits, je me cachais le jour. Le troisième jour, vers trois ou quatre heures, le tonnerre a grondé, il a tombé de la pluie, il faisait un vent qui coupait les broussailles ; j'ai continué à marcher, j'étais presque nu, je souffrais, je pensais que j'en aurais encore pour deux ou trois heures, j'ai voulu en finir : je me suis dirigé vers un village marocain, j'y suis arrivé avant la tombée de la nuit ; à l'entrée, j'ai rencontré des femmes qui venaient puiser de l'eau ; en me voyant elles ont pris la fuite en poussant des cris ; je suis entré dans le village.

« A l'extrémité d'une petite rue, j'aperçus un jeune homme d'une vingtaine d'années ; en me voyant il sortit un poignard pour me tuer, je voulais mourir, je m'avançai vers lui. Je m'étais approché jusqu'à trois ou quatre pas lorsqu'un autre homme sortit d'une terrasse voisine, retint le bras du jeune homme. Ce dernier m'emmena chez lui, me fit chauffer quelques minutes, puis me conduisit dans sa case. Là, il m'attacha les pieds et les mains et jeta sur moi une couverture. *Moi, je ne disais rien, je voyais que je ne souffrirais pas longtemps.* Cependant il me dit qu'il ne me tuerait pas. Je passai la nuit comme je pus, au matin il vint me détacher. J'ai passé sept jours chez lui ; il ne me laissait pas sortir parce qu'il y avait dans le village des gens qui voulaient me tuer.

« Le septième jour est arrivé un homme qui m'a acheté deux douros. Celui-ci m'a fait partir la nuit pour me conduire dans sa maison. En arrivant il m'a donné un haïk et un burnous ; il m'a gardé dix jours. Le dixième jour, il m'a conduit chez un de ses parents qui habite un village marocain à un jour de marche de Lella-Maghnia. Ce dernier m'a amené parce que l'autre ne connaissait pas la route ; nous sommes venus par les montagnes de Nédroma, et, près de cette ville, mon conducteur a dû prendre un guide.

« J'avais dit à mon premier patron qu'il aurait de l'argent s'il me rendait aux Français. Je pense que c'est ce qui a donné au second l'idée de me ramener. Nous étions à la deira 280. On m'a dit qu'il y a deux de mes camarades qui sont dans d'autres villages marocains. »

Tel est le récit du clairon Rolland. Sur les deux camarades qu'on lui avait dit vivre encore, un seul reparut peu de temps après, c'était le nommé Joseph Delpech ; — son récit, en tous points conforme à celui de Rolland, vint en corroborer tous les détails ; on pensait que les onze prisonniers, séparés des autres le jour de l'événement, avaient échappé à la mort ; mais on n'avait aucune certitude à cet égard. La seule chose que l'on sût positivement, c'était la dissolution de la deira. Un grand nombre de tentes s'étaient dispersées chez les tribus marocaines, attendant le moment favorable de rentrer chez elles, et Mustapha-Ben-Thami cherchait à rejoindre Abd-el-Kader. Sous ce rapport nous devions nous réjouir, car cette dissolution était on ne peut plus favorable à notre cause.

# CHAPITRE LVI.

## Inondation de l'Harrach.
### [1846.]

Abd-el-Kader et Bou-Maza dans le Sud. — Le maréchal et le duc d'Aumale vont visiter la province d'Oran. — Razzias importantes. — Soumission des Beni-Yala. — Le colonel Renault bat l'émir à Arga et à Chellala. — Dispositions en notre faveur des tribus du Sud. — État de la province de Constantine. — Victoire de Sidy-Bouchama. — Le duc d'Aumale à Tlemcen et à Sebbou. — Concours des indigènes sur son passage. — Ils lui font escorte jusqu'à Philippeville. — M. de Salvandy à Alger. — Soumission des Kabaïles du cercle de Delhis. — Le Rhamadan. — Bou-Maza chez les Beni-Snassen. — État de Bougie. — Les Mezzaïa. — Affaire du marabout de Sidy-Amour. — Inondation de l'Harrach. — Désastres. — Dévouements. — La Chiffa déborde aussi. — Retour des onze prisonniers épargnés dans le massacre de la Deira. — Bou-Maza dans le Djebel-Amour. — Taouïla. — Soins que le maréchal donnait à la colonisation et à l'administration. — Changement dans les villes de l'intérieur des chefs-lieux de divisions et de subdivisions situés dans des places du littoral.

Le 29 mai 1846, le général Youssouf, campé à Kouvirench, acquérait la certitude que l'émir avait abandonné le Djebel-Amour. On ne savait au juste où il avait trouvé un asile, quand la nouvelle se répandit de sa réapparition dans le Sud où venaient de le rejoindre Bou-Maza et Hadj-Seghrir qui étaient parvenus à se réunir.

Le duc d'Isly quitta Alger le 6 juin pour aller visiter la frontière du [Maroc, Djemmâa, Lella-Maghnia, puis Tlemcen, Mascara et Mostaganem. Le duc d'Aumale l'accompagnait. Après avoir pacifié l'Ouennougha et organisé le pays nouvellement soumis dans le désert de Titteri, S. A. R. quitta son commandement, laissant après elle la confiance et le calme à une profondeur de 140 lieues à partir d'Alger.

Pendant ce temps des razzias importantes signalaient partout la présence de nos corps d'armée. Le général Youssouf envoyait à Alger plus de 500 chevaux, provenant de celle qu'il avait opérée dans le pays des Ouled-Nayls. Le colonel Renault enlevait aux Laghouats-Garrabas, dans le Djebel-Kessel, 12,000 moutons, 400 bœufs, 70 chameaux, 18 juments harnachées, une grande quantité d'armes et du butin de toute espèce.

Le colonel Mallière recevait, le 10 juin, la soumission des Beni-Yala, soumission d'autant plus importante que ces Kabaïles n'avaient jamais reconnu la domination turque.

Enfin le colonel Renault avait retrouvé la trace d'Abd-el-Kader, l'avait poursuivi et, deux fois, à Arga et à Chellala, ne l'avait manqué que de quelques heures. Un combat sérieux ne put être engagé ; une soixantaine d'ennemis périrent dans ces escarmouches et dans la dernière nous eûmes à regretter la perte du lieutenant de spahis, M. Chaix. Abd-el-Kader espérait trouver un refuge chez les Ouled-Sidy-Chikhs. Il dut y renoncer. Cette tribu réclamait l'aman, de plus toutes celles du Sud lui témoignaient les dispositions les moins favorables et faisaient, auprès du général Cavaignac, des démarches significatives.

Dans la province de Constantine, où commandait le général Bedeau, l'agitation ayant été moins grande, la répression était plus facile. Un convoi de malades, confié à la garde du kaïd Ben-Yhar, ayant été massacré par une tribu insoumise, une vengeance complète fut tirée des coupables par le général Randon.

Le centre de l'insurrection dans la province de Constantine, était entretenu chez les Ouled-Amar-Ben-Amed, fraction des

Ammouchas, par le chérif Mouley-Bou-Mohamed. Le colonel Eynard, commandant de la colonne de Sétif, entra sur leur territoire, et le 7 juin attaqua l'ennemi sur le plateau de Sidy-Bouchama. Les mouvements rapides de nos troupes déconcertèrent les Kabaïles et ne leur laissèrent pas le temps d'organiser la résistance. Tous prirent la fuite. Dans la poursuite qui dura plus de deux heures à travers des contre-forts difficiles et qui ne s'arrêta qu'aux limites du territoire, un grand nombre d'entre eux furent tués. Avant de partir, les Français vidèrent les silos et détruisirent les récoltes, nos pertes s'élevèrent à 5 hommes tués et 54 blessés. La liste de ceux qui se signalèrent dans cette affaire est trop longue pour que je puisse vous la donner ; je ne vous en nommerai que trois, parce que leurs actions sont plus encore des actes de dévouement que de courage.

Le sous-lieutenant Cordier, du 19e léger, qui délivra un soldat qu'un Kabaïle entraînait après l'avoir blessé à la tête. — Le sous-lieutenant Lamy, du 3e bataillon d'Afrique, qui sauva la vie à un chasseur de son bataillon ; et enfin, le tirailleur Hassan-Ben-Hadj-Kassen, qui porta pendant dix minutes sous le feu de l'ennemi un de ses camarades blessés.

Le duc d'Aumale visita Tlemcen et Sebbou. Partout on le reçut avec enthousiasme. En quittant la province d'Oran, le prince alla visiter celle de Constantine où son commandement avait laissé de si excellents souvenirs. A cette époque, par suite des soumissions successives des tribus, on était sans inquiétude sur le maintien de la tranquillité dans la province ; mais s'il fût resté le moindre doute à cet égard, il se fût vite dissipé par la réunion spontanée des kaïds et des députations de toutes les parties de la province. Ces chefs, au nombre de plus de 2,000, étant venus rendre leurs hommages au prince et lui renouveler leurs promesses de fidélité, lui firent escorte jusqu'à Philippeville où il s'embarqua pour la France. Ce concours d'hommes, qui pour la plupart ne se connaissaient que de nom, cette assurance reçue en commun des intentions de la France et en échange ces témoignages d'attachement donnés au prince, enfin cet acte de confiance qui conduisait à Constantine et à Philippeville tous les hommes influents du pays dont la majeure partie étaient restés, jusqu'à ce jour, étrangers à nos établissements de la côte, d'autant qu'ils étaient retenus par la crainte loin de nos navires de guerre, dont le nom évoquait toujours chez eux une pensée de proscription ; certes tout cela rendait cette réunion bien significative, bien facile à interpréter.

Bientôt, une nouvelle preuve de ce bon vouloir des Arabes ralliés nous fut donnée sur un autre point. Dans les premiers jours de juillet, M. de Salvandy, ministre de l'instruction publique, se rendit à Alger — c'était la première fois qu'un ministre français venait visiter notre conquête. Il fut accueilli avec empressement, tant par les populations européennes que par les populations indigènes. Voulant aller d'Alger à Médéah, il trouva à la sortie de la ville le goum des Aribs qui lui fut présenté par le colonel Daumas ; le goum exécuta sous ses yeux une brillante fantasiah et l'escorta jusqu'à Birkadem.

Partout la tranquillité tendait à s'établir. L'émir, accompagné de Bou-Maza et de El-Hadj-Seghrir, avait rejoint les restes de la deira sur la Moulaya supérieure. Il intriguait toujours ; mais soit découragement et lassitude, soit crainte de nos forces, ses excitations étaient froidement accueillies et restaient sans effet. Le massacre des prisonniers de la deira avait d'ailleurs produit un fâcheux effet. Chacun reconnaissait que c'était une cruauté inutile, ordonnée et exécutée de sang-froid et après coup, et, aux yeux mêmes des peuples qui se laissent le plus aller à leurs passions sur le champ de bataille ou excités par un combat récent, cette sanglante exécution ne pouvait paraître qu'odieuse et blâmable. Pour atténuer cette impression défavorable, Abd-el-Kader fit de la diplomatie arabe, il chercha à rejeter tout l'odieux de cet assassinat sur son kalifat Ben-Thamy.

Dans le cercle de Delhis, les Kabaïles s'étaient soumis et l'influence de Ben-Salem, qui les avait si souvent trompés, était complétement ruinée. Il avait même été obligé de se retirer chez les Beni-Bou-Abdon, sur la lisière du Jurjura où force lui était de demeurer dans l'inaction.

Dans cet état de calme, on était arrivé au mois d'août. Or, le Rhamadan commençait le 23 de ce même mois, et comme je vous l'ai dit précédemment, mes jeunes amis, cette époque est d'ordinaire le moment de la fermentation des esprits chez les musulmans; aussi régnait-il partout une certaine inquiétude. Les chefs de corps se tenaient prêts à repousser la révolte sur quelque point qu'elle éclatât. Les troupes de la subdivision de Tlemcen surtout étaient sur le qui-vive, car on savait qu'Abd-el-Kader était, avec la deira, à Aïn-Zohra, chez les Mtalza (Maroc), à 18 lieues environ de Thasa, et que là il mettait en jeu tous ses moyens d'influence religieuse pour se procurer de nouvelles ressources et reconstituer la deira. D'après ces nouvelles, il était impossible de douter de son intention de recommencer la lutte dès que les chances lui paraîtraient favorables.

Sur ces entrefaites le bruit se répandit parmi les Arabes que Bou-Maza se préparait à faire une invasion dans la subdivision d'Orléansville, pendant qu'Abd-el-Kader tenterait un mouvement sur un autre point. Soit par suite des mesures qui furent immédiatement prises, soit que ce bruit fût sans fondement dès le principe, toujours est-il qu'aucune entreprise ne fut essayée. Peu après cependant, Bou-Maza tenta de soulever les Beni-Snassen. Ces populations, toutes fanatiques qu'elles sont, effrayées par l'attitude du général Cavaignac, refusèrent. D'autre part, le kaïd d'Ouchda faisait à Bou-Maza, au nom de l'empereur du Maroc son maître, des représentations énergiques qui le déterminèrent à s'éloigner de notre territoire.

Quelque temps s'écoula sans que de nouvelles craintes vinssent effrayer les habitants de l'Ouest, lorsque vers la fin d'octobre, le général d'Arbouville, ayant appris que l'émir avait rassemblé sa cavalerie avec l'intention de faire une razzia sur notre territoire, quitta Oran et se porta jusqu'aux limites du Tell. Ce mouvement, appuyé par le commandant de la subdivision de Mascara, suffit pour déjouer les projets de l'émir.

A présent, mes jeunes amis, veuillez me suivre à Bougie, où commandait le commandant de Wengy. La ville n'avait qu'une très-faible garnison, et non-seulement elle ne pouvait, par ce motif, prendre tout l'essort dont elle était susceptible, mais encore les Kabaïles la tenaient en quelque sorte bloquée. La révolte n'était pas déclarée, mais les tribus, surtout celle des Mezzaïa, se livraient à toute sorte de méfaits, tant contre nous que contre les indigènes nos alliés. Vers le milieu d'octobre, quelques officiers étant sortis pour une partie de chasse, ils furent assaillis par les Mezzaïa et forcés de se replier sur la place ; le 17, une razzia vengeait cette attaque. Les Mezzaïa voulant prendre leur revanche postèrent le 19 une embuscade sur le passage des troupeaux de l'administration. Une reconnaissance de 45 tirailleurs indigènes, dirigée par le lieutenant Giacobbi, les ayant découverts, n'hésita pas à les attaquer, bien qu'ils fussent au moins 700. Ce coup de hardiesse eut un heureux résultat. Après une heure et demie d'un combat des plus meurtriers pour les Kabaïles, la garnison étant arrivée au secours de la petite troupe, l'ennemi fut mis en fuite et poursuivi jusque dans les montagnes, où on lui brûla 18 dacheras. En revenant à Bougie on détruisit le marabout de Sidy-Bou-Amour, près duquel s'était passé le combat, et qui était le point de ralliement des Kabaïles contre nous. — Cette journée du 19 octobre fera époque dans les annales de Bougie ; ses résultats importants ne nous coûtèrent qu'un seul homme tué et quelques blessés. Dès le lendemain les Mezzaïa faisaient leur soumission, qui entraînait celle de plusieurs autres tribus.

Sûrement, mes jeunes amis, vous vous souvenez tous de cette terrible inondation de la Loire qui a porté la désolation et la ruine dans une des plus belles provinces de notre France. Eh bien ! cette catastrophe eut un triste pendant dans nos possessions africaines. Le 3 novembre, l'Harrach, grossi par les pluies torrentielles de la journée et de la nuit précédentes, déborda et transforma en une mer furieuse tout le terrain compris entre les collines de Sahel, celle où est assise la Maison-Carrée et toute l'étendue de la plaine jusqu'au monticule de la ferme de Ouled-Ada. Des onze maisons qui formaient la ferme de la Maison-Carrée, sept disparurent successivement. On apercevait çà et là des malheureux que les flots entraînaient vers la mer, et ce spectacle était d'autant plus déchirant, qu'aucun secours humain ne pouvait leur venir en aide. Partout des hommes en péril, partout l'impossibilité d'arriver à eux. Vainement le gendarme Schmitt voulut-il en sauver quelques-uns ; sans le secours du brigadier Aubert, il eût été victime de son dévouement. Après lui, 20 hommes des tirailleurs indigènes, commandés par le lieutenant Tirard, ainsi que des cavaliers du 5e de chasseurs, sous les ordres du sous-lieutenant Daste, se jetèrent à la nage. Leur courage resta inutile, ils coururent de grands dangers ; un sergent et deux tirailleurs indigènes périrent, victimes de leur dévouement. Il serait trop long d'énumérer ici les moyens qui furent employés lorsqu'on eut reçu d'Alger ce qui était nécessaire, non plus que les pertes qui résultèrent de cet événement ; mais avant d'aller plus loin, je suis bien aise d'ajouter trois noms à ceux que je viens de citer. Ce sont : le maître de port Bonace, le caporal Quatreloup, et le voltigeur Cartigny du 58e de ligne.

L'Harrach ne fut pas le seul cours d'eau qui déborda en Algérie. La Chiffa fit aussi bien des ravages, et si elle n'engloutit pas de victimes, elle détruisit du moins des travaux d'art de la plus haute importance, notamment une admirable route, résultat d'efforts inouïs de persévérance et de travail.

A Milianah une douzaine de maisons, à peine achevées, furent emportées par les eaux, et la route de Milianah à Blidah fut entièrement détruite.

A ces désastres, causés par la nature, ne vinrent pas heureusement s'ajouter des préoccupations militaires. Le calme était général, et nos soldats, occupés à réparer les dégâts de l'inondation, mettaient à profit pour le pays, le temps de relâche que leur laissait la guerre.

En vous racontant le massacre des prisonniers de la deira, je vous disais que onze d'entre eux avaient été épargnés. Eh bien! voici que le 30 novembre, une dépêche d'Alger annonçait à la France que ces onze braves, sur lesquels elle avait tant d'inquiétude, lui étaient enfin rendus.

Voici leurs noms : le lieutenant colonel Courby de Cognord; le lieutenant Larazé ; le sous-lieutenant Thomas ; le docteur Cabasse ; le lieutenant Marin du 15e léger ; le maréchal-des-logis-chef Barbat, du 2e hussards ; Tétard, hussard ; Trott, chasseur au 8e bataillon ; Michel, du 41e de ligne ; la femme

Thérèse Gilles, qui avait été prise aux portes d'Oran, il y avait huit ans. Le 11ᵉ, le lieutenant Millerin, était mort dans le trajet.

Ce fut une grande joie pour toute la population lorsque *le Véloce* déposa à Oran ces pauvres captifs. Chacun voulait les voir de près, chacun voulait leur faire fête. — Ce retour des prisonniers dû, non à un échange, mais à une rançon payée à l'émir, est un fait qui disait mieux que tout autre la détresse d'Abd-el-Kader, qui en était réduit à se créer des ressources d'argent par le moyen d'une transaction, jusqu'alors sans exemple chez les musulmans.

Bou-Maza que rien ne décourage et qui nous suscitera des embarras tant qu'il sera libre, Bou-Maza avait traversé le Djebel-Amour et s'avançait vers l'Est, à la tête de quelques cavaliers. Djelloul-Ben-Yahia, notre nouvel aga du Djebel-Amour, s'empressa de monter à cheval avec ce qu'il put réunir d'indigènes, le poursuivit chaudement, lui tua un homme, lui en blessa un autre et ne se décida à revenir sur ses pas que lorsque le chérif et sa troupe eurent trouvé un asile sur le territoire des Ouled-Nayls. Là, Bou-Maza se réunit à un autre fanatique nommé Mouley-Brahim et continua à errer dans le Sahara. Quelque temps après, étant entré dans la petite ville de Taouïla, Eddin, frère de Djelloul, fit dire à ses habitants de fermer les portes et de le retenir jusqu'au lendemain. Malheureusement un traître l'ayant prévenu, il parvint à s'échapper et lorsque Eddin arriva avec son goum, il apprit que le chérif s'étant enfui, avait été poursuivi par les habitants de Taouïla qui lui avaient tué un homme et pris 4 chevaux. Eddin s'élança sur sa trace; la course fut vaine, non-seulement il ne put le rejoindre, mais même il ne put retrouver sa trace. Cette affaire n'avait donc rien changé à la situation.

Voilà, mes jeunes amis, où nous en étions au mois de décembre 1846. L'insurrection n'était en pleine vigueur nulle part; tout au contraire le calme était général, et cependant les esprits n'étaient pas rassurés, on craignait à tout moment de voir éclater un nouvel orage. C'est que le calme n'est pas la pacification, et qu'entre Abd-el-Kader d'un côté et Bou-Maza de l'autre aucune certitude de paix ne peut être réelle. La pacification en Algérie ce sera, ce ne peut être que la prise de ces deux instigateurs de toute révolte. Je n'ai pas besoin de m'étendre sur cette idée; si vous avez compris cette histoire, les faits qui précèdent doivent vous le dire assez haut.

Le maréchal tout en se tenant sur le qui-vive ne négligeait ni l'administration ni la colonisation. L'agriculture avait beaucoup souffert des inondations et des pluies, on s'occupait activement à réparer le dommage. Les pêcheries de corail acquéraient, chaque année, une extension nouvelle ; le commerce de la Calle reprenait sa vieille importance ; enfin, sur la demande du duc d'Isly, le gouvernement prenait une mesure qui aura bien certainement une grande influence sur l'avenir de la colonie : le changement, dans les villes de l'intérieur, des chefs-lieux de divisions et de subdivisions, situés dans des places du littoral.

Le meilleur moyen pour vous faire bien comprendre ce changement, c'est de vous donner l'ordonnance qui le règle ; la voici textuellement :

« Dans la province d'Alger, le siége de la division et tous les
« services qui s'y rattachent seront transférés à Médéah, où l'on
« créera les établissements nécessaires soit comme caserne-
« ment, soit comme magasins. On portera sur ce point les dé-
« pôts des bataillons indigènes et des régiments de cavalerie.
« Ce mouvement rapprochera les chasseurs et les spahis des
« contrées où leur présence est le plus nécessaire pour le main-
« tien de la paix.

« Le nouveau poste Aumale (Sour-Ghozlan) deviendra, dans
« un avenir rapproché, le chef-lieu de la subdivision actuelle
« de Médéah.

« Alger restera la capitale de la colonie. Le conseil supé-
« rieur d'administration, l'état-major général, la direction
« centrale des affaires arabes, tout ce qui compose enfin le
« gouvernement général, sous le double point de vue militaire
« et civil, continuera à résider à Alger.

« Dans la province d'Oran, le lieutenant général comman-
« dant étant obligé de se porter rapidement sur la frontière, le

« chef-lieu de la division devra être maintenu à Oran, d'où
« l'on peut se rendre en douze heures de jour et de nuit à
« Djemmâa-Ghazouat, par bateau à vapeur. Mais dès ce mo-
« ment le siége de la division d'Oran sera transféré à Sidy-Bel-
« Abbès, point central de la province, destinée à en devenir plus
« tard la capitale.

« Le ministre de la guerre ayant décidé récemment la créa-
« tion d'un poste important à proximité du centre de la tribu
« turbulente des Flittas, le chef-lieu de la subdivision de Mosta-
« ganem sera établi sur ce point.

« Pour la province de Constantine, il n'y a pas lieu de chan-
« ger le chef-lieu de la division ; mais on transportera à Guelma
« le siége de la subdivision de Bône, et à Batna celui de la sub-
« division de Constantine. »

# CHAPITRE LVII.

**Troubles et expédition dans les Zibans.**

[1847.]

Commencement de l'année 1847. — Intrigues d'Abd-el-Kader. — Malfaiteurs dans la province d'Oran. — Vols et brigandages dans la province d'Alger. — Les indigènes concourent à l'arrestation des malfaiteurs. — Ces derniers sont envoyés en France. — Naufrages sur les côtes. — Conduite des habitants du pays.— Opposition entre cette conduite et les usages barbaresques. — Rupture entre Bou-Maza et Abd-el-Kader. — Motifs de cette rupture. — Conduite du chérif dans les Zibans. — Expédition du général Herbillon. — Arrivée à Sidy-Khalled. — Réception hostile des Ouled-Djellal. — Conduite du général. — Le commandant Billon. — Attaque du village. — Mort du commandant. — Courage et perte du 31e. — Soumission des Ouled-Djellal. — Sentiments de cette tribu. — Résultats de cette journée du 10 janvier. — Le maréchal-des-logis Châteaubriant. — Le général Marey à Guel-el-Settel. — Razzia sur les Ouled-Aïssa. — Soumission de cette tribu. — Le cheik Aïssa. — Les Ouled-Aïssa-Cheragas se soumettent à notre kalifat El-Mokrani. — Disposition des Arabes à notre égard. — Arrestation d'El-Guérib. — Bou-Maza se dirige sur Tuggurt.

L'année 1847 s'ouvrait comme avait fini 1846. Abd-el-Kader, dans l'impuissance de recommencer la guerre, intriguait toujours, et, les populations étant sourdes à la voix de ses émissaires, il avait recours à d'odieux moyens pour nous susciter des embarras. C'est ainsi que des membres de sa deira, envoyés par lui, infestaient les routes de la province d'Oran, attaquaient les voyageurs isolés, les petits convois et interceptaient presque les communications. Grâce au concours des chefs indigènes, un grand nombre de ces brigands furent pris et dirigés, comme prisonniers, sur la France.

La province d'Alger avait également ses malfaiteurs, excités aussi par l'émir ; mais ici ce n'était plus sur les grandes routes que se commettaient le vol et la violence, c'était dans les habitations, où chaque jour étaient enlevés de nouveaux troupeaux. Les colons avaient perdu leur sécurité. Cette fois encore l'aide des chefs arabes nous fut d'un grand secours. Les voleurs arrêtés furent reconnus pour appartenir aux provinces du Sud et de Titteri. Ils faisaient partie des émigrants que l'invasion d'une nuée de sauterelles avait forcés de quitter leur pays, et de venir chercher, dans la Mitidja, des pacages pour leurs bestiaux. Réunis aux prisonniers de la province d'Oran, avec eux ils furent envoyés en France.

Pendant que la répression de ces actes de brigandage, par les naturels mêmes du pays, nous était une preuve du progrès de la domination française en Algérie, nous en recevions d'autres plus positives encore par leur opposition avec les mœurs et les usages barbaresques. Je veux parler du secours que recevaient sur plusieurs points du littoral, de malheureux naufragés, contrairement aux coutumes de pillage et de cruauté, usitées dans ces parages, jusqu'à ce jour, inhospitaliers.

La mer étant devenue très-mauvaise vers la fin de décembre, plusieurs navires se perdirent sur la côte. Aussitôt leurs équipages voient accourir les Arabes ayant leur cheik en tête. Cette vue dut être pour eux, non une espérance de salut, mais bien le motif d'une crainte nouvelle. Le souvenir du passé leur donnait la certitude d'un sort terrible, ou tout au moins celle d'être dépouillés de tout ce que la mer épargnerait. Leurs tristes prévisions furent trompées ; non-seulement les Arabes les secoururent personnellement, mais encore ils firent tous les efforts imaginables pour recueillir le plus de débris possible, et après avoir restitué fidèlement le tout, sans en rien détourner, ils accompagnèrent les hôtes que la fureur des éléments leur avait envoyés jusqu'à la ville la plus prochaine. Et ceci ne s'accomplissait pas sur un seul point, ce n'était pas un fait isolé. C'était général ; quatre tribus, distantes les unes des autres, les Chénouan, les Beni-Ménacer, les Hameuda, les Guerbis, se laissant guider chacune par sa seule impulsion, agissaient de même, presque en même temps, sans que rien eût été concerté entre elles.

Abd-el-Kader et Bou-Maza avaient définitivement rompu; ils étaient désormais rivaux. Tous les deux voulaient bien toujours combattre la France, mais non plus ensemble et en se soutenant. On ignorait le motif de cette rupture, lorsqu'un serviteur de Bou-Maza, se lassant de suivre l'aventureuse carrière de son maître, rentra dans son pays, et donna au bureau arabe d'Orléansville les détails suivants :

Il raconta que, presque dès l'abord, le chérif avait été l'objet de la jalousie et des persécutions du *sultan*, qui accueillait avec partialité les plaintes d'El-Hadj-Seghrir, son lieutenant, et de quiconque élevait la voix contre le *sultan du Dahra*, Bou-Maza. Celui-ci n'eût pas été un vrai chef de parti arabe s'il s'était retiré de la guerre sainte les mains vides; or, en fuyant, il n'avait eu garde d'oublier son petit trésor, il pensa que le partager avec son hôte et son maître, serait le meilleur moyen de calmer ses ressentiments. Il se trompait, ce fut un sacrifice inutile. Sa position ne devenant pas meilleure, sa vie même lui paraissant menacée, il se décida à abandonner la deira. Suivi seulement de quinze à vingt cavaliers, sur la fidélité desquels il pouvait compter, il prétexta une absence de quelques jours et partit, laissant sa femme, sa tente, et ce qu'il avait de plus précieux. A peine son absence fut-elle connue que l'émir pénétra son projet. Aussitôt des ordres sont donnés en conséquence. Une troupe de cavaliers le poursuivit longtemps et vivement. Le fugitif ne dut son salut qu'à la vitesse de ses chevaux. Depuis ce moment il a un ennemi bien autrement acharné à sa perte que les Français ; Abd-el-Kader ne cesse de le décrier dans ses lettres; il va même jusqu'à exhorter les bons musulmans à se débarrasser de lui.

C'est ainsi que, par leurs querelles aveugles, leur jalousie et leurs dissensions impolitiques, les chefs de parti appelés à agir de concert, ont toujours affaibli la cause qu'ils servaient. Au lieu de resserrer le faisceau, ils le séparent, et ce que n'aurait pu faire un homme pour le rompre quand il était lié, un enfant en vient facilement à bout lorsqu'il est détaché. Bou-Maza et Abd-el-Kader, même réunis, ne pouvaient nous résister ; séparés, leurs forces ont diminué, le terme de la lutte devient donc pour nous et plus facile et moins éloigné.

Le chérif tendait à soulever les populations des Zibans. Abd-el-Kader, toujours dans le Tell marocain, ne cherchait pas, pour le moment, à rentrer sur le théâtre de la guerre ; c'était donc contre le premier que devaient être dirigés nos efforts.

Des renseignements sûrs nous apprirent que Bou-Maza parcourait les oasis du désert et que ses prédications y avaient déjà fait une vive impression sur les esprits. Une colonne, sous les ordres du général Herbillon, quitta Bethna et, rejointe bientôt par le commandant de Saint-Germain, qui avait, peu avant, reçu les assurances pacifiques des tribus prêtes à s'insurger, elle s'avança vers le territoire des Ouled-Djellal.

Le 10 janvier, les gens de Sidy-Khalled recevaient notre petite armée en amis, s'empressant de se mettre à la disposition de nos soldats et de leur offrir toutes les provisions dont ils pouvaient disposer.

Les espérances, que fit naître ce début de bon augure, furent détrompées dans la journée même. Le général Herbillon s'étant présenté devant la principale oasis des Ouled-Djellal, apprit que le chérif Bou-Maza en était parti la veille, emmenant avec lui les goums des Ouled-Zid et des Ouled-Sassi. Il leur avait promis un prompt retour et n'avait négligé aucune précaution pour fortifier le village, que gardaient environ mille hommes bien armés dont 250 avaient même consenti à s'enrôler comme noyau de troupes régulières.

Les Arabes, postés à l'entrée de l'oasis, reçurent la colonne avec des démonstrations hostiles. Cependant le général faisant la part de l'exaltation politique et religieuse, au lieu d'agir militairement, voulut essayer de les ramener à des sentiments plus pacifiques.

A la suite d'une première sommation, des pourparlers s'engagèrent ; ils n'aboutirent qu'à une trève de quelques instants. Le délai expiré, on songea à l'attaque. Le général ayant confié à un officier du 31e, le commandant Billon, le soin de faire une reconnaissance autour du village, celui-ci, animé par les cris de guerre et de défi des Ouled-Djellal, entraîné par l'ardeur et l'enthousiasme de ses soldats, oublia ses instructions et, pensant que le résultat d'une attaque ne pouvait être douteux, s'élança avec son bataillon à travers les jardins, enleva rapidement toutes les clôtures servant d'embuscade et parvint, avec la promptitude de la foudre, jusqu'au centre du village. Arrivé là, il rencontra une résistance que rendait plus terrible et plus acharnée, la présence des femmes et des enfants qui y avaient cherché un refuge. Au moment où il allait escalader la partie la plus basse de la mosquée, un coup mortel atteignit cet imprudent, mais vaillant officier. Sa mort donna une nouvelle impulsion au courage de sa petite troupe, le combat s'engagea presque corps à corps. Pendant une demi-heure ces trois compagnies du 31e soutinrent une lutte que rendaient très-difficile et très-meurtrière, les avantages que donnait aux Arabes, la possession des maisons crénelées du village.

Le général Herbillon ayant appris l'attaque, et comprenant à la vivacité de la fusillade que l'engagement était sérieux et qu'il était urgent de porter secours aux troupes qui y prenaient part, n'hésita pas. Quelque contrarié qu'il pût être de l'inexécution de ses instructions, il donna ordre de pénétrer dans l'oasis. Lorsqu'on arriva au lieu du combat, la nuit tombait, et le 31e s'était retiré. Le général, ne voulant pas bivouaquer dans ce lieu dangereux et peu sûr, commanda la retraite. Quand elle fut accomplie, les pertes de cette seconde troupe étaient déjà aussi fortes que celles de la première.

Dès le soir même, les dernières lueurs du jour montrèrent le drapeau de paix arboré par les Ouled-Djellal sur leur minaret. Ce signal n'ayant pas été suffisamment compris, une députation nombreuse vint au camp implorer le pardon du général et l'assurer que la tribu avait cédé à l'influence de quelques chefs partisans du chérif, mais que ces chefs ayant pour la plupart succombé dans le double combat de la journée, tout le monde était disposé à la soumission.

La terreur empreinte sur leurs physionomies, la chaleur de leurs protestations, tout leur extérieur disait assez que si nous avions à déplorer des pertes nombreuses, le courage des troupes, l'enlèvement instantané d'obstacles considérés comme insurmontables, en un mot la bouillante ardeur française avaient produit un effet saisissant sur leur esprit. Cette lutte ne pouvait manquer de laisser un long et salutaire souvenir et d'être pour nous une nouvelle garantie de l'établissement de notre autorité dans les Zibans.

Ici, mes amis, bien des noms viendraient se poser sous ma plume, bien des souvenirs de gloire et de courage se rattachent à cette affaire du 10 janvier ; mais je vous l'ai dit déjà, les bornes que je me suis prescrites m'arrêtent. Un mot cependant, qui vous signalera un fait, digne de cette antiquité tant vantée au détriment de notre époque, qui en est cependant la digne héritière, la noble continuatrice. Au plus fort de l'attaque, au moment où le général allait pénétrer dans le village, ces mots retentissent à son oreille : « *Mon général, on vous ajuste.* » Et un homme s'élance, comme un bouclier vivant, entre la mort et lui. Cet homme, qui était le maréchal-deslogis Châteaubriant, chancelle et tombe, atteint de deux balles. Par bonheur, il n'a pas été victime de son dévouement ; ses blessures quoique très-graves n'étaient pas mortelles.

Peu après la soumission des Ouled-Djellal, un résultat non moins important était obtenu par le général Marey. Ce général, forcé par les neiges de s'arrêter en route, avait établi son bivouac à Guelt-el-Settel au N. du lac des Zarhez, et là il attendait la fin du mauvais temps.

Déjà plusieurs fractions des Ouled-Nayls se repentaient d'avoir laissé passer Bou-Maza au milieu d'elles sans l'arrêter, et plusieurs s'empressaient de se soumettre et de payer l'amende imposée par le maréchal-gouverneur, lorsqu'une razzia des plus importantes, opérée sur les Ouled-Aïssa, vint faire cesser toute indécision parmi les indigènes.

Le 19 février au matin le cheik Aïssa, le seul et véritable chef des Ouled-Aïssa Gharabas, se rendit suivi de trois notables au camp du général Marey et fit sa soumission ; or, mes amis, cette tribu a la réputation, bien rare parmi les Arabes, de tenir fidèlement ses promesses. Le cheik, vieillard respectable et d'une grande réputation, promit fidélité à la France, lui demandant en retour aide et protection. Il fut solennellement investi des fonctions de kaïd et la tribu condamnée à payer une amende considérable. Aïssa ne fit aucune objection et cinq jours après, il revenait au camp en effectuer le premier versement.

Les Ouled-Aïssa-Cheragas, une des tribus les plus attachées au chérif, que le général Marey se proposait de poursuivre activement, n'attendaient pas les effets de cette poursuite. Au moment où Aïssa recevait l'aman, eux, de leur côté, faisaient leur soumission entre les mains de notre kalifat El-Mokrani.

Comme vous le voyez, nos armes étaient partout victorieuses, partout craintes et respectées. Les Arabes, pénétrés de notre supériorité, las d'agir pour une cause qu'ils voyaient bien être perdue, se montraient empressés de rentrer dans l'obéissance et semblaient plus désireux de devenir nos auxiliaires que de rester ceux de Bou-Maza.

Un incident fort significatif qui marqua la tournée du lieutenant-colonel Bosquet dans le Dahra, nous en devint une nouvelle preuve : El-Guerib, lieutenant de Bou-Maza, s'était fait passer pour mort à la suite d'un combat avec les Français. Cette mort était feinte ; il vivait et, caché dans le pays, il ne cessait, depuis près d'un an, d'intriguer contre nous. Une réunion des chefs du Dahra de l'Ouest ayant eu lieu sous la tente du lieutenant-colonel, un d'eux dit à la fin de la conférence : « Nous voulons la paix ; quant à moi, j'en donnerai la preuve. » Il ne s'expliqua pas davantage ; mais la nuit même un avis nous prévenait de l'existence d'El-Guerib, et nous indiquait le lieu où il se trouvait. Les renseignements étaient précis ; le lendemain le mort-vivant était notre prisonnier. Les progrès de l'influence française sont palpables. Quel musulman naguère eût osé livrer à des chrétiens le kalifat d'un chérif ?

Ces succès des Français, ces soumissions successives, sans décourager Bou-Maza, le forçaient cependant à fuir. Le Dahra, les Zibans étaient pacifiés, il ne lui restait d'autres ressources que d'imiter la tactique toujours suivie par ses devanciers, les chefs maures ou arabes, s'enfoncer dans le désert. C'est le parti qu'il prit; suivi d'une très-petite escorte, il se dirigea sur Tuggurth, à 150 lieues de Constantine.

# CHAPITRE LVIII.

## L'abbé Suchet à Sidy-Brahim.
### [1847.]

Abd-el-Kader cherche à persuader qu'il traite avec la France de puissance à puissance. — Effets de cette tactique. — Proclamation du gouverneur général pour rassurer les esprits. — Ben-Salem entre en négociation avec les Français. — Soumission de ce chef. — Des Arabes marquants suivent son exemple. — Impression produite par cette démarche. — Notre frontière est reculée à l'est d'Alger. — Tentative d'assassinat sur la personne de l'émir. — Catastrophes terribles à Milianah. — Scènes de destruction et de mort. — Zèle et dévouement de la garnison. — L'abbé Suchet à Djemmâa-Ghazaouat. — Établissement du culte catholique dans cette partie reculée de notre territoire. — Sublimité des cérémonies religieuses. — Leur effet sur l'armée. — L'abbé Suchet à Sidy-Brahim. — Il y célèbre la messe. — Derniers devoirs rendus aux héroïques victimes qui y ont trouvé la mort. — Discours du vénérable et éloquent vicaire-général.

Maintenant, mes jeunes amis, laissons Bou-Maza, refoulé par nous, poursuivre sa retraite dans le désert et revenons à Abd-el-Kader. Sa tactique la plus ordinaire et sans contredit la plus adroite est de persuader aux Arabes qu'il traite avec la France de puissance à puissance, leur écrivant sans cesse, que le moment approche où il recouvrera la souveraineté de la terre dont nous l'avons chassé et les menaçant de toute sa vengeance lorsqu'il y rentrera. C'était surtout à combattre de telles idées que devait s'attacher l'autorité en Algérie; le gouverneur général le comprit, et la proclamation suivante fut distribuée parmi les Arabes, surtout parmi ceux voisins de la frontière du Maroc.

« Abd-el-Kader fait courir partout le bruit qu'il traite avec nous, comme s'il était un sultan avec lequel le grand roi des Français pût traiter d'égal à égal. C'est une des mille ruses qu'il a souvent employées pour vous abuser et vous précipiter vers votre perte; n'ayez aucune foi dans ces bruits. Nous ne renouvellerons jamais avec lui des traités qu'il a brisés lui-même. Il ne lui reste qu'une chose à faire ; c'est de s'en remettre, lui et sa famille, à la générosité du roi des Français. Notre souverain est grand et généreux; il le traitera bien, quand il se soumettra ; en dehors de cela, il n'y a que de la poudre pour lui. Sachez qu'il ne sera plus reçu de lui aucune lettre, à moins qu'il n'envoie un homme de marque de sa confiance pour annoncer sa soumission. — Salut. »

Cette proclamation produisit un heureux effet; elle calma bien des inquiétudes, raffermit bien des fidélités prêtes à s'ébranler. Du reste à ce moment même l'autorité, déjà si chancelante de l'émir allait, recevoir une terrible atteinte par la défection de son plus fidèle kalifat, de son plus zélé auxiliaire Ben-Salem.

Des négociations par lettres étaient ouvertes depuis quelques temps avec Sid-Ahmed-Ben-Thaïeb-Ben-Salem, qui avait même accepté plusieurs entrevues avec le capitaine Ducros, chef du bureau arabe d'Aumale. Dans la journée du 27 février le célèbre et puissant kalifat se décida enfin à une démarche décisive. Escorté par tous les chefs importants des revers nord, sud et ouest du Jurjura, suivi par des personnages marquants qui, ayant refusé leur adhésion à la soumission de leurs tribus, s'étaient réfugiés dans la Grande Kabilie, il arriva à Aumale et se présenta devant le gouverneur général pour faire sa soumission.

Au nombre des chefs qui accompagnaient Ben-Salem, on remarquait Bou-Chareb, de Médéah, qui a déployé contre nous une grande énergie jointe à une rare capacité, Sid-Abd-er-Rhaman, ancien chef de Delhis sous Abd-el-Kader, lieutenant et ami de Ben-Salem, et le frère de Bel-Kassem ou Kassi. Ce dernier, ancien chef de toute la vallée de Sabaou, étant tombé malade en route, s'était fait remplacer par lui, promettant d'avance d'adhérer à tout ce qui serait convenu.

Vous comprenez l'effet produit, sur les populations algériennes, par la démarche de ces hommes jusqu'à ce jour si invariablement attachés à l'émir. L'aman accordé à ces chefs est pour elles un signe éclatant qui leur annonce qu'elles doivent renoncer à revoir jamais Abd-el-Kader revenir se mettre à leur tête. Pour nous c'est un pas immense fait vers la possession complète de la Kabilie ; de plus, un gage sûr de sécurité dans toute la province d'Alger ; enfin c'est un agrandissement de territoire; en un moment, notre frontière a reculé. Tout à l'heure elle n'était qu'à 18 lieues E. d'Alger ; maintenant elle est à 50. — Donc double résultat : avantage moral, par le découragement des Arabes ; avantage matériel, par l'extension de notre domination.

Pendant qu'il perdait ainsi un lieutenant et un ami dévoué, l'émir recevait une atteinte personnelle. On cherchait à l'assassiner. Comme il était debout au seuil de sa tente plusieurs coups de feu furent tirés sur lui. Quoique n'offrant cependant aucun danger sérieux, ses blessures étaient assez graves pour l'empêcher de monter à cheval.

Si vous voulez me suivre à Milianah, nous allons, mes jeunes amis, assister à une scène terrible, dans laquelle la guerre et ses fureurs n'entreront pour rien, mais où les éléments déchaînés feront tout. Voyez, il est nuit, pas une étoile au ciel, pas un petit coin d'azur ; partout les ténèbres, partout un silence qui semble présager ou appeler la destruction et la mort. Depuis un mois le manteau sombre qui enveloppe le firmament ne s'est pas entr'ouvert, depuis un mois il n'a cessé un instant de pleuvoir ; aujourd'hui le vent a redoublé de violence, le temps est devenu si affreux, que personne n'a osé quitter sa demeure, et voici qu'avec la nuit la rafale augmente encore. Chaque heure qui sonne est marquée par le fracas d'un édifice qui s'écroule, il semble que le monde touche au moment d'un grand cataclysme qui engloutira la ville tout entière. Les maisons tremblent sur leurs bases et s'affaissent, leurs habitants s'élancent par les fenêtres, fuient en désordre emportant leurs enfants, leurs effets les plus précieux, entraînant après eux leurs femmes à demi mortes de frayeur. D'autres quittent leur maison encore intacte et rencontrent sur leur chemin le danger qu'ils auraient évité en restant chez eux. Sur un autre point, des appartements habités sont subitement mis à jour par la chute d'une façade entière, et, au milieu des ténèbres et du désordre présentent le tableau de la plus affreuse épouvante. Écoutez ces cris, ces plaintes, ces imprécations. Ici c'est Dieu qu'on appelle, là Dieu qu'on maudit. Ici, c'est la voix plaintive d'une femme qui prie, là la voix d'un homme qui blasphème ; souvent c'est la voix d'un musulman qui se console en se disant : *ce devait être*. Tout le monde attend avec impatience le matin pour reconnaître l'étendue du mal, pour compter les victimes. Sur 40 maisons gravement endommagées, 5 étaient complétement détruites et 6 n'étaient plus que des ruines. En outre, 5 vieux édifices servant de casernes avaient subi un commencement de destruction. Quant aux victimes, elles étaient peu nombreuses, grâce au dévouement et au zèle de la garnison.

Abandonnons le spectacle de cette affreuse catastrophe, à laquelle les soldats du génie remédient déjà par leurs travaux, et portons nos regards vers une scène religieuse, dont l'aspect remplira, je suis sûre, vos cœurs d'une douce et pieuse émotion.

Pénétrée de cette pensée qu'il faut avoir assisté à ces grandes solennités de notre catholicisme, qu'il faut avoir eu le cœur et l'esprit frappés par l'aspect de ces imposantes cérémonies pour les raconter dignement, je renonce à vous en faire moi-même le récit, et j'emprunte celui d'un témoin oculaire. Il porte la date du 5 mars.

Le 25 février M. l'abbé Suchet, vicaire général du diocèse d'Alger, arriva ici (Djemmâa-Ghazaouat-Nemours) pour organiser le culte. Chaque jour qu'il passa sur ce coin de terre, où la parole du vrai Dieu ne s'était peut-être jamais fait entendre, fut marqué par quelqu'une des grandes cérémonies de l'Église. Ces actes religieux, accomplis si loin du centre de la domination française, à la porte de l'empire du Maroc, ne laissaient pas de faire naître bien des réflexions dans certains esprits, mais la dernière cérémonie qui eut lieu fut, sans contredit, la plus solennelle, la plus propre à émouvoir nos cœurs.

M. le vicaire général voulut remplir un devoir religieux, celui de confier à la terre, suivant l'esprit de l'Église catholique, les ossements encore épars des victimes de Sidy-Brahim. Ce pieux projet fut exécuté le 1er mars. On partit à cinq heures du matin, par un temps magnifique. M. le colonel commandant le camp sous Nemours se mit lui-même à la tête des troupes. Tout le monde témoignait le plus vif empressement.

On arriva de bonne heure à la Kabba de Sidy-Brahim, où l'on fit une halte. Nous contemplâmes, avec un sentiment douloureux et fier, les larges taches de sang que l'on voit encore sur la muraille de ce petit bâtiment.

L'officier commandant l'artillerie de la colonne expliqua avec précision les différentes phases du séjour et du départ du capitaine Géraux et de sa troupe, et l'on se remit en route pour gagner le champ de bataille, ou plutôt le coupe-gorge où succombèrent et Montagnac, et Froment-Coste, et Alphonse de Sainte-Aldegonde. A moitié chemin on commence à gravir une pente rapide qui couronne un plateau enserré par deux arêtes de montagnes, abruptes et déchirées du côté du nord, en pente douce du côté du sud, convergentes à l'ouest et au point de jonction desquelles succomba la troupe de Montagnac.

Nous arrivâmes. Des ossements sont encore épars sur le sol; à cette vue, une émotion puissante courut dans les rangs. On se mit aussitôt à l'œuvre pour installer un autel.

Deux perches de hauteur d'homme enfoncées en terre, sur lesquelles fut accroché le manteau du prêtre, formèrent le fond de cet autel; des planches grossières posées sur deux bâtons devinrent la table sainte; deux fanaux de la marine servirent de flambeaux ; on fixa la croix dans le canon d'un fusil. Ces préparatifs achevés, M. l'abbé Suchet dit la messe, et cette messe fut sublime. A l'élévation, les tambours et les clairons retentirent comme la clameur d'un triomphe, officiers et soldats, le genou en terre, la main au front, adorèrent le *Dieu de vérité*.

A l'issue de la messe, M. le vicaire général jeta l'eau bénite sur les ossements amoncelés devant l'autel et sur la fosse qui devait les recevoir; son aspersoir fut une feuille de palmier-nain, son bénitier un vase à boire du soldat en campagne.

Ensuite s'adressant à cette foule attentive, il prononça une allocution qui fit couler bien des larmes et qui émut tous les cœurs. Il exprima, avec une haute éloquence, les sentiments du plus pur patriotisme, des plus vraies et des plus tendres affections, des plus nobles et des plus consolantes espérances. J'ai recueilli soigneusement ses paroles, j'essayerai de les reproduire de mémoire. Elles auront perdu de leur prix inestimable, mais il leur en restera encore assez pour intéresser :

« C'est là... c'est là qu'ils succombèrent ! Voilà cette terre qui a bu le sang de quatre cents braves. Ils succombèrent sous le nombre. Comme à Waterloo, où la France avait dit, par la bouche d'un de ses fils : Je meurs et je ne me rends pas, de même longtemps après, en face d'autres ennemis, quatre cents Français ont prouvé que les enfants de la France savent toujours préférer la mort à une honteuse captivité. Le nombre les accablait, ils ne pouvaient vaincre : ils ont triomphé par la mort. Mais ils moururent loin de leur patrie, sans recevoir les derniers adieux d'une mère, d'une sœur, d'un ami, d'une épouse, peut-être ! Qui nous dira les secrets de la mort ? Qui nous dira ce qui se passe dans l'âme du héros chrétien à ce moment suprême, alors que, dégagé des illusions d'un monde qui lui échappe, à la porte de son éternité, elle va paraître devant Dieu qui l'attend ? Le sentiment religieux, qui ne s'éteint jamais dans un noble cœur, se réveille avec toute son énergie. Le doux et pieux souvenir d'une mère, d'une sœur, qui ont tant prié, excite en lui le repentir qui ouvre le ciel. Ils moururent comme vous savez tous mourir, comme vous seriez morts à leur place, comme meurent des soldats français.

« Une voix s'est élevée, qui nous crie d'aimer la France. Ils sont là, voilà leurs ossements déposés devant vous.

« Déjà leurs frères d'armes sont venus leur rendre les honneurs militaires et déposer ici, avec leurs regrets, des palmes, des couronnes. Mais il manquait à ces nobles dépouilles de derniers et de plus sublimes honneurs, les honneurs de la religion, qui sait imprimer sur toutes les œuvres des hommes le cachet de l'éternité. C'est ce devoir sacré que nous remplissons; ce ne sont pas de stériles regrets, ni des couronnes périssables que nous déposons en ce moment sur cette grande tombe : j'y ai appelé l'auguste victime immolée pour le salut de tous. Nous avons prié le *Dieu des armées* par le sang de son divin fils, d'ouvrir à ces héros, à nos frères, les portes du ciel. Seigneur, que leurs noms soient inscrits non pas seulement sur le marbre et le bronze, mais sur le livre éternel des élus ! Et pourquoi n'espérerions-nous pas que le Dieu clément les a reçus dans sa grande miséricorde? la valeur n'est-elle pas une vertu ? Ces vaillants hommes ne sont-ils pas morts pour la patrie? Et le drapeau de la patrie sur cette terre d'Afrique n'est-il pas le drapeau de la religion ? J'espère que leur généreux sacrifice fléchira la justice divine. Que s'ils devaient encore quelque satisfaction, le sang de la précieuse victime, répandu sur les flammes expiatrices, en aura éteint les ardeurs et placera nos guerriers dans un lieu de rafraîchisssment, de lumière et de paix.

« Maintenant, que la renommée aille dire à la France que la religion est venue verser ses vœux, ses prières, ses bénédictions, sur la tombe solitaire de Sidy-Brahim ; qu'elle le redise surtout à ces mères, à ces sœurs, à ces épouses en deuil, et leurs larmes couleront moins amères, et leurs cœurs seront consolés par l'espérance de retrouver, dans une meilleure vie, ceux qu'elles ont perdus.

« La France entière est avec vous ; elle sera reconnaissante de l'acte religieux que vous venez d'accomplir. Le musulman vous voit; soyez sûrs qu'il réfléchira. Il connaît et redoute votre valeur ; il admire et bénit votre justice, mais il demande avec inquiétude où est votre Dieu. Il vous calomnie, vous venez de le prouver ; qu'il vienne et qu'il contemple le spectacle que vous offrez en ce moment, il verra comment vous honorez ce Dieu pour qui vous sauriez mourir. Votre Dieu est au ciel ; il met dans vos esprits des clartés suprêmes, et dans vos cœurs des espérances victorieuses de la mort.

« Recouvrons d'un peu de terre les restes glorieux de nos frères dévoués. Plus tard, sans doute, lorsque des villages et des villes couvriront cette Algérie à jamais française, on élèvera ici, à la place où nous sommes, un monument digne de notre grande nation, et le guerrier viendra, comme autrefois les anciens preux, aiguiser son épée sur la pierre de cette tombe avant d'aller, s'il en était besoin encore, combattre et vaincre nos turbulents ennemis. »

Les ossements furent déposés dans la fosse ; la terre, amoncelée pour les recouvrir, fut façonnée en cénotaphe ; des guirlandes de fleurs, fixées par de petites croix de bois taillées par nos soldats, servirent à le maintenir.

Ce cénotaphe provisoire va être remplacé par un monument durable, dont la construction sera confiée aux soldats du génie et qui portera le nom de chacun des braves officiers et soldats morts si glorieusement.

# CHAPITRE LIX.

## Soumission de Bou-Maza.

[1847.]

Le colonel de Saint-Arnaud chez les Ouled-Jornès. — Il laisse dans cette tribu quatre cavaliers pour toucher l'amende imposée. — Le 13 avril, Bou-Maza arrive devant la tente du kaïd. — Crainte de celui-ci. — Réponse du chérif. — Il demande aux mekhraznis de le conduire chez le commandant d'Orléansville. — Paroles de Bou-Maza au colonel de Saint-Arnaud. — Bou-Maza en France. — Détails sur ce chef. — Son portrait. — Motifs de sa soumission. — Ovations des populations sur son passage. — Conduite d'Abd-el-Kader. — Capture de Si-Caddour-Ben-Djelloul. — Expédition de Kabylie. — Proclamation du maréchal-gouverneur. — Les Beni-Abbès. — Conduite et courage de nos troupes. — Résultat de cette affaire. — Retour du maréchal. — Appréciation de notre position après la campagne du printemps.

A la suite d'une expédition chez les Ouled-Jornès, le commandant d'Orléansville, le colonel de Saint-Arnaud, laissa près du kaïd quatre cavaliers chargés de recueillir l'amende imposée à cette tribu.

Le 13 avril, par une chaude et belle matinée de printemps, les quatre mekhraznis étaient réunis chez le kaïd pour régler avec lui les dernières affaires concernant leur mission. Tout à coup, un bruit inusité se fait entendre dans le village; ce bruit bientôt est dominé par le galop d'un cheval. Le kaïd et les mekhraznis s'approchent, attirés par la curiosité, et quel n'est pas leur étonnement en reconnaissant dans l'homme qui met pied à terre devant la porte de la tente, le fameux chérif Bou-Maza lui-même ! Le kaïd, effrayé des résultats que peut avoir pour sa tribu la présence du chérif, lui crie de s'éloigner au plus vite, le prévenant qu'il est l'ami et l'allié des Français, et le suppliant de lui épargner les calamités que son passage chez lui ne saurait manquer de lui attirer. Les mekhraznis ajoutent à ces paroles quelques mots de menaces, proférés d'une voix tremblante. D'un geste plein de dignité, le chérif leur impose silence : — « Je vous donne mon aman (pardon), leur dit-il, il n'est plus question de guerre, il s'agit de venir avec moi, chez le colonel d'Orléansville. » Et remontant à cheval sur-le-champ, il se dirige vers la ville française, accompagné par ses guides.

Vous devez comprendre, mes jeunes amis, l'étonnement du colonel de Saint-Arnaud en voyant Bou-Maza arriver ainsi à l'improviste auprès de lui. Le chérif l'aborda avec noblesse, et parodiant un mot fameux écrit par Napoléon au prince régent d'Angleterre après le désastre de Waterloo : — « C'est à toi que j'ai voulu me rendre, lui dit-il, parce que tu es celui des Français contre lequel j'ai le plus souvent combattu. »

D'Orléansville Bou-Maza fut dirigé par Tenez et Oran sur Alger et enfin embarqué à bord du *Labrador* à destination de France. Vous savez tous, mes jeunes amis, son arrivée à Paris, sa réception et la curiosité tout hospitalière que lui ont montrée les habitants de cette ville.

Quelle est sa naissance et sa famille ? Quelles furent au juste ses premières années ? — Voilà des questions auxquelles il est difficile de répondre catégoriquement. Il parle volontiers, mais comme à la plupart des Arabes, le récit continu lui déplaît. La pensée chez lui se fait jour en jets rapides, en phrases entrecoupées et isolées, en longues exclamations. Qu'on l'entretienne de sa mission divine, il s'abandonne à son entraînement, à son enthousiasme, qu'on lui parle de son histoire matérielle et terrestre, il devient aussitôt froid, réservé. Il dédaigne de descendre à de tels détails.

A ce que je vous ai déjà dit sur lui, au moment où il apparaissait pour la première fois sur le théâtre de la guerre, je n'ajouterai qu'une chose : son portrait au moment où il s'est rendu à la France.

« C'est un homme de 25 ans au plus ; sa taille est élevée, svelte et même élégante. Quoique souffrant de plusieurs blessures, surtout du bras gauche, dont l'articulation est complétement ankylosée, son aspect annonce la vigueur. Ses grands yeux noirs, bordés de longs cils noirs et de sourcils bien arqués, éclairés d'un feu sombre, ses lèvres un peu épaisses, le bas de son visage proéminent, son teint bronzé, annoncent de violentes passions. Rien dans sa personne ne dément les aventures extraordinaires, ni la réputation d'audace et de cruauté qu'a laissée le sultan du Dahra parmi les populations qu'il a traversées. »

Nous avions dans Bou-Maza un ennemi d'autant plus à craindre qu'il avait pour lui l'admiration et le respect des Arabes. Sa vie était un tissu de faits extraordinaires, de succès et de résultats plus extraordinaires encore. Bien souvent après avoir eu à défendre son existence et son pouvoir contre nous, il avait encore à les défendre contre des compétiteurs religieux. Bien souvent aussi son éloquence bouillante et persuasive lui suffit pour écarter ses rivaux ; mais il arriva parfois que ceux-ci parlaient avec autant de vivacité et de chaleur que lui ; alors faisant un appel au courage : — « Que celui que l'esprit de Dieu anime, s'écriait-il, se révèle du moins en présence de l'ennemi. » Et cet appel restait sans réponse, nul ne pouvait entrer dans la lice avec lui, nul n'osait lui disputer le prix de la bravoure. Or, vous savez que c'est la vertu qui a le plus de mérite aux yeux des Arabes. La vaillance et la force, voilà leurs idoles. Le ciel avait donné la première à Bou-Maza, il avait su se créer la seconde. Le prestige qui l'entourait était grand, le malheur ne l'a point affaibli. Partout sur son passage on a vu les populations traverser son escorte française, se prosterner à ses genoux, baiser ses pieds, ses étriers, ses vêtements, même son cheval. Chacun sollicitait un mot, un regard, et sa marche ressemblait souvent à un triomphe.

Il est permis de le dire, si la puissance matérielle du chérif était ruinée quant au moment présent, son influence morale vivait encore dans bien des cœurs, et s'il ne pouvait, sans folie, espérer sortir avec succès d'une lutte contre nous, il pouvait cependant conserver l'espoir de relever un jour son autorité, pendant assez de temps pour jeter encore un peu de gloire sur son nom. Sa résolution n'a donc pas été un pis-aller, le résultat d'une position désespérée ; mais elle a été le fruit de ses réflexions, le fruit de sa conviction, sur la supériorité de la France, sur la certitude de son avenir en Algérie. Et il faut que cet avenir se montre bien clair et bien assuré, puisque des hommes tels que Bou-Maza, tels que Ben-Salem et les autres chefs qui l'accompagnaient, ont posé les armes, car des hommes comme ceux-là ne se découragent jamais par lassitude ; la nature arabe est patiente et persévérante tant qu'elle aperçoit la plus petite lueur poindre à l'horizon ; elle ne renonce à poursuivre l'œuvre commencée, que lorsqu'aucune illusion, quelque légère qu'elle soit, ne lui est plus permise.

Seul encore parmi nos ennemis, Abd-el-Kader ne montrait ni crainte, ni hésitation. Toujours chez les Marocains, il tentait quelques razzias chez les tribus frontières et envoyait en Algérie des émissaires, qui ne pouvaient arriver à lui gagner des auxiliaires. Pendant ce temps, nous faisions dans la subdivision de Mascara une capture importante. L'aga des Sdamas, ayant découvert la retraite de Si-Caddour-Ben-Djelloul, chef fameux que les Sdamas avaient reconnu sultan en 1845, allait lui-même l'y arrêter et nous l'amenait à Mascara. Des colonnes expéditionnaires parcouraient les différentes provinces de l'Algérie, partout elles percevaient sans difficulté l'impôt du printemps, partout elles étaient accueillies avec des protestations de fidélité et de soumission, excepté dans la Grande-Kabylie où jusqu'à ce jour elles n'avaient pas été dirigées.

Le maréchal-gouverneur projetait depuis longtemps une expédition dans ce pays; le 7 mai il quitta Alger pour se mettre à la tête de la colonne destinée pour Bougie.

Avant d'entrer dans le pays des Kabaïles, le maréchal duc d'Isly adresse la proclamation suivante à toutes les tribus de la vallée de l'Oued-Sahel et de la Souman, ainsi qu'à celles du nord de Sétif et des environs de Bougie :

« Avant de pénétrer dans votre pays, l'humanité qui doit caractériser le représentant du grand-roi des Français, me porte à vous faire connaître, une fois de plus, quelles sont nos intentions.

« Vous savez que, depuis longtemps, nous vous exhortons à ne pas attendre les maux de la guerre pour reconnaître l'autorité de la France, qui s'est établie dans ce pays par la volonté de Dieu. Nous vous avons invités souvent à chasser de vos montagnes les prédicateurs de la guerre. Grand nombre d'entre vous ont écouté notre parole ; presque toutes les tribus de la rive gauche de l'Oued-Sahel et de l'Oued-Soumam jusqu'à l'Isler ont reconnu notre suprématie. En vertu de nos arrangements, elles jouiront de la paix et du commerce, et nous ne conduirons plus nos armées sur leur territoire, tant qu'elles observeront les obligations qu'elles ont contractées envers nous.

« Si, comme elles, vous aviez manifesté des intentions pacifiques; si, comme leurs chefs, les vôtres étaient venus à Alger, traiter avec moi, nous nous serions abstenus d'entrer dans votre pays. Quelques tribus, quelques chefs ont voulu le faire ; d'autres, moins sages, s'y sont opposés et ont continué d'obéir à la voix du prétendu chérif Mouley-Mohammed qui les pousse à la guerre et les arme, non-seulement contre les Français, mais encore contre ceux de leurs frères qui veulent la paix. Plusieurs combats ont déjà eu lieu entre nos amis et les dissidents. Nous ne pouvons laisser durer cette anarchie ; nous ne pouvons pas permettre à des aventuriers, qui vous prêchent la guerre pour satisfaire leur ambition déréglée, de demeurer au milieu de vous. Voilà pourquoi nous entrons dans votre pays.

« Ce n'est pas avec le désir de vous combattre et de dévaster vos propriétés. Nous ne demandons que la paix, l'ordre et la liberté du commerce. Chassez de vos montagnes Muley-Mohammed et tous les autres instigateurs de troubles. Que vos chefs viennent à l'un de nos camps, quand nous paraîtrons;

ne commettez contre nous aucun acte d'hostilité, et vous pouvez être assurés que nous respecterons vos personnes, vos biens et votre religion.

« Si malgré mes avis et contre mes vœux, que Dieu connaît, parce qu'il lit dans le fond des cœurs, il en est parmi vous qui veuillent la guerre, ils nous trouveront prêts à l'accepter, et vous en connaissez les conséquences. »

Cette proclamation eut tout l'effet que pouvait en attendre le maréchal-gouverneur ; toutes les tribus firent leur soumission, sauf celle des Beni-Abbès, qui est une des plus importantes de la Kabylie, tant par sa force numérique que par son industrie, surtout dans la fabrication des armes et de la poudre. Nos troupes n'hésitèrent pas : marcher contre les récalcitrants, apercevoir un grand nombre de villages, les plus beaux que l'on eût encore rencontrés, les attaquer successivement et avec une telle ardeur qu'on les emportait en les traversant, fut pour elles, l'affaire de quelques heures.

Les résultats de cette action vigoureuse ne se firent pas attendre. Une heure ne s'était pas encore écoulée depuis que nous avions enlevé la dernière position des Kabaïles qu'un homme traversait rapidement nos rangs pour arriver jusqu'au maréchal. Cet homme, le chef le plus influent des Beni-Abbès, Ammon Tahar, offrait à l'admiration de nos soldats le plus beau type de chef kabaïle qu'ils eussent encore vu. Il était très-animé et parlait avec une grande véhémence. Arrivé en présence du gouverneur général, il lui témoigna son admiration pour la France, son désir de se soumettre à elle et se porta garant pour tous les autres chefs et pour la tribu entière.

En effet, quelques jours après, tous les notables de la Kabylie se trouvaient réunis dans la tente du général, où l'on organisait les tribus, où l'on investissait les kaïds, en un mot où l'on réglait les intérêts respectifs des nouveaux soumis et de la France.

Puis la colonne du gouverneur général et la colonne du général Bedeau qui avait suivi tous les mouvements de la première et forcé de son côté quelques tribus à la soumission, reprenaient le chemin d'Alger.

L'affaire des Beni-Abbès avait été sagement dirigée et brillamment exécutée, une cinquantaine d'hommes avaient été blessés, ou avaient succombé, et un grand nombre d'officiers et de soldats s'étaient particulièrement signalés par leur bravoure, leur zèle et leur dévouement.

A son retour, le maréchal, en terminant le rapport qu'il adressait, à cette occasion, au ministre de la guerre, indiquait ainsi l'état de nos affaires en Algérie :

« L'opération que nous venons de faire n'aura pas seulement pour résultat d'augmenter notre domination militaire, de grandir notre puissance morale sur l'Algérie tout entière, mais encore elle ouvre de nouvelles voies au commerce.

« La France, dans cette campagne du printemps, a donc manifesté sa puissance sur toute la surface de l'Algérie. C'est le meilleur moyen d'obtenir le respect des peuples.

« Malgré l'éloignement de la plus grande partie de nos forces, le Tell est resté parfaitement calme, depuis la frontière de Maroc jusqu'à celle de Tunis. Notre situation est donc plus grande, plus solide qu'elle ne le fut jamais. »

# CHAPITRE LX.

### Abd-el-Kader et Abd-er-Rhaman.
#### [1847.]

Visite de S. A. R. monseigneur le prince de Joinville en Algérie. — Accueil de la population indigène. — Le prince va visiter Boghar. — Il passe le col de Mouzaïa. — Caractère tout oriental des scènes qui se succèdent sur son passage. — Fantasiah. — Diffa. — Retour à Alger. — Départ pour la France. — Continuation du calme en Afrique. — Voyage du maréchal en France. — Le lieutenant-général Bedeau gouverneur par intérim. — Troubles dans le Maroc. — Prétention d'Abd-el-Kader. — Coup d'œil rétrospectif. — Attitude de l'émir. — Craintes de l'empereur. — Muley-Hachem et El-Hamar. — Attaque du camp marocain. — Victoire de l'émir. — Rupture. — Les Hachems et les Beni-Amer. — Ces tribus veulent se replacer sous l'autorité d'Abd-el-Kader. — Elles sont attaquées et massacrées. — Résultats de cette destruction. — Victoire des troupes du camp de Taza sur Abd-el-Kader. — Fuite de ce dernier. — La démission du duc d'Isly est acceptée. — Nomination de S. A. R. le duc d'Aumale.

Le moment de repos donné à notre armée par la fin de la campagne du printemps fut marqué, dans la province d'Alger, par la visite d'un des fils du roi, S. A. R. monseigneur le prince de Joinville. Si la présence du prince-amiral fut une heureuse fête pour notre brave armée, on peut affirmer que la satisfaction fut encore, sinon plus grande, du moins plus expressive parmi les indigènes.

S. A. R. quitta Alger le 7 juin pour se rendre à Boghar. Partout sur son passage se pressaient les cheiks à la tête de leurs goums. Tous montraient la plus vive impatience de voir le fils de leur sultan, de l'assurer de leur fidélité, de lui offrir la diffa. C'était vraiment merveilleux que de voir l'adresse de ces hardis cavaliers, exécutant leurs brillantes fantasiahs ou faisant manœuvrer leurs chevaux dans les défilés étroits, dans les ravins difficiles. Le soleil d'Afrique était pur et sans nuage, tout était joyeux, les hommes et la nature. Il n'y avait là ni ennemi, ni pensée de haine et de guerre ; il y avait un prince aimé et respecté, des sujets fidèles et dévoués.

Arrivée au col de Mouzaïa, S. A. R. retrouva de glorieux et cependant bien pénibles souvenirs ; là, tout lui parlait de son royal frère, de ce noble prince que l'Algérie et la France pleurent encore. Après le passage du col, toutes les scènes prirent une teinte orientale plus prononcée encore qu'auparavant. Des points les plus éloignés du territoire arrivaient des goums nombreux, venant tout exprès, et sans être convoqués, pour apporter la diffa au fils bien-aimé de leur sultan. Ces goums étaient suivis par les femmes des chefs, montés sur leurs atatichs (chameaux) bizarrement caparaçonnés de tapis aux couleurs éclatantes. Ces femmes appelaient les bénédictions du ciel sur leur illustre visiteur et, comme je vous l'ai déjà dit ailleurs, animaient les hommes à ne pas se laisser surpasser dans l'exercice de la fantasiah, tout en restant cachées à tous les yeux.

A l'approche de chaque ville, les autorités musulmanes, les corporations diverses accouraient à la rencontre du prince. Les femmes, les enfants bordaient la route et le saluaient de leurs cris de bienvenue, cris aigus et prolongés qui, à vrai dire, charment peu des oreilles françaises.

C'est au milieu de ces marques non équivoques de fidélité et de respect que monseigneur le prince de Joinville atteignit Boghar, et c'est encore entouré des mêmes hommages, qu'il regagna Alger. L'enthousiasme, loin de se lasser, semblait s'exalter toujours sur son passage.

A Médéah, toute la population se réunit pour prier S. A. R. de se faire son interprète auprès de monseigneur le duc d'Aumale et de lui témoigner le souvenir reconnaissant qu'elle conserve de son commandement dans la province de Titteri.

De retour de son expédition à Boghar, le prince fit encore quelques excursions aux environs, et le 18, les canons des batteries du môle saluaient son escadre qui, toutes voiles déployées, quittait la rade. La présence de S. A. R. à Alger avait été marquée par des actes nombreux de charité. Nos princes de France savent que le meilleur souvenir qu'on puisse laisser après soi, c'est le soulagement du malheureux; que les bénédictions les plus sûres, les mieux écoutées du ciel, ce sont celles du pauvre à qui l'on est venu en aide. Ils le savent doublement, la voix de leur cœur aurait seule suffi pour le leur apprendre, et à ses inspirations se sont réunis dès leur enfance d'illustres exemples, de grands et pieux enseignements : la voix maternelle si puissante et si chère.

Sauf quelques razzias opérées chez les Kabaïles, razzias sans importance politique, le calme le plus parfait continuait à régner dans toute l'Algérie. Le maréchal duc d'Isly avait profité de ce moment de tranquillité pour venir en France, et les fonctions de gouverneur général avaient été confiées en son absence, au lieutenant-général Bedeau, que ses talents militaires et ses services en Algérie, ont placé en première ligne parmi les généraux de notre époque.

Cependant des bruits alarmants pour la complète pacification du pays dans l'avenir circulaient parmi les Arabes. Il ne s'agissait de rien moins que d'un changement de dynastie dans le Maroc, et l'usurpateur, l'heureux remplaçant d'Abd-er-Rhaman, n'était rien moins qu'Abd-el-Kader, notre ennemi, l'adversaire intrépide et persévérant de la domination française. Si vous voulez bien, mes jeunes amis, accompagner ma marche tant soit peu rétrograde, nous allons revoir ensemble pourquoi et comment l'émir se trouvait dans le Maroc, et quels étaient les événements postérieurs qui pouvaient lui donner la témérité de former des plans aussi ambitieux.

Lorsque après le désastre de la Smala, Abd-el-Kader, réduit à un état presque désespéré, chercha un refuge dans le Maroc, il y fut bien accueilli par les tribus du pays, aux yeux desquelles son renom militaire et politique était surtout rehaussé par son double titre d'émir et de marabout, titres sacrés pour tout vrai musulman. Abd-er-Rhaman lui-même, qui n'était pas fâché sans doute de créer des entraves à la France, tout en protestant de son attachement pour elle, Abd-er-Rhaman protégeait de tout son pouvoir notre ennemi et lui confiait le gouvernement de la province de Riff; enfin cette tendance de l'empereur marocain à favoriser Abd-el-Kader amenait la bataille d'Isly, la destruction de Mogador et, par suite, le traité de Lella-Maghnia. Bientôt, au motif de crainte des armes françaises, qui avait porté l'empereur à abandonner la cause de l'émir, vint s'ajouter un motif d'intérêt personnel. Il apprit que l'influence de son hôte sur les tribus de l'Est augmentait tous les jours, et que des bruits circulaient parmi les tribus, qui le désignaient comme devant s'asseoir un jour sur son propre trône. Dès ce moment Abd-er-Rhaman chercha tous les moyens possibles de nuire à celui qui se posait comme son compétiteur, et s'il ne lui déclara pas une guerre ouverte, du moins le força-t-il à se tenir constamment en garde, et à chercher asile chez des tribus de foi douteuse.

Cet état de choses ne pouvait durer. Effrayé des progrès toujours croissants d'Abd-el-Kader qui, depuis deux ans, malgré sa feinte soumission et son hypocrite respect, ne cessait d'agir en maître, qui combattait ses troupes, et les forçait de déserter le drapeau marocain et de combattre sous ses ordres, enfin qui agrandissait chaque jour sa domination sur les tribus, l'empereur se décida à agir. Son neveu Muley-Hachem et son kaïd El-Hamar se rendirent parmi les tribus encore indécises pour les engager dans un mouvement qu'ils préparaient. L'émir, ayant été attaqué par quelques Marocains, envoya deux cavaliers à El-Hamar pour savoir si cette attaque avait eu lieu par son ordre. Le kaïd irrité de la non-réussite de la tentative de ses hommes, maltraita les deux envoyés de l'émir; à cette nouvelle, celui-ci comprenant que la rupture était déclarée, voulut prendre l'initiative. Suivi de tous les hommes qu'il peut rassembler, il marche sur le camp marocain, qu'il surprend sans défense. Pas une sentinelle n'entend son approche, tout le monde dormait; aussi, malgré une immense disproportion numérique, les Marocains sont mis en fuite, El-Hamar est fait prisonnier et décapité.

Après cette affaire, la guerre était ouverte. Cependant aucune tribu ne proclamait la déchéance d'Abd-er-Rhaman, aucune tribu ne saluait sultan Abd-el-Kader. Celui-ci qui avait compté sans doute sur une autre conclusion, devint inquiet en apprenant que Sid-Mohammet allait marcher contre lui et chercha par des actes de respect et de soumission à calmer le ressentiment de l'empereur, se défendant d'aucune intention hostile et rejetant l'attaque du camp de El-Hamar sur les menaces et la provocation qui lui avaient été faites par le kaïd.

Je ne sais, mes jeunes amis, si vous vous souvenez qu'il y a environ deux ans, Abd-el-Kader avait engagé les tribus de l'Algérie, restées fidèles à sa cause, à émigrer dans le Maroc. Or les Hachems et les Beni-Amer avaient répondu à sa voix; puis regrettant de s'être laissé entraîner à cette fausse démarche, regrettant surtout la débonnaire protection de la France qu'elles avaient échangée contre la misère, la famine et la tyrannie de Bou-Hamedi, kalifat de l'émir, ces tribus se plaignant d'avoir été trompées, et n'osant cependant tenter de rentrer en Algérie, abandonnèrent la deira et demandèrent à Abd-er-Rhaman des terres où elles pussent se fixer. On leur assigna un canton de la province de Fez.

En apprenant la surprise du camp d'El-Hamar et la victoire de l'émir, ces tribus furent effrayées du sort qui les attendait si la déchéance de l'empereur était déclarée et si leur ancien maître devenait son successeur. Elles se décidèrent à venir se replacer sous sa dépendance, ne trouvant que ce seul moyen d'apaiser sa colère et d'éviter sa vengeance. Dès qu'Abd-el-Kader apprit ce projet, il écrivit aux deux tribus qu'elles seraient les bien venues; que les meilleurs croyants pouvaient pécher, en un mot qu'il oubliait tout le passé.

Les Hachems et les Beni-Amer répondirent. Leur lettre, indiquait le jour de leur départ et le lieu du rendez-vous; et cette lettre, mes amis, au lieu d'arriver à l'émir, tomba entre les mains de Sid-Mohammed, ce fils de l'empereur qui commandait le camp de Taza. Aussitôt des ordres sont donnés ; le kaïd Feradji à la tête de 3,000 hommes marche à la rencontre des Beni-Amer qui refusent de renoncer à leur projet. Alors le prince furieux s'adresse aux chefs de toutes les tribus, qui bordent la route ; ceux-ci lèvent leurs contingents et tombent sur les tribus algériennes qui sont désarmées et massacrées sans pitié. Et ne croyez pas que ce massacre ait porté sur des tribus faibles et peu nombreuses. D'après les calculs qui ont été faits, le chiffre de cette population s'élevait au moins à 15,000 âmes sans compter les émigrés algériens qui, réfugiés isolément au Maroc à diverses époques, avaient pris part à ce mouvement.

Cette complète destruction des Beni-Amer et surtout celle des Hachems, tribu où l'émir avait reçu le jour et qui avait été la première à le proclamer émir et sultan, a porté un coup terrible à son parti en démontrant son impuissance à protéger ou secourir les siens. Cette catastrophe était dans toutes les bouches : Arabe ou Maure, nul ne savait parler d'autre chose. Aux yeux des musulmans, les nombreuses trahisons des Beni-Amer, les prédictions faites contre les Hachems expliquaient suffisamment l'arrêt de Dieu, et ils l'acceptaient sans douleur manifeste et sans accuser personne ; cependant, dans les tribus amies ou alliées de celles qui venaient d'être détruites, les femmes, selon l'usage arabe, se livraient à de bruyantes lamentations et à tous les signes extérieurs du plus grand deuil.

Les résultats de ce massacre qui fut suivi d'une brillante victoire des troupes du camp de Taza sur Abd-el-Kader, sont faciles à deviner. Déjà le commerce des caravanes du désert, interrompu par la crainte et l'appréhension, avait repris son essor ; tout renaissait à l'espoir en même temps qu'à la tranquillité dans la province de Fez, le vieil empereur s'y était rendu lui-même pour châtier les tribus rebelles, et l'autorité impériale ressaisissait son antique ascendant sur les populations marocaines.

Quant à Abd-el-Kader, ne trouvant pas dans le Rif l'appui sur lequel il comptait, force lui était de gagner le désert. C'est vous dire que de longtemps au moins la France n'aura rien à redouter de ses tentatives.

Pendant que se passaient, au Maroc, ces événements d'une plus haute importance peut-être encore pour nous que pour l'empire lui-même, un grand changement se préparait en Algérie. La démission, que le maréchal duc d'Isly avait présentée depuis longtemps, était enfin acceptée et le nouveau gouverneur général était un prince du sang royal, que de vaillants et nobles précédents en Afrique avaient fait connaître personnellement et rendu cher à tous les cœurs ; S. A. R. monseigneur le duc d'Aumale était nommée par ordonnance royale du 11 septembre au gouvernement de l'Algérie.

Les vœux de la nation et de la colonie avaient appelé et devancé l'auguste décision, l'assentiment général la recevait comme un bienfait, comme un gage d'avenir, comme une certitude de fixité et de stabilité.

Ici ma tâche est terminée. Je ne reviendrai point en arrière pour apprécier l'administration des différents gouverneurs qui ont passé sur l'Algérie. Je vous l'ai dit, mes amis, cette histoire est un récit et non une appréciation. A vous de tirer des conséquences de ce que je vous ai raconté. A vous de juger du degré de reconnaissance que la patrie doit à chacun d'eux en raison des grands faits accomplis par eux, de l'impulsion qu'ils ont imprimée à la colonisation, enfin de l'accroissement que leur administration a donné à notre puissance. Seulement n'oubliez pas les difficultés de tout genre, que tous, jusqu'à ce jour, ont eu à combattre, car pour bien juger les hommes et les choses, il faut savoir embrasser largement la position de chacun et surtout faire entrer en ligne de compte les obstacles surmontés.

Mon rôle de conteuse est achevé, puisque je suis arrivée tout à fait au moment actuel. Je vais donc vous quitter ; cependant, avant de nous séparer, je crois utile, mes jeunes amis, d'ajouter à tout ce que je vous ai déjà dit quelques détails sur l'état religieux et civil de l'Algérie, détails qui n'ont pu trouver place dans le récit régulier et continu des faits. Ce sera le sujet de mon dernier chapitre.

# CHAPITRE LXI.

### Chapitre complémentaire.

Gouvernement. — Division de l'Algérie. — Justice. — Tribunaux. — Travaux publics. — Transformation de notre colonie depuis la conquête. — Colonisation. — Difficultés. — Résultats déjà obtenus. — Rétablissement du catholicisme. — Institutions chrétiennes en Algérie. — Monseigneur Dupuch. — Monseigneur Pavy. — Les trappistes. — Un mot sur l'armée.

Je n'ai pu, mes jeunes amis, dans le cours de cette histoire, toute consacrée au récit des faits accomplis en Algérie, vous mettre suffisamment au courant de notre position sous le rapport civil, administratif et religieux. Je vais en quelques mots remplir, autant qu'il me sera possible, cette lacune.

L'autorité royale a été jusqu'à ce jour représentée en Afrique par un gouverneur général, investi de la direction suprême des affaires et placé sous le contrôle immédiat du ministre de la guerre. Le pouvoir, comme vous le voyez, est essentiellement militaire, et il doit en être ainsi. Dans un pays tel que l'Afrique où notre autorité est contestée; où les populations sont toutes guerrières; où en un mot, la force fait le droit, tout autre mode de gouvernement aurait été jusqu'à présent, impuissant à assurer notre domination.

L'Algérie forme trois divisions militaires et circonscriptions administratives, celle d'Alger, celle de Constantine et celle d'Oran. Chacune de ces divisions se partage encore en subdivisions.

Avant la prise d'Alger deux législations principales régissaient l'Algérie, la justice musulmane et la justice rabbinique. La première était rendue par les cadis qui remplissaient les doubles fonctions de juges et de notaires; la seconde avait pour interprètes les rabbins qui décidaient sans appel de toutes les affaires entre Israélites.

Au commencement de l'occupation française, on laissa, à quelques insignifiantes modifications près, subsister ces deux juridictions. Plus tard on restreignit leurs pouvoirs; enfin, maintenant les tribunaux rabbiniques ne peuvent plus rendre de jugements en matière correctionnelle ou criminelle, et les cadis ne sont plus compétents que pour les crimes de leurs coreligionnaires qui ne sont pas prévus par les lois françaises. Dans tous les autres cas, musulmans, juifs ou chrétiens sont justiciables de nos tribunaux.

Outre les conseils de guerre, trois juridictions sont établies en Algérie, les tribunaux ordinaires, les commissaires civils et les juges de paix. Vous voyez que c'est à peu près la même organisation qu'en France.

J'aurais trop à faire, mes jeunes amis, si je voulais vous détailler ici tous les travaux d'art qui ont été accomplis en Algérie depuis 17 ans que nous l'occupons. Qu'il me suffise de vous dire que cette vieille terre a subi une transformation complète, que des routes admirables la traversent dans tous les sens; que les fortifications de ses villes se sont relevées comme par enchantement; que des camps fortifiés, des postes avec blockhaus, des casernes, des hôpitaux, des retranchements s'élèvent partout où des agglomérations de troupes et de colons le réclament; enfin que des ponts ont été jetés sur les principaux cours d'eau. Ces travaux ont d'abord été exécutés par le génie auquel est venue s'adjoindre à la fin de 1841, l'administration des ponts et chaussées.

Que n'ai-je en mon pouvoir une baguette d'enchanteur! je vous transporterais à Alger, d'abord dans la ville de 1830, ensuite dans celle de 1846, et, étonnés, éblouis, vous vous écrieriez, j'en suis sûre : C'est impossible, ce n'est pas là la même ville. » Vous ne feriez que répéter les paroles de ceux qui l'ayant connue autrefois, vont la visiter aujourd'hui, et avec ce seul coup d'œil vous apprécieriez à leur juste valeur les améliorations introduites par nous en Afrique. La salubrité publique n'a pas été oubliée : les desséchements de vastes étendues de terrain, autrefois malsains et aujourd'hui en pleine culture, en font foi.

Quant à la colonisation contre laquelle s'est élevée en France tant d'opposition, pourquoi serait-elle impossible ? La fertilité manque-t-elle à cette terre ? — Nul n'ose dire, oui. L'antiquité serait là pour le démentir et après l'antiquité ceux de nos compatriotes qui ont visité ce sol, admiré sa force productive, les démentiraient aussi. On a dit : l'eau, le bois, les bras manquent. Il est reconnu que les deux premières craintes ne sont pas fondées. L'Algérie n'a, il est vrai, ni le Gange, ni le Nil pour la féconder ; mais cela est-il donc nécessaire ? — L'Italie, comme l'Afrique française, n'a que de petits cours d'eau, est-elle pour cela peu fertile ? — Quant au bois, il est faux qu'il manque en Afrique. L'Arabe, il est vrai, le détruit, parce que, peuple pasteur, il n'en a pas besoin, tandis que sa cendre étendue sur la terre lui sert d'engrais ; mais outre que le sol est excellent pour faire croître rapidement le chêne liége et le chêne vert et que des plantations y seraient faciles et productives, le colon y trouve des forêts toutes venues, chaque jour on en découvre de nouvelles. Reste les bras ?... Ici un moyen bien simple vient en aide au besoin de la colonie. Que l'Europe y verse son trop plein, que la France y envoie chaque année un nombre considérable de colons, et bientôt notre conquête réalisera toutes les espérances que l'on en a conçues. Du reste l'agricuture y fait déjà de sensibles progrès ; les préjugés qui montraient l'Algérie comme malsaine et le voisinage des Kabaïles et des Arabes, même alliés, comme dangereux et toujours menaçant, tombent peu à peu, et chaque jour de nouvelles concessions sont sollicitées et accordées par le gouvernement.

De même que les travaux publics ont changé l'aspect du pays, la culture française a changé l'aspect du sol, « les plan-
« tations de toute espèce se multiplient, la plupart des légu-
« mes d'Europe sont aujourd'hui acclimatés et la douceur

« du ciel donne à Alger, au cœur de l'hiver et à des prix
« peu élevés, ces primeurs que l'on n'obtient en France qu'avec
« tant de frais et d'industrie; les céréales croissent là, où de mé-
« moire d'homme, jamais charrue n'était venue tracer un sillon.»

J'arrive au rétablissement du catholicisme. Je vous ai déjà dit, mes jeunes amis, à quelle époque et par qui fut ouvert le premier temple chrétien à Alger. Peu après d'autres s'élevèrent sur les points principaux, et aujourd'hui il n'est pas une ville un peu importante qui n'ait son église et son clergé. Partout l'église est fréquentée, le clergé pieux et dévoué ; partout le musulman lui-même vénère et bénit *l'homme de Dieu*, celui qu'il appelle le marabout chrétien. C'est qu'avec cet admirable esprit de charité qui n'appartient et qui ne peut appartenir qu'à une religion divine, les institutions fondées en Algérie par le catholicisme viennent en aide à tous ceux qui souffrent, sans acception de croyance et de nature. Aussi combien sont aimées et respectées ces bonnes sœurs de charité qui ont quitté leur patrie pour porter leur dévouement sur la terre de notre conquête ; dire tout le bien qu'elles font serait impossible. Il me semble que ce serait justice d'attribuer, à ces saintes filles, ainsi qu'aux sœurs des différents ordres enseignants qui se sont établis en Algérie, une bonne part des progrès qu'y fait le christianisme.

Jusqu'en 1838, le clergé d'Afrique eut pour chef un vicaire apostolique ; à cette époque le gouvernement demanda à Rome l'érection d'un évêché pour l'Algérie, le Saint-Père s'empressa de déférer à ce désir, et monseigneur Dupuch fut mis en possession du siége épiscopal d'Alger. — Ses vertus et ses talents jetèrent un digne éclat sur la nouvelle Église d'Afrique ; la pompe des cérémonies, la solennité du culte, vinrent apprendre aux indigènes que les Français avaient foi en un Dieu grand et magnifique ; et le zèle vraiment évangélique, la piété éclairée, la haute charité du prélat et de son clergé vinrent leur dire que c'était aussi un Dieu bon, miséricordieux et ami des hommes.

En 1846, monseigneur Pavy a succédé à monseigneur Dupuch. Sa parole éloquente et persuasive, son dévouement, l'abnégation de sa vie, la sage prudence avec laquelle il sait ouvrir son cœur à tous ceux qui souffrent et leur donner des consolations, soit aux maux du corps, soit aux maux de l'âme, nous révèlent le secret mystérieux avec lequel il est parvenu à réunir autour d'un autel à peine relevé, des hommes indifférents que chaque jour voit revenir à leur Dieu depuis longtemps oublié.

Mais ce n'est pas tout encore. Dans le sein de ce catholicisme, qui recèle tout ce qui est beau et bon, devait se trouver une société qui allât donner aux colons, courage en partageant leurs travaux ; bon exemple en leur montrant la théorie agricole mise en pratique avec tout le zèle de la persévérance ; espoir dans l'avenir, par les résultats étonnants dus à la patience. Cette société n'a pas fait défaut aux besoins de la colonie, et des trappistes, quittant leurs solitudes de France, sont allés s'établir à Staouëli, sur un terrain couvert de palmiers nains où toute culture semblait impossible. Eh bien ! ce sol pauvre et nu s'est transformé par leurs efforts, et voici qu'aujourd'hui, après deux ans à peine de travaux et de peines, c'est une terre prospère et fertile qui fait l'admiration de tous les visiteurs. Que ne peut la puissance de l'homme lorsqu'elle est bien employée ; lorsque surtout toutes ses forces sont mises en commun dans une société dirigée par une forte pensée religieuse, où personne n'est soi, où chacun est tous ?

Maintenant, mes jeunes amis, avant de nous quitter, un mot, un seul mot sur notre brave armée. Ce ne sera pas moi qui la jugerai, je vous répéterai les paroles d'un noble prince qui avait partagé ses fatigues et ses privations, qui l'avait conduite à la victoire et qui pouvait mieux que personne, avec son esprit observateur et tout français, juger et apprécier des Français. Voici son opinion après l'expédition des Portes de Fer, — elle était déjà juste et vraie à cette époque, elle le serait plus encore, si c'était possible, à l'époque actuelle : « Les officiers sont
« des hommes d'une rare énergie ; les soldats sont excellents,
« pleins d'ardeur, de constance ; aussi bons, aussi soumis,
« aussi dociles que braves. En général, cette armée, éprouvée
« par la fatigue et le feu, bronzée par le soleil, endurcie au
« bivouac, leste, robuste et décidée, porte un cachet frappant
« de force et de résolution. »

# TABLE ANALYTIQUE.

## I<sup>re</sup> PARTIE.
**Depuis les temps primitifs jusqu'à la conquête Arabe.**

### CHAPITRE PREMIER.
#### Introduction.

Algérie. — Trois provinces. — Atlas. — Défilés. — Cours d'eau. — Animaux domestiques. — Animaux sauvages. — Climat. — Sol. — Productions.    **1**

### CHAPITRE II.
#### Peuples primitifs.
[XVII<sup>e</sup> SIÈCLE AV. J.-C.]

Peuples primitifs. — Libyens. — Gétules. — Maures. — Hébreux. — Numides et Berbères. — Influence des dominations étrangères. — Gouvernement. — Religion.    **4**

### CHAPITRE III.
#### Carthage.
[DE 860 A 480.]

Carthage. — Situation. — Colonies. — Politique carthaginoise. — Système colonial. — Cyrène. — Son commerce. — Libye pentapole. — Jalousie de Carthage. — Expédition de Sicile.    **7**

### CHAPITRE IV.
#### Les mercenaires.
[DE 264 A 250.]

Organisation militaire de Carthage. — Les mercenaires. — Leur révolte après la première guerre punique. — Amilcar et Hannon. — Répression de la révolte. — La guerre se rallume en Sardaigne. — Intervention de Rome. — Perte de la Sardaigne.   11

## CHAPITRE V.

### Annibal.

[DE 228 A 219.]

Changement de politique à Carthage. — Amilcar passé en Espagne. — Asdrubal. — Fondation de Carthagène. — Annibal. — Prise de Sagonte. — Seconde guerre punique. — Annibal suffète. — Son exil. — Sa mort.   14

## CHAPITRE VI.

### Fondation du royaume de Numidie.

[DE 202 A 160.]

Galla et Syphax. — Sophonisbe fiancée de Massinissa est mariée à Syphax. — Massinissa prend parti pour Rome. — Scipion en Afrique. — Prise de Cyrtha. — Mort de Sophonisbe. — Massinissa, premier roi de Numidie.   17

## CHAPITRE VII.

### Grandeur et prospérité du royaume de Numidie.

[DE 149 A 115.]

Massinissa et Carthage. — Troisième guerre punique. — Destruction de Carthage. — Éclat du règne de Massinissa. — Micipsa. — Apogée de la grandeur numidique. — Politique de Rome. — Jugurtha.   20

## CHAPITRE VIII.

### Guerre de Jugurtha.

[DE 115 A 106.]

Parallèle entre Jugurtha et Abd-el-Kader. — L'or de Jugurtha et le sénat romain. — Partage entre Jugurtha et Adherbal. — Blocus et capitulation de Cyrtha. — Mort d'Adherbal. — Arrivée d'une armée en Numidie. — Jugurtha à Rome. — Meurtre de Massiva. — Guerre numidique. — Marius. — Prise et mort de Jugurtha.   22

## CHAPITRE IX.

### Domination romaine.

[DE 106 A 46.]

L'Afrique sous les Romains. — Hiempsal II. — Système de Rome. — Richesse du sol mise à profit. — Influence de la civilisation sur les indigènes. — Révoltes. — Les guerres civiles de Rome trouvent un écho en Afrique. — Juba. — Scipion. — Caton d'Utique. — Jules-César. — Réunion de la Mauritanie orientale à la province romaine.  25

## CHAPITRE X.
### Rétablissement du royaume de Numidie.
[32 AV. J. C. — 30 AP. J. C.]

Organisations successives en Afrique. — Auguste rétablit le royaume de Numidie. — Juba II. — Sélène. — Fondation de Julia-Cæsarea. — Civilisation. — Littérature. — Mort de Juba. — Ptolémée.  28

## CHAPITRE XI.
### Carthage reconstruite.

Songe de César. — Auguste exécute le projet de reconstruire Carthage. — État florissant de la cité africaine. — Tableau de Carthage. — Habileté des Phéniciens dans le choix de leurs colonies. — Carthage suit les diverses phases de la civilisation romaine.  30

## CHAPITRE XII.
### Révolte du Maure Tacfarinas.
[DE 15 A 40.]

Mollesse et indolence de Ptolémée. — Mécontentement du peuple. — Tacfarinas se met à la tête de la révolte. — Mazippa. — Les efforts des insurgés se tournent contre Rome. — Tacfarinas se réfugie dans le désert. — Sa réapparition. — Ses succès. — Caractère de cette guerre. — Blésus. — Dolabella. — Combat d'Ouzéa. — Mort de Tacfarinas. — La tranquillité est rétablie en Afrique.  33

## CHAPITRE XIII.
### Réorganisation en Afrique.
[DE 49 A 299.]

Caligula. — Ptolémée à Rome. — Meurtre de ce roi par ordre de Caligula. — Indignation en Mauritanie. — Soulèvement général. — Les Romains ne comprirent cette insurrection que sous Claude. — Division de la Mauritanie en deux provinces. — État de l'Afrique. — Tyrannie de Rome. — Tentative de Macer. — Sous Adrien des émigrations juives viennent se fixer en Afrique. — Hordes franques. — Insurrection comprimée par Maximien.—Nouvelle organisation donnée à l'Afrique. 36

## CHAPITRE XIV.
### Le christianisme en Afrique.
[DE 250 A 364.]

État religieux de l'Afrique au moment où le christianisme y est introduit. — Il y fait des progrès rapides. — Tertullien. — Saint Cyprien. — Persécution. — Supplice de saint Cyprien. — Hérésies. — Les Donatistes et les Manichéens. — Division de l'empire.— L'Afrique fait partie de l'empire d'Occident. 40

## CHAPITRE XV.
### Guerre du Maure Firmus et insurrection de Gildon.
[DE 375 A 398.]

Vénalité du comte Romanus. — Pillage de Leptis, de Sabratta et d'Occa par les Gétules. — Refus de Romanus de défendre ces villes. — Condamnation à mort de plusieurs de leurs habitants. — Révolte. — Firmus. — Prise de Cæsarea. — Arrivée du général Théodose. — Ses succès. — Firmus, sur le point d'être livré par trahison, se donne la mort. — Justice rémunérative des empereurs. — Mort de Théodose.— Le gouvernement de l'Afrique est donné à Gildon. — Caractère de ce chef. — Sa révolte. — Mazicel. — Issue de cette guerre. — Mort de Gildon. 43

## CHAPITRE XVI.
### Saint Augustin.
[DE 354 A 430.]

Tagaste. — Sainte Monique. — Saint Augustin à Madaure, à Carthage. — Son voyage à Rome et à Milan. — La parole de saint Ambroise lui découvre la vérité. — Son baptême. — Mort de sainte Monique. — Il est élevé à l'épiscopat d'Hippone.—Influence de sa parole.—Hippone assiégée par les Vandales. — Saint Augustin meurt pendant ce siége. 48

## CHAPITRE XVII.
### Les Vandales en Afrique.
[DE 409 A 539.]

Origine des Vandales. — Leur établissement en Espagne. — Le comte

Boniface est chargé par l'impératrice de traiter avec Gonderic leur roi. — Boniface épouse une jeune Vandale. — Aétius se sert de ce mariage pour perdre son rival. — Boniface disgracié traite avec les Vandales. — Portrait de Genseric, successeur de Gonderic. — Arrivée des Vandales en Afrique. — Regrets tardifs de Boniface. — Cruautés des Vandales. — Leurs succès. — Prise d'Hippone. — Haine de Genseric contre les catholiques. — Prise de Carthage. — L'Afrique cesse d'être romaine; elle devient vandale.    52

## CHAPITRE XVIII.
### Victoires des Vandales.
[DE 441 A 477.]

Genseric porte ses armes en Sicile et en Calabre. — Expéditions maritimes. — Sac de Rome. — L'empire de la Méditerranée appartient à Genseric. — Grande habileté de ce roi barbare. — Majorien. — Incendie de la flotte romaine. — La piraterie est organisée sur tout le littoral africain. — Incendie d'une flotte gréco-romaine. — Traité entre Genseric et Zénon. — Mort de Genseric. — Organisation vandale en Afrique    57

## CHAPITRE XIX.
### Bélisaire et les Vandales.
[DE 496 A 534.]

Ordre de la succession au trône. — Hunneric. — Gunthamond. — Trasamond. — Hilderic. — Gélimer est proclamé roi par les Vandales révoltés. — Justinien prend la défense de Hilderic. — Bélisaire en Afrique. — Trahison de Godas, gouverneur de la Sardaigne. — Gélimer envoie son armée pour le punir. — Débarquement de Bélisaire. — Défaite de Gélimer. — Entrée à Carthage.    61

## CHAPITRE XX.
### Gélimer à Constantinople.
[DE 533 A 534.]

Activité de Bélisaire. — Défection des indigènes. — Découragement des Vandales. — Bataille de Carthage. — Domination gréco-byzantine. — Gélimer sur la montagne Pappua. — Son existence chez ces tribus barbares. — Sa capitulation. — Égards de Bélisaire pour le roi vaincu. —

Triomphe de Bélisaire à Constantinople. — Conduite de Justinien à l'égard de Gélimer. 66

## CHAPITRE XXI.
### Domination gréco-byzantine.
[DE 534 A 539.]

Comparaison entre l'Afrique au sixième siècle et l'Afrique sous les Romains. — Les Vandales vaincus restaient encore des ennemis redoutables : les indigènes. — La guerre éclate sous Salomon, successeur de Bélisaire. — Bataille de Manimée. — Les indigènes vont se retrancher dans les montagnes. — Ils sont défaits. — Paix dans la Byzacène. — Continuation de la guerre dans la Mauritanie occidentale. — État de la Numidie. — Jabdas. — Expédition de Salomon dans l'intérieur. — Conspiration ourdie par les ariens. — Fuite de Salomon. — Massacre à Carthage. — Stoza. 70

## CHAPITRE XXII.
### Insurrection de Stoza.
[DE 537 A 539.]

Caractère de Stoza. — Son armée. — Il se porte sur Carthage. — Résistance de Théodore. — Les habitants sont décidés à capituler. — Arrivée de Bélisaire. — Bataille de Membrèse. — Gouvernement de Théodore et de Marcel. — Défection de l'armée de Marcel à Gazophyle. — Mort de Marcel. — Succès de Stoza. — Arrivée en Afrique de Germanus. — Habile politique du nouveau gouverneur. — Ruine de Stoza. — Inutile tentative de Maximien. — Rappel de Germanus. — Remarques sur la fatale politique des empereurs d'Orient. 74

## CHAPITRE XXIII.
### Chute de la domination gréco-byzantine.
[DE 539 A 554].

Chute de la domination gréco-byzantine. — Salomon revient en Afrique comme gouverneur. — Expédition des monts Ourazes. — Quelques mots sur ces monts Ourazes. — Submersion du camp gréco-byzantin. — Défaite des indigènes. — Cyrus, gouverneur de la Pentapole. — Sergius, gouverneur de la Tripolitaine. — Exactions. — Massacre des quarante Leucathes. — Insurrection. — Mort de Salomon à Sébeste. — Sergius lui succède. — Antalas. — Stoza reparaît. — Aréobinde, nommé collègue de Sergius. — Les Arsacides. — Défaite des Gréco-Byzantins. — Mort de Stoza. — Ses dernières paroles. — Rappel de Sergius. —

Révolte de Goutharis. — Mort d'Aréobinde. — Les Maures abandonnent Goutharis. — Mort de ce chef. — Jean Troglita, gouverneur. — Derniers succès des Gréco-Byzantins en Afrique. — Période de décadence. — Trois peuples convoitent la possession de l'Afrique. 78

## 2ᵉ PARTIE.

### Domination Arabe. — Domination Turque.

### CHAPITRE XXIV.
### Domination Arabe.
[DE 622 A 677.]

Les Arabes suivent en envahissant l'Afrique, une marche opposée à celle des dominateurs qui ont précédé. — Origine des Arabes. — Comme les indigènes africains, ils descendent d'Ismaël. — Amrou s'empare de l'Égypte. — Les Schictes et les Sonnites. — Invasion d'Abd-Allah dans l'Afrique septentrionale. — Bataille et prise de Tripoli. — Retraite des Arabes. — Deuxième invasion. — Prise de Cyrène et de la Pentapole. — Moawiah rappelle l'armée en Syrie. — Troisième invasion. — Progrès successifs des Arabes. — Fondation de Kaïrouan. — Réaction berbère. — Mort d'Oukbah. — Retraite des Arabes. — Hassan le Gassanide prend Carthage. — Moussa-Ben-Nozaïr, gouverneur de l'Afrique qui prend le nom de Mahgreb. — Ambition et projets des musulmans. — Charles-Martel les arrête en France. 84

### CHAPITRE XXV.
### Troubles et divisions parmi les Arabes.
[DE 710 A 757.]

État des Arabes. — Tarik-Ben-Zaïd débarque deux fois en Espagne. — Journée de Xérès. — Jalousie de Moussa. — Disgrâce de Tarik. — Prospérité de Cordoue. — Renom de Kaïrouan, de Fez et de Maroc. — L'islamisme ne peut s'établir en Afrique par la force. — L'intérêt et l'ambition opèrent de nombreuses conversions. — Dissensions religieuses. — Guerres civiles. — Handala-Ben-Safouan dans le Mahgreb. — Bataille de Kaïrouan. — Troubles dans le grand empire des califes. — Trois familles s'y disputent le pouvoir. — Les Abassides fondent Bagdad. — Les Ommiades en Occident. — Abdérame. — Les Arabes du Mahgreb se séparent des Abassides. — Anarchie. — Les Aghlabites et les Édrissites. 89

## CHAPITRE XXVI.

### Les Édrissites et les Aghlabites.

[DE 786 A 954.]

Édris-Ben-Édris réclame l'autorité.— Son parti devient menaçant.— Il est empoisonné.— Kethiva, sa veuve, donne le jour à un fils qui est proclamé émir. — Sagesse et habileté du jeune Édris-Ben-Édris. — Il fonde la ville et le califat de Fez. — Ibrahim-Ben-Aghlab érige Kaïrouan en califat. — Puissance de ses successeurs dans le Mahgreb. — Ils vont ravager la Sicile et les côtes d'Italie. — Les Édrissites et les Aghlabites réunis viennent en Provence. — Le Fraxinet. — Siége de Fréjus.— Prospérité des deux califats du Mahgreb. — Insurrection. — Les Beni-Méquineça à l'ouest. — Mahadi à l'est. — Mahadi prend Kaïrouan et menace Fez. — Abdérame III, appelé par le calife de Fez, s'empare de ses États. — Ruine des Édrissites et des Aghlabites. — Les premiers sont remplacés par les Sarrasins d'Espagne. — Les seconds, par Mahadi sous le titre de calife fatimite. 95

## CHAPITRE XXVII.

### Rivalité des califes de Cordoue et des califes fatimites.

[DE 959 à 1036.]

Mahadi organise un service de corsaires. — Abdérame irrité fait occuper Oran. — Son lieutenant Ahmet assiége et prend Tunis. — Les Zénètes. — Abdérame rappelle ses troupes. — Mahadi reprend l'offensive. — Victoires de Djewerel-Roumy. — Abdérame renvoie des forces dans le Mahgreb. — Conclusion de la paix. — Hassan, gouverneur de Fez pour les Ommiades. — Sa révolte. — Arrivée d'El-Gralib. — Défaite d'Hassan. — Il s'enfuit de Cordoue et revient en Afrique. — Vaincu une deuxième fois, il est mis à mort.— Révolte de Zeiri.— Abd-el-Melek.— Mort de Zeiri. — Décadence et extinction du califat de Cordoue. — Révolte à Kaïrouan. — Le calife Kaïm envoie une armée contre cette ville qui est détruite. — Morcellement du Mahgreb. — Anarchie. 101

## CHAPITRE XXVIII.

### Domination berbère. — Almoravides.

[DE 1036 A 1070.]

Les Lamptunes. — Abd-Allah-Ben-Yasim. — Origine du nom d'Almora vides. — Victoire d'Abd-Allah. — Sa mort. — Abou-Beker lui succède. — Joussef-Ben-Taschefin. — Ses succès. — Il bâtit Maroc. — Dominateur de tout le Mahgreb, il prend le titre de Prince des musulmans. — Anarchie en Espagne. — Les Maures, menacés par les chrétiens, appellent Taschefin à leur aide. — Bataille de Zalaca. — Taschefin s'empare de l'Espagne. — Sa mort. — Ali-Ben-Youssef lui succède. — Soulèvement en Espagne. — Insurrection des Berbères.   107

## CHAPITRE XXIX.
### Puissance des Almohades.
[DE 1123 A 1212.]

Mohammet-Ben-Abd-Allah. — L'iman El-Modhi. — Défaite d'Ali-Ben-Youssef. — Abd-El-Moumen. — Sa victoire sur Abou-Beker. — Mort d'Abd-Allah. — Organisation des Almohades.— Mort d'Ali-Ben-Youssef. — Taschefin-Ben-Ali. — Lutte et ruine des Almoravides. — Dans le Mahgreb, les Almohades se substituent à eux. — En Espagne, anarchie, désordre. — El-Moumen meurt au moment de s'emparer de la Péninsule. — Youssef-Abou-Yacoub. — La peste éclate en Afrique. — Youssef envahit le Portugal. — Il est tué devant Santarem. — Révolte dans le Mahgreb. — Pacification. — Yacoub repasse en Espagne. — Bataille d'Alarçon. — Mohammet-Abou-Abd-Allah. — Décadence des Almohades.—Mohammet en Espagne. — Journée de Las-Navas de Tolosa. - La race Almohade s'éteint.—Anarchie dans le Mahgreb.   113

## CHAPITRE XXX.
### Domination turque.— Fondation de l'Odjeac d'Alger.
[DE 1504 A 1516.]

Influence de l'expulsion des Maures d'Espagne sur l'Afrique. — Coup d'œil sur la naissance et les progrès de la piraterie turque. — Les États barbaresques se constituent corsaires. — L'Espagne s'empare des meilleures positions de la côte africaine. — Elle choisit Bougie pour centre d'occupation. — Les frères Barberousse. — Leur arrivée à Tunis. — Le bey leur donne les îles de Gelves. —Tentatives sur Bougie. —A Gigel, on les proclame souverains. — Selim-Eutemy, cheik d'Alger, menacé par l'Espagne, appelle Aroudj à son secours. — Aroudj fait massacrer Eutemy et s'empare du pouvoir. — Il organise l'Odjeac. — Craintes de l'Espagne. — Expédition de don Francisco de Vero.   121

## CHAPITRE XXXI.

### Accroissement de la puissance de Barberousse.

[DE 1517 A 1530.]

Révolte des Arabes. — Aroudj laisse le commandement d'Alger à Kaïr-ed-Din et marche contre eux. — Il prend Tenez, puis Tlemcen. — Sa tentative audacieuse pendant le siége de cette ville. — Sa mort. — Politique de Kaïr-ed-Din. — Il reçoit le titre de pacha. — Expédition du marquis de Moncade. — Ambition de Barberousse. — Révolution à Tlemcen. — Ce royaume devient tributaire de l'Odjeac. — Craintes du bey de Tunis. — Il marche sur Alger. — Kaïr-ed-Din le force à regagner ses États. — Kaïr-ed-Din quitte Alger pour Gigel. — Une insulte le rappelle dans sa capitale. — Il punit les traîtres. — Prise du Pénon d'Argel. 129

## CHAPITRE XXXII.

### Expédition de Charles-Quint.

[DE 1535 A 1541.]

Kaïr-ed-Din capoudan-pacha. — Il reprend les villes enlevées par André Doria à Soliman, et s'empare de Tunis. — Charles-Quint se porte sur cette ville. — Il en chasse les Turcs. — Kaïr-ed-Din semble revenu à son ancien métier de pirate. — Soliman le rappelle à son devoir d'amiral. — Victoire d'Ambracie. — L'Odjeac commandé par Hassan-Aga continue son système de piraterie. — Charles-Quint décide l'expédition d'Alger. — Ses préparatifs. — Ses résultats. — Triomphe et accroissement de l'audace des Turcs. — Découragement de la chrétienté. 136

## CHAPITRE XXXIII.

### Mort de Barberousse.

[DE 1543 A 1544.]

Alliance entre la France et la Turquie. — Barberousse à Marseille. — Le duc d'Enghien commandant des forces françaises. — Siége de Nice. — Kaïr-ed-Din revient à Toulon. — Il se porte sur l'île d'Elbe où il délivre Sinan, son fils adoptif. — Il rentre à Constantinople. — Sa mort. — Son tombeau. — Charles-Quint rend la liberté à Dragut. — Révolution à Tunis. — Mort d'Hassan-Aga. — Hassan, fils de Kaïr-ed-Din, le remplace. — Bataille de Mostaganem. — Muley-Hamet, rétabli à Tlemcen, se reconnaît vassal de la Sublime-Porte. — Politique d'Hassan. — Les tribus de Callah et de Kouko. — Tlemcen érigé en beylik. — Administration sage et éclairée de Hassan. — Il est rappelé. 132

## CHAPITRE XXXIV.
### Les Janissaires.
[DE 1553 A 1563.]

Salah-Reys. — Expédition de Tricarte. — Insurrection d'Abd-el-Asis, cheik de Callah. — Mohammet-Bey marche contre lui. — Capture importante faite par Salah-Reys. — Expédition de Fez. — Muley-Buacon se reconnaît vassal de la Sublime-Porte. — Expédition de Bougie. — La flotte assiége l'île de Corse de concert avec la France. — Mort de Salah-Reys. — Progrès de la piraterie. — Dragut s'empare de Méhédia. — Il perd cette ville et prend Tripoli. — Tekeli repoussé par les Janissaires, qui ont nommé pacha, Hassan-Kaïd, est reçu par les marins. — Exécutions. — Révolte des Janissaires. — Quelques détails sur les Janissaires. — Hassan est nommé pacha pour la seconde fois. — Les Janissaires le reçoivent, il marche au secours de Tlemcen. — Défaite des Espagnols. — Mort d'Abd-el-Asis. — Pacification des Berbères. — Révolte des Janissaires. — Hassan déposé par eux est renvoyé une troisième fois. — Il prêche la guerre Sainte. — Siége d'Oran. — Levée du siége. 150

## CHAPITRE XXXV.
### Les rois de la mer.
[DE 1565 A 1581.]

La flotte algérienne prend part au siége de Malte. — Hassan revient à Alger. — Il est déposé une troisième fois. — Mohammet-Pacha. — Ali le Fartas ou le Kilidj. — Prise de Tunis. — La Goulette reste aux Espagnols. — Siége de Chypre. — Bataille de Lépante. — Ali Capoudan-Pacha. — Prise de la Goulette. — Michel Cervantes à Alger. — Détails sur l'esclavage à Alger. — Les pères de la Merci. — État florissant de la piraterie. — Les pachas se donnent le titre de : *Rois de la Mer !* 157

## CHAPITRE XXXVI.

### Conspiration des Koulouglis.

[DE 1604 A 1659.]

Formation du premier comptoir français en Algérie. — Attaque de navires marseillais. — Réparation est accordée à la France. — Changement dans la marine algérienne. — Infraction aux traités avec la France. — Guerre. — Traité de paix. — Il est mal exécuté. — Une flotte envoyée par Louis XIII est dispersée par les vents. — Nouveau traité en 1640. — Plusieurs pachas se succèdent à Alger. — Hussein. — Les Koulouglis. — Circonstances qui amènent la conspiration. — Catastrophe. — Rôle négatif des pachas. — Puissance des Janissaires. — Organisation nouvelle dans l'Odjeac. — Création des agas. — Trouble et anarchie à l'intérieur. — Au dehors, extension de la piraterie. 126

## CHAPITRE XXXVII.

### Création du deylik d'Alger.

[DE 1663 A 1785.]

La flotte du duc de Beaufort bat les Algériens en plusieurs rencontres. — Occupation et abandon de Gigeri. — Le titre d'aga est remplacé par celui de dey. — Mohamet-Trik premier dey. — Baba-Hassan. — Invention des galiottes à bombes. — Bombardement d'Alger par Duquesne. — Second bombardement. — Hassan-Dey. — Mezzomorte. — Chrétiens attachés à la bouche des canons. — Traité de paix. — Il est mal exécuté. — Bombardement du maréchal d'Estrées. — Négociations. — Paix. — Le bey Chaaban envahit le Maroc. — Siége et capitulation de Tunis. — Révolte des Janissaires. — Mort de Chaaban. — Hadji-Hamet. — Hassan-Chiaoux. — Défaite du bey de Tunis et du roi de Maroc. — Peste à Alger. — Hassan-Chiaoux se démet de ses fonctions. Moustapha. — Défaite de Tunis. — Pectache-Cogea. — Prise d'Oran. — Assassinat de Pectache. — Deli-Ibrahim. — Ali. — Réunion des deux titres de pacha et de dey. — Anarchie. — Tentative de Charles III, contre Alger. — Insurrection des Arabes et des Berbères. — Le marabout Ben-Chériff. — Mekallech. — Mécontentement général. 167

## CHAPITRE XXXVIII.

### Un coup d'éventail.

[DE 1802 A 1825.]

Aucun changement n'est apporté par la révolution française à nos rapports avec la régence. — La campagne d'Égypte amène une rupture. — Incendie de la Calle. — Traité de 1800. — L'Angleterre se substitue à la France dans ses concessions commerciales en Algérie. — Expédition du capitaine Décatur. — Expédition de lord Exmouth. — Courage d'Omar. — Sa mort. — Ali-Kodjia. — Il prend possession de la Kasbah, et se met ainsi à l'abri des tentatives des Janissaires. — Hussein-Pacha. — Son histoire et son caractère. — Sa politique à l'égard de la France. — Affaire de la maison Bacri. — Lettre d'Hussein-Pacha au roi de France restée sans réponse. — Le coup d'éventail ! 174

## 3ᵉ PARTIE.

### Domination Française.

## CHAPITRE XXXIX.

### Expédition française. — Débarquement.

[DE 1827 A 1830.]

Impression que produit en France la conduite du dey. — M. Deval et tous les Français quittent Alger. — Blocus. — Le vaisseau *la Provence* est canonné. — Une expédition est résolue. — Commission d'examen. — Réunion de l'armée à Toulon. — Départ des troupes. — Relâche à Palma. — Arrivée à Alger. — Débarquement. — Victoire de Sidy-Ferruch. 131

## CHAPITRE XL.

### Capitulation d'Alger.

[1830.]

Camp de Sidy-Ferruch. — Crainte de l'armée. — Staouëli. — Ibrahim. — Colère du dey. — Victoire de Sidy-Kalef. — Tactique des Arabes. — Arrivée sur le Boudjaréah. — Aspect d'Alger. — Siége du fort l'Empereur. — Les Turcs en font sauter la grosse tour. — Capitulation. — Entrée des Français dans la ville. — Confiance des habitants. 188

## CHAPITRE XLI.

**Départ du maréchal de Bourmont.**

[DE 1830 A 1831.]

Départ d'Hussein-Pacha. — Ses rapports avec M. de Bourmont. — Dissolution du corps de l'Odjeac. — Effet que produit en France la prise d'Alger. — Révolution de juillet. — Trésor de la Kasbah. — Négligence du gouvernement. — Dispositions prises par le maréchal. — Expédition de Blidah. — Conjuration d'Alger. — Expédition d'Oran. — Expédition de Bone. — Les Beni-Yacoub. — Achmed-Bey. — Contre-coup de la révolution de juillet en Afrique. — Arrivée du général Clausel. — Départ du maréchal Bourmont. 195

## CHAPITRE XLII.

**Gouvernement du maréchal Clausel.**

[1831.]

Le maréchal Clausel. — Création des zouaves. — Première ferme-modèle. — Audace des Arabes. — Expédition de Médéah. — Bou-Mezrag. — Moustapha-Ben-Omar. — Affaire de Blidah. — Passage du col de Mouzaïa. — Installation du bey de Médéah. — Bou-Mezrag est envoyé en France. — Attaque de Blidah. — Les Français évacuent cette ville. — Évacuation de Médéah. — Occupation de Mers-el-Kébir. — Le maréchal Clausel cède les provinces de Constantine et d'Oran au bey de Tunis. — Refus du gouvernement de ratifier ces conventions. — Rappel du maréchal Clausel. 202

## CHAPITRE XLIII.

**La première église catholique à Alger.**

[DE 1831 À 1833.]

Le général Berthezène. — Les volontaires parisiens. — Deuxième expédition de Blidah. — Retour à Alger. — Conjuration de Sidy-Sady. — Ben-Aïssa et Ben-Zamoun. — Sidy-Mahiddin est nommé aga de la plaine. — Démission du général Berthezène. — État d'Oran. — Le général Boyer. — Système adopté par ce général. — Bône. — Ibrahim s'empare par trahison de la Kasbah. — Nouvelle organisation en Afrique. — Le duc de Rovigo gouverneur. — M. Pichon intendant civil. — Lutte entre ces deux pouvoirs. — Le maréchal consacre au culte catholique une des plus belles mosquées d'Alger. — Nos alliés sont attaqués et maltraités. — Expédition contre les Ouffia. — Révolte des Arabes. — Rappel de M. Pichon. — M. Genty de Bussy le remplace. — Bône rentre sous la domination française.—Défaite d'Ibrahim. — Soumission des Arabes. — Voyage en France du duc de Rovigo — Sa mort. 208

## CHAPITRE XLIV.
### Abd-el-Kader.
[DE 1832 A 1833.]

Abd-el-Kader. — Modhy-ed-Din son père fait remonter sa généalogie jusqu'à Fatime. — Éducation d'Abd-el-Kader. — Son voyage à la Mecque. — Son exil. — Son retour en Afrique. — Occupation française.— Le gouvernement marocain promet à Abd-el-Kader un appui tacite.— Réunion des tribus dans la plaine d'Éghris. — Abd-el-Kader est proclamé émir. — Il prêche la guerre sainte. — Détails sur la guerre sainte. — Les Kabaïles. — Les Arabes. — Portrait d'Abd-el-Kader.— Attaque d'Oran. — Défaite de l'émir. 216

## CHAPITRE XLV.
### Journée de la Macta.
[DE 1833 A 1834.]

Le général Avizard gouverneur par intérim. — Fondation du bureau arabe. — Le général Voirol, gouverneur par intérim. — Créations utiles. — Rétablissement du Marghzen. — Bougie. — Expédition dirigée de Toulon sur cette ville. — Résistance et défaite des Kabaïles. — Insurrection des Hadjoutes. — Razzia. — A Oran, le général Desmichels remplace le général Boyer. — Prise d'Arzew. — Occupation de Mostaganem. — Fâcheuse position de l'émir. — Le général Desmichels signe un traité. — Conséquences de ce traité. — Le comte Drouet d'Erlon, gouverneur général. — Ses premiers actes. — Le colonel Duvivier à Bougie. — Ben-Durand auprès du gouverneur. — Le général Trézel à Oran. — Abd-el-Kader passe le Chéliff. — Conduite du général Trézel. — Les Smélas et les Douers. — Journée de la Macta. 223

## CHAPITRE XLVI.
### Première expédition de Constantine.
[DE 1835 A 1837.]

Rappel de la légion étrangère. — Le maréchal Clausel remplace le général Drouet d'Erlon. — Le choléra à Alger. — Répression des Arabes. — Arrivée en Algérie du duc d'Orléans. — Expédition de Mascara. — Journée de l'Habra. — Maladie du prince Royal. — Tentative de l'émir sur Tlemcen.—Les Français en possession de cette ville.—El-Mezari.— Exploration des bords de la Tafna. — Contribution frappée sur Tlemcen. — Voyage du maréchal à Paris. — Blocus du camp de la Tafna. — Arrivée du général Bugeaud. — Affaire de la Sikak. — Fuite de l'émir. —Situation des Français à Bone. — A Bougie. — Projets du maréchal Clausel. — Approbation et promesse du ministère. — Expédition de Constantine. — Sa non-réussite. — Le maréchal est remplacé. 232

## CHAPITRE XLVII.
### Prise de Constantine.
[1837.]

Le comte Damremont, gouverneur général. — Insurrection dans l'est. — Boudouaou. — Razzia chez les Yssers. — Delhis. — Le général Bugeaud est nommé commandant de la province d'Oran. — Traité de la Tafna. — Ses résultats. — Préparatifs pour la campagne de Constantine. — Arrivée du duc de Nemours. — Siége de la ville. — Mort du général Damremont. — Le comte Valée. — Courage héroïque du colonel Combes. — Prise de la ville. — Soumission des tribus. — Arrivée du prince de Joinville avec le 12e de ligne.—Le 12e communique le choléra à l'armée.—Paroles du roi caractérisant la prise de Constantine. 240

## CHAPITRE XLVIII.
### Expédition des Portes de Fer.
[DE 1837 A 1839.]

Organisation nouvelle donnée par Abd-el-Kader à la province de Titteri. — Conventions du 4 juillet. — Abd-el-Kader devant Aïn-Madhy. — Création des réguliers de l'émir. — Occupation de Coléah et de Blidah. — Sage organisation dans la province de Constantine. — Fondation de Philippeville. — Prise d'Aïn-Madhy par Abd-el-Kader. — Refus de l'émir de ratifier les conventions du 4 juillet. — Zèle et dévouement des différents Marghzens. — Expédition des Portes de Fer. — Le duc d'Orléans prend le commandement de la première division. — Détails sur cette expédition. — Les Beni-Abbès. — Arrestation des courriers d'Abd-el-Kader. — Le fort de Hamza. — Arrivée au Fondouck. — Entrée à Alger. — Départ du prince pour la France. 247

## CHAPITRE XLIX.

### Mazagran.

[DE 1839 A 1840.]

Abd-el-Kader recommence la guerre. — Arrivée de nouvelles troupes en Afrique. — État de la province d'Oran. — Mazagran. — Défense héroïque du capitaine Lelièvre et des cent vingt-trois. — État de la province de Constantine. — Abd-el-Kader dans l'Ouest. — Le duc d'Orléans prend le commandement de l'expédition contre l'émir. — Combat de l'Afroum. — Passage du col de Mouzaïa. — Médéah. — Occupation de Milianah. — Fin de la campagne. — Les Arabes reparaissent en armes. — Campagne d'automne. — Le maréchal Valée quitte l'Afrique.      256

## CHAPITRE L.

### Prise de la Smala d'Abd-el-Kader.

[DE 1841 A 1843.]

Le général Bugeaud gouverneur général. — Système adopté pour l'Afrique. — Attitude d'Abd-el-Kader. — Ravitaillement de Médéah et de Milianah. — Attaque de notre colonne expéditionnaire. — Prise des trois forts d'Abd-el-Kader. — Succès des Français dans l'Est et dans le Sud. — Destruction de la Kethna. — Conduite de l'émir à l'égard des prisonniers français. — L'abbé Suchet. — Remise de captifs. — Monseigneur Dupuch. — Le général Lamoricière se rend à Mascara. — Le col de Bardj. — Nouveau mode de subsistance adopté pour les Français. — Soumission des tribus. — Alliance entre les Français et Ben-Abd-Allah. — Destruction des Hadjoutes. — Fuite d'Abd-el-Kader dans le désert. — Retour de l'émir ; il reprend l'offensive ; réaction arabe. — La Smala d'Abd-el-Kader. — Une expédition sous les ordres du duc d'Aumale est dirigée contre elle. — Attaque et prise de la Smala. — Mort de Moustapha. — Ben-Ismaël. — Le général Bugeaud est nommé maréchal de France. — Le duc d'Aumale prend le commandement de la province de Constantine.      262

## CHAPITRE LI.

### Les Flissahs.

[1844.]

Système de colonisation. — Le duc d'Aumale organise la province de

Constantine. — Expédition dans le Zab. — Occupation de Biskara. — Ben-Salem chez les Flissahs. — Résistance de ces tribus. — L'Alfa. — Le camp de Bardj-Ménaïel. — Marche sur Delhis. — Défaite des Amraouas. — Défaite et soumission des Flissahs. — Succès du général Marey dans la province d'Alger. — Soumission du marabout Tedjini. 272

## CHAPITRE LII.
### Isly et Mogador.
[1844.]

La province de Riff dans le Maroc. — Les Riffains. — Abd-el-Kader chez eux. — Le gouvernement français et le gouvernement marocain. — Les troupes marocaines prennent position à Ouchdah. — Violation du territoire français. — Ouverture des hostilités. — Engagement de Mouïla. — Ultimatum du maréchal resté sans réponse. — Occupation d'Ouchdah. — Situation d'Abd-el-Kader. — Bombardement de Tanger. — Le fils de l'empereur vient se mettre à la tête des Marocains. — Bataille d'Isly. — Mogador. — Détails sur cette ville. — Les Français s'en emparent. — Les Kabaïles y mettent le feu. — Résultats de la double victoire d'Isly et de Mogador. — Le maréchal est fait duc d'Isly. — Convention de Tanger. — Paix de Lella-Maghnia. 277

## CHAPITRE LIII.
### La grotte de Fréchih.
[1845.]

Fausse position d'Abd-el-Kader. — Menace d'insurrection, surtout chez les Kabaïles. — Accident du 8 mars à Alger. — Insurrection dans le Dahra et l'Ouarenseris. — Bou-Maza. — Les Arabes s'attribuent la victoire de la plaine de Gri. — Politique du maréchal. — Fuite de Bou-Maza. — Abd-el-Kader passe la frontière. — Quelques tribus appellent les Français à leur aide. — Scène de mœurs arabes. — Fantasiah. — Les Ouled-Riah. — Drame terrible de la grotte du Fréchih. — Résultats de cette affaire. — Soumission des tribus. — Voyage du maréchal en France. — Le général Lamoricière, gouverneur par intérim. 284

## CHAPITRE LIV.
### Le marabout de Sidy-Brahim.
[1845.]

Fausse sécurité. — Réapparition d'Abd-el-Kader. — Tentative de Bou-

Maza. — Les Flittahs. — Le général Cavaignac chez les Beni-Ouersons. — Détachement du lieutenant Marin. — Les Souhalias. — Expédition du colonel de Montagnac. — Mort de ce brave officier. — Destruction de sa petite troupe. — Le capitaine Géraux et le lieutenant Chapdelaine au marabout de Sidy-Brahim. — Héroïsme du capitaine Dutertre. — Blocus du marabout. — Tentative désespérée des Français. — Treize seulement échappent à la mort. — Effet moral de ce beau fait d'armes. — Développement de l'insurrection dans l'Ouest. — Le colonel Walsin-Esterhazy. — Défaite de Bou-Maza par le colonel Tartas. — Ben-Guerrera. — Le général Lamoricière se porte sur Oran. — Le col d'Aïn-Kebira. — Soumission des Traras. — Les Français reprennent l'offensive. — Retour du maréchal Bugeaud. — L'émir est contraint de se retirer dans le Maroc. 290

## CHAPITRE LV.

### Massacre des prisonniers français de la deira d'Abd-el-Kader.

[1846.]

Défaite d'Abd-el-Kader à Temda. — Ben-Salem dans le Hamza. — La colonne de Sétif est surprise par les neiges. — L'émir chez les Harras-Gharabas. — Bou-Maza dans le Dahra. — Retour des Ghossels. — Complot contre la vie de El-Boghady et de Bou-Alem Ben-Chérifa. — L'émir dans le Jurjura. — Défection et retour de Ben-Zamoun. — Organisation des condamnés militaires d'Alger en corps spécial. — Expédition du Jurjura. — Une colonne expéditionnaire à Djemmâa Ghazaouat et à Sidy-Brahim. — État des trois provinces au 5 mars. — L'émir poursuivi par le colonel Camon est encore une fois contraint de prendre la fuite. — Affaire de Bousada. — Odieuse exécution de MM. Levy et Lacoste. — Djedid et Ben-Aouda négocient leur grâce. — Le général Youssouf à Zamina. — Prétentions de Mohammed-Ben-Abd-Allah (El-Sid-el-Fadel). — Étrange lettre de ce nouveau chérif. — Il s'avance vers Tlemcen. — Le général Cavaignac le défait à Afir. — Seconde victoire et prise de son camp. — Ordonnance du maréchal au sujet des propriétés des émigrés. — Retour d'un bon nombre de tribus. — Affaire de Gherza. — Défaite du marabout Dhaleb. — Défaite de Bou-Maza et capture de son kalifat. — Le maréchal dans l'Ouarenseris. — Le duc d'Aumale à Boghar. — Nouvelle du massacre des prisonniers de la deira. — Détails sur ce sinistre événement. — Dissolution de la deira. 297

## CHAPITRE LVI.

### Inondation de l'Harrach.

[1846.]

Abd-el-Kader et Bou-Maza dans le Sud. — Le maréchal et le duc d'Aumale vont visiter la province d'Oran. — Razzias importantes. — Soumission des Beni-Yala. — Le colonel Renault bat l'émir à Arga et à Chellala. — Dispositions en notre faveur des tribus du Sud. — État de la province de Constantine. — Victoire de Sidy-Bouchama. — Le duc d'Aumale à Tlemcen et à Sebbou. — Concours des indigènes sur son passage. — Ils lui font escorte jusqu'à Philippeville. — M. de Salvandy à Alger. — Soumission des Kabaïles du cercle de Delhis. — Le Rhamadan. — Bou-Maza chez les Beni-Snassen. — État de Bougie. — Les Mezzaïa. — Affaire du marabout de Sidy-Amour. — Inondation de l'Harrach. — Désastres. — Dévouements. — Le Chiffa déborde aussi. — Retour des onze prisonniers épargnés par le massacre de la deira. — Bou-Maza dans le Djebel-Amour. — Taouïla. — Soins que le maréchal donnait à la colonisation et à l'administration. — Translation dans les villes de l'intérieur des chefs-lieux de divisions et de subdivisions situés dans des places du littoral. 308

## CHAPITRE LVII.

### Troubles et expédition dans les Zibans.

[1847.]

Commencement de l'année 1847. — Intrigues d'Abel-el-Kader. — Malfaiteurs dans la province d'Oran. — Vols et brigandages dans la province d'Alger. — Les indigènes concourent à l'arrestation des malfaiteurs. — Ces derniers sont envoyés en France. — Naufrages sur les côtes. — Conduite des habitants du pays. — Opposition entre cette conduite et les usages barbaresques. — Rupture entre Bou-Maza et Abd-el-Kader. — Motifs de cette rupture. — Conduite du chérif dans les Zibans. — Expédition du général Herbillon. — Arrivée à Sidy-Khalled. Réception hostile des Ouled-Djellal. — Conduite du général. — Le commandant Billon. Attaque du village. — Mort du commandant. — Courage et pertes du trente et unième. — Soumission des Ouled-Djellal. — Sentiments de cette tribu. — Résultats de cette journée du 10 janvier. — Le maréchal-des-logis Châteaubriant. — Le général

Marey à Guel-el-Settel. — Razzia sur les Ouled-Aïssa. — Soumission de cette tribu. — Le cheik Aïssa. — Les Ouled Aïssa-Cheragas se soumettent à notre kalifat El-Mokrani. — Disposition des Arabes à notre égard. — Arrestation d'El-Guérib. — Bou-Maza se dirige sur Tuggurt. 318

## CHAPITRE LVIII.

### L'abbé Suchet à Sidy-Brahim.

#### [1847.]

Abd-el-Kader cherche à persuader qu'il traite avec la France de puissance à puissance. — Effets de cette tactique. — Proclamation du gouverneur général pour rassurer les esprits. — Ben-Salem entre en négociation avec les Français. — Soumission de ce chef. — Des Arabes marquants suivent son exemple. — Impression produite par cette démarche. — Notre frontière est reculée à l'est d'Alger. — Tentative d'assassinat sur la personne de l'émir. — Catastrophes terribles à Milianah. — Scènes de destruction et de mort. — Zèle et dévouement de la garnison. — L'abbé Suchet à Djemmàa-Ghazaouat. — Établissement du culte dans cette partie reculée de notre territoire. — Sublimité des cérémonies religieuses. — Leur effet sur l'armée. — L'abbé Suchet à Sidy-Brahim. — Il y célèbre la messe. — Derniers devoirs rendus aux héroïques victimes qui y ont trouvé la mort. — Discours du vénérable et éloquent vicaire général. 326

## CHAPITRE LIX.

### Soumission de Bou-Maza.

#### [1847.]

Le colonel de Saint-Arnaud chez les Ouled-Jornès. — Il laisse dans cette tribu quatre cavaliers pour toucher l'amende imposée. — Le 13 avril, Bou-Maza arrive devant la tente du kaïd. — Crainte de celui-ci. — Réponse du chérif. — Il demande aux mekhraznis de le conduire chez le commandant d'Orléansville. — Paroles de Bou-Maza au colonel de Saint-Arnaud. — Bou-Maza en France. — Détails sur ce chef. — Son portrait. — Motifs de sa soumission. — Ovations des populations sur son passage. — Conduite d'Abd-el-Kader. — Capture de Si-Caddour-Ben-Djelloul. — Expédition de Kabylie. — Proclamation du maréchal-gouverneur. — Les Beni-Abbès. — Conduite et courage de nos troupes. — Résultat de cette affaire. — Retour du maréchal. — Appréciation de notre position après la campagne du printemps. 334

## CHAPITRE LX.

### Abd-el-Kader et Abd-er-Rhaman.

[1847.]

Visite de S. A. R. monseigneur le prince de Joinville en Algérie. — Accueil de la population indigène. — Le prince va visiter Boghar. — Il passe le col de Mouzaïa. — Caractère tout oriental des scènes qui se succèdent sur son passage. — Fantasiah. — Diffa. — Retour à Alger. — Départ pour la France. — Continuation du calme en Afrique. — Voyage du maréchal en France. — Le lieutenant-général Bedeau gouverneur par intérim. — Troubles dans le Maroc. — Prétention d'Abd-el-Kader. — Coup d'œil rétrospectif. — Attitude de l'émir. — Craintes de l'empereur. — Muley-Hachem et El-Hamar. — Attaque du camp marocain. — Victoire de l'émir. — Rupture. — Les Hachems et les Beni-Amer. — Ces tribus veulent se replacer sous l'autorité d'Abd-el-Kader. — Elles sont attaquées et massacrées. — Résultats de cette destruction. — Victoire des troupes du camp de Taza sur Abd-el-Kader. — Fuite de ce dernier. — La démission du duc d'Isly est acceptée. — Nomination de S. A. R. M<sup>gr</sup> le duc d'Aumale. 341

## CHAPITRE LXI.

### Chapitre complémentaire.

Gouvernement. — Division de l'Algérie. — Justice. — Tribunaux. — Travaux publics. — Transformation de notre colonie depuis la conquête. — Colonisation. — Difficultés. — Résultats déjà obtenus. — Rétablissement du catholicisme. — Institutions chrétiennes en Algérie. — Monseigneur Dupuch. — Monseigneur Pavy. — Les trappistes. — Un mot sur l'armée. 348

FIN DE LA TABLE ANALYTIQUE.

# TABLE DES CHAPITRES.

| | |
|---|---|
| CHAPITRE I<sup>er</sup>. — Introduction. | 1 |
| CHAP. II. — Peuples primitifs. | 4 |
| CHAP. III. — Carthage. | 7 |
| CHAP. IV. — Les mercenaires. | 11 |
| CHAP. V. — Annibal. | 14 |
| CHAP. VI. — Fondation du royaume de Numidie. | 17 |
| CHAP. VII. — Grandeur et prospérité du royaume de Numidie. | 20 |
| CHAP. VIII. — Guerre de Jugurtha. | 22 |
| CHAP. IX. — Domination romaine | 25 |
| CHAP. X. — Rétablissement du royaume de Numidie. | 28 |
| CHAP. XI. — Carthage reconstruite. | 30 |
| CHAP. XII. — Révolte du Maure Tacfarinas. | 33 |
| CHAP. XIII. — Réorganisation en Afrique. | 36 |
| CHAP. XIV. — Le christianisme en Afrique. | 40 |
| CHAP. XV. — Guerre du Maure Firmus et insurrection de Gildon. | 43 |
| CHAP. XVI. — Saint Augustin. | 48 |
| CHAP. XVII. — Les Vandales en Afrique. | 52 |
| CHAP. XVIII. — Victoires des Vandales. | 57 |
| CHAP. XIX. — Bélisaire et les Vandales. | 61 |
| CHAP. XX. — Gélimer à Constantinople. | 66 |
| CHAP. XXI. — Domination gréco-byzantine | 70 |
| CHAP. XXII. — Insurrection de Stoza. | 74 |
| CHAP. XXIII. — Chute de la domination gréco-byzantine. | 78 |
| CHAP. XXIV. — Domination arabe. | 84 |
| CHAP. XXV. — Troubles et divisions parmi les Arabes. | 89 |
| CHAP. XXVI. — Les Édrissites et les Aghlabites. | 95 |
| CHAP. XXVII. — Rivalité des califes de Cordoue et des califes fatimites. | 101 |
| CHAP. XXVIII. — Domination berbère. — Almoravides. | 107 |
| CHAP. XXIX. — Puissance des Almohades | 113 |
| CHAP. XXX. — Domination turque. — Fondation de l'Odjeac d'Alger. | 121 |

# TABLE DES CHAPITRES.

CHAP. XXXI. — Accroissement de la puissance des Barberousse. .................................... 129
CHAP. XXXII. — Expédition de Charles-Quint. ....... 136
CHAP. XXXIII. — Mort de Barberousse. ............ 143
CHAP. XXXIV. — Les Janissaires. ................. 150
CHAP. XXXV. — Les rois de la mer. ............... 157
CHAP. XXXVI. — Conspiration des Koulouglis. ...... 162
CHAP. XXXVII. — Création du deylik d'Alger ....... 167
CHAP. XXXVIII. — Un coup d'éventail.. ........... 174
CHAP. XXXIX. — Expédition française. — Débarquement. . 181
CHAP. XL. — Capitulation d'Alger. ............... 188
CHAP. XLI. — Départ du maréchal de Bourmont. ..... 195
CHAP. XLII. — Gouvernement du maréchal Clausel. ... 202
CHAP. XLIII. — La première église catholique à Alger. ... 208
CHAP. XLIV. — Abd-el-Kader.. .................. 216
CHAP. XLV. — Journée de la Macta.. ............. 223
CHAP. XLVI. — Première expédition de Constantine..... 232
CHAP. XLVII. — Prise de Constantine. ............ 240
CHAP. XLVIII. — Expédition des Portes de Fer.. ..... 249
CHAP. XLIX. — Mazagran. ...................... 256
CHAP. L. — Prise de la Smala d'Abd-el-Kader. ...... 262
CHAP. LI. — Les Flissahs.. ..................... 272
CHAP. LII. — Isly et Mogador.. ................. 277
CHAP. LIII. — La grotte de Fréchih. ............. 284
CHAP. LIV. — Le marabout de Sidy-Brahim. ....... 290
CHAP. LV. — Massacre des prisonniers français de la deira d'Abd-el-Kader.. ................................ 297
CHAP. LVI. — Inondation de l'Harrach. ........... 308
CHAP. LVII. — Troubles et expédition dans les Zibans ... 318
CHAP. LVIII. — L'abbé Suchet à Sidy-Brahim. ...... 326
CHAP. LIX. — Soumission de Bou-Maza. .......... 334
CHAP. LX. — Abd-el-Kader et Abd-er-Rhaman. ..... 341
CHAP. LXI. — Chapitre complémentaire. .......... 348

FIN DE LA TABLE DES CHAPITRES.

# L'HISTOIRE

# DE L'ALGÉRIE

### RACONTÉE A LA JEUNESSE.

# LETTRE

## DE SA GRANDEUR MONSEIGNEUR CROISIER

### ÉVÊQUE DE RODEZ.

« Madame la Comtesse,

« C'est avec justice comme avec bonheur, que j'aime à rendre
» hommage à vos écrits et à votre talent. J'ai lu, dans mes moments
» de loisir, votre *Histoire de l'Algérie* et les *Femmes illustres de la*
» *France*; et des personnes qui me sont chères et capables de vous
» apprécier, m'ont parlé, avec estime et approbation, de votre in-
» téressant journal intitulé : l'*Ami des jeunes Filles*, que de bons
» journaux ont d'ailleurs encouragé.

» Amour profond et toujours soutenu de la religion et de la vertu;
» traits historiques bien choisis et digne d'exciter l'attention; style
» pur, clair, noble, élégant, voilà, Madame, ce que j'ai trouvé dans
» vos livres, et je serais charmé qu'ils fussent partout répandus et
» accueillis comme ils le méritent.

» Veuillez agréer, Madame la Comtesse, l'assurance de ma considé-
» ration très distinguée, et de mon respectueux dévouement. »

† JEAN,
*Évêque de Rodez.*

Sèvres. — Imprimerie de M CERF.

www.ingramcontent.com/pod-product-compliance
Lightning Source LLC
Chambersburg PA
CBHW060606170426
43201CB00009B/923